民事诉讼法
一本通

法规应用研究中心 编

中国法制出版社
CHINA LEGAL PUBLISHING HOUSE

编辑说明

"法律一本通"系列丛书自 2005 年出版以来，以其科学的体系、实用的内容，深受广大读者的喜爱。2007 年、2011 年、2014 年、2016 年、2018 年、2019 年、2021 年我们对其进行了改版，丰富了其内容，增强了其实用性，博得了广大读者的赞誉。

我们秉承"以法释法"的宗旨，在保持原有的体例之上，今年再次对"法律一本通"系列丛书进行改版，以达到"应办案所需，适学习所用"的目标。新版丛书具有以下特点：

1. 丛书以主体法的条文为序，逐条穿插关联的现行有效的法律、行政法规、部门规章、司法解释、请示答复和部分地方规范性文件，以方便读者理解和适用。

2. 丛书紧扣实践和学习两个主题，在目录上标注了重点法条，并在某些重点法条的相关规定之前，对收录的相关文件进行分类，再按分类归纳核心要点，以便读者最便捷地查找使用。

3. 丛书紧扣法律条文，在主法条的相关规定之后附上案例指引，收录最高人民法院、最高人民检察院指导性案例、公报案例以及相关机构公布的典型案例的裁判摘要、案例要旨或案情摘要等。通过相关案例，可以进一步领会和把握法律条文的适用，从而作为解决实际问题的参考。并对案例指引制作索引目录，方便读者查找。

4. 丛书以脚注的形式，对各类法律文件之间或者同一法律文件不同条文之间的适用关系、重点法条疑难之处进行说明，以便读者系统地理解我国现行各个法律部门的规则体系，从而更好地为教学科研和司法实践服务。

5. 丛书结合二维码技术的应用为广大读者提供增值服务，扫描前勒口二维码，即可免费部分使用中国法制出版社推出的【法融】数据库。【法融】数据库中"国家法律法规"栏目便于读者查阅法律文件准确全文及效力的同时，更有部分法律文件权威英文译本等独家资源分享。"最高法指导案例"和"最高检指导案例"两个栏目提供最高人民法院和最高人民检察院指导性案例的全文，为读者提供更多增值服务。

目 录

第一编 总 则

第一章 任务、适用范围和基本原则

　　第 一 条【立法依据】 ………………………… 3
★　第 二 条【立法目的】 ………………………… 3
★　第 三 条【适用范围】 ………………………… 4
★　第 四 条【空间效力】 ………………………… 4
　　第 五 条【同等原则和对等原则】 …………… 5
　　第 六 条【独立审判原则】 …………………… 5
　　第 七 条【以事实为根据，以法律为准绳原则】 ………… 6
★　第 八 条【诉讼权利平等原则】 ……………… 7
　　第 九 条【法院调解原则】 …………………… 7
　　第 十 条【合议、回避、公开审判、两审终审制度】…… 19
　　第十一条【使用本民族语言文字原则】 ……… 27
　　第十二条【辩论原则】 ………………………… 28
　　第十三条【诚信原则和处分原则】 …………… 28
　　第十四条【检察监督原则】 …………………… 28
　　第十五条【支持起诉原则】 …………………… 28
　　第十六条【在线诉讼法律效力】 ……………… 31
　　第十七条【民族自治地方的变通或者补充规定】 ……… 33

1

第二章 管 辖

第一节 级别管辖

★ 第十八条【基层法院管辖】……………………… 34
★ 第十九条【中级法院管辖】……………………… 35
★ 第二十条【高级法院管辖】……………………… 45
★ 第二十一条【最高法院管辖】…………………… 46

第二节 地域管辖

★ 第二十二条【被告住所地、经常居住地法院管辖】……… 46
第二十三条【原告住所地、经常居住地法院管辖】……… 48
第二十四条【合同纠纷的地域管辖】……………… 49
第二十五条【保险合同纠纷的地域管辖】………… 52
第二十六条【票据纠纷的地域管辖】……………… 52
第二十七条【公司纠纷的地域管辖】……………… 53
第二十八条【运输合同纠纷的地域管辖】………… 54
第二十九条【侵权纠纷的地域管辖】……………… 54
第三十条【交通事故损害赔偿纠纷的地域管辖】… 57
第三十一条【海事损害事故赔偿纠纷的地域管辖】… 57
第三十二条【海难救助费用纠纷的地域管辖】…… 58
第三十三条【共同海损纠纷的地域管辖】………… 59
★ 第三十四条【专属管辖】………………………… 59
第三十五条【协议管辖】………………………… 60
第三十六条【选择管辖】………………………… 61

第三节 移送管辖和指定管辖

★ 第三十七条【移送管辖】………………………… 62
第三十八条【指定管辖】………………………… 63
★ 第三十九条【管辖权的转移】…………………… 64

第三章 审判组织

  第四十条【一审审判组织】 ………………………… 65
  第四十一条【二审和再审审判组织】 ……………… 80
★ 第四十二条【不适用独任制的情形】 ………………… 81
  第四十三条【独任制向合议制转换】 ………………… 82
  第四十四条【合议庭审判长的产生】 ………………… 83
★ 第四十五条【合议庭的评议规则】 …………………… 85
  第四十六条【审判人员工作纪律】 …………………… 89

第四章 回 避

★ 第四十七条【回避的对象、条件和方式】 …………… 90
  第四十八条【回避申请】 ……………………………… 96
  第四十九条【回避决定的程序】 ……………………… 97
  第五十条【回避决定的时限及效力】 ………………… 97

第五章 诉讼参加人

  第一节 当 事 人

★ 第五十一条【当事人范围】 …………………………… 97
  第五十二条【诉讼权利义务】 ………………………… 106
  第五十三条【自行和解】 ……………………………… 106
★ 第五十四条【诉讼请求的放弃、变更、承认、反驳及
    反诉】 …………………………………………… 106
  第五十五条【共同诉讼】 ……………………………… 106
  第五十六条【当事人人数确定的代表人诉讼】 ……… 111
  第五十七条【当事人人数不确定的代表人诉讼】 …… 111
  第五十八条【公益诉讼】 ……………………………… 113

第五十九条【第三人】 …………………………………… 120
　第二节　诉讼代理人
★　第 六 十 条【法定诉讼代理人】 ………………………… 127
★　第六十一条【委托诉讼代理人】 ………………………… 130
　　第六十二条【委托诉讼代理权的取得和权限】 ………… 131
　　第六十三条【诉讼代理权的变更和解除】 ……………… 133
　　第六十四条【诉讼代理人调查收集证据和查阅有关
　　　　　　　　资料的权利】 ……………………………… 133
　　第六十五条【离婚诉讼代理的特别规定】 ……………… 135

第六章　证　据

★　第六十六条【证据的种类】 ……………………………… 135
★　第六十七条【举证责任与查证】 ………………………… 136
　　第六十八条【举证期限及逾期后果】 …………………… 164
　　第六十九条【人民法院签收证据】 ……………………… 165
　　第 七 十 条【人民法院调查取证】 ……………………… 166
　　第七十一条【证据的公开与质证】 ……………………… 167
　　第七十二条【公证证据】 ………………………………… 169
　　第七十三条【书证和物证】 ……………………………… 169
　　第七十四条【视听资料】 ………………………………… 171
★　第七十五条【证人的义务】 ……………………………… 171
　　第七十六条【证人不出庭作证的情形】 ………………… 172
　　第七十七条【证人出庭作证费用的承担】 ……………… 172
　　第七十八条【当事人陈述】 ……………………………… 174
　　第七十九条【申请鉴定】 ………………………………… 174
★　第 八 十 条【鉴定人的职责】 …………………………… 176
　　第八十一条【鉴定人出庭作证的义务】 ………………… 177

第八十二条【对鉴定意见的查证】 ············ 179
第八十三条【勘验笔录】 ············ 180
第八十四条【证据保全】 ············ 181

第七章 期间、送达

第一节 期　　间

第八十五条【期间的种类和计算】 ············ 183
★ 第八十六条【期间的耽误和顺延】 ············ 184

第二节 送　　达

第八十七条【送达回证】 ············ 185
第八十八条【直接送达】 ············ 185
第八十九条【留置送达】 ············ 186
第 九 十 条【电子送达】 ············ 188
第九十一条【委托送达与邮寄送达】 ············ 188
第九十二条【军人的转交送达】 ············ 191
第九十三条【被监禁人或被采取强制性教育措施
　　　　　　人的转交送达】 ············ 192
第九十四条【转交送达的送达日期】 ············ 192
第九十五条【公告送达】 ············ 192

第八章 调　　解

★ 第九十六条【法院调解原则】 ············ 193
★ 第九十七条【法院调解的程序】 ············ 195
第九十八条【对法院调解的协助】 ············ 196
第九十九条【调解协议的达成】 ············ 196
第 一 百 条【调解书的制作、送达和效力】 ············ 197

第一百零一条【不需要制作调解书的案件】……………… 199
　　第一百零二条【调解不成或调解后反悔的处理】……… 199

第九章　保全和先予执行

★　第一百零三条【诉讼保全】………………………………… 201
★　第一百零四条【诉前保全】………………………………… 202
　　第一百零五条【保全的范围】……………………………… 206
　　第一百零六条【财产保全的措施】………………………… 206
　　第一百零七条【保全的解除】……………………………… 211
　　第一百零八条【保全申请错误的处理】…………………… 213
　　第一百零九条【先予执行的适用范围】…………………… 215
　　第一百一十条【先予执行的条件】………………………… 215
　　第一百一十一条【对保全或先予执行不服的救济程序】… 216

第十章　对妨害民事诉讼的强制措施

　　第一百一十二条【拘传的适用】…………………………… 217
★　第一百一十三条【对违反法庭规则、扰乱法庭秩序行为
　　　　　　　　　的强制措施】…………………………… 217
　　第一百一十四条【对妨害诉讼证据的收集、调查和阻拦、
　　　　　　　　　干扰诉讼进行的强制措施】……………… 224
　　第一百一十五条【虚假诉讼的认定】……………………… 227
★　第一百一十六条【对恶意串通，通过诉讼、仲裁、调解
　　　　　　　　　等方式逃避履行法律文书确定的义务
　　　　　　　　　的强制措施】…………………………… 228
　　第一百一十七条【对拒不履行协助义务的单位的强制
　　　　　　　　　措施】…………………………………… 232
　　第一百一十八条【罚款金额和拘留期限】………………… 234

第一百一十九条【拘传、罚款、拘留的批准】……… 234

第一百二十条【强制措施由法院决定】……… 235

第十一章 诉讼费用

第一百二十一条【诉讼费用】……… 236

第二编 审判程序

第十二章 第一审普通程序

第一节 起诉和受理

★ 第一百二十二条【起诉的实质要件】……… 250

第一百二十三条【起诉的形式要件】……… 255

第一百二十四条【起诉状的内容】……… 255

第一百二十五条【先行调解】……… 256

第一百二十六条【起诉权和受理程序】……… 256

第一百二十七条【对特殊情形的处理】……… 258

第二节 审理前的准备

第一百二十八条【送达起诉状和答辩状】……… 269

第一百二十九条【诉讼权利义务的告知】……… 270

★ 第一百三十条【对管辖权异议的审查和处理】……… 270

第一百三十一条【审判人员的告知】……… 273

第一百三十二条【审核取证】……… 273

第一百三十三条【调查取证的程序】……… 273

第一百三十四条【委托调查】……… 273

第一百三十五条【当事人的追加】……… 273

第一百三十六条【案件受理后的处理】……… 274

7

第三节 开庭审理

第一百三十七条【公开审理及例外】……………… 275
第一百三十八条【巡回审理】……………………… 275
第一百三十九条【开庭通知与公告】……………… 276
第一百四十条【宣布开庭】………………………… 276
★ 第一百四十一条【法庭调查顺序】………………… 276
第一百四十二条【当事人庭审诉讼权利】………… 277
第一百四十三条【合并审理】……………………… 278
第一百四十四条【法庭辩论】……………………… 279
第一百四十五条【法庭调解】……………………… 280
第一百四十六条【原告不到庭和中途退庭的处理】…… 280
第一百四十七条【被告不到庭和中途退庭的处理】…… 281
第一百四十八条【原告申请撤诉的处理】………… 282
第一百四十九条【延期审理】……………………… 284
第一百五十条【法庭笔录】………………………… 286
第一百五十一条【宣告判决】……………………… 288
第一百五十二条【一审审限】……………………… 289

第四节 诉讼中止和终结

★ 第一百五十三条【诉讼中止】……………………… 292
★ 第一百五十四条【诉讼终结】……………………… 293

第五节 判决和裁定

第一百五十五条【判决书的内容】………………… 294
第一百五十六条【先行判决】……………………… 300
第一百五十七条【裁定】…………………………… 300
第一百五十八条【一审裁判的生效】……………… 301
第一百五十九条【判决、裁定的公开】…………… 301

第十三章　简易程序

- ★ 第一百六十条【简易程序的适用范围】·················· 302
- 第一百六十一条【简易程序的起诉方式和受理程序】······ 304
- 第一百六十二条【简易程序的传唤方式】·················· 305
- ★ 第一百六十三条【简易程序的独任审理】················ 306
- 第一百六十四条【简易程序的审限】······················ 310
- ★ 第一百六十五条【小额诉讼程序】······················ 311
- 第一百六十六条【不适用小额诉讼程序的案件】·········· 313
- 第一百六十七条【小额诉讼的审理方式】·················· 315
- 第一百六十八条【小额诉讼的审限】······················ 315
- 第一百六十九条【小额诉讼程序转化及当事人异议权】··· 316
- ★ 第一百七十条【简易程序转为普通程序】··············· 317

第十四章　第二审程序

- 第一百七十一条【上诉权】······························ 319
- 第一百七十二条【上诉状的内容】························ 320
- ★ 第一百七十三条【上诉的提起】························ 321
- 第一百七十四条【上诉的受理】·························· 321
- 第一百七十五条【二审的审理范围】······················ 322
- 第一百七十六条【二审的审理方式和地点】················ 322
- 第一百七十七条【二审裁判】···························· 323
- 第一百七十八条【对一审适用裁定的上诉案件的处理】··· 326
- ★ 第一百七十九条【上诉案件的调解】···················· 327
- 第一百八十条【上诉的撤回】···························· 328
- ★ 第一百八十一条【二审适用的程序】···················· 328
- 第一百八十二条【二审裁判的效力】······················ 328
- 第一百八十三条【二审审限】···························· 329

9

第十五章 特别程序

第一节 一般规定

★ 第一百八十四条【特别程序的适用范围】……………… 329

第一百八十五条【一审终审与独任审理】……………… 330

第一百八十六条【特别程序的转换】…………………… 330

第一百八十七条【特别程序的审限】…………………… 331

第二节 选民资格案件

第一百八十八条【起诉与管辖】………………………… 331

第一百八十九条【审理、审限及判决】………………… 331

第三节 宣告失踪、宣告死亡案件

第一百九十条【宣告失踪案件的提起】………………… 332

第一百九十一条【宣告死亡案件的提起】……………… 332

★ 第一百九十二条【公告与判决】………………………… 333

第一百九十三条【判决的撤销】………………………… 336

第四节 指定遗产管理人案件

第一百九十四条【指定遗产管理人的管辖】…………… 338

第一百九十五条【遗产管理人的指定原则】…………… 339

★ 第一百九十六条【遗产管理人的变更】………………… 339

第一百九十七条【遗产管理人的另行指定】…………… 339

第五节 认定公民无民事行为能力、限制民事行为能力案件

第一百九十八条【认定公民无民事行为能力、限制民事
行为能力案件的提起】……………………………… 340

第一百九十九条【民事行为能力鉴定】………………… 341

★ 第 二 百 条【审理及判决】…………………………… 342

第二百零一条【判决的撤销】…………………………… 343

10

第六节　认定财产无主案件
★　第二百零二条【财产无主案件的提起】………… 346
　　第二百零三条【公告及判决】………………… 346
　　第二百零四条【判决的撤销】………………… 347

第七节　确认调解协议案件
★　第二百零五条【调解协议的司法确认】……… 348
　　第二百零六条【审查及裁定】………………… 352

第八节　实现担保物权案件
★　第二百零七条【实现担保物权案件的提起】… 353
　　第二百零八条【审查及裁定】………………… 355

第十六章　审判监督程序

　　第二百零九条【人民法院决定再审】………… 356
　　第二百一十条【当事人申请再审】…………… 358
　　第二百一十一条【再审事由】………………… 360
　　第二百一十二条【调解书的再审】…………… 363
★　第二百一十三条【不得申请再审的案件】…… 363
　　第二百一十四条【再审申请以及审查】……… 365
　　第二百一十五条【再审申请的审查期限以及再审案件
　　　　　　　　　　管辖法院】………………… 372
　　第二百一十六条【当事人申请再审的期限】… 374
　　第二百一十七条【中止原判决的执行及例外】… 375
★　第二百一十八条【再审案件的审理程序】…… 375
　　第二百一十九条【人民检察院提起抗诉】…… 378
　　第二百二十条【当事人申请再审检察建议及抗诉的
　　　　　　　　　条件】………………………… 382
　　第二百二十一条【抗诉案件的调查】………… 383

第二百二十二条【抗诉案件裁定再审的期限及审理法院】 … 384
第二百二十三条【抗诉书】 …………………………… 384
第二百二十四条【人民检察院派员出庭】…………… 384

第十七章　督促程序

第二百二十五条【支付令的申请】…………………… 387
第二百二十六条【支付令申请的受理】……………… 388
第二百二十七条【审理】……………………………… 390
★ 第二百二十八条【支付令的异议及失效的处理】……… 390

第十八章　公示催告程序

第二百二十九条【公示催告程序的提起】…………… 393
第二百三十条【受理、止付通知与公告】…………… 395
第二百三十一条【止付通知和公告的效力】………… 397
第二百三十二条【利害关系人申报权利】…………… 398
★ 第二百三十三条【除权判决】………………………… 399
第二百三十四条【除权判决的撤销】………………… 400

第三编　执行程序

第十九章　一般规定

第二百三十五条【执行依据及管辖】………………… 401
第二百三十六条【对违法的执行行为的异议】……… 404
第二百三十七条【变更执行法院】…………………… 406
★ 第二百三十八条【案外人异议】……………………… 407
第二百三十九条【执行员与执行机构】……………… 423

第二百四十条【委托执行】 …………………………… 424
第二百四十一条【执行和解】 …………………………… 428
第二百四十二条【执行担保】 …………………………… 429
第二百四十三条【被执行主体的变更】 ………………… 430
第二百四十四条【执行回转】 …………………………… 431
第二百四十五条【法院调解书的执行】 ………………… 431
第二百四十六条【对执行的法律监督】 ………………… 431

第二十章 执行的申请和移送

第二百四十七条【申请执行与移送执行】 ……………… 431
第二百四十八条【仲裁裁决的申请执行】 ……………… 434
第二百四十九条【公证债权文书的申请执行】 ………… 444
第二百五十条【申请执行期间】 ………………………… 452
第二百五十一条【执行通知】 …………………………… 453

第二十一章 执行措施

第二百五十二条【被执行人报告财产情况】 …………… 454
第二百五十三条【被执行人存款等财产的执行】 ……… 455
第二百五十四条【被执行人收入的执行】 ……………… 462
第二百五十五条【被执行人其他财产的执行】 ………… 464
第二百五十六条【查封、扣押】 ………………………… 471
第二百五十七条【被查封财产的保管】 ………………… 478
第二百五十八条【拍卖、变卖】 ………………………… 478
第二百五十九条【搜查】 ………………………………… 494
第二百六十条【指定交付】 ……………………………… 495
第二百六十一条【强制迁出】 …………………………… 497
第二百六十二条【财产权证照转移】 …………………… 497

13

第二百六十三条【行为的执行】……………… 498
★ 第二百六十四条【迟延履行的责任】………… 499
第二百六十五条【继续执行】…………………… 501
第二百六十六条【对被执行人的限制措施】…… 506

第二十二章 执行中止和终结

★ 第二百六十七条【中止执行】………………… 511
★ 第二百六十八条【终结执行】………………… 512
第二百六十九条【执行中止、终结裁定的生效】……… 514

第四编 涉外民事诉讼程序的特别规定

第二十三章 一般原则

第二百七十条【适用本法原则】………………… 518
第二百七十一条【信守国际条约原则】………… 519
第二百七十二条【司法豁免原则】……………… 519
第二百七十三条【使用我国通用语言、文字原则】……… 522
第二百七十四条【委托中国律师代理诉讼原则】……… 522
第二百七十五条【委托授权书的公证与认证】… 523

第二十四章 管　辖

第二百七十六条【特殊地域管辖】……………… 524
★ 第二百七十七条【涉外民事纠纷的协议管辖】… 524
★ 第二百七十八条【涉外民事纠纷的应诉管辖】… 525
★ 第二百七十九条【专属管辖】………………… 525
第二百八十条【排他性管辖协议】……………… 526

第二百八十一条【平行诉讼的处理】……………………… 526

第二百八十二条【不方便法院原则】…………………… 526

第二十五章　送达、调查取证、期间

第二百八十三条【送达方式】……………………………… 528

第二百八十四条【域外调查取证】………………………… 532

★　第二百八十五条【答辩期间】………………………… 533

第二百八十六条【上诉期间】……………………………… 533

第二百八十七条【审理期间】……………………………… 534

第二十六章　仲　　裁

第二百八十八条【或裁或审原则】………………………… 534

★　第二百八十九条【仲裁程序中的保全】…………………… 535

★　第二百九十条【仲裁裁决的执行】………………………… 535

第二百九十一条【仲裁裁决不予执行的情形】…………… 536

第二百九十二条【仲裁裁决不予执行的法律后果】……… 537

第二十七章　司法协助

第二百九十三条【司法协助的原则】……………………… 537

第二百九十四条【司法协助的途径】……………………… 537

第二百九十五条【司法协助请求使用的文字】…………… 538

★　第二百九十六条【司法协助程序】…………………… 538

第二百九十七条【申请外国承认和执行】………………… 539

第二百九十八条【外国申请承认和执行】………………… 539

第二百九十九条【外国法院裁判的承认与执行】………… 541

第　三　百　条【外国法院裁判的不予承认和执行】…… 543

15

第三百零一条【外国法院无管辖权的认定】………… 543

第三百零二条【同一争议的处理】………………… 544

第三百零三条【承认和执行的复议】……………… 544

★ 第三百零四条【外国仲裁裁决的承认和执行】………… 544

第三百零五条【外国国家豁免】…………………… 544

第三百零六条【施行时间】………………………… 545

案例索引目录

1. 某证券公司诉某置业公司财产权属纠纷案 …………… 127
2. 某进出口贸易公司、某地毯公司诉许某有因申请临时措施损害赔偿纠纷案 ………………………… 214
3. 某药业公司、某商厦公司与韩某彬、某广播电视台、某药房公司产品质量损害赔偿纠纷管辖权异议申请再审案 ……………………………………… 272
4. 邹某英诉孙某根、刘某工伤事故损害赔偿纠纷案 …… 326
5. 吴某不服选民资格处理决定案 ………………………… 331
6. 王某英与胡某宣告死亡案 ……………………………… 336
7. 欧某士申请指定遗产管理人案 ………………………… 339
8. 某社区居民委员会要求认定财产无主案 ……………… 347
9. 韩某彬与某郡公司等产品责任纠纷管辖权异议案 …… 362
10. 杨某与某保健品公司侵犯发明专利权纠纷案 ………… 364
11. 某担保公司与某证券公司等证券权益纠纷执行复议案 … 404
12. 吴某与某纸业公司买卖合同纠纷案 …………………… 429
13. 李某玲、李某裕申请执行某洋公司、某洋总公司执行复议案 ……………………………………… 434
14. 某机械制造公司与某克公司仲裁裁决执行复议案 …… 453

中华人民共和国民事诉讼法

（1991年4月9日第七届全国人民代表大会第四次会议通过　根据2007年10月28日第十届全国人民代表大会常务委员会第三十次会议《关于修改〈中华人民共和国民事诉讼法〉的决定》第一次修正　根据2012年8月31日第十一届全国人民代表大会常务委员会第二十八次会议《关于修改〈中华人民共和国民事诉讼法〉的决定》第二次修正　根据2017年6月27日第十二届全国人民代表大会常务委员会第二十八次会议《关于修改〈中华人民共和国民事诉讼法〉和〈中华人民共和国行政诉讼法〉的决定》第三次修正　根据2021年12月24日第十三届全国人民代表大会常务委员会第三十二次会议《关于修改〈中华人民共和国民事诉讼法〉的决定》第四次修正　根据2023年9月1日第十四届全国人民代表大会常务委员会第五次会议《关于修改〈中华人民共和国民事诉讼法〉的决定》第五次修正）

目　　录

第一编　总　　则

第一章　任务、适用范围和基本原则

第二章　管　　辖

　第一节　级别管辖

　第二节　地域管辖

　第三节　移送管辖和指定管辖

第三章　审判组织

第四章　回　　避

第五章　诉讼参加人

　第一节　当事人

第二节　诉讼代理人

第六章　证　　据

第七章　期间、送达

　第一节　期　　间

　第二节　送　　达

第八章　调　　解

第九章　保全和先予执行

第十章　对妨害民事诉讼的强制措施

第十一章　诉讼费用

第二编　审判程序

第十二章　第一审普通程序

　第一节　起诉和受理

　第二节　审理前的准备

　第三节　开庭审理

　第四节　诉讼中止和终结

　第五节　判决和裁定

第十三章　简易程序

第十四章　第二审程序

第十五章　特别程序

　第一节　一般规定

　第二节　选民资格案件

　第三节　宣告失踪、宣告死亡案件

　第四节　指定遗产管理人案件

　第五节　认定公民无民事行为能力、限制民事行为能力案件

　第六节　认定财产无主案件

　第七节　确认调解协议案件

　第八节　实现担保物权案件

第十六章　审判监督程序

第十七章　督促程序

第十八章　公示催告程序

第三编　执行程序

第十九章　一般规定

第二十章　执行的申请和移送

第二十一章　执行措施

第二十二章　执行中止和终结

第四编　涉外民事诉讼程序的特别规定

第二十三章　一般原则

第二十四章　管　　辖

第二十五章　送达、调查取证、期间

第二十六章　仲　　裁

第二十七章　司法协助

第一编　总　　则

第一章　任务、适用范围和基本原则

第一条　立法依据*

中华人民共和国民事诉讼法以宪法为根据，结合我国民事审判工作的经验和实际情况制定。

第二条　立法目的

中华人民共和国民事诉讼法的任务，是保护当事人行使诉讼权利，保证人民法院查明事实，分清是非，正确适用法

---

* 条文主旨为编者所加，下同。

律，及时审理民事案件，确认民事权利义务关系，制裁民事违法行为，保护当事人的合法权益，教育公民自觉遵守法律，维护社会秩序、经济秩序，保障社会主义建设事业顺利进行。

● 法　律

《民法典》（2020 年 5 月 28 日）①

　　第 1 条　为了保护民事主体的合法权益，调整民事关系，维护社会和经济秩序，适应中国特色社会主义发展要求，弘扬社会主义核心价值观，根据宪法，制定本法。

第三条　适用范围

　　人民法院受理公民之间、法人之间、其他组织之间以及他们相互之间因财产关系和人身关系提起的民事诉讼，适用本法的规定。

● 法　律

《民法典》（2020 年 5 月 28 日）

　　第 2 条　民法调整平等主体的自然人、法人和非法人组织之间的人身关系和财产关系。

第四条　空间效力

　　凡在中华人民共和国领域内进行民事诉讼，必须遵守本法。

---

　　①　本书中的日期为法律文件的公布日期，已经修正或修订的文件，为该文件截至本书出版时间最后一次修正或修订的公布日期。下文不再标注。

第五条 同等原则和对等原则

外国人、无国籍人、外国企业和组织在人民法院起诉、应诉，同中华人民共和国公民、法人和其他组织有同等的诉讼权利义务。

外国法院对中华人民共和国公民、法人和其他组织的民事诉讼权利加以限制的，中华人民共和国人民法院对该国公民、企业和组织的民事诉讼权利，实行对等原则。

第六条 独立审判原则

民事案件的审判权由人民法院行使。

人民法院依照法律规定对民事案件独立进行审判，不受行政机关、社会团体和个人的干涉。

● 宪 法

1. 《宪法》（2018年3月11日）

第128条 中华人民共和国人民法院是国家的审判机关。

第131条 人民法院依照法律规定独立行使审判权，不受行政机关、社会团体和个人的干涉。

● 法 律

2. 《各级人民代表大会常务委员会监督法》（2006年8月27日）

第5条 各级人民代表大会常务委员会对本级人民政府、人民法院和人民检察院的工作实施监督，促进依法行政、公正司法。

● 司法解释及文件

3. 《最高人民法院印发〈关于规范上下级人民法院审判业务关系的若干意见〉的通知》（2010年12月28日）

为进一步规范上下级人民法院之间的审判业务关系，明确监督指导的范围与程序，保障各级人民法院依法独立行使审判权，根据《中华人民共和国宪法》和《中华人民共和国人民法院组织法》等相关法律规定，结合审判工作实际，制定本意见。

第1条　最高人民法院监督指导地方各级人民法院和专门人民法院的审判业务工作。上级人民法院监督指导下级人民法院的审判业务工作。监督指导的范围、方式和程序应当符合法律规定。

第2条　各级人民法院在法律规定范围内履行各自职责，依法独立行使审判权。

第8条　最高人民法院通过审理案件、制定司法解释或者规范性文件、发布指导性案例、召开审判业务会议、组织法官培训等形式，对地方各级人民法院和专门人民法院的审判业务工作进行指导。

第9条　高级人民法院通过审理案件、制定审判业务文件、发布参考性案例、召开审判业务会议、组织法官培训等形式，对辖区内各级人民法院和专门人民法院的审判业务工作进行指导。

高级人民法院制定审判业务文件，应当经审判委员会讨论通过。最高人民法院发现高级人民法院制定的审判业务文件与现行法律、司法解释相抵触的，应当责令其纠正。

第10条　中级人民法院通过审理案件、总结审判经验、组织法官培训等形式，对基层人民法院的审判业务工作进行指导。

第11条　本意见自公布之日起施行。

第七条　以事实为根据，以法律为准绳原则

人民法院审理民事案件，必须以事实为根据，以法律为准绳。

第八条　诉讼权利平等原则

民事诉讼当事人有平等的诉讼权利。人民法院审理民事案件，应当保障和便利当事人行使诉讼权利，对当事人在适用法律上一律平等。

第九条　法院调解原则

人民法院审理民事案件，应当根据自愿和合法的原则进行调解；调解不成的，应当及时判决。

● 司法解释及文件

1.《最高人民法院关于适用简易程序审理民事案件的若干规定》（2020年12月29日）

第14条　下列民事案件，人民法院在开庭审理时应当先行调解：

（一）婚姻家庭纠纷和继承纠纷；

（二）劳务合同纠纷；

（三）交通事故和工伤事故引起的权利义务关系较为明确的损害赔偿纠纷；

（四）宅基地和相邻关系纠纷；

（五）合伙合同纠纷；

（六）诉讼标的额较小的纠纷。

但是根据案件的性质和当事人的实际情况不能调解或者显然没有调解必要的除外。

2.《最高人民法院关于进一步贯彻"调解优先、调判结合"工作原则的若干意见》（2010年6月7日）

一、牢固树立调解意识，进一步增强贯彻"调解优先、调判结合"工作原则的自觉性

1. 深刻认识新时期加强人民法院调解工作的重要性。全面加

强调解工作,是继承中华民族优秀文化和发扬人民司法优良传统的必然要求,是发挥中国特色社会主义司法制度政治优势的必然要求,是维护社会和谐稳定的必然要求,是充分发挥人民法院职能作用的必然要求。

我国正处于经济社会发展的重要战略机遇期和社会矛盾凸显期,维护社会和谐稳定的任务艰巨繁重。深入推进社会矛盾化解、社会管理创新、公正廉洁执法三项重点工作,是人民法院在新形势下履行自身历史使命的必然要求,是人民法院积极回应人民群众关切的必然要求,也是当前和今后一个时期人民法院的首要工作任务。"调解优先、调判结合"既是推动矛盾化解的重要原则,也是社会管理创新的重要内容,又是对法官司法能力的考验。深入推进三项重点工作,必须坚决贯彻这一工作原则,不断增强调解意识,积极创新调解机制,努力提高调解能力,着力推动人民调解、行政调解、司法调解"三位一体"大调解工作体系建设,有效化解社会矛盾,真正实现案结事了,为保障经济社会又好又快发展,维护社会和谐稳定,提供更加有力的司法保障和服务。

2. 牢固树立"调解优先"理念。调解是高质量审判,调解是高效益审判,调解能力是高水平司法能力。调解有利于化解社会矛盾,实现案结事了,有利于修复当事人之间的关系,实现和谐。各级法院要深刻认识调解在有效化解矛盾纠纷、促进社会和谐稳定中所具有的独特优势和重要价值,切实转变重裁判、轻调解的观念,把调解作为处理案件的首要选择,自觉主动地运用调解方式处理矛盾纠纷,把调解贯穿于立案、审判和执行的各个环节,贯穿于一审、二审、执行、再审、申诉、信访的全过程,把调解主体从承办法官延伸到合议庭所有成员、庭领导和院领导,把调解、和解和协调案件范围从民事案件逐步扩展到行政案件、刑事自诉案件、轻微刑事案件、刑事附带民事案件、国家赔偿案件和执行案件，建立覆盖全部审判执行领域的立体调解机制。要带着对当事人的真挚感情，怀着为当事人解难题、办实事的愿望去做调解工作。要做到能调则调，不放过诉讼和诉讼前后各个阶段出现的调解可能性，尽可能把握一切调解结案的机会。

3. 准确认识和把握"调解优先、调判结合"工作原则。要紧紧围绕"案结事了"目标，正确处理好调解与裁判这两种审判方式的关系。在处理案件过程中，首先要考虑用调解方式处理；要做到调解与裁判两手都要抓，两手都要硬；不论是调解还是裁判，都必须立足于有效化解矛盾纠纷、促进社会和谐，定分止争，实现法律效果与社会效果的有机统一。要根据每个案件的性质、具体情况和当事人的诉求，科学把握运用调解或者裁判方式处理案件的基础和条件。对于有调解可能的，要尽最大可能促成调解；对于没有调解可能的、法律规定不得调解的案件，要尽快裁判，充分发挥调解与裁判两种手段的作用。既要注意纠正不顾办案效果、草率下判的做法，也要注意纠正片面追求调解率、不顾当事人意愿强迫调解的做法。要努力实现调解结案率和息诉服判率的"两上升"，实现涉诉信访率和强制执行率的"两下降"，推动人民法院调解工作迈上新台阶，实现新发展。

二、完善调解工作制度，抓好重点环节，全面推进调解工作

4. 进一步强化民事案件调解工作。各级法院特别是基层法院要把调解作为处理民事案件的首选结案方式和基本工作方法。对依法和依案件性质可以调解的所有民事案件都要首先尝试通过运用调解方式解决，将调解贯穿于民事审判工作的全过程和所有环节。

对《最高人民法院关于适用简易程序审理民事案件的若干规定》第十四条规定的婚姻家庭纠纷、继承纠纷、劳务合同纠纷、交通事故和工伤事故引起的权利义务关系较为明确的损害赔偿纠纷、宅基地和相邻关系纠纷、合伙协议纠纷、诉讼标的额较小的

民事纠纷，在开庭审理时应当先行调解。但是根据案件的性质和当事人的实际情况不能调解或者显然没有调解必要的除外。

要下大力气做好以下民事案件的调解工作：事关民生和群体利益、需要政府和相关部门配合的案件；可能影响社会和谐稳定的群体性案件、集团诉讼案件、破产案件；民间债务、婚姻家庭继承等民事纠纷案件；案情复杂、难以形成证据优势的案件；当事人之间情绪严重对立的案件；相关法律法规没有规定或者规定不明确、适用法律有一定困难的案件；判决后难以执行的案件；社会普遍关注的敏感性案件；当事人情绪激烈、矛盾激化的再审案件、信访案件。

对《最高人民法院关于人民法院民事调解工作若干问题的规定》第二条规定的适用特别程序、督促程序、公示催告程序、破产还债程序的案件，婚姻关系、身份关系确认案件以及其他依案件性质不能进行调解的民事案件，不予调解。

5. 积极探索刑事案件调解、和解工作。要在依法惩罚犯罪的同时，按照宽严相济刑事政策的要求，通过积极有效的调解工作，化解当事人恩怨和对抗情绪，促进社会和谐。

要根据刑事诉讼法有关规定，积极开展刑事自诉案件调解工作，促进双方自行和解。对被告人认罪悔过，愿意赔偿被害人损失，取得被害人谅解，从而达成和解协议的，可以由自诉人撤回起诉，或者对被告人依法从轻或免予刑事处罚。对民间纠纷引发的轻伤害等轻微刑事案件，诉至法院后当事人自行和解的，应当准许并记录在案。也可以在不违反法律规定的前提下，对此类案件尝试做一些促进和解的工作。

对刑事附带民事诉讼案件，要在调解的方法、赔偿方式、调解案件适用时间、期间和审限等方面进行积极探索，把握一切有利于附带民事诉讼调解结案的积极因素，争取达成民事赔偿调解协议，为正确适用法律和执行宽严相济刑事政策创造条件。

6. 着力做好行政案件协调工作。在依法维护和监督行政机关依法行使行政职权的同时，要针对不同案件特点，通过积极有效的协调、和解，妥善化解行政争议。

在不违背法律规定的前提下，除了对行政赔偿案件依法开展调解外，在受理行政机关对平等主体之间的民事争议所作的行政裁决、行政确权等行政案件，行政机关自由裁量权范围内的行政处罚、行政征收、行政补偿和行政合同等行政案件，以及具体行政行为违法或者合法但不具有合理性的行政案件时，应当重点做好案件协调工作。

对一些重大疑难、影响较大的案件，要积极争取党委、人大支持和上级行政机关配合，邀请有关部门共同参与协调。对具体行政行为违法或者合法但不具有合理性的行政案件，要通过协调尽可能促使行政机关在诉讼中自行撤销违法行为，或者自行确认具体行政行为无效，或者重新作出处理决定。

7. 努力做好执行案件和解工作。要进一步改进执行方式，充分运用调解手段和执行措施，积极促成执行和解，有效化解执行难题。

对被执行财产难以发现的，要充分发挥执行联动威慑机制的作用，通过限制高消费措施、被执行人报告财产制度，以及委托律师调查、强制审计、公安机关协查等方式方法，最大限度地发现被执行人的财产，敦促被执行人提出切实可行的还款计划。

对被执行人系危困、改制、拟破产企业的，要协调有关部门和被执行人，综合运用执行担保、以物抵债、债转股等方式，促成双方当事人达成执行和解协议。

8. 进一步做好诉前调解工作。在收到当事人起诉状或者口头起诉之后、正式立案之前，对于未经人民调解、行政调解、行业调解等非诉讼纠纷解决方式调处的案件，要积极引导当事人先行就近、就地选择非诉讼调解组织解决纠纷，力争将矛盾纠纷化解在诉前。

当事人选择非诉讼调解的，应当暂缓立案；当事人不同意选择非诉讼调解的，或者经非诉讼调解未达成协议，坚持起诉的，经审查符合相关诉讼法规定的受理条件的，应当及时立案。

要进一步加强与人民调解组织、行政调解组织以及其他调解组织的协调与配合，有条件的基层法院特别是人民法庭应当设立诉前调解工作室或者"人民调解窗口"，充分发挥诉前调解的案件分流作用。

9. 进一步强化立案调解工作。在案件立案之后、移送审判业务庭之前，要充分利用立案窗口"第一时间接触当事人、第一时间了解案情"的优势，积极引导当事人选择调解方式解决纠纷。

对事实清楚、权利义务关系明确、争议不大的简单民事案件，在立案后应当及时调解；对可能影响社会和谐稳定的群体性案件、集团诉讼案件，敏感性强、社会广泛关注的案件，在立案后也要尽可能调解。对当事人拒绝调解的，无法及时与当事人及其委托代理人取得联系的，或者案情复杂、争议较大的案件，以及法律规定不得调解的案件，应当在立案后及时移送审理。对在调解过程中发现案件涉及国家利益、社会公共利益和第三人利益的，案件需要审计、评估、鉴定的，或者需要人民法院调查取证的，应当终结调解程序，及时移送审理。

立案阶段的调解应当坚持以效率、快捷为原则，避免案件在立案阶段积压。适用简易程序的一审民事案件，立案阶段调解期限原则上不超过立案后 10 日；适用普通程序的一审民事案件，立案阶段调解期限原则上不超过 20 日，经双方当事人同意，可以再延长 10 日。延长的调解期间不计入审限。

10. 积极探索和加强庭前调解工作。在案件移送审判业务庭、开庭审理之前，当事人同意调解的，要及时进行调解。要进一步加强庭前调解组织建设，有条件的人民法院可以探索建立专门的庭前调解组织。要进一步优化审判资源配置，有条件的人民法院可以探索试行法官助理等审判辅助人员开展庭前调解工作，提高调解工作效率，减轻审判人员的工作负担。

11. 继续抓好委托调解和协助调解工作。在案件受理后、裁判作出前，经当事人同意，可以委托有利于案件调解解决的人民调解、行政调解、行业调解等有关组织或者人大代表、政协委员等主持调解，或者邀请有关单位或者技术专家、律师等协助人民法院进行调解。调解人可以由当事人共同选定，也可以经双方当事人同意，由人民法院指定。当事人可以协商确定民事案件委托调解的期限，一般不超过 30 日。经双方当事人同意，可以顺延调解期间，但最长不超过 60 日。延长的调解期间不计入审限。人民法院委托调解人调解，应当制作调解移交函，附送主要案件材料，并明确委托调解的注意事项和当事人的相关请求。

12. 大力做好再审案件调解工作。对历时时间长、认识分歧较大的再审案件，当事人情绪激烈、矛盾激化的再审案件，改判和维持效果都不理想的再审案件，要多做调解、协调工作，尽可能促成当事人达成调解、和解协议。对抗诉再审案件，可以邀请检察机关协助人民法院进行调解；对一般再审案件，可以要求原一、二审法院配合进行调解；对处于执行中的再审案件，可以与执行部门协调共同做好调解工作。

13. 扎实做好调解回访工作。对于已经达成调解协议的，各级法院可以通过实地见面访、远程通讯访或者利用基层调解工作网络委托访等形式及时回访，督促当事人履行调解协议。对于相邻权、道路交通事故、劳动争议等多发易发纠纷的案件，应当将诉讼调解向后延伸，实现调解回访与息诉罢访相结合，及时消除不和谐苗头，巩固调解成果，真正实现案结事了。

14. 注重发挥律师和法律援助机构在调解工作中的积极作用。各级法院要积极推动、引导律师和法律援助机构参与或者主持调解、和解，共同做好调解工作。要积极探索，争取当地司法行政部门、律师协会的支持，注意解决律师风险代理收费与调解结案之间的矛盾。要积极推动律师协会建立推荐优秀律师担任调解员的制度，推进律师和法律援助机构参与或者主持调解工作的制度化、规范化。对于在调解工作中成绩突出的律师和法律援助机构，人民法院应当向当地司法行政部门、律师协会提出予以表彰和奖励的建议。

三、规范调解活动，创新调解工作机制，提高调解工作质量

15. 切实贯彻当事人自愿调解原则。要积极引导并为双方当事人达成调解协议提供条件、机会和必要的司法保障。除了法律另有规定的以外，要尊重当事人选择调解或者裁判方式解决纠纷的权利，尊重当事人决定调解开始时机、调解方式方法和调解协议内容的权利。要在各个诉讼环节，针对当事人的文化知识、诉讼能力的不同特点，用通俗易懂的语言，进行释法解疑，充分说明可能存在的诉讼风险，引导当事人在充分认识自身权利义务的基础上，平等自愿地解决纠纷。

16. 切实贯彻合法调解原则。要依法规范调解过程中法官审判权的行使，确保调解程序符合有关法律规定，不得违背当事人自愿去强迫调解，防止以判压调、以拖促调。要及时查明当事人之间的纠纷争执点和利益共同点，准确合理确定当事人利益关系的平衡点，维持双方当事人权利义务基本均衡，确保调解结果的正当性。要认真履行对调解协议审查确认职责，确保调解协议的内容不违反法律规定，不损害国家利益、社会公共利益、第三人利益以及社会公序良俗，正确发挥司法调解的功能，切实维护公平正义。

17. 科学把握当判则判的时机。要在加强调解的同时，切实维护当事人合法权益，注意防止不当调解和片面追求调解率的倾向，不得以牺牲当事人合法权益为代价进行调解。对当事人虚假

诉讼或者假借调解拖延诉讼的，应依法及时制止并做出裁判；对一方当事人提出的方案显失公平，勉强调解会纵容违法者、违约方，且使守法者、守约方的合法权益受损的，应依法及时裁判；对调解需要花费的时间精力、投入的成本与解决效果不成正比的，应依法及时裁判；对涉及国家利益或者社会公共利益的案件，具有法律适用指导意义的案件，或者对形成社会规则意识有积极意义的案件，应注意依法及时裁判结案，充分发挥裁判在明辨是非、规范行为、惩恶扬善中的积极作用。

18. 加强对调解工作的监督管理。要充分考虑调解工作的特点，建立健全有利于调解工作科学发展的审判流程管理体系。要落实《最高人民法院关于人民法院民事调解工作若干问题的规定》第四条、第六条关于特定情况下的和解、调解期间不计入审限的规定，合理放宽对调解案件适用时间、期间和审限的限制。当事人愿意进行调解，但审理期限即将届满的，可以由当事人协商确定继续调解的期限，经人民法院审查同意后，由承办法官记录在卷。案件有达成调解协议的可能，当事人不能就继续调解的期限达成一致的，经本院院长批准，可以合理延长调解期限。同时，要针对各类调解案件在审理流程中不同环节的特点，确定合理的案件流转程序，避免在调判对接、调判转换环节因效率不高而延长案件处置周期；要加强对调解工作的跟踪管理和评查，及时纠正调解工作中存在的问题，着重解决硬调、久调不决等问题，确保调解工作质量。

19. 进一步加强对法官在调解工作中的职业行为约束。各级法院的法官，在调解过程中要注重着装仪表，约束举止言行，保持客观公正，平等保护各方当事人合法权益，不偏袒一方。根据案件的具体情况，法官可以在调解过程中分别做各方当事人的调解工作，但不得违反有关规定，私自单方面会见当事人及其委托的代理人。

20. 进一步规范调解协议督促条款、担保履行条款的适用。在调解过程中，要关注义务履行人的履行能力和履行诚意，在确保调解协议内容具体、明确并具有可执行性的同时，注重引导当事人适用《最高人民法院关于人民法院民事调解工作若干问题的规定》第十条、第十一条规定的督促条款和担保履行条款，提高调解协议的自动履行率。对原告因质疑被告履行调解协议的诚意而不愿调解的案件、争议标的额较大的案件，以及调解协议确定的履行期限较长或者分期履行的案件，可以通过适用督促条款、担保履行条款，促进调解协议的达成，促使义务履行人自动履行调解协议。要注意总结调解经验，制定规范性的表述方式，明确条款的生效条件，防止调解结案后双方当事人对协议条款内容的理解产生歧义。

21. 建立健全类型化调解机制。要不断总结调解经验，努力探索调解规律，建立健全以调解案件分类化、调解法官专业化、调解方法特定化为内容的类型化调解机制，建立相应的调解模式，提高调解同类案件的工作效率和成功率。要根据案件利益诉求、争议焦点的相似性，对道路交通事故损害赔偿纠纷、医疗损害赔偿纠纷、劳动争议等案件试行类型调解模式，实现"调解一案、带动一片"的效果。要根据类型案件的特点，选配具有专业特长、经验丰富的法官调解，鼓励法官加强对类型案件调解理论和方法的梳理和研究，将经过实践检验行之有效的个案调解方法，提升为同类案件的调解技巧，不断丰富调解的形式和手段。

22. 建立健全调解工作激励机制。要修改完善调解工作统计指标体系，完善统计口径，要从统计和考核民事案件调解情况，发展到对诉前、立案、庭前、庭中、庭后、执行、再审、申诉、信访等诸环节的调解案件，以及刑事、行政等各项调解、和解和协调工作进行统计和考核。在考核指标体系方面，在适当考虑办案数量、结案率和改判发回率的同时，突出对办案社会效果的考核，加大调解撤诉率、服判息诉率、申请再审率、申诉率、信访率、强制执行率和调解案件自动履行率等指标的权重。要建立健全能够反映调解工作量和社会效果的量化考核体系和考评方法，作为评价各级法院调解工作成效的标准和法官业绩考评的参考依据，正确引导调解工作方向，提高调解水平。

23. 建立健全调解能力培养长效机制。要及时总结调解工作经验，整理典型案例，加强对调解工作的指导。要把调解能力培养列入法官年度和专门培训计划，要以提高做群众工作的能力为核心，着力加强调解能力建设。要继续推行法官教法官、新进人员到基层和信访窗口接受锻炼等做法，鼓励法官深入社会、深入实践、深入基层，深刻把握社情民意，了解本地风俗习惯，学会运用群众语言，不断贴近人民群众，切实增强调解工作的效果。

24. 建立健全调解保障机制。各级法院要积极争取当地党委和政府的支持，把调解工作经费纳入财政预算。要积极争取中央政法补助专款资金和省级财政配套资金支持，充分发挥专款资金的使用效益，加大对调解工作的经费投入。要在经费、装备和人员编制等方面向基层法院和人民法庭倾斜，加大投入，进一步夯实调解工作基层基础。要争取专项经费支持，为参与调解的特邀调解员、委托调解人提供经费保障，对在调解工作中成绩突出的特邀调解员、委托调解人，要予以表彰和奖励。

四、进一步推动"大调解"工作体系建设，不断完善中国特色纠纷解决机制

25. 坚持在党委领导和政府支持下推进工作体系建设。各级法院要紧紧依靠党委领导，积极争取政府支持，鼓励社会各界参与，充分发挥司法的推动作用，将人民调解、行政调解、司法调解"大调解"工作体系建设纳入推进三项重点工作的整体部署。在坚持三大调解各司其职的前提下，充分发挥司法的引导、保障作用，加强与人民调解、行政调解在程序对接、效力确认、法律

指导等方面的协调配合，及时把社会矛盾纠纷化解在基层和萌芽状态，有力促进社会和谐稳定。

26. 推动"大调解"工作网络体系的建立。各级法院要加强与村委会、居委会、工会、共青团、妇联、侨联等组织密切配合，形成化解社会矛盾的合力。要充分利用自身的资源来支持其他调解组织开展工作，有条件的地方可以在基层法院和人民法庭设立人民调解工作室等必要的办公场所，为其他组织调处纠纷提供支持，同时也要注意利用其他社会组织和有关部门的调解资源。可以在处理纠纷比较多的派出所、交警队、妇联、工会等单位设立巡回调解点。要建立以人大代表、政协委员、基层干部、人民陪审员、离退休干部以及社会各界人士组成的覆盖各级、各部门、各行业的特邀调解员、调解志愿者网络库，加强与人民调解、行政调解组织网络的对接，逐步形成资源共享、力量共用、良性互动的"大调解"工作网络体系。

27. 加强在"大调解"工作体系中的沟通协调。各级法院要加强与各级联席会议、人民调解、行政调解以及其他调解组织的联系，及时掌握矛盾纠纷排查情况，紧紧抓住影响社会和谐稳定的源头性、根本性、基础性问题，充分发挥不同调解组织的职能互补作用，引导不同类型的矛盾纠纷由不同的调解组织解决，相互借力、共谋调处。要依靠党委的领导和"大调解"工作体系，对可能起诉到人民法院的重大案件提前做好工作预案，对已受理的重大或群体性案件，要充分依托"大调解"工作体系协调相关职能部门稳妥处置化解。

28. 加强对人民调解、行政调解的法律指导。各级法院要加强与人民调解、行政调解组织的工作沟通和经验交流，相互学习借鉴好经验、好做法，共同提高调解水平。要积极开展对"大调解"工作中新情况、新问题的分析研究，加强对人民调解、行政调解组织的指导，帮助人民调解、行政调解组织完善工作程序，规范调解行为。要配合司法行政机关等政府职能部门和有关组织，指派审判经验丰富的审判人员采取"以案代训"、"观摩调解"等方式对人民调解员、行政调解人员开展培训。对人民法院变更、撤销或者确认无效的调解协议及其原因，应当以适当方式及时反馈给相关调解组织，并就审理中发现的问题提出意见和建议。

29. 进一步完善调解衔接机制。对经人民调解、行政调解、行业调解或者其他具有调解职能的组织调解达成的协议，需要确认效力的，有管辖权的人民法院应当依法及时审查确认；符合强制执行条件的，人民法院应当依法及时执行。具有债权内容的诉讼外调解协议，经公证机关依法赋予强制执行效力的，债权人可以向被执行人住所地或者被执行的财产所在地人民法院申请执行。

4.《最高人民法院关于适用〈中华人民共和国民事诉讼法〉的解释》（2022年4月1日）

第142条 人民法院受理案件后，经审查，认为法律关系明确、事实清楚，在征得当事人双方同意后，可以径行调解。

第145条 人民法院审理民事案件，应当根据自愿、合法的原则进行调解。当事人一方或者双方坚持不愿调解的，应当及时裁判。

人民法院审理离婚案件，应当进行调解，但不应久调不决。

> **第十条** 合议、回避、公开审判、两审终审制度
>
> 人民法院审理民事案件，依照法律规定实行合议、回避、公开审判和两审终审制度。

● 法 律

1.《人民法院组织法》（2018年10月26日）

第7条 人民法院实行司法公开，法律另有规定的除外。

第29条　人民法院审理案件，由合议庭或者法官一人独任审理。

合议庭和法官独任审理的案件范围由法律规定。

● 司法解释及文件

2.《最高人民法院关于严格执行公开审判制度的若干规定》（1999年3月8日）

为了严格执行公开审判制度，根据我国宪法和有关法律，特作如下规定：

一、人民法院进行审判活动，必须坚持依法公开审判制度，做到公开开庭，公开举证、质证，公开宣判。

二、人民法院对于第一审案件，除下列案件外，应当依法一律公开审理：

（一）涉及国家秘密的案件；

（二）涉及个人隐私的案件；

（三）14岁以上不满16岁未成年人犯罪的案件；经人民法院决定不公开审理的16岁以上不满18岁未成年人犯罪的案件；

（四）经当事人申请，人民法院决定不公开审理的涉及商业秘密的案件；

（五）经当事人申请，人民法院决定不公开审理的离婚案件；

（六）法律另有规定的其他不公开审理的案件。

对于不公开审理的案件，应当当庭宣布不公开审理的理由。

三、下列第二审案件应当公开审理：

（一）当事人对不服公开审理的第一审案件的判决、裁定提起上诉的，但因违反法定程序发回重审的和事实清楚依法迳行判决、裁定的除外。

（二）人民检察院对公开审理的案件的判决、裁定提起抗诉的，但需发回重审的除外。

四、依法公开审理案件应当在开庭3日以前公告。公告应当包括案由、当事人姓名或者名称、开庭时间和地点。

五、依法公开审理案件，案件事实未经法庭公开调查不能认定。

证明案件事实的证据未在法庭公开举证、质证，不能进行认证，但无需举证的事实除外。缺席审理的案件，法庭可以结合其他事实和证据进行认证。

法庭能够当庭认证的，应当当庭认证。

六、人民法院审理的所有案件应当一律公开宣告判决。

宣告判决，应当对案件事实和证据进行认定，并在此基础上正确适用法律。

七、凡应当依法公开审理的案件没有公开审理的，应当按下列规定处理：

（一）当事人提起上诉或者人民检察院对刑事案件的判决、裁定提起抗诉的，第二审人民法院应当裁定撤销原判决，发回重审；

（二）当事人申请再审的，人民法院可以决定再审；人民检察院按照审判监督程序提起抗诉的，人民法院应当决定再审。

上述发回重审或者决定再审的案件应当依法公开审理。

八、人民法院公开审理案件，庭审活动应当在审判法庭进行。需要巡回依法公开审理的，应当选择适当的场所进行。

九、审判法庭和其他公开进行案件审理活动的场所，应当按照最高人民法院关于法庭布置的要求悬挂国徽，设置审判席和其他相应的席位。

十、依法公开审理案件，公民可以旁听，但精神病人、醉酒的人和未经人民法院批准的未成年人除外。

根据法庭场所和参加旁听人数等情况，旁听人需要持旁听证进入法庭的，旁听证由人民法院制发。

外国人和无国籍人持有效证件要求旁听的，参照中国公民旁听的规定办理。

旁听人员必须遵守《中华人民共和国人民法院法庭规则》的规定，并应当接受安全检查。

十一、依法公开审理案件，经人民法院许可，新闻记者可以记录、录音、录像、摄影、转播庭审实况。

外国记者的旁听按照我国有关外事管理规定办理。

3.《最高人民法院关于人民法院执行公开的若干规定》（2006年12月23日）

为进一步规范人民法院执行行为，增强执行工作的透明度，保障当事人的知情权和监督权，进一步加强对执行工作的监督，确保执行公正，根据《中华人民共和国民事诉讼法》和有关司法解释等规定，结合执行工作实际，制定本规定。

第1条 本规定所称的执行公开，是指人民法院将案件执行过程和执行程序予以公开。

第2条 人民法院应当通过通知、公告或者法院网络、新闻媒体等方式，依法公开案件执行各个环节和有关信息，但涉及国家秘密、商业秘密等法律禁止公开的信息除外。

第3条 人民法院应当向社会公开执行案件的立案标准和启动程序。

人民法院对当事人的强制执行申请立案受理后，应当及时将立案的有关情况、当事人在执行程序中的权利和义务以及可能存在的执行风险书面告知当事人；不予立案的，应当制作裁定书送达申请人，裁定书应当载明不予立案的法律依据和理由。

第4条 人民法院应当向社会公开执行费用的收费标准和根据，公开执行费减、缓、免交的基本条件和程序。

第5条 人民法院受理执行案件后，应当及时将案件承办人或合议庭成员及联系方式告知双方当事人。

第6条　人民法院在执行过程中,申请执行人要求了解案件执行进展情况的,执行人员应当如实告知。

第7条　人民法院对申请执行人提供的财产线索进行调查后,应当及时将调查结果告知申请执行人;对依职权调查的被执行人财产状况和被执行人申报的财产状况,应当主动告知申请执行人。

第8条　人民法院采取查封、扣押、冻结、划拨等执行措施的,应当依法制作裁定书送达被执行人,并在实施执行措施后将有关情况及时告知双方当事人,或者以方便当事人查询的方式予以公开。

第9条　人民法院采取拘留、罚款、拘传等强制措施的,应当依法向被采取强制措施的人出示有关手续,并说明对其采取强制措施的理由和法律依据。采取强制措施后,应当将情况告知其他当事人。

采取拘留或罚款措施的,应当在决定书中告知被拘留或者被罚款的人享有向上级人民法院申请复议的权利。

第10条　人民法院拟委托评估、拍卖或者变卖被执行人财产的,应当及时告知双方当事人及其他利害关系人,并严格按照《中华人民共和国民事诉讼法》和最高人民法院《关于人民法院民事执行中拍卖、变卖财产的规定》等有关规定,采取公开的方式选定评估机构和拍卖机构,并依法公开进行拍卖、变卖。

评估结束后,人民法院应当及时向双方当事人及其他利害关系人送达评估报告;拍卖、变卖结束后,应当及时将结果告知双方当事人及其他利害关系人。

第11条　人民法院在办理参与分配的执行案件时,应当将被执行人财产的处理方案、分配原则和分配方案以及相关法律规定告知申请参与分配的债权人。必要时,应当组织各方当事人举行听证会。

第12条 人民法院对案外人异议、不予执行的申请以及变更、追加被执行主体等重大执行事项，一般应当公开听证进行审查；案情简单，事实清楚，没有必要听证的，人民法院可以直接审查。审查结果应当依法制作裁定书送达各方当事人。

第13条 人民法院依职权对案件中止执行的，应当制作裁定书并送达当事人。裁定书应当说明中止执行的理由，并明确援引相应的法律依据。

对已经中止执行的案件，人民法院应当告知当事人中止执行案件的管理制度、申请恢复执行或者人民法院依职权恢复执行的条件和程序。

第14条 人民法院依职权对据以执行的生效法律文书终结执行的，应当公开听证，但申请执行人没有异议的除外。

终结执行应当制作裁定书并送达双方当事人。裁定书应当充分说明终结执行的理由，并明确援引相应的法律依据。

第15条 人民法院未能按照最高人民法院《关于人民法院办理执行案件若干期限的规定》中规定的期限完成执行行为的，应当及时向申请执行人说明原因。

第16条 人民法院对执行过程中形成的各种法律文书和相关材料，除涉及国家秘密、商业秘密等不宜公开的文书材料外，其他一般都应当予以公开。

当事人及其委托代理人申请查阅执行卷宗的，经人民法院许可，可以按照有关规定查阅、抄录、复制执行卷宗正卷中的有关材料。

第17条 对违反本规定不公开或不及时公开案件执行信息的，视情节轻重，依有关规定追究相应的责任。

第18条 各高级人民法院在实施本规定过程中，可以根据实际需要制定实施细则。

第19条 本规定自2007年1月1日起施行。

4.《最高人民法院关于进一步加强合议庭职责的若干规定》（2010年1月11日）

为了进一步加强合议庭的审判职责，充分发挥合议庭的职能作用，根据《中华人民共和国人民法院组织法》和有关法律规定，结合人民法院工作实际，制定本规定。

第1条 合议庭是人民法院的基本审判组织。合议庭全体成员平等参与案件的审理、评议和裁判，依法履行审判职责。

第2条 合议庭由审判员、助理审判员或者人民陪审员随机组成。合议庭成员相对固定的，应当定期交流。人民陪审员参加合议庭的，应当从人民陪审员名单中随机抽取确定。

第3条 承办法官履行下列职责：

（一）主持或者指导审判辅助人员进行庭前调解、证据交换等庭前准备工作；

（二）拟定庭审提纲，制作阅卷笔录；

（三）协助审判长组织法庭审理活动；

（四）在规定期限内及时制作审理报告；

（五）案件需要提交审判委员会讨论的，受审判长指派向审判委员会汇报案件；

（六）制作裁判文书提交合议庭审核；

（七）办理有关审判的其他事项。

第4条 依法不开庭审理的案件，合议庭全体成员均应当阅卷，必要时提交书面阅卷意见。

第5条 开庭审理时，合议庭全体成员应当共同参加，不得缺席、中途退庭或者从事与该庭审无关的活动。合议庭成员未参加庭审、中途退庭或者从事与该庭审无关的活动，当事人提出异议的，应当纠正。合议庭仍不纠正的，当事人可以要求休庭，并将有关情况记入庭审笔录。

第6条 合议庭全体成员均应当参加案件评议。评议案件时，合议庭成员应当针对案件的证据采信、事实认定、法律适用、裁判结果以及诉讼程序等问题充分发表意见。必要时，合议庭成员还可提交书面评议意见。

合议庭成员评议时发表意见不受追究。

第7条　除提交审判委员会讨论的案件外，合议庭对评议意见一致或者形成多数意见的案件，依法作出判决或者裁定。下列案件可以由审判长提请院长或者庭长决定组织相关审判人员共同讨论，合议庭成员应当参加：

（一）重大、疑难、复杂或者新类型的案件；

（二）合议庭在事实认定或法律适用上有重大分歧的案件；

（三）合议庭意见与本院或上级法院以往同类型案件的裁判有可能不一致的案件；

（四）当事人反映强烈的群体性纠纷案件；

（五）经审判长提请且院长或者庭长认为确有必要讨论的其他案件。

上述案件的讨论意见供合议庭参考，不影响合议庭依法作出裁判。

第8条　各级人民法院的院长、副院长、庭长、副庭长应当参加合议庭审理案件，并逐步增加审理案件的数量。

第9条　各级人民法院应当建立合议制落实情况的考评机制，并将考评结果纳入岗位绩效考评体系。考评可采取抽查卷宗、案件评查、检查庭审情况、回访当事人等方式。考评包括以下内容：

（一）合议庭全体成员参加庭审的情况；

（二）院长、庭长参加合议庭庭审的情况；

（三）审判委员会委员参加合议庭庭审的情况；

（四）承办法官制作阅卷笔录、审理报告以及裁判文书的情况；

（五）合议庭其他成员提交阅卷意见、发表评议意见的情况；

（六）其他应当考核的事项。

第10条　合议庭组成人员存在违法审判行为的，应当按照《人民法院审判人员违法审判责任追究办法（试行）》等规定追究相应责任。合议庭审理案件有下列情形之一的，合议庭成员不承担责任：

（一）因对法律理解和认识上的偏差而导致案件被改判或者发回重审的；

（二）因对案件事实和证据认识上的偏差而导致案件被改判或者发回重审的；

（三）因新的证据而导致案件被改判或者发回重审的；

（四）因法律修订或者政策调整而导致案件被改判或者发回重审的；

（五）因裁判所依据的其他法律文书被撤销或变更而导致案件被改判或者发回重审的；

（六）其他依法履行审判职责不应当承担责任的情形。

第11条　执行工作中依法需要组成合议庭的，参照本规定执行。

第12条　本院以前发布的司法解释与本规定不一致的，以本规定为准。

第十一条　使用本民族语言文字原则

各民族公民都有用本民族语言、文字进行民事诉讼的权利。

在少数民族聚居或者多民族共同居住的地区，人民法院应当用当地民族通用的语言、文字进行审理和发布法律文书。

人民法院应当对不通晓当地民族通用的语言、文字的诉讼参与人提供翻译。

● 法　律

《民族区域自治法》（2001 年 2 月 28 日）

　　第 47 条　民族自治地方的人民法院和人民检察院应当用当地通用的语言审理和检察案件，并合理配备通晓当地通用的少数民族语言文字的人员。对于不通晓当地通用的语言文字的诉讼参与人，应当为他们提供翻译。法律文书应当根据实际需要，使用当地通用的一种或者几种文字。保障各民族公民都有使用本民族语言文字进行诉讼的权利。

第十二条　辩论原则

人民法院审理民事案件时，当事人有权进行辩论。

第十三条　诚信原则和处分原则

民事诉讼应当遵循诚信原则。

当事人有权在法律规定的范围内处分自己的民事权利和诉讼权利。

第十四条　检察监督原则

人民检察院有权对民事诉讼实行法律监督。

● 宪　法

《宪法》（2018 年 3 月 11 日）

　　第 134 条　中华人民共和国人民检察院是国家的法律监督机关。

第十五条　支持起诉原则

机关、社会团体、企业事业单位对损害国家、集体或者个人民事权益的行为，可以支持受损害的单位或者个人向人民法院起诉。

● 法　律

1. 《妇女权益保障法》（2022年10月30日）

　　第72条　对侵害妇女合法权益的行为，任何组织和个人都有权予以劝阻、制止或者向有关部门提出控告或者检举。有关部门接到控告或者检举后，应当依法及时处理，并为控告人、检举人保密。

　　妇女的合法权益受到侵害的，有权要求有关部门依法处理，或者依法申请调解、仲裁，或者向人民法院起诉。

　　对符合条件的妇女，当地法律援助机构或者司法机关应当给予帮助，依法为其提供法律援助或者司法救助。

　　第73条　妇女的合法权益受到侵害的，可以向妇女联合会等妇女组织求助。妇女联合会等妇女组织应当维护被侵害妇女的合法权益，有权要求并协助有关部门或者单位查处。有关部门或者单位应当依法查处，并予以答复；不予处理或者处理不当的，县级以上人民政府负责妇女儿童工作的机构、妇女联合会可以向其提出督促处理意见，必要时可以提请同级人民政府开展督查。

　　受害妇女进行诉讼需要帮助的，妇女联合会应当给予支持和帮助。

2. 《劳动法》（2018年12月29日）

　　第30条　用人单位解除劳动合同，工会认为不适当的，有权提出意见。如果用人单位违反法律、法规或者劳动合同，工会有权要求重新处理；劳动者申请仲裁或者提起诉讼的，工会应当依法给予支持和帮助。

3. 《工会法》（2021年12月24日）

　　第21条　企业、事业单位处分职工，工会认为不适当的，有权提出意见。

　　企业单方面解除职工劳动合同时，应当事先将理由通知工会，工会认为企业违反法律、法规和有关合同，要求重新研究处理时，企业应当研究工会的意见，并将处理结果书面通知工会。

职工认为企业侵犯其劳动权益而申请劳动争议仲裁或者向人民法院提起诉讼的，工会应当给予支持和帮助。

4. 《劳动合同法》（2012年12月28日）

第30条 用人单位应当按照劳动合同约定和国家规定，向劳动者及时足额支付劳动报酬。

用人单位拖欠或者未足额支付劳动报酬的，劳动者可以依法向当地人民法院申请支付令，人民法院应当依法发出支付令。

5. 《消费者权益保护法》（2013年10月25日）

第32条 消费者协会履行下列职能：

（一）向消费者提供消费信息和咨询服务；

（二）参与有关行政部门对商品和服务的监督、检查；

（三）就有关消费者合法权益的问题，向有关行政部门反映、查询，提出建议；

（四）受理消费者的投诉，并对投诉事项进行调查、调解；

（五）投诉事项涉及商品和服务质量问题的，可以提请鉴定部门鉴定，鉴定部门应当告知鉴定结论；

（六）就损害消费者合法权益的行为，支持受损害的消费者提起诉讼；

（七）对损害消费者合法权益的行为，通过大众传播媒介予以揭露、批评。

各级人民政府对消费者协会履行职能应当予以支持。

6. 《环境保护法》（2014年4月24日）

第58条 对污染环境、破坏生态，损害社会公共利益的行为，符合下列条件的社会组织可以向人民法院提起诉讼：

（一）依法在设区的市级以上人民政府民政部门登记；

（二）专门从事环境保护公益活动连续五年以上且无违法

记录。

符合前款规定的社会组织向人民法院提起诉讼,人民法院应当依法受理。

提起诉讼的社会组织不得通过诉讼牟取经济利益。

第十六条　在线诉讼法律效力

经当事人同意,民事诉讼活动可以通过信息网络平台在线进行。

民事诉讼活动通过信息网络平台在线进行的,与线下诉讼活动具有同等法律效力。

● 司法解释及文件

1.《人民法院在线诉讼规则》(2021年6月16日)

第1条　人民法院、当事人及其他诉讼参与人等可以依托电子诉讼平台(以下简称"诉讼平台"),通过互联网或者专用网络在线完成立案、调解、证据交换、询问、庭审、送达等全部或者部分诉讼环节。

在线诉讼活动与线下诉讼活动具有同等法律效力。

第5条　在诉讼过程中,如存在当事人欠缺在线诉讼能力、不具备在线诉讼条件或者相应诉讼环节不宜在线办理等情形之一的,人民法院应当将相应诉讼环节转为线下进行。

当事人已同意对相应诉讼环节适用在线诉讼,但诉讼过程中又反悔的,应当在开展相应诉讼活动前的合理期限内提出。经审查,人民法院认为不存在故意拖延诉讼等不当情形的,相应诉讼环节可以转为线下进行。

在调解、证据交换、询问、听证、庭审等诉讼环节中,一方当事人要求其他当事人及诉讼参与人在线下参与诉讼的,应当提出具体理由。经审查,人民法院认为案件存在案情疑难复杂、需证人现场作证、有必要线下举证质证、陈述辩论等情形之一的，相应诉讼环节可以转为线下进行。

第10条 案件适用在线诉讼的，人民法院应当通知被告、被上诉人或者其他诉讼参与人，询问其是否同意以在线方式参与诉讼。被通知人同意采用在线方式的，应当在收到通知的三日内通过诉讼平台验证身份、关联案件，并在后续诉讼活动中通过诉讼平台了解案件信息、接收和提交诉讼材料，以及实施其他诉讼行为。

被通知人未明确表示同意采用在线方式，且未在人民法院指定期限内注册登录诉讼平台的，针对被通知人的相关诉讼活动在线下进行。

第14条 人民法院根据当事人选择和案件情况，可以组织当事人开展在线证据交换，通过同步或者非同步方式在线举证、质证。

各方当事人选择同步在线交换证据的，应当在人民法院指定的时间登录诉讼平台，通过在线视频或者其他方式，对已经导入诉讼平台的证据材料或者线下送达的证据材料副本，集中发表质证意见。

各方当事人选择非同步在线交换证据的，应当在人民法院确定的合理期限内，分别登录诉讼平台，查看已经导入诉讼平台的证据材料，并发表质证意见。

各方当事人均同意在线证据交换，但对具体方式无法达成一致意见的，适用同步在线证据交换。

第21条 人民法院开庭审理的案件，应当根据当事人意愿、案件情况、社会影响、技术条件等因素，决定是否采取视频方式在线庭审，但具有下列情形之一的，不得适用在线庭审：

（一）各方当事人均明确表示不同意，或者一方当事人表示不同意且有正当理由的；

（二）各方当事人均不具备参与在线庭审的技术条件和能力的；

（三）需要通过庭审现场查明身份、核对原件、查验实物的；

（四）案件疑难复杂、证据繁多，适用在线庭审不利于查明事实和适用法律的；

（五）案件涉及国家安全、国家秘密的；

（六）案件具有重大社会影响，受到广泛关注的；

（七）人民法院认为存在其他不宜适用在线庭审情形的。

采取在线庭审方式审理的案件，审理过程中发现存在上述情形之一的，人民法院应当及时转为线下庭审。已完成的在线庭审活动具有法律效力。

在线询问的适用范围和条件参照在线庭审的相关规则。

2.《最高人民法院关于推进行政诉讼程序繁简分流改革的意见》（2021年5月14日）

第22条 人民法院、当事人及其他诉讼参与人通过信息化诉讼平台在线开展行政诉讼活动，行政诉讼法没有规定的，可以参照适用民事诉讼法及民事诉讼程序繁简分流的相关规定。

第十七条　民族自治地方的变通或者补充规定

> 民族自治地方的人民代表大会根据宪法和本法的原则，结合当地民族的具体情况，可以制定变通或者补充的规定。自治区的规定，报全国人民代表大会常务委员会批准。自治州、自治县的规定，报省或者自治区的人民代表大会常务委员会批准，并报全国人民代表大会常务委员会备案。

● 法　律

《立法法》（2023年3月13日）

第75条 民族自治地方的人民代表大会有权依照当地民族的

政治、经济和文化的特点,制定自治条例和单行条例。自治区的自治条例和单行条例,报全国人民代表大会常务委员会批准后生效。自治州、自治县的自治条例和单行条例,报省、自治区、直辖市的人民代表大会常务委员会批准后生效。

自治条例和单行条例可以依照当地民族的特点,对法律和行政法规的规定作出变通规定,但不得违背法律或者行政法规的基本原则,不得对宪法和民族区域自治法的规定以及其他有关法律、行政法规专门就民族自治地方所作的规定作出变通规定。

第二章 管　　辖

第一节　级别管辖

第十八条　基层法院管辖

基层人民法院管辖第一审民事案件,但本法另有规定的除外。

● 司法解释及文件

《最高人民法院关于涉外民商事案件诉讼管辖若干问题的规定》
(2020年12月29日)

第1条　第一审涉外民商事案件由下列人民法院管辖:

(一)国务院批准设立的经济技术开发区人民法院;

(二)省会、自治区首府、直辖市所在地的中级人民法院;

(三)经济特区、计划单列市中级人民法院;

(四)最高人民法院指定的其他中级人民法院;

(五)高级人民法院。

上述中级人民法院的区域管辖范围由所在地的高级人民法院确定。

第2条　对国务院批准设立的经济技术开发区人民法院所作

的第一审判决、裁定不服的，其第二审由所在地中级人民法院管辖。

第3条 本规定适用于下列案件：

（一）涉外合同和侵权纠纷案件；

（二）信用证纠纷案件；

（三）申请撤销、承认与强制执行国际仲裁裁决的案件；

（四）审查有关涉外民商事仲裁条款效力的案件；

（五）申请承认和强制执行外国法院民商事判决、裁定的案件。

第4条 发生在与外国接壤的边境省份的边境贸易纠纷案件，涉外房地产案件和涉外知识产权案件，不适用本规定。

第5条 涉及香港、澳门特别行政区和台湾地区当事人的民商事纠纷案件的管辖，参照本规定处理。

第十九条　中级法院管辖

中级人民法院管辖下列第一审民事案件：

（一）重大涉外案件；

（二）在本辖区有重大影响的案件；

（三）最高人民法院确定由中级人民法院管辖的案件。

● 司法解释及文件

1.《最高人民法院关于审理涉及计算机网络域名民事纠纷案件适用法律若干问题的解释》（2020年12月29日）

第2条 涉及域名的侵权纠纷案件，由侵权行为地或者被告住所地的中级人民法院管辖。对难以确定侵权行为地和被告住所地的，原告发现该域名的计算机终端等设备所在地可以视为侵权行为地。

涉外域名纠纷案件包括当事人一方或者双方是外国人、无国籍人、外国企业或组织、国际组织，或者域名注册地在外国的域名纠纷案件。在中华人民共和国领域内发生的涉外域名纠纷案件，依照民事诉讼法第四编的规定确定管辖。

2.《最高人民法院关于涉外民商事案件诉讼管辖若干问题的规定》（2020年12月29日）

为正确审理涉外民商事案件，依法保护中外当事人的合法权益，根据《中华人民共和国民事诉讼法》第十八条的规定，现将有关涉外民商事案件诉讼管辖的问题规定如下：

第1条　第一审涉外民商事案件由下列人民法院管辖：

（一）国务院批准设立的经济技术开发区人民法院；

（二）省会、自治区首府、直辖市所在地的中级人民法院；

（三）经济特区、计划单列市中级人民法院；

（四）最高人民法院指定的其他中级人民法院；

（五）高级人民法院。

上述中级人民法院的区域管辖范围由所在地的高级人民法院确定。

第2条　对国务院批准设立的经济技术开发区人民法院所作的第一审判决、裁定不服的，其第二审由所在地中级人民法院管辖。

第3条　本规定适用于下列案件：

（一）涉外合同和侵权纠纷案件；

（二）信用证纠纷案件；

（三）申请撤销、承认与强制执行国际仲裁裁决的案件；

（四）审查有关涉外民商事仲裁条款效力的案件；

（五）申请承认和强制执行外国法院民商事判决、裁定的案件。

第4条　发生在与外国接壤的边境省份的边境贸易纠纷案件，涉外房地产案件和涉外知识产权案件，不适用本规定。

第5条　涉及香港、澳门特别行政区和台湾地区当事人的民商事纠纷案件的管辖,参照本规定处理。

第 6 条　高级人民法院应当对涉外民商事案件的管辖实施监督,凡越权受理涉外民商事案件的,应当通知或者裁定将案件移送有管辖权的人民法院审理。

第 7 条　本规定于 2002 年 3 月 1 日起施行。本规定施行前已经受理的案件由原受理人民法院继续审理。

本规定人发布前的有关司法解释、规定与本规定不一致的,以本规定为准。

3. **《最高人民法院关于审理著作权民事纠纷案件适用法律若干问题的解释》**(2020 年 12 月 29 日)

第 2 条　著作权民事纠纷案件,由中级以上人民法院管辖。

各高级人民法院根据本辖区的实际情况,可以报请最高人民法院批准,由若干基层人民法院管辖第一审著作权民事纠纷案件。

4. **《最高人民法院关于审理期货纠纷案件若干问题的规定》**(2020 年 12 月 29 日)

第 7 条　期货纠纷案件由中级人民法院管辖。

高级人民法院根据需要可以确定部分基层人民法院受理期货纠纷案件。

5. **《最高人民法院关于审理技术合同纠纷案件适用法律若干问题的解释》**(2020 年 12 月 29 日)

第 43 条　技术合同纠纷案件一般由中级以上人民法院管辖。

各高级人民法院根据本辖区的实际情况并报经最高人民法院批准,可以指定若干基层人民法院管辖第一审技术合同纠纷案件。

其他司法解释对技术合同纠纷案件管辖另有规定的,从其规定。

合同中既有技术合同内容,又有其他合同内容,当事人就技术合同内容和其他合同内容均发生争议的,由具有技术合同纠纷案件管辖权的人民法院受理。

6.《最高人民法院关于适用〈中华人民共和国仲裁法〉若干问题的解释》(2008年12月16日)

第12条 当事人向人民法院申请确认仲裁协议效力的案件,由仲裁协议约定的仲裁机构所在地的中级人民法院管辖;仲裁协议约定的仲裁机构不明确的,由仲裁协议签订地或者被申请人住所地的中级人民法院管辖。

申请确认涉外仲裁协议效力的案件,由仲裁协议约定的仲裁机构所在地、仲裁协议签订地、申请人或者被申请人住所地的中级人民法院管辖。

涉及海事海商纠纷仲裁协议效力的案件,由仲裁协议约定的仲裁机构所在地、仲裁协议签订地、申请人或者被申请人住所地的海事法院管辖;上述地点没有海事法院的,由就近的海事法院管辖。

第29条 当事人申请执行仲裁裁决案件,由被执行人住所地或者被执行的财产所在地的中级人民法院管辖。

7.《最高人民法院关于专利、商标等授权确权类知识产权行政案件审理分工的规定》(2009年6月22日)

为贯彻落实《国家知识产权战略纲要》,完善知识产权审判体制,确保司法标准的统一,现就专利、商标等授权确权类知识产权行政案件的审理分工作如下规定:

第1条 下列一、二审案件由北京市有关中级人民法院、北京市高级人民法院和最高人民法院知识产权审判庭审理:

(一)不服国务院专利行政部门专利复审委员会作出的专利复审决定和无效决定的案件;

(二)不服国务院专利行政部门作出的实施专利强制许可决定和实施专利强制许可的使用费裁决的案件;

(三)不服国务院工商行政管理部门商标评审委员会作出的商标复审决定和裁定的案件;

(四)不服国务院知识产权行政部门作出的集成电路布图设计复审决定和撤销决定的案件;

(五)不服国务院知识产权行政部门作出的使用集成电路布图设计非自愿许可决定的案件和使用集成电路布图设计非自愿许可的报酬裁决的案件;

(六)不服国务院农业、林业行政部门植物新品种复审委员会作出的植物新品种复审决定、无效决定和更名决定的案件;

(七)不服国务院农业、林业行政部门作出的实施植物新品种强制许可决定和实施植物新品种强制许可的使用费裁决的案件。

第2条 当事人对于人民法院就第一条所列案件作出的生效判决或者裁定不服,向上级人民法院申请再审的案件,由上级人民法院知识产权审判庭负责再审审查和审理。

第3条 由最高人民法院、北京市高级人民法院和北京市有关中级人民法院知识产权审判庭审理的上述案件,立案时统一使用"知行"字编号。

第4条 本规定自2009年7月1日起施行,最高人民法院于2002年5月21日作出的《关于专利法、商标法修改后专利、商标相关案件分工问题的批复》(法〔2002〕117号)同时废止。

8.《最高人民法院关于调整地方各级人民法院管辖第一审知识产权民事案件标准的通知》(2010年1月28日)

一、高级人民法院管辖诉讼标的额在2亿元以上的第一审知识产权民事案件,以及诉讼标的额在1亿元以上且当事人一方住所地不在其辖区或者涉外、涉港澳台的第一审知识产权民事案件。

二、对于本通知第一项标准以下的第一审知识产权民事案件，除应当由经最高人民法院指定具有一般知识产权民事案件管辖权的基层人民法院管辖的以外，均由中级人民法院管辖。

三、经最高人民法院指定具有一般知识产权民事案件管辖权的基层人民法院，可以管辖诉讼标的额在 500 万元以下的第一审一般知识产权民事案件，以及诉讼标的额在 500 万元以上 1000 万元以下且当事人住所地均在其所属高级或中级人民法院辖区的第一审一般知识产权民事案件，具体标准由有关高级人民法院自行确定并报最高人民法院批准。

四、对重大疑难、新类型和在适用法律上有普遍意义的知识产权民事案件，可以依照民事诉讼法第三十九条的规定，由上级人民法院自行决定由其审理，或者根据下级人民法院报请决定由其审理。

五、对专利、植物新品种、集成电路布图设计纠纷案件和涉及驰名商标认定的纠纷案件以及垄断纠纷案件等特殊类型的第一审知识产权民事案件，确定管辖时还应当符合最高人民法院有关上述案件管辖的特别规定。

六、军事法院管辖军内第一审知识产权民事案件的标准，参照当地同级地方人民法院的标准执行。

七、本通知下发后，需要新增指定具有一般知识产权民事案件管辖权的基层人民法院的，有关高级人民法院应将该基层人民法院管辖第一审一般知识产权民事案件的标准一并报最高人民法院批准。

八、本通知所称"以上"包括本数，"以下"不包括本数。

九、本通知自 2010 年 2 月 1 日起执行。之前已经受理的案件，仍按照各地原标准执行。

9.《最高人民法院关于审理期货纠纷案件若干问题的规定（二）》（2020 年 12 月 29 日）

第 1 条 以期货交易所为被告或者第三人的因期货交易所履

行职责引起的商事案件,由期货交易所所在地的中级人民法院管辖。

10.《全国人民代表大会常务委员会关于在北京、上海、广州设立知识产权法院的决定》(2014年8月31日)

为推动实施国家创新驱动发展战略,进一步加强知识产权司法保护,切实依法保护权利人合法权益,维护社会公共利益,根据宪法和人民法院组织法,特作如下决定:

一、在北京、上海、广州设立知识产权法院。

知识产权法院审判庭的设置,由最高人民法院根据知识产权案件的类型和数量确定。

二、知识产权法院管辖有关专利、植物新品种、集成电路布图设计、技术秘密等专业技术性较强的第一审知识产权民事和行政案件。

不服国务院行政部门裁定或者决定而提起的第一审知识产权授权确权行政案件,由北京知识产权法院管辖。

知识产权法院对第一款规定的案件实行跨区域管辖。在知识产权法院设立的三年内,可以先在所在省(直辖市)实行跨区域管辖。

三、知识产权法院所在市的基层人民法院第一审著作权、商标等知识产权民事和行政判决、裁定的上诉案件,由知识产权法院审理。

四、知识产权法院第一审判决、裁定的上诉案件,由知识产权法院所在地的高级人民法院审理。

五、知识产权法院审判工作受最高人民法院和所在地的高级人民法院监督。知识产权法院依法接受人民检察院法律监督。

六、知识产权法院院长由所在地的市人民代表大会常务委员会主任会议提请本级人民代表大会常务委员会任免。

知识产权法院副院长、庭长、审判员和审判委员会委员,由知识产权法院院长提请所在地的市人民代表大会常务委员会任免。

知识产权法院对所在地的市人民代表大会常务委员会负责并报告工作。

七、本决定施行满三年,最高人民法院应当向全国人民代表大会常务委员会报告本决定的实施情况。

八、本决定自公布之日起施行。

11.《最高人民法院关于北京、上海、广州知识产权法院案件管辖的规定》(2020年12月29日)

为进一步明确北京、上海、广州知识产权法院的案件管辖,根据《中华人民共和国民事诉讼法》《中华人民共和国行政诉讼法》《全国人民代表大会常务委员会关于在北京、上海、广州设立知识产权法院的决定》等规定,制定本规定。

第1条 知识产权法院管辖所在市辖区内的下列第一审案件:

(一)专利、植物新品种、集成电路布图设计、技术秘密、计算机软件民事和行政案件;

(二)对国务院部门或者县级以上地方人民政府所作的涉及著作权、商标、不正当竞争等行政行为提起诉讼的行政案件;

(三)涉及驰名商标认定的民事案件。

第2条 广州知识产权法院对广东省内本规定第一条第(一)项和第(三)项规定的案件实行跨区域管辖。

第3条 北京市、上海市各中级人民法院和广州市中级人民法院不再受理知识产权民事和行政案件。

广东省其他中级人民法院不再受理本规定第一条第(一)项和第(三)项规定的案件。

北京市、上海市、广东省各基层人民法院不再受理本规定第一条第(一)项和第(三)项规定的案件。

第4条　案件标的既包含本规定第一条第（一）项和第（三）项规定的内容，又包含其他内容的，按本规定第一条和第二条的规定确定管辖。

第5条　下列第一审行政案件由北京知识产权法院管辖：

（一）不服国务院部门作出的有关专利、商标、植物新品种、集成电路布图设计等知识产权的授权确权裁定或者决定的；

（二）不服国务院部门作出的有关专利、植物新品种、集成电路布图设计的强制许可决定以及强制许可使用费或者报酬的裁决的；

（三）不服国务院部门作出的涉及知识产权授权确权的其他行政行为的。

第6条　当事人对知识产权法院所在市的基层人民法院作出的第一审著作权、商标、技术合同、不正当竞争等知识产权民事和行政判决、裁定提起的上诉案件，由知识产权法院审理。

第7条　当事人对知识产权法院作出的第一审判决、裁定提起的上诉案件和依法申请上一级法院复议的案件，由知识产权法院所在地的高级人民法院知识产权审判庭审理，但依法应由最高人民法院审理的除外。

第8条　知识产权法院所在省（直辖市）的基层人民法院在知识产权法院成立前已经受理但尚未审结的本规定第一条第（一）项和第（三）项规定的案件，由该基层人民法院继续审理。

除广州市中级人民法院以外，广东省其他中级人民法院在广州知识产权法院成立前已经受理但尚未审结的本规定第一条第（一）项和第（三）项规定的案件，由该中级人民法院继续审理。

12.《最高人民法院关于审理专利纠纷案件适用法律问题的若干规定》（2020年12月29日）

第1条　人民法院受理下列专利纠纷案件：

1. 专利申请权权属纠纷案件；

2. 专利权权属纠纷案件；

3. 专利合同纠纷案件；

4. 侵害专利权纠纷案件；

5. 假冒他人专利纠纷案件；

6. 发明专利临时保护期使用费纠纷案件；

7. 职务发明创造发明人、设计人奖励、报酬纠纷案件；

8. 诉前申请行为保全纠纷案件；

9. 诉前申请财产保全纠纷案件；

10. 因申请行为保全损害责任纠纷案件；

11. 因申请财产保全损害责任纠纷案件；

12. 发明创造发明人、设计人署名权纠纷案件；

13. 确认不侵害专利权纠纷案件；

14. 专利权宣告无效后返还费用纠纷案件；

15. 因恶意提起专利权诉讼损害责任纠纷案件；

16. 标准必要专利使用费纠纷案件；

17. 不服国务院专利行政部门维持驳回申请复审决定案件；

18. 不服国务院专利行政部门专利权无效宣告请求决定案件；

19. 不服国务院专利行政部门实施强制许可决定案件；

20. 不服国务院专利行政部门实施强制许可使用费裁决案件；

21. 不服国务院专利行政部门行政复议决定案件；

22. 不服国务院专利行政部门作出的其他行政决定案件；

23. 不服管理专利工作的部门行政决定案件；

24. 确认是否落入专利权保护范围纠纷案件；

25. 其他专利纠纷案件。

第 2 条　因侵犯专利权行为提起的诉讼，由侵权行为地或者被告住所地人民法院管辖。

侵权行为地包括：被诉侵犯发明、实用新型专利权的产品的制造、使用、许诺销售、销售、进口等行为的实施地；专利方法使用行为的实施地,依照该专利方法直接获得的产品的使用、许诺销售、销售、进口等行为的实施地;外观设计专利产品的制造、许诺销售、销售、进口等行为的实施地;假冒他人专利的行为实施地。上述侵权行为的侵权结果发生地。

13. **《最高人民法院关于适用〈中华人民共和国民事诉讼法〉的解释》**(2022年4月1日)

第1条 民事诉讼法第十九条第一项规定的重大涉外案件,包括争议标的额大的案件、案情复杂的案件,或者一方当事人人数众多等具有重大影响的案件。

第75条 民事诉讼法第五十六条、第五十七条和第二百零六条①规定的人数众多,一般指十人以上。

第520条 有下列情形之一,人民法院可以认定为涉外民事案件:

(一)当事人一方或者双方是外国人、无国籍人、外国企业或者组织的;

(二)当事人一方或者双方的经常居所地在中华人民共和国领域外的;

(三)标的物在中华人民共和国领域外的;

(四)产生、变更或者消灭民事关系的法律事实发生在中华人民共和国领域外的;

(五)可以认定为涉外民事案件的其他情形。

第二十条 高级法院管辖

高级人民法院管辖在本辖区有重大影响的第一审民事案件。

---

① 根据2023年修正的《中华人民共和国民事诉讼法》,部分条文序号已发生变化,下文对此不再提示。

第二十一条　最高法院管辖

最高人民法院管辖下列第一审民事案件：
（一）在全国有重大影响的案件；
（二）认为应当由本院审理的案件。

第二节　地域管辖

第二十二条　被告住所地、经常居住地法院管辖

对公民提起的民事诉讼，由被告住所地人民法院管辖；被告住所地与经常居住地不一致的，由经常居住地人民法院管辖。

对法人或者其他组织提起的民事诉讼，由被告住所地人民法院管辖。

同一诉讼的几个被告住所地、经常居住地在两个以上人民法院辖区的，各该人民法院都有管辖权。

● 法　律

1.《民法典》（2020 年 5 月 28 日）

第二十五条　自然人以户籍登记或者其他有效身份登记记载的居所为住所；经常居所与住所不一致的，经常居所视为住所。

第六十三条　法人以其主要办事机构所在地为住所。依法需要办理法人登记的，应当将主要办事机构所在地登记为住所。

● 司法解释及文件

2.《最高人民法院关于适用〈中华人民共和国公司法〉若干问题的规定（二）》（2020 年 12 月 29 日）

第 24 条　解散公司诉讼案件和公司清算案件由公司住所地

人民法院管辖。公司住所地是指公司主要办事机构所在地。公司办事机构所在地不明确的,由其注册地人民法院管辖。

基层人民法院管辖县、县级市或者区的公司登记机关核准登记公司的解散诉讼案件和公司清算案件;中级人民法院管辖地区、地级市以上的公司登记机关核准登记公司的解散诉讼案件和公司清算案件。

3.《最高人民法院关于适用〈中华人民共和国民事诉讼法〉的解释》(2022年4月1日)

第3条 公民的住所地是指公民的户籍所在地,法人或者其他组织的住所地是指法人或者其他组织的主要办事机构所在地。

法人或者其他组织的主要办事机构所在地不能确定的,法人或者其他组织的注册地或者登记地为住所地。

第4条 公民的经常居住地是指公民离开住所地至起诉时已连续居住一年以上的地方,但公民住院就医的地方除外。

第5条 对没有办事机构的个人合伙、合伙型联营体提起的诉讼,由被告注册登记地人民法院管辖。没有注册登记,几个被告又不在同一辖区的,被告住所地的人民法院都有管辖权。

第6条 被告被注销户籍的,依照民事诉讼法第二十三条规定确定管辖;原告、被告均被注销户籍的,由被告居住地人民法院管辖。

第7条 当事人的户籍迁出后尚未落户,有经常居住地的,由该地人民法院管辖;没有经常居住地的,由其原户籍所在地人民法院管辖。

第8条 双方当事人都被监禁或者被采取强制性教育措施的,由被告原住所地人民法院管辖。被告被监禁或者被采取强制性教育措施一年以上的,由被告被监禁地或者被采取强制性教育措施地人民法院管辖。

第9条 追索赡养费、扶养费、抚养费案件的几个被告住所地不在同一辖区的,可以由原告住所地人民法院管辖。

第 10 条　不服指定监护或者变更监护关系的案件,可以由被监护人住所地人民法院管辖。

第 11 条　双方当事人均为军人或者军队单位的民事案件由军事法院管辖。

第 12 条　夫妻一方离开住所地超过一年,另一方起诉离婚的案件,可以由原告住所地人民法院管辖。

夫妻双方离开住所地超过一年,一方起诉离婚的案件,由被告经常居住地人民法院管辖;没有经常居住地的,由原告起诉时被告居住地人民法院管辖。

第 23 条　债权人申请支付令,适用民事诉讼法第二十二条规定,由债务人住所地基层人民法院管辖。

第二十三条　原告住所地、经常居住地法院管辖

下列民事诉讼,由原告住所地人民法院管辖;原告住所地与经常居住地不一致的,由原告经常居住地人民法院管辖:

(一)对不在中华人民共和国领域内居住的人提起的有关身份关系的诉讼;

(二)对下落不明或者宣告失踪的人提起的有关身份关系的诉讼;

(三)对被采取强制性教育措施的人提起的诉讼;

(四)对被监禁的人提起的诉讼。

● 司法解释及文件

《最高人民法院关于适用〈中华人民共和国民事诉讼法〉的解释》(2022 年 4 月 1 日)

第 9 条　追索赡养费、扶养费、抚养费案件的几个被告住所地不在同一辖区的,可以由原告住所地人民法院管辖。

第 10 条　不服指定监护或者变更监护关系的案件，可以由被监护人住所地人民法院管辖。

第 11 条　双方当事人均为军人或者军队单位的民事案件由军事法院管辖。

第 12 条　夫妻一方离开住所地超过一年，另一方起诉离婚的案件，可以由原告住所地人民法院管辖。

夫妻双方离开住所地超过一年，一方起诉离婚的案件，由被告经常居住地人民法院管辖；没有经常居住地的，由原告起诉时被告居住地人民法院管辖。

第 13 条　在国内结婚并定居国外的华侨，如定居国法院以离婚诉讼须由婚姻缔结地法院管辖为由不予受理，当事人向人民法院提出离婚诉讼的，由婚姻缔结地或者一方在国内的最后居住地人民法院管辖。

第 14 条　在国外结婚并定居国外的华侨，如定居国法院以离婚诉讼须由国籍所属国法院管辖为由不予受理，当事人向人民法院提出离婚诉讼的，由一方原住所地或者在国内的最后居住地人民法院管辖。

第 15 条　中国公民一方居住在国外，一方居住在国内，不论哪一方向人民法院提起离婚诉讼，国内一方住所地人民法院都有权管辖。国外一方在居住国法院起诉，国内一方向人民法院起诉的，受诉人民法院有权管辖。

第 16 条　中国公民双方在国外但未定居，一方向人民法院起诉离婚的，应由原告或者被告原住所地人民法院管辖。

第二十四条　合同纠纷的地域管辖

因合同纠纷提起的诉讼，由被告住所地或者合同履行地人民法院管辖。

● **司法解释及文件**

1.《最高人民法院关于审理存单纠纷案件的若干规定》（2020年12月29日）

第1条 存单纠纷案件的范围

（一）存单持有人以存单为重要证据向人民法院提起诉讼的纠纷案件；

（二）当事人以进账单、对账单、存款合同等凭证为主要证据向人民法院提起诉讼的纠纷案件；

（三）金融机构向人民法院起诉要求确认存单、进账单、对账单、存款合同等凭证无效的纠纷案件；

（四）以存单为表现形式的借贷纠纷案件。

第4条 存单纠纷案件的管辖

依照《中华人民共和国民事诉讼法》第二十三条的规定，存单纠纷案件由被告住所地人民法院或出具存单、进账单、对账单或与当事人签订存款合同的金融机构住所地人民法院管辖。住所地与经常居住地不一致的，由经常居住地人民法院管辖。

2.《最高人民法院关于适用〈中华人民共和国民法典〉有关担保制度的解释》（2020年12月31日）

第21条 主合同或者担保合同约定了仲裁条款的，人民法院对约定仲裁条款的合同当事人之间的纠纷无管辖权。

债权人一并起诉债务人和担保人的，应当根据主合同确定管辖法院。

债权人依法可以单独起诉担保人且仅起诉担保人的，应当根据担保合同确定管辖法院。

3.《最高人民法院关于审理期货纠纷案件若干问题的规定》（2020年12月29日）

第4条 人民法院应当依据民事诉讼法第二十三条、第二十八条和第三十四条的规定确定期货纠纷案件的管辖。

第 5 条 在期货公司的分公司、营业部等分支机构进行期货交易的，该分支机构住所地为合同履行地。

因实物交割发生纠纷的，期货交易所住所地为合同履行地。

第 6 条 侵权与违约竞合的期货纠纷案件，依当事人选择的诉由确定管辖。当事人既以违约又以侵权起诉的，以当事人起诉状中在先的诉讼请求确定管辖。

第 7 条 期货纠纷案件由中级人民法院管辖。

高级人民法院根据需要可以确定部分基层人民法院受理期货纠纷案件。

4.《最高人民法院关于适用〈中华人民共和国民事诉讼法〉的解释》（2022 年 4 月 1 日）

第 18 条 合同约定履行地点的，以约定的履行地点为合同履行地。

合同对履行地点没有约定或者约定不明确，争议标的为给付货币的，接收货币一方所在地为合同履行地；交付不动产的，不动产所在地为合同履行地；其他标的，履行义务一方所在地为合同履行地。即时结清的合同，交易行为地为合同履行地。

合同没有实际履行，当事人双方住所地都不在合同约定的履行地的，由被告住所地人民法院管辖。

第 19 条 财产租赁合同、融资租赁合同以租赁物使用地为合同履行地。合同对履行地有约定的，从其约定。

第 20 条 以信息网络方式订立的买卖合同，通过信息网络交付标的的，以买受人住所地为合同履行地；通过其他方式交付标的的，收货地为合同履行地。合同对履行地有约定的，从其约定。

第 21 条 因财产保险合同纠纷提起的诉讼，如果保险标的物是运输工具或者运输中的货物，可以由运输工具登记注册地、运输目的地、保险事故发生地人民法院管辖。

因人身保险合同纠纷提起的诉讼,可以由被保险人住所地人民法院管辖。

第二十五条　保险合同纠纷的地域管辖

因保险合同纠纷提起的诉讼,由被告住所地或者保险标的物所在地人民法院管辖。

● **司法解释及文件**

《最高人民法院关于适用〈中华人民共和国民事诉讼法〉的解释》(2022年4月1日)

第21条　因财产保险合同纠纷提起的诉讼,如果保险标的物是运输工具或者运输中的货物,可以由运输工具登记注册地、运输目的地、保险事故发生地人民法院管辖。

因人身保险合同纠纷提起的诉讼,可以由被保险人住所地人民法院管辖。

第二十六条　票据纠纷的地域管辖

因票据纠纷提起的诉讼,由票据支付地或者被告住所地人民法院管辖。

● **法　律**

1.《票据法》(2004年8月28日)

第23条　汇票上记载付款日期、付款地、出票地等事项的,应当清楚、明确。

汇票上未记载付款日期的,为见票即付。

汇票上未记载付款地的,付款人的营业场所、住所或者经常居住地为付款地。

汇票上未记载出票地的,出票人的营业场所、住所或者经常居住地为出票地。

第77条　本票的出票人在持票人提示见票时，必须承担付款的责任。

第87条　支票的出票人所签发的支票金额不得超过其付款时在付款人处实有的存款金额。

出票人签发的支票金额超过其付款时在付款人处实有的存款金额的，为空头支票。禁止签发空头支票。

● 司法解释及文件

2.《最高人民法院关于审理票据纠纷案件若干问题的规定》（2020年12月29日）

第6条　因票据纠纷提起的诉讼，依法由票据支付地或者被告住所地人民法院管辖。

票据支付地是指票据上载明的付款地，票据上未载明付款地的，汇票付款人或者代理付款人的营业场所、住所或者经常居住地，本票出票人的营业场所，支票付款人或者代理付款人的营业场所所在地为票据付款地。代理付款人即付款人的委托代理人，是指根据付款人的委托代为支付票据金额的银行、信用合作社等金融机构。

第二十七条　公司纠纷的地域管辖

因公司设立、确认股东资格、分配利润、解散等纠纷提起的诉讼，由公司住所地人民法院管辖。

● 司法解释及文件

《最高人民法院关于适用〈中华人民共和国民事诉讼法〉的解释》（2022年4月1日）

第22条　因股东名册记载、请求变更公司登记、股东知情权、公司决议、公司合并、公司分立、公司减资、公司增资等纠纷提起的诉讼，依照民事诉讼法第二十七条规定确定管辖。

第二十八条　运输合同纠纷的地域管辖

因铁路、公路、水上、航空运输和联合运输合同纠纷提起的诉讼，由运输始发地、目的地或者被告住所地人民法院管辖。

● 法　律

1. 《海事诉讼特别程序法》（1999年12月25日）

第6条　海事诉讼的地域管辖，依照《中华人民共和国诉讼法》的有关规定。

下列海事诉讼的地域管辖，依照以下规定：

……

（二）因海上运输合同纠纷提起的诉讼，除依照《中华人民共和国诉讼法》第二十八条的规定以外，还可以由转运港所在地海事法院管辖；

……

第二十九条　侵权纠纷的地域管辖

因侵权行为提起的诉讼，由侵权行为地或者被告住所地人民法院管辖。

1. 《最高人民法院关于审理植物新品种纠纷案件若干问题的解释》（2020年12月29日）

第4条　以侵权行为地确定人民法院管辖的侵害植物新品种权的民事案件，其所称的侵权行为地，是指未经品种权所有人许可，生产、繁殖或者销售该授权植物新品种的繁殖材料的所在地，或者为商业目的将该授权品种的繁殖材料重复使用于生产另一品种的繁殖材料的所在地。

2. 《最高人民法院关于审理涉及计算机网络域名民事纠纷案件适用法律若干问题的解释》（2020年12月29日）

第2条　涉及域名的侵权纠纷案件，由侵权行为地或者被告住所地的中级人民法院管辖。对难以确定侵权行为地和被告住所地的，原告发现该域名的计算机终端等设备所在地可以视为侵权行为地。

涉外域名纠纷案件包括当事人一方或者双方是外国人、无国籍人、外国企业或组织、国际组织，或者域名注册地在外国的域名纠纷案件。在中华人民共和国领域内发生的涉外域名纠纷案件，依照民事诉讼法第四编的规定确定管辖。

3.《最高人民法院关于审理商标民事纠纷案件适用法律若干问题的解释》（2020年12月29日）

第6条　因侵犯注册商标专用权行为提起的民事诉讼，由商标法第十三条、第五十七条所规定侵权行为的实施地、侵权商品的储藏地或者查封扣押地、被告住所地人民法院管辖。

前款规定的侵权商品的储藏地，是指大量或者经常性储存、隐匿侵权商品所在地；查封扣押地，是指海关等行政机关依法查封、扣押侵权商品所在地。

4.《最高人民法院关于审理著作权民事纠纷案件适用法律若干问题的解释》（2020年12月29日）

第4条　因侵害著作权行为提起的民事诉讼，由著作权法第四十七条、第四十八条所规定侵权行为的实施地、侵权复制品储藏地或者查封扣押地、被告住所地人民法院管辖。

前款规定的侵权复制品储藏地，是指大量或者经常性储存、隐匿侵权复制品所在地；查封扣押地，是指海关、版权等行政机关依法查封、扣押侵权复制品所在地。

第5条　对涉及不同侵权行为实施地的多个被告提起的共同诉讼，原告可以选择向其中一个被告的侵权行为实施地人民法院提起诉讼；仅对其中某一被告提起的诉讼，该被告侵权行为实施地的人民法院有管辖权。

5.《最高人民法院关于审理铁路运输人身损害赔偿纠纷案件适用法律若干问题的解释》（2021年12月8日）

第3条 赔偿权利人要求对方当事人承担侵权责任的，由事故发生地、列车最先到达地或者被告住所地铁路运输法院管辖。

前款规定的地区没有铁路运输法院的，由高级人民法院指定的其他人民法院管辖。

6.《最高人民法院关于审理专利纠纷案件适用法律问题的若干规定》（2020年12月29日）

第2条 因侵犯专利权行为提起的诉讼，由侵权行为地或者被告住所地人民法院管辖。

侵权行为地包括：被诉侵犯发明、实用新型专利权的产品的制造、使用、许诺销售、销售、进口等行为的实施地；专利方法使用行为的实施地，依照该专利方法直接获得的产品的使用、许诺销售、销售、进口等行为的实施地；外观设计专利产品的制造、许诺销售、销售、进口等行为的实施地；假冒他人专利的行为实施地。上述侵权行为的侵权结果发生地。

第3条 原告仅对侵权产品制造者提起诉讼，未起诉销售者，侵权产品制造地与销售地不一致的，制造地人民法院有管辖权；以制造者与销售者为共同被告起诉的，销售地人民法院有管辖权。

销售者是制造者分支机构，原告在销售地起诉侵权产品制造者制造、销售行为的，销售地人民法院有管辖权。

第4条 对申请日在2009年10月1日前（不含该日）的实用新型专利提起侵犯专利权诉讼，原告可以出具由国务院专利行政部门作出的检索报告；对申请日在2009年10月1日以后的实用新型或者外观设计专利提起侵犯专利权诉讼，原告可以出具由国务院专利行政部门作出的专利权评价报告。根据案件审理需要，人民法院可以要求原告提交检索报告或者专利权评价报告。原告无正当理由不提交的，人民法院可以裁定中止诉讼或者判令原告承担可能的不利后果。

侵犯实用新型、外观设计专利权纠纷案件的被告请求中止诉讼的，应当在答辩期内对原告的专利权提出宣告无效的请求。

7.《最高人民法院关于适用〈中华人民共和国民事诉讼法〉的解释》（2022年4月1日）

第24条　民事诉讼法第二十九条规定的侵权行为地，包括侵权行为实施地、侵权结果发生地。

第25条　信息网络侵权行为实施地包括实施被诉侵权行为的计算机等信息设备所在地，侵权结果发生地包括被侵权人住所地。

第26条　因产品、服务质量不合格造成他人财产、人身损害提起的诉讼，产品制造地、产品销售地、服务提供地、侵权行为地和被告住所地人民法院都有管辖权。

第三十条　交通事故损害赔偿纠纷的地域管辖

因铁路、公路、水上和航空事故请求损害赔偿提起的诉讼，由事故发生地或者车辆、船舶最先到达地、航空器最先降落地或者被告住所地人民法院管辖。

第三十一条　海事损害事故赔偿纠纷的地域管辖

因船舶碰撞或者其他海事损害事故请求损害赔偿提起的诉讼，由碰撞发生地、碰撞船舶最先到达地、加害船舶被扣留地或者被告住所地人民法院管辖。

● 法　律

1.《海事诉讼特别程序法》（1999年12月25日）

第6条　海事诉讼的地域管辖，依照《中华人民共和国民事诉讼法》的有关规定。

下列海事诉讼的地域管辖，依照以下规定：

（一）因海事侵权行为提起的诉讼，除依照《中华人民共和国民事诉讼法》第二十九条至第三十一条的规定以外，还可以由船籍港所在地海事法院管辖；

（二）因海上运输合同纠纷提起的诉讼，除依照《中华人民共和国民事诉讼法》第二十八条的规定以外，还可以由转运港所在地海事法院管辖；

（三）因海船租用合同纠纷提起的诉讼，由交船港、还船港、船籍港所在地、被告住所地海事法院管辖；

（四）因海上保赔合同纠纷提起的诉讼，由保赔标的物所在地、事故发生地、被告住所地海事法院管辖；

（五）因海船的船员劳务合同纠纷提起的诉讼，由原告住所地、合同签订地、船员登船港或者离船港所在地、被告住所地海事法院管辖；

（六）因海事担保纠纷提起的诉讼，由担保物所在地、被告住所地海事法院管辖；因船舶抵押纠纷提起的诉讼，还可以由船籍港所在地海事法院管辖；

（七）因海船的船舶所有权、占有权、使用权、优先权纠纷提起的诉讼，由船舶所在地、船籍港所在地、被告住所地海事法院管辖。

● 司法解释及文件

2.《最高人民法院关于适用〈中华人民共和国海事诉讼特别程序法〉若干问题的解释》（2008年12月16日）

第6条　海事诉讼特别程序法第六条第二款（四）项的保赔标的物所在地指保赔船舶的所在地。

第三十二条　海难救助费用纠纷的地域管辖

因海难救助费用提起的诉讼，由救助地或者被救助船舶最先到达地人民法院管辖。

● 司法解释及文件

《最高人民法院关于适用〈中华人民共和国海事诉讼特别程序法〉若干问题的解释》（2008年12月16日）

第9条　因海难救助费用提起的诉讼，除依照民事诉讼法第三十二条的规定确定管辖外，还可以由被救助的船舶以外的其他获救财产所在地的海事法院管辖。

第三十三条　共同海损纠纷的地域管辖

因共同海损提起的诉讼，由船舶最先到达地、共同海损理算地或者航程终止地的人民法院管辖。

● 法　律

1. 《海商法》（1992年11月7日）

第196条　提出共同海损分摊请求的一方应当负举证责任，证明其损失应当列入共同海损。

2. 《海事诉讼特别程序法》（1999年12月25日）

第90条　当事人可以不受因同一海损事故提起的共同海损诉讼程序的影响，就非共同海损损失向责任人提起诉讼。

第三十四条　专属管辖

下列案件，由本条规定的人民法院专属管辖：

（一）因不动产纠纷提起的诉讼，由不动产所在地人民法院管辖；

（二）因港口作业中发生纠纷提起的诉讼，由港口所在地人民法院管辖；

（三）因继承遗产纠纷提起的诉讼，由被继承人死亡时住所地或者主要遗产所在地人民法院管辖。

● 法　律

1.《海事诉讼特别程序法》(1999年12月25日)

第7条　下列海事诉讼，由本条规定的海事法院专属管辖：

（一）因沿海港口作业纠纷提起的诉讼，由港口所在地海事法院管辖；

（二）因船舶排放、泄漏、倾倒油类或者其他有害物质，海上生产、作业或者拆船、修船作业造成海域污染损害提起的诉讼，由污染发生地、损害结果地或者采取预防污染措施地海事法院管辖；

（三）因在中华人民共和国领域和有管辖权的海域履行的海洋勘探开发合同纠纷提起的诉讼，由合同履行地海事法院管辖。

● 司法解释及文件

2.《最高人民法院关于适用〈中华人民共和国民事诉讼法〉的解释》（2022年4月1日）

第28条　民事诉讼法第三十四条第一项规定的不动产纠纷是指因不动产的权利确认、分割、相邻关系等引起的物权纠纷。

农村土地承包经营合同纠纷、房屋租赁合同纠纷、建设工程施工合同纠纷、政策性房屋买卖合同纠纷，按照不动产纠纷确定管辖。

不动产已登记的，以不动产登记簿记载的所在地为不动产所在地；不动产未登记的，以不动产实际所在地为不动产所在地。

第三十五条　协议管辖

合同或者其他财产权益纠纷的当事人可以书面协议选择被告住所地、合同履行地、合同签订地、原告住所地、标的物所在地等与争议有实际联系的地点的人民法院管辖，但不得违反本法对级别管辖和专属管辖的规定。

● 司法解释及文件

《最高人民法院关于适用〈中华人民共和国民事诉讼法〉的解释》
（2022年4月1日）

第29条　民事诉讼法第三十五条规定的书面协议，包括书面合同中的协议管辖条款或者诉讼前以书面形式达成的选择管辖的协议。

第30条　根据管辖协议，起诉时能够确定管辖法院的，从其约定；不能确定的，依照民事诉讼法的相关规定确定管辖。

管辖协议约定两个以上与争议有实际联系的地点的人民法院管辖，原告可以向其中一个人民法院起诉。

第三十六条　选择管辖

两个以上人民法院都有管辖权的诉讼，原告可以向其中一个人民法院起诉；原告向两个以上有管辖权的人民法院起诉的，由最先立案的人民法院管辖。

● 司法解释及文件

1.《最高人民法院关于适用〈中华人民共和国民事诉讼法〉的解释》
（2022年4月1日）

第36条　两个以上人民法院都有管辖权的诉讼，先立案的人民法院不得将案件移送给另一个有管辖权的人民法院。人民法院在立案前发现其他有管辖权的人民法院已先立案的，不得重复立案；立案后发现其他有管辖权的人民法院已先立案的，裁定将案件移送给先立案的人民法院。

第三节　移送管辖和指定管辖

第三十七条　移送管辖

> 人民法院发现受理的案件不属于本院管辖的，应当移送有管辖权的人民法院，受移送的人民法院应当受理。受移送的人民法院认为受移送的案件依照规定不属于本院管辖的，应当报请上级人民法院指定管辖，不得再自行移送。

● 司法解释及文件

1.《最高人民法院印发〈关于规范上下级人民法院审判业务关系的若干意见〉的通知》（2010年12月28日）

第3条　基层人民法院和中级人民法院对于已经受理的下列第一审案件，必要时可以根据相关法律规定，书面报请上一级人民法院审理：

（1）重大、疑难、复杂案件；

（2）新类型案件；

（3）具有普遍法律适用意义的案件；

（4）有管辖权的人民法院不宜行使审判权的案件。

第4条　上级人民法院对下级人民法院提出的移送审理请求，应当及时决定是否由自己审理，并下达同意移送决定书或者不同意移送决定书。

第5条　上级人民法院认为下级人民法院管辖的第一审案件，属于本意见第三条所列类型，有必要由自己审理的，可以决定提级管辖。

2.《最高人民法院关于适用〈中华人民共和国民事诉讼法〉的解释》（2022年4月1日）

第35条　当事人在答辩期间届满后未应诉答辩，人民法院在一审开庭前，发现案件不属于本院管辖的，应当裁定移送有管辖权的人民法院。

第36条　两个以上人民法院都有管辖权的诉讼，先立案的人民法院不得将案件移送给另一个有管辖权的人民法院。人民法院在立案前发现其他有管辖权的人民法院已先立案的，不得重复立案；立案后发现其他有管辖权的人民法院已先立案的，裁定将案件移送给先立案的人民法院。

第37条　案件受理后，受诉人民法院的管辖权不受当事人住所地、经常居住地变更的影响。

第38条　有管辖权的人民法院受理案件后，不得以行政区域变更为由，将案件移送给变更后有管辖权的人民法院。判决后的上诉案件和依审判监督程序提审的案件，由原审人民法院的上级人民法院进行审判；上级人民法院指令再审、发回重审的案件，由原审人民法院再审或者重审。

第211条　对本院没有管辖权的案件，告知原告向有管辖权的人民法院起诉；原告坚持起诉的，裁定不予受理；立案后发现本院没有管辖权的，应当将案件移送有管辖权的人民法院。

第331条　第二审人民法院对下列上诉案件，依照民事诉讼法第一百七十六条规定可以不开庭审理：

（一）不服不予受理、管辖权异议和驳回起诉裁定的；

（二）当事人提出的上诉请求明显不能成立的；

（三）原判决、裁定认定事实清楚，但适用法律错误的；

（四）原判决严重违反法定程序，需要发回重审的。

第三十八条　指定管辖

有管辖权的人民法院由于特殊原因，不能行使管辖权的，由上级人民法院指定管辖。

人民法院之间因管辖权发生争议，由争议双方协商解决；协商解决不了的，报请它们的共同上级人民法院指定管辖。

● 司法解释及文件

《最高人民法院关于适用〈中华人民共和国民事诉讼法〉的解释》（2022年4月1日）

第40条 依照民事诉讼法第三十八条第二款规定，发生管辖权争议的两个人民法院因协商不成报请它们的共同上级人民法院指定管辖时，双方为同属一个地、市辖区的基层人民法院的，由该地、市的中级人民法院及时指定管辖；同属一个省、自治区、直辖市的两个人民法院的，由该省、自治区、直辖市的高级人民法院及时指定管辖；双方为跨省、自治区、直辖市的人民法院，高级人民法院协商不成的，由最高人民法院及时指定管辖。

依照前款规定报请上级人民法院指定管辖时，应当逐级进行。

第41条 人民法院依照民事诉讼法第三十八条第二款规定指定管辖的，应当作出裁定。

对报请上级人民法院指定管辖的案件，下级人民法院应当中止审理。指定管辖裁定作出前，下级人民法院对案件作出判决、裁定的，上级人民法院应当在裁定指定管辖的同时，一并撤销下级人民法院的判决、裁定。

第三十九条　管辖权的转移

上级人民法院有权审理下级人民法院管辖的第一审民事案件；确有必要将本院管辖的第一审民事案件交下级人民法院审理的，应当报请其上级人民法院批准。

下级人民法院对它所管辖的第一审民事案件，认为需要由上级人民法院审理的，可以报请上级人民法院审理。

● 司法解释及文件

1.《最高人民法院关于调整地方各级人民法院管辖第一审知识产权民事案件标准的通知》（2010年1月28日）

　　四、对重大疑难、新类型和在适用法律上有普遍意义的知识产权民事案件，可以依照民事诉讼法①第三十九条的规定，由上级人民法院自行决定由其审理，或者根据下级人民法院报请决定由其审理。

2.《最高人民法院关于适用〈中华人民共和国民事诉讼法〉的解释》（2022年4月1日）

　　第42条　下列第一审民事案件，人民法院依照民事诉讼法第三十九条第一款规定，可以在开庭前交下级人民法院审理：

　　（一）破产程序中有关债务人的诉讼案件；

　　（二）当事人人数众多且不方便诉讼的案件；

　　（三）最高人民法院确定的其他类型案件。

　　人民法院交下级人民法院审理前，应当报请其上级人民法院批准。上级人民法院批准后，人民法院应当裁定将案件交下级人民法院审理。

第三章　审 判 组 织

第四十条　一审审判组织

　　人民法院审理第一审民事案件，由审判员、人民陪审员共同组成合议庭或者由审判员组成合议庭。合议庭的成员人数，必须是单数。

---

① 对应2023年修正的《民事诉讼法》第39条。

适用简易程序审理的民事案件,由审判员一人独任审理。基层人民法院审理的基本事实清楚、权利义务关系明确的第一审民事案件,可以由审判员一人适用普通程序独任审理。

人民陪审员在参加审判活动时,除法律另有规定外,与审判员有同等的权利义务。

● 法　律

1.《人民法院组织法》(2018 年 10 月 26 日)

第 29 条　人民法院审理案件,由合议庭或者法官一人独任审理。

合议庭和法官独任审理的案件范围由法律规定。

第 30 条　合议庭由法官组成,或者由法官和人民陪审员组成,成员为三人以上单数。

合议庭由一名法官担任审判长。院长或者庭长参加审理案件时,由自己担任审判长。

审判长主持庭审、组织评议案件,评议案件时与合议庭其他成员权利平等。

第 31 条　合议庭评议案件应当按照多数人的意见作出决定,少数人的意见应当记入笔录。评议案件笔录由合议庭全体组成人员签名。

第 32 条　合议庭或者法官独任审理案件形成的裁判文书,经合议庭组成人员或者独任法官签署,由人民法院发布。

第 33 条　合议庭审理案件,法官对案件的事实认定和法律适用负责;法官独任审理案件,独任法官对案件的事实认定和法律适用负责。

人民法院应当加强内部监督,审判活动有违法情形的,应当及时调查核实,并根据违法情形依法处理。

第34条 人民陪审员依照法律规定参加合议庭审理案件。

第35条 中级以上人民法院设赔偿委员会，依法审理国家赔偿案件。

赔偿委员会由三名以上法官组成，成员应当为单数，按照多数人的意见作出决定。

第36条 各级人民法院设审判委员会。审判委员会由院长、副院长和若干资深法官组成，成员应当为单数。

审判委员会会议分为全体会议和专业委员会会议。

中级以上人民法院根据审判工作需要，可以按照审判委员会委员专业和工作分工，召开刑事审判、民事行政审判等专业委员会会议。

第37条 审判委员会履行下列职能：

（一）总结审判工作经验；

（二）讨论决定重大、疑难、复杂案件的法律适用；

（三）讨论决定本院已经发生法律效力的判决、裁定、调解书是否应当再审；

（四）讨论决定其他有关审判工作的重大问题。

最高人民法院对属于审判工作中具体应用法律的问题进行解释，应当由审判委员会全体会议讨论通过；发布指导性案例，可以由审判委员会专业委员会会议讨论通过。

第38条 审判委员会召开全体会议和专业委员会会议，应当有其组成人员的过半数出席。

审判委员会会议由院长或者院长委托的副院长主持。审判委员会实行民主集中制。

审判委员会举行会议时，同级人民检察院检察长或者检察长委托的副检察长可以列席。

第39条 合议庭认为案件需要提交审判委员会讨论决定的，由审判长提出申请，院长批准。

审判委员会讨论案件,合议庭对其汇报的事实负责,审判委员会委员对本人发表的意见和表决负责。审判委员会的决定,合议庭应当执行。

审判委员会讨论案件的决定及其理由应当在裁判文书中公开,法律规定不公开的除外。

2. 《人民陪审员法》(2018年4月27日)

第1条 为了保障公民依法参加审判活动,促进司法公正,提升司法公信,制定本法。

第2条 公民有依法担任人民陪审员的权利和义务。

人民陪审员依照本法产生,依法参加人民法院的审判活动,除法律另有规定外,同法官有同等权利。

第3条 人民陪审员依法享有参加审判活动、独立发表意见、获得履职保障等权利。

人民陪审员应当忠实履行审判职责,保守审判秘密,注重司法礼仪,维护司法形象。

第4条 人民陪审员依法参加审判活动,受法律保护。

人民法院应当依法保障人民陪审员履行审判职责。

人民陪审员所在单位、户籍所在地或者经常居住地的基层群众性自治组织应当依法保障人民陪审员参加审判活动。

第5条 公民担任人民陪审员,应当具备下列条件:

(一)拥护中华人民共和国宪法;

(二)年满二十八周岁;

(三)遵纪守法、品行良好、公道正派;

(四)具有正常履行职责的身体条件。

担任人民陪审员,一般应当具有高中以上文化程度。

第6条 下列人员不能担任人民陪审员:

(一)人民代表大会常务委员会的组成人员,监察委员会、人民法院、人民检察院、公安机关、国家安全机关、司法行政机关的工作人员；

（二）律师、公证员、仲裁员、基层法律服务工作者；

（三）其他因职务原因不适宜担任人民陪审员的人员。

第7条　有下列情形之一的，不得担任人民陪审员：

（一）受过刑事处罚的；

（二）被开除公职的；

（三）被吊销律师、公证员执业证书的；

（四）被纳入失信被执行人名单的；

（五）因受惩戒被免除人民陪审员职务的；

（六）其他有严重违法违纪行为，可能影响司法公信的。

第8条　人民陪审员的名额，由基层人民法院根据审判案件的需要，提请同级人民代表大会常务委员会确定。

人民陪审员的名额数不低于本院法官数的三倍。

第9条　司法行政机关会同基层人民法院、公安机关，从辖区内的常住居民名单中随机抽选拟任命人民陪审员数五倍以上的人员作为人民陪审员候选人，对人民陪审员候选人进行资格审查，征求候选人意见。

第10条　司法行政机关会同基层人民法院，从通过资格审查的人民陪审员候选人名单中随机抽选确定人民陪审员人选，由基层人民法院院长提请同级人民代表大会常务委员会任命。

第11条　因审判活动需要，可以通过个人申请和所在单位、户籍所在地或者经常居住地的基层群众性自治组织、人民团体推荐的方式产生人民陪审员候选人，经司法行政机关会同基层人民法院、公安机关进行资格审查，确定人民陪审员人选，由基层人民法院院长提请同级人民代表大会常务委员会任命。

依照前款规定产生的人民陪审员，不得超过人民陪审员名额数的五分之一。

第12条　人民陪审员经人民代表大会常务委员会任命后，

应当公开进行就职宣誓。宣誓仪式由基层人民法院会同司法行政机关组织。

第 13 条　人民陪审员的任期为五年，一般不得连任。

第 14 条　人民陪审员和法官组成合议庭审判案件，由法官担任审判长，可以组成三人合议庭，也可以由法官三人与人民陪审员四人组成七人合议庭。

第 15 条　人民法院审判第一审刑事、民事、行政案件，有下列情形之一的，由人民陪审员和法官组成合议庭进行：

（一）涉及群体利益、公共利益的；

（二）人民群众广泛关注或者其他社会影响较大的；

（三）案情复杂或者有其他情形，需要由人民陪审员参加审判的。

人民法院审判前款规定的案件，法律规定由法官独任审理或者由法官组成合议庭审理的，从其规定。

第 16 条　人民法院审判下列第一审案件，由人民陪审员和法官组成七人合议庭进行：

（一）可能判处十年以上有期徒刑、无期徒刑、死刑，社会影响重大的刑事案件；

（二）根据民事诉讼法、行政诉讼法提起的公益诉讼案件；

（三）涉及征地拆迁、生态环境保护、食品药品安全，社会影响重大的案件；

（四）其他社会影响重大的案件。

第 17 条　第一审刑事案件被告人、民事案件原告或者被告、行政案件原告申请由人民陪审员参加合议庭审判的，人民法院可以决定由人民陪审员和法官组成合议庭审判。

第 18 条　人民陪审员的回避，适用审判人员回避的法律规定。

第 19 条　基层人民法院审判案件需要由人民陪审员参加合

议庭审判的，应当在人民陪审员名单中随机抽取确定。

中级人民法院、高级人民法院审判案件需要由人民陪审员参加合议庭审判的，在其辖区内的基层人民法院的人民陪审员名单中随机抽取确定。

第20条　审判长应当履行与案件审判相关的指引、提示义务，但不得妨碍人民陪审员对案件的独立判断。

合议庭评议案件，审判长应当对本案中涉及的事实认定、证据规则、法律规定等事项及应当注意的问题，向人民陪审员进行必要的解释和说明。

第21条　人民陪审员参加三人合议庭审判案件，对事实认定、法律适用，独立发表意见，行使表决权。

第22条　人民陪审员参加七人合议庭审判案件，对事实认定，独立发表意见，并与法官共同表决；对法律适用，可以发表意见，但不参加表决。

第23条　合议庭评议案件，实行少数服从多数的原则。人民陪审员同合议庭其他组成人员意见分歧的，应当将其意见写入笔录。

合议庭组成人员意见有重大分歧的，人民陪审员或者法官可以要求合议庭将案件提请院长决定是否提交审判委员会讨论决定。

第24条　人民法院应当结合本辖区实际情况，合理确定每名人民陪审员年度参加审判案件的数量上限，并向社会公告。

第25条　人民陪审员的培训、考核和奖惩等日常管理工作，由基层人民法院会同司法行政机关负责。

对人民陪审员应当有计划地进行培训。人民陪审员应当按照要求参加培训。

第26条　对于在审判工作中有显著成绩或者有其他突出事迹的人民陪审员，依照有关规定给予表彰和奖励。

第27条 人民陪审员有下列情形之一，经所在基层人民法院会同司法行政机关查证属实的，由院长提请同级人民代表大会常务委员会免除其人民陪审员职务：

（一）本人因正当理由申请辞去人民陪审员职务的；

（二）具有本法第六条、第七条所列情形之一的；

（三）无正当理由，拒绝参加审判活动，影响审判工作正常进行的；

（四）违反与审判工作有关的法律及相关规定，徇私舞弊，造成错误裁判或者其他严重后果的。

人民陪审员有前款第三项、第四项所列行为的，可以采取通知其所在单位、户籍所在地或者经常居住地的基层群众性自治组织、人民团体，在辖区范围内公开通报等措施进行惩戒；构成犯罪的，依法追究刑事责任。

第28条 人民陪审员的人身和住所安全受法律保护。任何单位和个人不得对人民陪审员及其近亲属打击报复。

对报复陷害、侮辱诽谤、暴力侵害人民陪审员及其近亲属的，依法追究法律责任。

第29条 人民陪审员参加审判活动期间，所在单位不得克扣或者变相克扣其工资、奖金及其他福利待遇。

人民陪审员所在单位违反前款规定的，基层人民法院应当及时向人民陪审员所在单位或者所在单位的主管部门、上级部门提出纠正意见。

第30条 人民陪审员参加审判活动期间，由人民法院依照有关规定按实际工作日给予补助。

人民陪审员因参加审判活动而支出的交通、就餐等费用，由人民法院依照有关规定给予补助。

第31条 人民陪审员因参加审判活动应当享受的补助，人民法院和司法行政机关为实施人民陪审员制度所必需的开支，列入人民法院和司法行政机关业务经费，由相应政府财政予以保障。具体办法由最高人民法院、国务院司法行政部门会同国务院财政部门制定。

第32条 本法自公布之日起施行。2004年8月28日第十届全国人民代表大会常务委员会第十一次会议通过的《全国人民代表大会常务委员会关于完善人民陪审员制度的决定》同时废止。

3.《刑事诉讼法》（2018年10月26日）

第183条 基层人民法院、中级人民法院审判第一审案件，应当由审判员三人或者由审判员和人民陪审员共三人或者七人组成合议庭进行，但是基层人民法院适用简易程序、速裁程序的案件可以由审判员一人独任审判。

高级人民法院审判第一审案件，应当由审判员三人至七人或者由审判员和人民陪审员共三人或者七人组成合议庭进行。

最高人民法院审判第一审案件，应当由审判员三人至七人组成合议庭进行。

人民法院审判上诉和抗诉案件，由审判员三人或者五人组成合议庭进行。

合议庭的成员人数应当是单数。

● 司法解释及文件

4.《最高人民法院关于人民法院合议庭工作的若干规定》（2002年8月12日）

第1条 人民法院实行合议制审判第一审案件，由法官或者由法官和人民陪审员组成合议庭进行；人民法院实行合议制审判第二审案件和其他应当组成合议庭审判的案件，由法官组成合议庭进行。

人民陪审员在人民法院执行职务期间，除不能担任审判长外，同法官有同等的权利义务。

5.《最高人民法院关于适用〈中华人民共和国民事诉讼法〉的解释》（2022年4月1日）

第292条 人民法院对第三人撤销之诉案件，应当组成合议庭开庭审理。

6.《最高人民法院关于适用〈中华人民共和国人民陪审员法〉若干问题的解释》（2019年4月24日）

第1条 根据人民陪审员法第十五条、第十六条的规定，人民法院决定由人民陪审员和法官组成合议庭审判的，合议庭成员确定后，应当及时告知当事人。

第2条 对于人民陪审员法第十五条、第十六条规定之外的第一审普通程序案件，人民法院应当告知刑事案件被告人、民事案件原告和被告、行政案件原告，在收到通知五日内有权申请由人民陪审员参加合议庭审判案件。

人民法院接到当事人在规定期限内提交的申请后，经审查决定由人民陪审员和法官组成合议庭审判的，合议庭成员确定后，应当及时告知当事人。

第3条 人民法院应当在开庭七日前从人民陪审员名单中随机抽取确定人民陪审员。

人民法院可以根据案件审判需要，从人民陪审员名单中随机抽取一定数量的候补人民陪审员，并确定递补顺序，一并告知当事人。

因案件类型需要具有相应专业知识的人民陪审员参加合议庭审判的，可以根据具体案情，在符合专业需求的人民陪审员名单中随机抽取确定。

第4条 人民陪审员确定后，人民法院应当将参审案件案由、当事人姓名或名称、开庭地点、开庭时间等事项告知参审人民陪审员及候补人民陪审员。

必要时，人民法院可以将参加审判活动的时间、地点等事项书面通知人民陪审员所在单位。

第5条　人民陪审员不参加下列案件的审理：

（一）依照民事诉讼法适用特别程序、督促程序、公示催告程序审理的案件；

（二）申请承认外国法院离婚判决的案件；

（三）裁定不予受理或者不需要开庭审理的案件。

第6条　人民陪审员不得参与审理由其以人民调解员身份先行调解的案件。

第7条　当事人依法有权申请人民陪审员回避。人民陪审员的回避，适用审判人员回避的法律规定。

人民陪审员回避事由经审查成立的，人民法院应当及时确定递补人选。

第8条　人民法院应当在开庭前，将相关权利和义务告知人民陪审员，并为其阅卷提供便利条件。

第9条　七人合议庭开庭前，应当制作事实认定问题清单，根据案件具体情况，区分事实认定问题与法律适用问题，对争议事实问题逐项列举，供人民陪审员在庭审时参考。事实认定问题和法律适用问题难以区分的，视为事实认定问题。

第10条　案件审判过程中，人民陪审员依法有权参加案件调查和调解工作。

第11条　庭审过程中，人民陪审员依法有权向诉讼参加人发问，审判长应当提示人民陪审员围绕案件争议焦点进行发问。

第12条　合议庭评议案件时，先由承办法官介绍案件涉及的相关法律、证据规则，然后由人民陪审员和法官依次发表意见，审判长最后发表意见并总结合议庭意见。

第13条　七人合议庭评议时，审判长应当归纳和介绍需要通过评议讨论决定的案件事实认定问题，并列出案件事实问题清单。

人民陪审员全程参加合议庭评议,对于事实认定问题,由人民陪审员和法官在共同评议的基础上进行表决。对于法律适用问题,人民陪审员不参加表决,但可以发表意见,并记录在卷。

第 14 条　人民陪审员应当认真阅读评议笔录,确认无误后签名。

第 15 条　人民陪审员列席审判委员会讨论其参加审理的案件时,可以发表意见。

第 16 条　案件审结后,人民法院应将裁判文书副本及时送交参加该案审判的人民陪审员。

第 17 条　中级、基层人民法院应当保障人民陪审员均衡参审,结合本院实际情况,一般在不超过 30 件的范围内合理确定每名人民陪审员年度参加审判案件的数量上限,报高级人民法院备案,并向社会公告。

第 18 条　人民法院应当依法规范和保障人民陪审员参加审判活动,不得安排人民陪审员从事与履行法定审判职责无关的工作。

7.《最高人民法院关于健全完善人民法院审判委员会工作机制的意见》(2019 年 8 月 2 日)

5. 各级人民法院设审判委员会。审判委员会由院长、副院长和若干资深法官组成,成员应当为单数。

审判委员会可以设专职委员。

6. 审判委员会会议分为全体会议和专业委员会会议。

专业委员会会议是审判委员会的一种会议形式和工作方式。中级以上人民法院根据审判工作需要,可以召开刑事审判、民事行政审判等专业委员会会议。

专业委员会会议组成人员应当根据审判委员会委员的专业和工作分工确定。审判委员会委员可以参加不同的专业委员会会议。专业委员会会议全体组成人员应当超过审判委员会全体委员的二分之一。

三、职能定位

7. 审判委员会的主要职能是：

（1）总结审判工作经验；

（2）讨论决定重大、疑难、复杂案件的法律适用；

（3）讨论决定本院已经发生法律效力的判决、裁定、调解书是否应当再审；

（4）讨论决定其他有关审判工作的重大问题。

最高人民法院审判委员会通过制定司法解释、规范性文件及发布指导性案例等方式，统一法律适用。

8. 各级人民法院审理的下列案件，应当提交审判委员会讨论决定：

（1）涉及国家安全、外交、社会稳定等敏感案件和重大、疑难、复杂案件；

（2）本院已经发生法律效力的判决、裁定、调解书等确有错误需要再审的案件；

（3）同级人民检察院依照审判监督程序提出抗诉的刑事案件；

（4）法律适用规则不明的新类型案件；

（5）拟宣告被告人无罪的案件；

（6）拟在法定刑以下判处刑罚或者免予刑事处罚的案件；

高级人民法院、中级人民法院拟判处死刑的案件，应当提交本院审判委员会讨论决定。

9. 各级人民法院审理的下列案件，可以提交审判委员会讨论决定：

（1）合议庭对法律适用问题意见分歧较大，经专业（主审）法官会议讨论难以作出决定的案件；

（2）拟作出的裁判与本院或者上级法院的类案裁判可能发生

冲突的案件；

（3）同级人民检察院依照审判监督程序提出抗诉的重大、疑难、复杂民事案件及行政案件；

（4）指令再审或者发回重审的案件；

（5）其他需要提交审判委员会讨论决定的案件。

四、运行机制

10. 合议庭或者独任法官认为案件需要提交审判委员会讨论决定的，由其提出申请，层报院长批准；未提出申请，院长认为有必要的，可以提请审判委员会讨论决定。

其他事项提交审判委员会讨论决定的，参照案件提交程序执行。

11. 拟提请审判委员会讨论决定的案件，应当有专业（主审）法官会议研究讨论的意见。

专业（主审）法官会议意见与合议庭或者独任法官意见不一致的，院长、副院长、庭长可以按照审判监督管理权限要求合议庭或者独任法官复议；经复议仍未采纳专业（主审）法官会议意见的，应当按程序报请审判委员会讨论决定。

12. 提交审判委员会讨论的案件，合议庭应当形成书面报告。书面报告应当客观全面反映案件事实、证据、当事人或者控辩双方的意见，列明需要审判委员会讨论决定的法律适用问题、专业（主审）法官会议意见、类案与关联案件检索情况，有合议庭拟处理意见和理由。有分歧意见的，应归纳不同的意见和理由。

其他事项提交审判委员会讨论之前，承办部门应在认真调研并征求相关部门意见的基础上提出办理意见。

13. 对提交审判委员会讨论决定的案件或者事项，审判委员会工作部门可以先行审查是否属于审判委员会讨论范围并提出意见，报请院长决定。

14. 提交审判委员会讨论决定的案件，审判委员会委员有应当回避情形的，应当自行回避并报院长决定；院长的回避，由审判委员会决定。

审判委员会委员的回避情形，适用有关法律关于审判人员回避情形的规定。

15. 审判委员会委员应当提前审阅会议材料，必要时可以调阅相关案卷、文件及庭审音频视频资料。

16. 审判委员会召开全体会议和专业委员会会议，应当有其组成人员的过半数出席。

17. 审判委员会全体会议及专业委员会会议应当由院长或者院长委托的副院长主持。

18. 下列人员应当列席审判委员会会议：

（1）承办案件的合议庭成员、独任法官或者事项承办人；

（2）承办案件、事项的审判庭或者部门负责人；

（3）其他有必要列席的人员。

审判委员会召开会议，必要时可以邀请人大代表、政协委员、专家学者等列席。

经主持人同意，列席人员可以提供说明或者表达意见，但不参与表决。

19. 审判委员会举行会议时，同级人民检察院检察长或者其委托的副检察长可以列席。

20. 审判委员会讨论决定案件和事项，一般按照以下程序进行：

（1）合议庭、承办人汇报；

（2）委员就有关问题进行询问；

（3）委员按照法官等级和资历由低到高顺序发表意见，主持人最后发表意见；

（4）主持人作会议总结，会议作出决议。

21. 审判委员会全体会议和专业委员会会议讨论案件或者事项，一般按照各自全体组成人员过半数的多数意见作出决定，少数委员的意见应当记录在卷。

经专业委员会会议讨论的案件或者事项，无法形成决议或者院长认为有必要的，可以提交全体会议讨论决定。

经审判委员会全体会议和专业委员会会议讨论的案件或者事项，院长认为有必要的，可以提请复议。

22. 审判委员会讨论案件或者事项的决定，合议庭、独任法官或者相关部门应当执行。审判委员会工作部门发现案件处理结果与审判委员会决定不符的，应当及时向院长报告。

23. 审判委员会会议纪要或者决定由院长审定后，发送审判委员会委员、相关审判庭或者部门。

同级人民检察院检察长或者副检察长列席审判委员会的，会议纪要或者决定抄送同级人民检察院检察委员会办事机构。

24. 审判委员会讨论案件的决定及其理由应当在裁判文书中公开，法律规定不公开的除外。

第四十一条　二审和再审审判组织

人民法院审理第二审民事案件，由审判员组成合议庭。合议庭的成员人数，必须是单数。

中级人民法院对第一审适用简易程序审结或者不服裁定提起上诉的第二审民事案件，事实清楚、权利义务关系明确的，经双方当事人同意，可以由审判员一人独任审理。

发回重审的案件，原审人民法院应当按照第一审程序另行组成合议庭。

审理再审案件，原来是第一审的，按照第一审程序另行组成合议庭；原来是第二审的或者是上级人民法院提审的，按照第二审程序另行组成合议庭。

● 司法解释及文件

《最高人民法院关于适用〈中华人民共和国民事诉讼法〉的解释》（2022 年 4 月 1 日）

第 45 条　在一个审判程序中参与过本案审判工作的审判人员，不得再参与该案其他程序的审判。

发回重审的案件，在一审法院作出裁判后又进入第二审程序的，原第二审程序中审判人员不受前款规定的限制。

第四十二条　不适用独任制的情形

> 人民法院审理下列民事案件，不得由审判员一人独任审理：
> （一）涉及国家利益、社会公共利益的案件；
> （二）涉及群体性纠纷，可能影响社会稳定的案件；
> （三）人民群众广泛关注或者其他社会影响较大的案件；
> （四）属于新类型或者疑难复杂的案件；
> （五）法律规定应当组成合议庭审理的案件；
> （六）其他不宜由审判员一人独任审理的案件。

● 法　律

1.《人民陪审员法》（2018 年 4 月 27 日）

第 15 条　人民法院审判第一审刑事、民事、行政案件，有下列情形之一的，由人民陪审员和法官组成合议庭进行：

（一）涉及群体利益、公共利益的；

（二）人民群众广泛关注或者其他社会影响较大的；

（三）案情复杂或者有其他情形，需要由人民陪审员参加审判的。

人民法院审判前款规定的案件，法律规定由法官独任审理或者由法官组成合议庭审理的，从其规定。

● 司法解释及文件

2.《最高人民法院关于印发〈民事诉讼程序繁简分流改革试点实施办法〉的通知》（2020年1月15日）

第17条 基层人民法院审理的案件，具备下列情形之一的，应当依法组成合议庭，适用普通程序审理：

（一）涉及国家利益、公共利益的；

（二）涉及群体性纠纷，可能影响社会稳定的；

（三）产生较大社会影响，人民群众广泛关注的；

（四）新类型或者疑难复杂的；

（五）与本院或者上级人民法院已经生效的类案判决可能发生冲突的；

（六）发回重审的；

（七）适用审判监督程序的；

（八）第三人起诉请求改变或者撤销生效判决、裁定、调解书的；

（九）其他不宜采用独任制的案件。

第四十三条　独任制向合议制转换

人民法院在审理过程中，发现案件不宜由审判员一人独任审理的，应当裁定转由合议庭审理。

当事人认为案件由审判员一人独任审理违反法律规定的，可以向人民法院提出异议。人民法院对当事人提出的异议应当审查，异议成立的，裁定转由合议庭审理；异议不成立的，裁定驳回。

● 司法解释及文件

《最高人民法院关于适用简易程序审理民事案件的若干规定》（2020年12月29日）

第3条 当事人就适用简易程序提出异议，人民法院认为异议成立的，或者人民法院在审理过程中发现不宜适用简易程序的，应当将案件转入普通程序审理。

第13条 当事人一方或者双方就适用简易程序提出异议后，人民法院应当进行审查，并按下列情形分别处理：

（一）异议成立的，应当将案件转入普通程序审理，并将合议庭的组成人员及相关事项以书面形式通知双方当事人；

（二）异议不成立的，口头告知双方当事人，并将上述内容记入笔录。

转入普通程序审理的民事案件的审理期限自人民法院立案的次日起开始计算。

第四十四条　合议庭审判长的产生

合议庭的审判长由院长或者庭长指定审判员一人担任；院长或者庭长参加审判的，由院长或者庭长担任。

● 司法解释及文件

1.《人民法院审判长选任办法（试行）》（2000年7月28日）

二、审判长的配备

各级人民法院审判长的配备数额，应当根据审判工作的需要，参考本院合议庭的数量确定。最高人民法院审判长的配备数额，由最高人民法院确定。地方人民法院审判长的配备数额，由高级人民法院确定。

审判长一般由审判员担任。优秀的助理审判员被选为审判长的，应当依法提请任命为审判员。

院长、副院长、审判委员会委员、庭长、副庭长参加合议庭审理案件时，依照法律规定担任审判长。

三、审判长的条件

担任审判长，应当具备以下条件：

（一）遵守宪法和法律，严守审判纪律，秉公执法，清正廉洁，有良好的职业道德。

（二）身体健康，能够胜任审判工作。

（三）最高人民法院、高级人民法院的审判长应当具有高等院校法律本科以上学历；中级人民法院的审判长一般应当具有高等院校法律本科以上学历；基层人民法院的审判长应当具有高等院校法律专科以上学历。

（四）最高人民法院和高级人民法院的审判长必须担任法官职务从事审判工作 5 年以上；中级人民法院的审判长必须担任法官职务从事审判工作 4 年以上；基层人民法院的审判长必须担任法官职务从事审判工作 3 年以上。

（五）有比较丰富的审判实践经验，能够运用所掌握的法律专业知识解决审判工作中的实际问题；能够熟练主持庭审活动；并有较强的语言表达能力和文字表达能力，能够规范、熟练制作诉讼文书。

经济、文化欠发达地区的人民法院，经本院审判委员会研究决定并报上一级人民法院批准，可以适当放宽审判长的学历条件和从事审判工作年限。

2.《最高人民法院关于人民法院合议庭工作的若干规定》（2002 年 8 月 12 日）

第 2 条 合议庭的审判长由符合审判长任职条件的法官担任。

院长或者庭长参加合议庭审判案件的时候，自己担任审判长。

第 6 条 审判长履行下列职责：

（一）指导和安排审判辅助人员做好庭前调解、庭前准备及其他审判业务辅助性工作；

（二）确定案件审理方案、庭审提纲、协调合议庭成员的庭审分工以及做好其他必要的庭审准备工作；

（三）主持庭审活动；

（四）主持合议庭对案件进行评议；

（五）依照有关规定，提请院长决定将案件提交审判委员会讨论决定；

（六）制作裁判文书，审核合议庭其他成员制作的裁判文书；

（七）依照规定权限签发法律文书；

（八）根据院长或者庭长的建议主持合议庭对案件复议；

（九）对合议庭遵守案件审理期限制度的情况负责；

（十）办理有关审判的其他事项。

第四十五条　合议庭的评议规则

合议庭评议案件，实行少数服从多数的原则。评议应当制作笔录，由合议庭成员签名。评议中的不同意见，必须如实记入笔录。

● 法　律

1.《人民法院组织法》（2018 年 10 月 26 日）

第 31 条　合议庭评议案件应当按照多数人的意见作出决定，少数人的意见应当记入笔录。评议案件笔录由合议庭全体组成人员签名。

第 32 条　合议庭或者法官独任审理案件形成的裁判文书，经合议庭组成人员或者独任法官签署，由人民法院发布。

第 33 条　合议庭审理案件，法官对案件的事实认定和法律适用负责；法官独任审理案件，独任法官对案件的事实认定和法律适用负责。

人民法院应当加强内部监督，审判活动有违法情形的，应当及时调查核实，并根据违法情形依法处理。

● 司法解释及文件

2.《最高人民法院关于人民法院合议庭工作的若干规定》(2002年8月12日)

第9条 合议庭评议案件应当在庭审结束后五个工作日内进行。

第10条 合议庭评议案件时,先由承办法官对认定案件事实、证据是否确实、充分以及适用法律等发表意见,审判长最后发表意见;审判长作为承办法官的,由审判长最后发表意见。对案件的裁判结果进行评议时,由审判长最后发表意见。审判长应当根据评议情况总结合议庭评议的结论性意见。

合议庭成员进行评议的时候,应当认真负责,充分陈述意见,独立行使表决权,不得拒绝陈述意见或者仅作同意与否的简单表态。同意他人意见的,也应当提出事实根据和法律依据,进行分析论证。

合议庭成员对评议结果的表决,以口头表决的形式进行。

第12条 合议庭应当依照规定的权限,及时对评议意见一致或者形成多数意见的案件直接作出判决或者裁定。但是对于下列案件,合议庭应当提请院长决定提交审判委员会讨论决定:

(一)拟判处死刑的;

(二)疑难、复杂、重大或者新类型的案件,合议庭认为有必要提交审判委员会讨论决定的;

(三)合议庭在适用法律方面有重大意见分歧的;

(四)合议庭认为需要提请审判委员会讨论决定的其他案件,或者本院审判委员会确定的应当由审判委员会讨论决定的案件。

第14条 合议庭一般应当在作出评议结论或者审判委员会作出决定后的五个工作日内制作出裁判文书。

3.《最高人民法院关于进一步加强合议庭职责的若干规定》（2010年1月11日）

为了进一步加强合议庭的审判职责，充分发挥合议庭的职能作用，根据《中华人民共和国人民法院组织法》和有关法律规定，结合人民法院工作实际，制定本规定。

第1条　合议庭是人民法院的基本审判组织。合议庭全体成员平等参与案件的审理、评议和裁判，依法履行审判职责。

第2条　合议庭由审判员、助理审判员或者人民陪审员随机组成。合议庭成员相对固定的，应当定期交流。人民陪审员参加合议庭的，应当从人民陪审员名单中随机抽取确定。

第3条　承办法官履行下列职责：

（一）主持或者指导审判辅助人员进行庭前调解、证据交换等庭前准备工作；

（二）拟定庭审提纲，制作阅卷笔录；

（三）协助审判长组织法庭审理活动；

（四）在规定期限内及时制作审理报告；

（五）案件需要提交审判委员会讨论的，受审判长指派向审判委员会汇报案件；

（六）制作裁判文书提交合议庭审核；

（七）办理有关审判的其他事项。

第4条　依法不开庭审理的案件，合议庭全体成员均应当阅卷，必要时提交书面阅卷意见。

第5条　开庭审理时，合议庭全体成员应当共同参加，不得缺席、中途退庭或者从事与该庭审无关的活动。合议庭成员未参加庭审、中途退庭或者从事与该庭审无关的活动，当事人提出异议的，应当纠正。合议庭仍不纠正的，当事人可以要求休庭，并将有关情况记入庭审笔录。

第6条　合议庭全体成员均应当参加案件评议。评议案件时，合议庭成员应当针对案件的证据采信、事实认定、法律适用、裁判结果以及诉讼程序等问题充分发表意见。必要时，合议庭成员还可提交书面评议意见。

合议庭成员评议时发表意见不受追究。

第7条 除提交审判委员会讨论的案件外，合议庭对评议意见一致或者形成多数意见的案件，依法作出判决或者裁定。下列案件可以由审判长提请院长或者庭长决定组织相关审判人员共同讨论，合议庭成员应当参加：

（一）重大、疑难、复杂或者新类型的案件；

（二）合议庭在事实认定或法律适用上有重大分歧的案件；

（三）合议庭意见与本院或上级法院以往同类型案件的裁判有可能不一致的案件；

（四）当事人反映强烈的群体性纠纷案件；

（五）经审判长提请且院长或者庭长认为确有必要讨论的其他案件。

上述案件的讨论意见供合议庭参考，不影响合议庭依法作出裁判。

第8条 各级人民法院的院长、副院长、庭长、副庭长应当参加合议庭审理案件，并逐步增加审理案件的数量。

第9条 各级人民法院应当建立合议制落实情况的考评机制，并将考评结果纳入岗位绩效考评体系。考评可采取抽查卷宗、案件评查、检查庭审情况、回访当事人等方式。考评包括以下内容：

（一）合议庭全体成员参加庭审的情况；

（二）院长、庭长参加合议庭庭审的情况；

（三）审判委员会委员参加合议庭庭审的情况；

（四）承办法官制作阅卷笔录、审理报告以及裁判文书的情况；

（五）合议庭其他成员提交阅卷意见、发表评议意见的情况；

（六）其他应当考核的事项。

第10条　合议庭组成人员存在违法审判行为的,应当按照《人民法院审判人员违法审判责任追究办法(试行)》等规定追究相应责任。合议庭审理案件有下列情形之一的,合议庭成员不承担责任:

(一)因对法律理解和认识上的偏差而导致案件被改判或者发回重审的;

(二)因对案件事实和证据认识上的偏差而导致案件被改判或者发回重审的;

(三)因新的证据而导致案件被改判或者发回重审的;

(四)因法律修订或者政策调整而导致案件被改判或者发回重审的;

(五)因裁判所依据的其他法律文书被撤销或变更而导致案件被改判或者发回重审的;

(六)其他依法履行审判职责不应当承担责任的情形。

第11条　执行工作中依法需要组成合议庭的,参照本规定执行。

第12条　本院以前发布的司法解释与本规定不一致的,以本规定为准。

第四十六条　审判人员工作纪律

审判人员应当依法秉公办案。

审判人员不得接受当事人及其诉讼代理人请客送礼。

审判人员有贪污受贿,徇私舞弊,枉法裁判行为的,应当追究法律责任;构成犯罪的,依法追究刑事责任。

● 法　律

《刑法》(2020年12月26日)

第385条　国家工作人员利用职务上的便利,索取他人财物的,或者非法收受他人财物,为他人谋取利益的,是受贿罪。

国家工作人员在经济往来中，违反国家规定，收受各种名义的回扣、手续费，归个人所有的，以受贿论处。

第399条 司法工作人员徇私枉法、徇情枉法，对明知是无罪的人而使他受追诉、对明知是有罪的人而故意包庇不使他受追诉，或者在刑事审判活动中故意违背事实和法律作枉法裁判的，处五年以下有期徒刑或者拘役；情节严重的，处五年以上十年以下有期徒刑；情节特别严重的，处十年以上有期徒刑。

在民事、行政审判活动中故意违背事实和法律作枉法裁判，情节严重的，处五年以下有期徒刑或者拘役；情节特别严重的，处五年以上十年以下有期徒刑。

在执行判决、裁定活动中，严重不负责任或者滥用职权，不依法采取诉讼保全措施、不履行法定执行职责，或者违法采取诉讼保全措施、强制执行措施，致使当事人或者其他人的利益遭受重大损失的，处五年以下有期徒刑或者拘役；致使当事人或者其他人的利益遭受特别重大损失的，处五年以上十年以下有期徒刑。

司法工作人员收受贿赂，有前三款行为的，同时又构成本法第三百八十五条规定之罪的，依照处罚较重的规定定罪处罚。

第四章 回 避

第四十七条　回避的对象、条件和方式

审判人员有下列情形之一的，应当自行回避，当事人有权用口头或者书面方式申请他们回避：

（一）是本案当事人或者当事人、诉讼代理人近亲属的；

（二）与本案有利害关系的；

（三）与本案当事人、诉讼代理人有其他关系，可能影响对案件公正审理的。

> 审判人员接受当事人、诉讼代理人请客送礼，或者违反规定会见当事人、诉讼代理人的，当事人有权要求他们回避。
>
> 审判人员有前款规定的行为的，应当依法追究法律责任。
>
> 前三款规定，适用于法官助理、书记员、司法技术人员、翻译人员、鉴定人、勘验人。

● 法　律

1.《法官法》（2019年4月23日）

第36条　法官从人民法院离任后两年内，不得以律师身份担任诉讼代理人或者辩护人。

法官从人民法院离任后，不得担任原任职法院办理案件的诉讼代理人或者辩护人，但是作为当事人的监护人或者近亲属代理诉讼或者进行辩护的除外。

法官被开除后，不得担任诉讼代理人或者辩护人，但是作为当事人的监护人或者近亲属代理诉讼或者进行辩护的除外。

● 司法解释及文件

2.《人民法院工作人员处分条例》（2009年12月31日）

第30条　违反规定应当回避而不回避，造成不良后果的，给予警告、记过或者记大过处分；情节较重的，给予降级或者撤职处分；情节严重的，给予开除处分。

明知诉讼代理人、辩护人不符合担任代理人、辩护人的规定，仍准许其担任代理人、辩护人，造成不良后果的，给予警告、记过或者记大过处分；情节较重的，给予降级处分；情节严重的，给予撤职处分。

3.《最高人民法院关于审判人员在诉讼活动中执行回避制度若干问题的规定》（2011年6月10日）

为进一步规范审判人员的诉讼回避行为，维护司法公正，根据《中华人民共和国人民法院组织法》、《中华人民共和国法官法》、《中华人民共和国民事诉讼法》、《中华人民共和国刑事诉讼法》、《中华人民共和国行政诉讼法》等法律规定，结合人民法院审判工作实际，制定本规定。

第1条 审判人员具有下列情形之一的，应当自行回避，当事人及其法定代理人有权以口头或者书面形式申请其回避：

（一）是本案的当事人或者与当事人有近亲属关系的；

（二）本人或者其近亲属与本案有利害关系的；

（三）担任过本案的证人、翻译人员、鉴定人、勘验人、诉讼代理人、辩护人的；

（四）与本案的诉讼代理人、辩护人有夫妻、父母、子女或者兄弟姐妹关系的；

（五）与本案当事人之间存在其他利害关系，可能影响案件公正审理的。

本规定所称近亲属，包括与审判人员有夫妻、直系血亲、三代以内旁系血亲及近姻亲关系的亲属。

第2条 当事人及其法定代理人发现审判人员违反规定，具有下列情形之一的，有权申请其回避：

（一）私下会见本案一方当事人及其诉讼代理人、辩护人的；

（二）为本案当事人推荐、介绍诉讼代理人、辩护人，或者为律师、其他人员介绍办理该案件的；

（三）索取、接受本案当事人及其受托人的财物、其他利益，或者要求当事人及其受托人报销费用的；

（四）接受本案当事人及其受托人的宴请，或者参加由其支付费用的各项活动的；

（五）向本案当事人及其受托人借款，借用交通工具、通讯工具或者其他物品，或者索取、接受当事人及其受托人在购买商品、装修住房以及其他方面给予的好处的；

（六）有其他不正当行为，可能影响案件公正审理的。

第3条　凡在一个审判程序中参与过本案审判工作的审判人员，不得再参与该案其他程序的审判。但是，经过第二审程序发回重审的案件，在一审法院作出裁判后又进入第二审程序的，原第二审程序中合议庭组成人员不受本条规定的限制。

第4条　审判人员应当回避，本人没有自行回避，当事人及其法定代理人也没有申请其回避的，院长或者审判委员会应当决定其回避。

第5条　人民法院应当依法告知当事人及其法定代理人有申请回避的权利，以及合议庭组成人员、书记员的姓名、职务等相关信息。

第6条　人民法院依法调解案件，应当告知当事人及其法定代理人有申请回避的权利，以及主持调解工作的审判人员及其他参与调解工作的人员的姓名、职务等相关信息。

第7条　第二审人民法院认为第一审人民法院的审理有违反本规定第一条至第三条规定的，应当裁定撤销原判，发回原审人民法院重新审判。

第8条　审判人员及法院其他工作人员从人民法院离任后二年内，不得以律师身份担任诉讼代理人或者辩护人。

审判人员及法院其他工作人员从人民法院离任后，不得担任原任职法院所审理案件的诉讼代理人或者辩护人，但是作为当事人的监护人或者近亲属代理诉讼或者进行辩护的除外。

本条所规定的离任，包括退休、调离、解聘、辞职、辞退、开除等离开法院工作岗位的情形。

本条所规定的原任职法院，包括审判人员及法院其他工作人员曾任职的所有法院。

第9条　审判人员及法院其他工作人员的配偶、子女或者父母不得担任其所任职法院审理案件的诉讼代理人或者辩护人。

第 10 条　人民法院发现诉讼代理人或者辩护人违反本规定第八条、第九条的规定的，应当责令其停止相关诉讼代理或者辩护行为。

第 11 条　当事人及其法定代理人、诉讼代理人、辩护人认为审判人员有违反本规定行为的，可以向法院纪检、监察部门或者其他有关部门举报。受理举报的人民法院应当及时处理，并将相关意见反馈给举报人。

第 12 条　对明知具有本规定第一条至第三条规定情形不依法自行回避的审判人员，依照《人民法院工作人员处分条例》的规定予以处分。

对明知诉讼代理人、辩护人具有本规定第八条、第九条规定情形之一，未责令其停止相关诉讼代理或者辩护行为的审判人员，依照《人民法院工作人员处分条例》的规定予以处分。

第 13 条　本规定所称审判人员，包括各级人民法院院长、副院长、审判委员会委员、庭长、副庭长、审判员和助理审判员。

本规定所称法院其他工作人员，是指审判人员以外的在编工作人员。

第 14 条　人民陪审员、书记员和执行员适用审判人员回避的有关规定，但不属于本规定第十三条所规定人员的，不适用本规定第八条、第九条的规定。

第 15 条　自本规定施行之日起，《最高人民法院关于审判人员严格执行回避制度的若干规定》（法发〔2000〕5 号）即行废止；本规定施行前本院发布的司法解释与本规定不一致的，以本规定为准。

4.《最高人民法院关于适用〈中华人民共和国民事诉讼法〉的解释》（2022 年 4 月 1 日）

第 43 条　审判人员有下列情形之一的，应当自行回避，当事人有权申请其回避：

（一）是本案当事人或者当事人近亲属的；

（二）本人或者其近亲属与本案有利害关系的；

（三）担任过本案的证人、鉴定人、辩护人、诉讼代理人、翻译人员的；

（四）是本案诉讼代理人近亲属的；

（五）本人或者其近亲属持有本案非上市公司当事人的股份或者股权的；

（六）与本案当事人或者诉讼代理人有其他利害关系，可能影响公正审理的。

第44条　审判人员有下列情形之一的，当事人有权申请其回避：

（一）接受本案当事人及其受托人宴请，或者参加由其支付费用的活动的；

（二）索取、接受本案当事人及其受托人财物或者其他利益的；

（三）违反规定会见本案当事人、诉讼代理人的；

（四）为本案当事人推荐、介绍诉讼代理人，或者为律师、其他人员介绍代理本案的；

（五）向本案当事人及其受托人借用款物的；

（六）有其他不正当行为，可能影响公正审理的。

第45条　在一个审判程序中参与过本案审判工作的审判人员，不得再参与该案其他程序的审判。

发回重审的案件，在一审法院作出裁判后又进入第二审程序的，原第二审程序中审判人员不受前款规定的限制。

第46条　审判人员有应当回避的情形，没有自行回避，当事人也没有申请其回避的，由院长或者审判委员会决定其回避。

第47条　人民法院应当依法告知当事人对合议庭组成人员、独任审判员和书记员等人员有申请回避的权利。

第 48 条　民事诉讼法第四十七条所称的审判人员，包括参与本案审理的人民法院院长、副院长、审判委员会委员、庭长、副庭长、审判员和人民陪审员。

第 49 条　书记员和执行员适用审判人员回避的有关规定。

第四十八条　回避申请

当事人提出回避申请，应当说明理由，在案件开始审理时提出；回避事由在案件开始审理后知道的，也可以在法庭辩论终结前提出。

被申请回避的人员在人民法院作出是否回避的决定前，应当暂停参与本案的工作，但案件需要采取紧急措施的除外。

● 司法解释及文件

《最高人民法院关于审判人员在诉讼活动中执行回避制度若干问题的规定》（2011 年 6 月 10 日）

第 2 条　当事人及其法定代理人发现审判人员违反规定，具有下列情形之一的，有权申请其回避：

（一）私下会见本案一方当事人及其诉讼代理人、辩护人的；

（二）为本案当事人推荐、介绍诉讼代理人、辩护人，或者为律师、其他人员介绍办理该案件的；

（三）索取、接受本案当事人及其受托人的财物、其他利益，或者要求当事人及其受托人报销费用的；

（四）接受本案当事人及其受托人的宴请，或者参加由其支付费用的各项活动的；

（五）向本案当事人及其受托人借款，借用交通工具、通讯工具或者其他物品，或者索取、接受当事人及其受托人在购买商品、装修住房以及其他方面给予的好处的；

（六）有其他不正当行为，可能影响案件公正审理的。

第四十九条　回避决定的程序

院长担任审判长或者独任审判员时的回避，由审判委员会决定；审判人员的回避，由院长决定；其他人员的回避，由审判长或者独任审判员决定。

第五十条　回避决定的时限及效力

人民法院对当事人提出的回避申请，应当在申请提出的三日内，以口头或者书面形式作出决定。申请人对决定不服的，可以在接到决定时申请复议一次。复议期间，被申请回避的人员，不停止参与本案的工作。人民法院对复议申请，应当在三日内作出复议决定，并通知复议申请人。

第五章　诉讼参加人

第一节　当事人

第五十一条　当事人范围

公民、法人和其他组织可以作为民事诉讼的当事人。

法人由其法定代表人进行诉讼。其他组织由其主要负责人进行诉讼。

● 法　律

1.《民法典》（2020 年 5 月 28 日）

第 13 条　自然人从出生时起到死亡时止，具有民事权利能力，依法享有民事权利，承担民事义务。

第 16 条　涉及遗产继承、接受赠与等胎儿利益保护的，胎儿视为具有民事权利能力。但是，胎儿娩出时为死体的，其民事权利能力自始不存在。

第57条 法人是具有民事权利能力和民事行为能力,依法独立享有民事权利和承担民事义务的组织。

第59条 法人的民事权利能力和民事行为能力,从法人成立时产生,到法人终止时消灭。

第67条 法人合并的,其权利和义务由合并后的法人享有和承担。

法人分立的,其权利和义务由分立后的法人享有连带债权,承担连带债务,但是债权人和债务人另有约定的除外。

第72条 清算期间法人存续,但是不得从事与清算无关的活动。

法人清算后的剩余财产,按照法人章程的规定或者法人权力机构的决议处理。法律另有规定的,依照其规定。

清算结束并完成法人注销登记时,法人终止;依法不需要办理法人登记的,清算结束时,法人终止。

第74条 法人可以依法设立分支机构。法律、行政法规规定分支机构应当登记的,依照其规定。

分支机构以自己的名义从事民事活动,产生的民事责任由法人承担;也可以先以该分支机构管理的财产承担,不足以承担的,由法人承担。

第75条 设立人为设立法人从事的民事活动,其法律后果由法人承受;法人未成立的,其法律后果由设立人承受,设立人为二人以上的,享有连带债权,承担连带债务。

设立人为设立法人以自己的名义从事民事活动产生的民事责任,第三人有权选择请求法人或者设立人承担。

第102条 非法人组织是不具有法人资格,但是能够依法以自己的名义从事民事活动的组织。

非法人组织包括个人独资企业、合伙企业、不具有法人资格的专业服务机构等。

第280条 业主大会或者业主委员会的决定，对业主具有法律约束力。

业主大会或者业主委员会作出的决定侵害业主合法权益的，受侵害的业主可以请求人民法院予以撤销。

第286条 业主应当遵守法律、法规以及管理规约，相关行为应当符合节约资源、保护生态环境的要求。对于物业服务企业或者其他管理人执行政府依法实施的应急处置措施和其他管理措施，业主应当依法予以配合。

业主大会或者业主委员会，对任意弃置垃圾、排放污染物或者噪声、违反规定饲养动物、违章搭建、侵占通道、拒付物业费等损害他人合法权益的行为，有权依照法律、法规以及管理规约，请求行为人停止侵害、排除妨碍、消除危险、恢复原状、赔偿损失。

业主或者其他行为人拒不履行相关义务的，有关当事人可以向有关行政主管部门报告或者投诉，有关行政主管部门应当依法处理。

● 司法解释及文件

2.《最高人民法院关于审理植物新品种纠纷案件若干问题的解释》（2020年12月29日）

第5条 关于植物新品种申请驳回复审行政纠纷案件、植物新品种权无效或者更名行政纠纷案件，应当以植物新品种审批机关为被告；关于植物新品种强制许可纠纷案件，应当以植物新品种审批机关为被告；关于实施强制许可使用费纠纷案件，应当根据原告所请求的事项和所起诉的当事人确定被告。

3.《最高人民法院关于适用〈中华人民共和国民法典〉婚姻家庭编的解释（一）》（2020年12月29日）

第87条 承担民法典第一千零九十一条规定的损害赔偿责

任的主体，为离婚诉讼当事人中无过错方的配偶。

人民法院判决不准离婚的案件，对于当事人基于民法典第一千零九十一条提出的损害赔偿请求，不予支持。

在婚姻关系存续期间，当事人不起诉离婚而单独依据民法典第一千零九十一条提起损害赔偿请求的，人民法院不予受理。

4.《最高人民法院关于审理著作权民事纠纷案件适用法律若干问题的解释》（2020年12月29日）

第6条 依法成立的著作权集体管理组织，根据著作权人的书面授权，以自己的名义提起诉讼，人民法院应当受理。

5.《最高人民法院关于审理商标民事纠纷案件适用法律若干问题的解释》（2020年12月29日）

第4条 商标法第六十条第一款规定的利害关系人，包括注册商标使用许可合同的被许可人、注册商标财产权利的合法继承人等。

在发生注册商标专用权被侵害时，独占使用许可合同的被许可人可以向人民法院提起诉讼；排他使用许可合同的被许可人可以和商标注册人共同起诉，也可以在商标注册人不起诉的情况下，自行提起诉讼；普通使用许可合同的被许可人经商标注册人明确授权，可以提起诉讼。

6.《最高人民法院关于在民事审判工作中适用〈中华人民共和国工会法〉若干问题的解释》（2020年12月29日）

第1条 人民法院审理涉及工会组织的有关案件时，应当认定依照工会法建立的工会组织的社团法人资格。具有法人资格的工会组织依法独立享有民事权利，承担民事义务。建立工会的企业、事业单位、机关与所建工会以及工会投资兴办的企业，根据法律和司法解释的规定，应当分别承担各自的民事责任。

7.《最高人民法院关于审理人身损害赔偿案件适用法律若干问题的解释》（2022 年 4 月 24 日）

第 1 条　因生命、身体、健康遭受侵害，赔偿权利人起诉请求赔偿义务人赔偿物质损害和精神损害的，人民法院应予受理。

本条所称"赔偿权利人"，是指因侵权行为或者其他致害原因直接遭受人身损害的受害人以及死亡受害人的近亲属。

本条所称"赔偿义务人"，是指因自己或者他人的侵权行为以及其他致害原因依法应当承担民事责任的自然人、法人或者非法人组织。

8.《最高人民法院关于审理侵害植物新品种权纠纷案件具体应用法律问题的若干规定》（2020 年 12 月 29 日）

第 1 条　植物新品种权所有人（以下称品种权人）或者利害关系人认为植物新品种权受到侵害的，可以依法向人民法院提起诉讼。

前款所称利害关系人，包括植物新品种实施许可合同的被许可人、品种权财产权利的合法继承人等。

独占实施许可合同的被许可人可以单独向人民法院提起诉讼；排他实施许可合同的被许可人可以和品种权人共同起诉，也可以在品种权人不起诉时，自行提起诉讼；普通实施许可合同的被许可人经品种权人明确授权，可以提起诉讼。

9.《最高人民法院关于适用〈中华人民共和国民事诉讼法〉审判监督程序若干问题的解释》（2020 年 12 月 29 日）

第 29 条　民事再审案件的当事人应为原审案件的当事人。原审案件当事人死亡或者终止的，其权利义务承受人可以申请再审并参加再审诉讼。

10.《最高人民法院关于适用〈中华人民共和国公司法〉若干问题的规定（二）》（2020 年 12 月 29 日）

第 4 条　股东提起解散公司诉讼应当以公司为被告。

原告以其他股东为被告一并提起诉讼的，人民法院应当告知原告将其他股东变更为第三人；原告坚持不予变更的，人民法院应当驳回原告对其他股东的起诉。

原告提起解散公司诉讼应当告知其他股东，或者由人民法院通知其参加诉讼。其他股东或者有关利害关系人申请以共同原告或者第三人身份参加诉讼的，人民法院应予准许。

11.《最高人民法院关于适用〈中华人民共和国民事诉讼法〉的解释》（2022年4月1日）

第50条　法人的法定代表人以依法登记的为准，但法律另有规定的除外。依法不需要办理登记的法人，以其正职负责人为法定代表人；没有正职负责人的，以其主持工作的副职负责人为法定代表人。

法定代表人已经变更，但未完成登记，变更后的法定代表人要求代表法人参加诉讼的，人民法院可以准许。

其他组织，以其主要负责人为代表人。

第51条　在诉讼中，法人的法定代表人变更的，由新的法定代表人继续进行诉讼，并应向人民法院提交新的法定代表人身份证明书。原法定代表人进行的诉讼行为有效。

前款规定，适用于其他组织参加的诉讼。

第52条　民事诉讼法第五十一条规定的其他组织是指合法成立、有一定的组织机构和财产，但又不具备法人资格的组织，包括：

（一）依法登记领取营业执照的个人独资企业；

（二）依法登记领取营业执照的合伙企业；

（三）依法登记领取我国营业执照的中外合作经营企业、外资企业；

（四）依法成立的社会团体的分支机构、代表机构；

（五）依法设立并领取营业执照的法人的分支机构；

（六）依法设立并领取营业执照的商业银行、政策性银行和非银行金融机构的分支机构；

（七）经依法登记领取营业执照的乡镇企业、街道企业；

（八）其他符合本条规定条件的组织。

第53条　法人非依法设立的分支机构，或者虽依法设立，但没有领取营业执照的分支机构，以设立该分支机构的法人为当事人。

第54条　以挂靠形式从事民事活动，当事人请求由挂靠人和被挂靠人依法承担民事责任的，该挂靠人和被挂靠人为共同诉讼人。

第55条　在诉讼中，一方当事人死亡，需要等待继承人表明是否参加诉讼的，裁定中止诉讼。人民法院应当及时通知继承人作为当事人承担诉讼，被继承人已经进行的诉讼行为对承担诉讼的继承人有效。

第56条　法人或者其他组织的工作人员执行工作任务造成他人损害的，该法人或者其他组织为当事人。

第57条　提供劳务一方因劳务造成他人损害，受害人提起诉讼的，以接受劳务一方为被告。

第58条　在劳务派遣期间，被派遣的工作人员因执行工作任务造成他人损害的，以接受劳务派遣的用工单位为当事人。当事人主张劳务派遣单位承担责任的，该劳务派遣单位为共同被告。

第59条　在诉讼中，个体工商户以营业执照上登记的经营者为当事人。有字号的，以营业执照上登记的字号为当事人，但应同时注明该字号经营者的基本信息。

营业执照上登记的经营者与实际经营者不一致的，以登记的经营者和实际经营者为共同诉讼人。

第60条　在诉讼中，未依法登记领取营业执照的个人合伙的全体合伙人为共同诉讼人。个人合伙有依法核准登记的字号的，应在法律文书中注明登记的字号。全体合伙人可以推选代表人；被推选的代表人，应由全体合伙人出具推选书。

第61条 当事人之间的纠纷经人民调解委员会或者其他依法设立的调解组织调解达成协议后，一方当事人不履行调解协议，另一方当事人向人民法院提起诉讼的，应以对方当事人为被告。

第62条 下列情形，以行为人为当事人：

（一）法人或者其他组织应登记而未登记，行为人即以该法人或者其他组织名义进行民事活动的；

（二）行为人没有代理权、超越代理权或者代理权终止后以被代理人名义进行民事活动的，但相对人有理由相信行为人有代理权的除外；

（三）法人或者其他组织依法终止后，行为人仍以其名义进行民事活动的。

第63条 企业法人合并的，因合并前的民事活动发生的纠纷，以合并后的企业为当事人；企业法人分立的，因分立前的民事活动发生的纠纷，以分立后的企业为共同诉讼人。

第64条 企业法人解散的，依法清算并注销前，以该企业法人为当事人；未依法清算即被注销的，以该企业法人的股东、发起人或者出资人为当事人。

第65条 借用业务介绍信、合同专用章、盖章的空白合同书或者银行账户的，出借单位和借用人为共同诉讼人。

第66条 因保证合同纠纷提起的诉讼，债权人向保证人和被保证人一并主张权利的，人民法院应当将保证人和被保证人列为共同被告。保证合同约定为一般保证，债权人仅起诉保证人的，人民法院应当通知被保证人作为共同被告参加诉讼；债权人仅起诉被保证人的，可以只列被保证人为被告。

第 67 条　无民事行为能力人、限制民事行为能力人造成他人损害的，无民事行为能力人、限制民事行为能力人和其监护人为共同被告。

第 68 条　居民委员会、村民委员会或者村民小组与他人发生民事纠纷的，居民委员会、村民委员会或者有独立财产的村民小组为当事人。

第 69 条　对侵害死者遗体、遗骨以及姓名、肖像、名誉、荣誉、隐私等行为提起诉讼的，死者的近亲属为当事人。

第 70 条　在继承遗产的诉讼中，部分继承人起诉的，人民法院应通知其他继承人作为共同原告参加诉讼；被通知的继承人不愿意参加诉讼又未明确表示放弃实体权利的，人民法院仍应将其列为共同原告。

第 71 条　原告起诉被代理人和代理人，要求承担连带责任的，被代理人和代理人为共同被告。

原告起诉代理人和相对人，要求承担连带责任的，代理人和相对人为共同被告。

第 72 条　共有财产权受到他人侵害，部分共有权人起诉的，其他共有权人为共同诉讼人。

12.《最高人民法院关于适用〈中华人民共和国民法典〉婚姻家庭编的解释（一）》（2020 年 12 月 29 日）

第 15 条　利害关系人依据民法典第一千零五十一条的规定，请求人民法院确认婚姻无效的，利害关系人为原告，婚姻关系当事人双方为被告。

夫妻一方死亡的，生存一方为被告。

13.《最高人民法院关于产品侵权案件的受害人能否以产品的商标所有人为被告提起民事诉讼的批复》（2020 年 12 月 29 日）

任何将自己的姓名、名称、商标或者可资识别的其他标识体现在产品上，表示其为产品制造者的企业或个人，均属于《中华人民共和国民法典》和《中华人民共和国产品质量法》规定的"生产者"。本案中美国通用汽车公司为事故车的商标所有人,根据受害人的起诉和本案的实际情况,本案以通用汽车公司、通用汽车海外公司、通用汽车巴西公司为被告并无不当。

第五十二条　诉讼权利义务

当事人有权委托代理人,提出回避申请,收集、提供证据,进行辩论,请求调解,提起上诉,申请执行。

当事人可以查阅本案有关材料,并可以复制本案有关材料和法律文书。查阅、复制本案有关材料的范围和办法由最高人民法院规定。

当事人必须依法行使诉讼权利,遵守诉讼秩序,履行发生法律效力的判决书、裁定书和调解书。

第五十三条　自行和解

双方当事人可以自行和解。

第五十四条　诉讼请求的放弃、变更、承认、反驳及反诉

原告可以放弃或者变更诉讼请求。被告可以承认或者反驳诉讼请求,有权提起反诉。

第五十五条　共同诉讼

当事人一方或者双方为二人以上,其诉讼标的是共同的,或者诉讼标的是同一种类、人民法院认为可以合并审理并经当事人同意的,为共同诉讼。

共同诉讼的一方当事人对诉讼标的有共同权利义务的,其中一人的诉讼行为经其他共同诉讼人承认,对其他共同诉

讼人发生效力；对诉讼标的没有共同权利义务的，其中一人的诉讼行为对其他共同诉讼人不发生效力。

● 司法解释及文件

1. 《最高人民法院关于审理商品房买卖合同纠纷案件适用法律若干问题的解释》（2020年12月29日）

第22条 买受人未按照商品房担保贷款合同的约定偿还贷款，亦未与担保权人办理不动产抵押登记手续，担保权人起诉买受人，请求处分商品房买卖合同项下买受人合同权利的，应当通知出卖人参加诉讼；担保权人同时起诉出卖人时，如果出卖人为商品房担保贷款合同提供保证的，应当列为共同被告。

第23条 买受人未按照商品房担保贷款合同的约定偿还贷款，但是已经取得不动产权属证书并与担保权人办理了不动产抵押登记手续，抵押权人请求买受人偿还贷款或者就抵押的房屋优先受偿的，不应当追加出卖人为当事人，但出卖人提供保证的除外。

2. 《最高人民法院关于审理人身损害赔偿案件适用法律若干问题的解释》（2022年4月24日）

第2条 赔偿权利人起诉部分共同侵权人的，人民法院应当追加其他共同侵权人作为共同被告。赔偿权利人在诉讼中放弃对部分共同侵权人的诉讼请求的，其他共同侵权人对被放弃诉讼请求的被告应当承担的赔偿份额不承担连带责任。责任范围难以确定的，推定各共同侵权人承担同等责任。

人民法院应当将放弃诉讼请求的法律后果告知赔偿权利人，并将放弃诉讼请求的情况在法律文书中叙明。

3. 《最高人民法院关于人民法院受理共同诉讼案件问题的通知》（2005年12月30日）

一、当事人一方或双方人数众多的共同诉讼，依法由基层人民法院受理。受理法院认为不宜作为共同诉讼受理的，可分别受理。在高级人民法院辖区内有重大影响的上述案件，由中级人民法院受理。如情况特殊，确需高级人民法院作为一审民事案件审理的，应当在受理前报最高人民法院批准。法律、司法解释对知识产权，海事、海商，涉外等民事纠纷案件的级别管辖另有规定的，从其规定。

二、各级人民法院应当加强对共同诉讼案件涉及问题的调查研究，上级人民法院应当加强对下级人民法院审理此类案件的指导工作。本通知执行过程中有何问题及建议，请及时报告我院。本通知自 2006 年 1 月 1 日起执行。

4.《最高人民法院关于适用〈中华人民共和国民事诉讼法〉的解释》（2022 年 4 月 1 日）

第 54 条 以挂靠形式从事民事活动，当事人请求由挂靠人和被挂靠人依法承担民事责任的，该挂靠人和被挂靠人为共同诉讼人。

第 55 条 在诉讼中，一方当事人死亡，需要等待继承人表明是否参加诉讼的，裁定中止诉讼。人民法院应当及时通知继承人作为当事人承担诉讼，被继承人已经进行的诉讼行为对承担诉讼的继承人有效。

第 56 条 法人或者其他组织的工作人员执行工作任务造成他人损害的，该法人或者其他组织为当事人。

第 57 条 提供劳务一方因劳务造成他人损害，受害人提起诉讼的，以接受劳务一方为被告。

第 58 条 在劳务派遣期间，被派遣的工作人员因执行工作任务造成他人损害的，以接受劳务派遣的用工单位为当事人。当事人主张劳务派遣单位承担责任的，该劳务派遣单位为共同被告。

第 59 条 在诉讼中，个体工商户以营业执照上登记的经营者为当事人。有字号的,以营业执照上登记的字号为当事人,但应同时注明该字号经营者的基本信息。

营业执照上登记的经营者与实际经营者不一致的,以登记的经营者和实际经营者为共同诉讼人。

第60条　在诉讼中,未依法登记领取营业执照的个人合伙的全体合伙人为共同诉讼人。个人合伙有依法核准登记的字号的,应在法律文书中注明登记的字号。全体合伙人可以推选代表人;被推选的代表人,应由全体合伙人出具推选书。

第61条　当事人之间的纠纷经人民调解委员会或者其他依法设立的调解组织调解达成协议后,一方当事人不履行调解协议,另一方当事人向人民法院提起诉讼的,应以对方当事人为被告。

第62条　下列情形,以行为人为当事人:

(一)法人或者其他组织应登记而未登记,行为人即以该法人或者其他组织名义进行民事活动的;

(二)行为人没有代理权、超越代理权或者代理权终止后以被代理人名义进行民事活动的,但相对人有理由相信行为人有代理权的除外;

(三)法人或者其他组织依法终止后,行为人仍以其名义进行民事活动的。

第63条　企业法人合并的,因合并前的民事活动发生的纠纷,以合并后的企业为当事人;企业法人分立的,因分立前的民事活动发生的纠纷,以分立后的企业为共同诉讼人。

第64条　企业法人解散的,依法清算并注销前,以该企业法人为当事人;未依法清算即被注销的,以该企业法人的股东、发起人或者出资人为当事人。

第65条　借用业务介绍信、合同专用章、盖章的空白合同书或者银行账户的,出借单位和借用人为共同诉讼人。

第66条　因保证合同纠纷提起的诉讼,债权人向保证人和被保证人一并主张权利的，人民法院应当将保证人和被保证人列为共同被告。保证合同约定为一般保证，债权人仅起诉保证人的，人民法院应当通知被保证人作为共同被告参加诉讼；债权人仅起诉被保证人的，可以只列被保证人为被告。

第67条　无民事行为能力人、限制民事行为能力人造成他人损害的，无民事行为能力人、限制民事行为能力人和其监护人为共同被告。

第68条　居民委员会、村民委员会或者村民小组与他人发生民事纠纷的，居民委员会、村民委员会或者有独立财产的村民小组为当事人。

第69条　对侵害死者遗体、遗骨以及姓名、肖像、名誉、荣誉、隐私等行为提起诉讼的，死者的近亲属为当事人。

第70条　在继承遗产的诉讼中，部分继承人起诉的，人民法院应通知其他继承人作为共同原告参加诉讼；被通知的继承人不愿意参加诉讼又未明确表示放弃实体权利的，人民法院仍应将其列为共同原告。

第71条　原告起诉被代理人和代理人，要求承担连带责任的，被代理人和代理人为共同被告。

原告起诉代理人和相对人，要求承担连带责任的，代理人和相对人为共同被告。

第72条　共有财产权受到他人侵害，部分共有权人起诉的，其他共有权人为共同诉讼人。

第73条　必须共同进行诉讼的当事人没有参加诉讼的，人民法院应当依照民事诉讼法第一百三十五条的规定，通知其参加；当事人也可以向人民法院申请追加。人民法院对当事人提出的申请，应当进行审查，申请理由不成立的，裁定驳回；申请理由成立的，书面通知被追加的当事人参加诉讼。

第74条　人民法院追加共同诉讼的当事人时，应当通知其他当事人。应当追加的原告，已明确表示放弃实体权利的，可不予追加；既不愿意参加诉讼，又不放弃实体权利的，仍应追加为共同原告，其不参加诉讼，不影响人民法院对案件的审理和依法作出判决。

第五十六条　当事人人数确定的代表人诉讼

当事人一方人数众多的共同诉讼，可以由当事人推选代表人进行诉讼。代表人的诉讼行为对其所代表的当事人发生效力，但代表人变更、放弃诉讼请求或者承认对方当事人的诉讼请求，进行和解，必须经被代表的当事人同意。

● 司法解释及文件

《最高人民法院关于适用〈中华人民共和国民事诉讼法〉的解释》（2022年4月1日）

第75条　民事诉讼法第五十六条、第五十七条和第二百零六条规定的人数众多，一般指十人以上。

第76条　依照民事诉讼法第五十六条规定，当事人一方人数众多在起诉时确定的，可以由全体当事人推选共同的代表人，也可以由部分当事人推选自己的代表人；推选不出代表人的当事人，在必要的共同诉讼中可以自己参加诉讼，在普通的共同诉讼中可以另行起诉。

第五十七条　当事人人数不确定的代表人诉讼

诉讼标的是同一种类、当事人一方人数众多在起诉时人数尚未确定的，人民法院可以发出公告，说明案件情况和诉讼请求，通知权利人在一定期间向人民法院登记。

向人民法院登记的权利人可以推选代表人进行诉讼；推选不出代表人的，人民法院可以与参加登记的权利人商定代表人。

> 代表人的诉讼行为对其所代表的当事人发生效力,但代表人变更、放弃诉讼请求或者承认对方当事人的诉讼请求,进行和解,必须经被代表的当事人同意。
>
> 人民法院作出的判决、裁定,对参加登记的全体权利人发生效力。未参加登记的权利人在诉讼时效期间提起诉讼的,适用该判决、裁定。

● **司法解释及文件**

《最高人民法院关于适用〈中华人民共和国民事诉讼法〉的解释》(2022年4月1日)

第77条 根据民事诉讼法第五十七条规定,当事人一方人数众多在起诉时不确定的,由当事人推选代表人。当事人推选不出的,可以由人民法院提出人选与当事人协商;协商不成的,也可以由人民法院在起诉的当事人中指定代表人。

第78条 民事诉讼法第五十六条和第五十七条规定的代表人为二至五人,每位代表人可以委托一至二人作为诉讼代理人。

第79条 依照民事诉讼法第五十七条规定受理的案件,人民法院可以发出公告,通知权利人向人民法院登记。公告期间根据案件的具体情况确定,但不得少于三十日。

第80条 根据民事诉讼法第五十七条规定向人民法院登记的权利人,应当证明其与对方当事人的法律关系和所受到的损害。证明不了的,不予登记,权利人可以另行起诉。人民法院的裁判在登记的范围内执行。未参加登记的权利人提起诉讼,人民法院认定其请求成立的,裁定适用人民法院已作出的判决、裁定。

第五十八条　公益诉讼

对污染环境、侵害众多消费者合法权益等损害社会公共利益的行为，法律规定的机关和有关组织可以向人民法院提起诉讼。

人民检察院在履行职责中发现破坏生态环境和资源保护、食品药品安全领域侵害众多消费者合法权益等损害社会公共利益的行为，在没有前款规定的机关和组织或者前款规定的机关和组织不提起诉讼的情况下，可以向人民法院提起诉讼。前款规定的机关或者组织提起诉讼的，人民检察院可以支持起诉。

● 法　律

1.《消费者权益保护法》（2013年10月25日）

第37条　消费者协会履行下列公益性职责：

（七）就损害消费者合法权益的行为，支持受损害的消费者提起诉讼或者依照本法提起诉讼；

2.《环境保护法》（2014年4月24日）

第58条　对污染环境、破坏生态，损害社会公共利益的行为，符合下列条件的社会组织可以向人民法院提起诉讼：

（一）依法在设区的市级以上人民政府民政部门登记；

（二）专门从事环境保护公益活动连续五年以上且无违法记录。

符合前款规定的社会组织向人民法院提起诉讼，人民法院应当依法受理。

提起诉讼的社会组织不得通过诉讼牟取经济利益。

● 司法解释及文件

3.《最高人民法院关于审理环境民事公益诉讼案件适用法律若干问题的解释》（2020年12月29日）

为正确审理环境民事公益诉讼案件，根据《中华人民共和国民法典》《中华人民共和国环境保护法》《中华人民共和国民事诉讼法》等法律的规定,结合审判实践,制定本解释。

第1条 法律规定的机关和有关组织依据民事诉讼法第五十五条、环境保护法第五十八条等法律的规定,对已经损害社会公共利益或者具有损害社会公共利益重大风险的污染环境、破坏生态的行为提起诉讼,符合民事诉讼法第一百一十九条第二项、第三项、第四项规定的,人民法院应予受理。

第2条 依照法律、法规的规定,在设区的市级以上人民政府民政部门登记的社会团体、基金会以及社会服务机构等,可以认定为环境保护法第五十八条规定的社会组织。

第3条 设区的市,自治州、盟、地区,不设区的地级市,直辖市的区以上人民政府民政部门,可以认定为环境保护法第五十八条规定的"设区的市级以上人民政府民政部门"。

第4条 社会组织章程确定的宗旨和主要业务范围是维护社会公共利益,且从事环境保护公益活动的,可以认定为环境保护法第五十八条规定的"专门从事环境保护公益活动"。

社会组织提起的诉讼所涉及的社会公共利益,应与其宗旨和业务范围具有关联性。

第5条 社会组织在提起诉讼前五年内未因从事业务活动违反法律、法规的规定受过行政、刑事处罚的,可以认定为环境保护法第五十八条规定的"无违法记录"。

第6条 第一审环境民事公益诉讼案件由污染环境、破坏生态行为发生地、损害结果地或者被告住所地的中级以上人民法院管辖。

中级人民法院认为确有必要的,可以在报请高级人民法院批准后,裁定将本院管辖的第一审环境民事公益诉讼案件交由基层人民法院审理。

同一原告或者不同原告对同一污染环境、破坏生态行为分别向两个以上有管辖权的人民法院提起环境民事公益诉讼的,由最先立案的人民法院管辖,必要时由共同上级人民法院指定管辖。

第7条 经最高人民法院批准,高级人民法院可以根据本辖区环境和生态保护的实际情况,在辖区内确定部分中级人民法院受理第一审环境民事公益诉讼案件。

中级人民法院管辖环境民事公益诉讼案件的区域由高级人民法院确定。

第8条 提起环境民事公益诉讼应当提交下列材料:

(一)符合民事诉讼法第一百二十一条规定的起诉状,并按照被告人数提出副本;

(二)被告的行为已经损害社会公共利益或者具有损害社会公共利益重大风险的初步证明材料;

(三)社会组织提起诉讼的,应当提交社会组织登记证书、章程、起诉前连续五年的年度工作报告书或者年检报告书,以及由其法定代表人或者负责人签字并加盖公章的无违法记录的声明。

第9条 人民法院认为原告提出的诉讼请求不足以保护社会公共利益的,可以向其释明变更或者增加停止侵害、修复生态环境等诉讼请求。

第10条 人民法院受理环境民事公益诉讼后,应当在立案之日起五日内将起诉状副本发送被告,并公告案件受理情况。

有权提起诉讼的其他机关和社会组织在公告之日起三十日内申请参加诉讼,经审查符合法定条件的,人民法院应当将其列为共同原告;逾期申请的,不予准许。

公民、法人和其他组织以人身、财产受到损害为由申请参加诉讼的,告知其另行起诉。

第11条 检察机关、负有环境资源保护监督管理职责的部门及其他机关、社会组织、企业事业单位依据民事诉讼法第十五条的规定,可以通过提供法律咨询、提交书面意见、协助调查取证等方式支持社会组织依法提起环境民事公益诉讼。

第12条　人民法院受理环境民事公益诉讼后,应当在十日内告知对被告行为负有环境资源保护监督管理职责的部门。

第13条　原告请求被告提供其排放的主要污染物名称、排放方式、排放浓度和总量、超标排放情况以及防治污染设施的建设和运行情况等环境信息,法律、法规、规章规定被告应当持有或者有证据证明被告持有而拒不提供,如果原告主张相关事实不利于被告的,人民法院可以推定该主张成立。

第14条　对于审理环境民事公益诉讼案件需要的证据,人民法院认为必要的,应当调查收集。

对于应当由原告承担举证责任且为维护社会公共利益所必要的专门性问题,人民法院可以委托具备资格的鉴定人进行鉴定。

第15条　当事人申请通知有专门知识的人出庭,就鉴定人作出的鉴定意见或者就因果关系、生态环境修复方式、生态环境修复费用以及生态环境受到损害至修复完成期间服务功能丧失导致的损失等专门性问题提出意见的,人民法院可以准许。

前款规定的专家意见经质证,可以作为认定事实的根据。

第16条　原告在诉讼过程中承认的对己方不利的事实和认可的证据,人民法院认为损害社会公共利益的,应当不予确认。

第17条　环境民事公益诉讼案件审理过程中,被告以反诉方式提出诉讼请求的,人民法院不予受理。

第18条　对污染环境、破坏生态,已经损害社会公共利益或者具有损害社会公共利益重大风险的行为,原告可以请求被告承担停止侵害、排除妨碍、消除危险、修复生态环境、赔偿损失、赔礼道歉等民事责任。

第19条　原告为防止生态环境损害的发生和扩大,请求被告停止侵害、排除妨碍、消除危险的,人民法院可以依法予以支持。

原告为停止侵害、排除妨碍、消除危险采取合理预防、处置措施而发生的费用，请求被告承担的，人民法院可以依法予以支持。

第20条　原告请求修复生态环境的，人民法院可以依法判决被告将生态环境修复到损害发生之前的状态和功能。无法完全修复的，可以准许采用替代性修复方式。

人民法院可以在判决被告修复生态环境的同时，确定被告不履行修复义务时应承担的生态环境修复费用；也可以直接判决被告承担生态环境修复费用。

生态环境修复费用包括制定、实施修复方案的费用，修复期间的监测、监管费用，以及修复完成后的验收费用、修复效果后评估费用等。

第21条　原告请求被告赔偿生态环境受到损害至修复完成期间服务功能丧失导致的损失、生态环境功能永久性损害造成的损失的，人民法院可以依法予以支持。

第22条　原告请求被告承担以下费用的，人民法院可以依法予以支持：

（一）生态环境损害调查、鉴定评估等费用；

（二）清除污染以及防止损害的发生和扩大所支出的合理费用；

（三）合理的律师费以及为诉讼支出的其他合理费用。

第23条　生态环境修复费用难以确定或者确定具体数额所需鉴定费用明显过高的，人民法院可以结合污染环境、破坏生态的范围和程度，生态环境的稀缺性，生态环境恢复的难易程度，防治污染设备的运行成本，被告因侵害行为所获得的利益以及过错程度等因素，并可以参考负有环境资源保护监督管理职责的部门的意见、专家意见等，予以合理确定。

第24条　人民法院判决被告承担的生态环境修复费用、生态环境受到损害至修复完成期间服务功能丧失导致的损失、生态环境功能永久性损害造成的损失等款项，应当用于修复被损害的生态环境。

其他环境民事公益诉讼中败诉原告所需承担的调查取证、专家咨询、检验、鉴定等必要费用，可以酌情从上述款项中支付。

第25条　环境民事公益诉讼当事人达成调解协议或者自行达成和解协议后，人民法院应当将协议内容公告，公告期间不少于三十日。

公告期满后，人民法院审查认为调解协议或者和解协议的内容不损害社会公共利益的，应当出具调解书。当事人以达成和解协议为由申请撤诉的，不予准许。

调解书应当写明诉讼请求、案件的基本事实和协议内容，并应当公开。

第26条　负有环境资源保护监督管理职责的部门依法履行监管职责而使原告诉讼请求全部实现，原告申请撤诉的，人民法院应予准许。

第27条　法庭辩论终结后，原告申请撤诉的，人民法院不予准许，但本解释第二十六条规定的情形除外。

第28条　环境民事公益诉讼案件的裁判生效后，有权提起诉讼的其他机关和社会组织就同一污染环境、破坏生态行为另行起诉，有下列情形之一的，人民法院应予受理：

（一）前案原告的起诉被裁定驳回的；

（二）前案原告申请撤诉被裁定准许的，但本解释第二十六条规定的情形除外。

环境民事公益诉讼案件的裁判生效后，有证据证明存在前案审理时未发现的损害，有权提起诉讼的机关和社会组织另行起诉的，人民法院应予受理。

第29条　法律规定的机关和社会组织提起环境民事公益诉

讼的，不影响因同一污染环境、破坏生态行为受到人身、财产损害的公民、法人和其他组织依据民事诉讼法第一百一十九条的规定提起诉讼。

第30条 已为环境民事公益诉讼生效裁判认定的事实，因同一污染环境、破坏生态行为依据民事诉讼法第一百一十九条规定提起诉讼的原告、被告均无需举证证明，但原告对该事实有异议并有相反证据足以推翻的除外。

对于环境民事公益诉讼生效裁判就被告是否存在法律规定的不承担责任或者减轻责任的情形、行为与损害之间是否存在因果关系、被告承担责任的大小等所作的认定，因同一污染环境、破坏生态行为依据民事诉讼法第一百一十九条规定提起诉讼的原告主张适用的，人民法院应予支持，但被告有相反证据足以推翻的除外。被告主张直接适用对其有利的认定的，人民法院不予支持，被告仍应举证证明。

第31条 被告因污染环境、破坏生态在环境民事公益诉讼和其他民事诉讼中均承担责任，其财产不足以履行全部义务的，应当先履行其他民事诉讼生效裁判所确定的义务，但法律另有规定的除外。

第32条 发生法律效力的环境民事公益诉讼案件的裁判，需要采取强制执行措施的，应当移送执行。

第33条 原告交纳诉讼费用确有困难，依法申请缓交的，人民法院应予准许。

败诉或者部分败诉的原告申请减交或者免交诉讼费用的，人民法院应当依照《诉讼费用交纳办法》的规定，视原告的经济状况和案件的审理情况决定是否准许。

第34条 社会组织有通过诉讼违法收受财物等牟取经济利益行为的，人民法院可以根据情节轻重依法收缴其非法所得、予以罚款；涉嫌犯罪的，依法移送有关机关处理。

社会组织通过诉讼牟取经济利益的，人民法院应当向登记管理机关或者有关机关发送司法建议，由其依法处理。

第35条　本解释施行前最高人民法院发布的司法解释和规范性文件，与本解释不一致的，以本解释为准。

> **第五十九条　第三人**
>
> 对当事人双方的诉讼标的，第三人认为有独立请求权的，有权提起诉讼。
>
> 对当事人双方的诉讼标的，第三人虽然没有独立请求权，但案件处理结果同他有法律上的利害关系的，可以申请参加诉讼，或者由人民法院通知他参加诉讼。人民法院判决承担民事责任的第三人，有当事人的诉讼权利义务。
>
> 前两款规定的第三人，因不能归责于本人的事由未参加诉讼，但有证据证明发生法律效力的判决、裁定、调解书的部分或者全部内容错误，损害其民事权益的，可以自知道或者应当知道其民事权益受到损害之日起六个月内，向作出该判决、裁定、调解书的人民法院提起诉讼。人民法院经审理，诉讼请求成立的，应当改变或者撤销原判决、裁定、调解书；诉讼请求不成立的，驳回诉讼请求。

● **司法解释及文件**

1. 《最高人民法院关于审理存单纠纷案件的若干规定》（2020年12月29日）

第6条　对以存单为表现形式的借贷纠纷案件的认定和处理

（一）认定

在出资人直接将款项交与用资人使用，或通过金融机构将款项交与用资人使用，金融机构向出资人出具存单或进账单、对账单或与出资人签订存款合同，出资人从用资人或从金融机构取得或约定取得高额利差的行为中发生的存单纠纷案件，为以存单为表现形式的借贷纠纷案件。但符合本规定第七条所列委托贷款和信托贷款的除外。

（二）处理

以存单为表现形式的借贷，属于违法借贷，出资人收取的高额利差应充抵本金，出资人，金融机构与用资人因参与违法借贷均应当承担相应的民事责任。可分以下几种情况处理：

1. 出资人将款项或票据（以下统称资金）交付给金融机构，金融机构给出资人出具存单或进账单、对账单或与出资人签订存款合同，并将资金自行转给用资人的，金融机构与用资人对偿还出资人本金及利息承担连带责任；利息按人民银行同期存款利率计算至给付之日。

2. 出资人未将资金交付给金融机构，而是依照金融机构的指定将资金直接转给用资人，金融机构给出资人出具存单或进账单、对账单或与出资人签订存款合同的，首先由用资人偿还出资人本金及利息，金融机构对用资人不能偿还出资人本金及利息部分承担补充赔偿责任；利息按人民银行同期存款利率计算至给付之日。

3. 出资人将资金交付给金融机构，金融机构给出资人出具存单或进账单、对账单或与出资人签订存款合同，出资人再指定金融机构将资金转给用资人的，首先由用资人返还出资人本金和利息。利息按人民银行同期存款利率计算至给付之日。金融机构因其帮助违法借贷的过错，应当对用资人不能偿还出资人本金部分承担赔偿责任，但不超过不能偿还本金部分的百分之四十。

4. 出资人未将资金交付给金融机构，而是自行将资金直接转给用资人，金融机构给出资人出具存单或进账单、对账单或与出资人签订存款合同的，首先由用资人返还出资人本金和利息。利息按人民银行同期存款利率计算至给付之日。金融机构因其帮助违法借贷的过错,应当对用资人不能偿还出资人本金部分承担赔偿责任,但不超过不能偿还本金部分的百分之二十。

本条中所称交付,指出资人向金融机构转移现金的占有或出资人向金融机构交付注明出资人或金融机构(包括金融机构的下属部门)为收款人的票据。出资人向金融机构交付有资金数额但未注明收款人的票据的,亦属于本条中所称交付。

如以存单为表现形式的借贷行为确已发生,即使金融机构向出资人出具的存单、进账单、对账单或与出资人签订的存款合同存在虚假、瑕疵,或金融机构工作人员超越权限出具上述凭证等情形,亦不影响人民法院按以上规定对案件进行处理。

(三)当事人的确定

出资人起诉金融机构的,人民法院应通知用资人作为第三人参加诉讼;出资人起诉用资人的,人民法院应通知金融机构作为第三人参加诉讼;公款私存的,人民法院在查明款项的真实所有人基础上,应通知款项的真实所有人为权利人参加诉讼,与存单记载的个人为共同诉讼人。该个人申请退出诉讼的,人民法院可予准许。

2.《最高人民法院关于审理商品房买卖合同纠纷案件适用法律若干问题的解释》(2020年12月29日)

第21条 以担保贷款为付款方式的商品房买卖合同的当事人一方请求确认商品房买卖合同无效或者撤销、解除合同的,如果担保权人作为有独立请求权第三人提出诉讼请求,应当与商品房担保贷款合同纠纷合并审理;未提出诉讼请求的,仅处理商品房买卖合同纠纷。担保权人就商品房担保贷款合同纠纷另行起诉的,可以与商品房买卖合同纠纷合并审理。

商品房买卖合同被确认无效或者被撤销、解除后,商品房担保贷款合同也被解除的、出卖人应当将收受的购房贷款和购房款的本金及利息分别返还担保权人和买受人。

3. **《最高人民法院关于适用〈中华人民共和国公司法〉若干问题的规定（二）》**（2020年12月29日）

第4条　股东提起解散公司诉讼应当以公司为被告。

原告以其他股东为被告一并提起诉讼的，人民法院应当告知原告将其他股东变更为第三人；原告坚持不予变更的，人民法院应当驳回原告对其他股东的起诉。

原告提起解散公司诉讼应当告知其他股东，或者由人民法院通知其参加诉讼。其他股东或者有关利害关系人申请以共同原告或者第三人身份参加诉讼的，人民法院应予准许。

4. **《最高人民法院关于适用〈中华人民共和国民事诉讼法〉的解释》**（2022年4月1日）

第81条　根据民事诉讼法第五十九条的规定，有独立请求权的第三人有权向人民法院提出诉讼请求和事实、理由，成为当事人；无独立请求权的第三人，可以申请或者由人民法院通知参加诉讼。

第一审程序中未参加诉讼的第三人，申请参加第二审程序的，人民法院可以准许。

第82条　在一审诉讼中，无独立请求权的第三人无权提出管辖异议，无权放弃、变更诉讼请求或者申请撤诉，被判决承担民事责任的，有权提起上诉。

第127条　民事诉讼法第五十九条第三款、第二百一十二条以及本解释第三百七十二条、第三百八十二条、第三百九十九条、第四百二十条、第四百二十一条规定的六个月，民事诉讼法第二百三十条规定的一年，为不变期间，不适用诉讼时效中止、中断、延长的规定。

第150条　人民法院调解民事案件，需由无独立请求权的第三人承担责任的，应当经其同意。该第三人在调解书送达前反悔的，人民法院应当及时裁判。

第190条　民事诉讼法第一百一十五条规定的他人合法权益，包括案外人的合法权益、国家利益、社会公共利益。

第三人根据民事诉讼法第五十九条第三款规定提起撤销之诉，经审查，原案当事人之间恶意串通进行虚假诉讼的，适用民事诉讼法第一百一十五条规定处理。

第236条　有独立请求权的第三人经人民法院传票传唤，无正当理由拒不到庭的，或者未经法庭许可中途退庭的，比照民事诉讼法第一百四十六条的规定，按撤诉处理。

第240条　无独立请求权的第三人经人民法院传票传唤，无正当理由拒不到庭，或者未经法庭许可中途退庭的，不影响案件的审理。

第292条　人民法院对第三人撤销之诉案件，应当组成合议庭开庭审理。

第293条　民事诉讼法第五十九条第三款规定的因不能归责于本人的事由未参加诉讼，是指没有被列为生效判决、裁定、调解书当事人，且无过错或者无明显过错的情形。包括：

（一）不知道诉讼而未参加的；

（二）申请参加未获准许的；

（三）知道诉讼，但因客观原因无法参加的；

（四）因其他不能归责于本人的事由未参加诉讼的。

第294条　民事诉讼法第五十九条第三款规定的判决、裁定、调解书的部分或者全部内容，是指判决、裁定的主文，调解书中处理当事人民事权利义务的结果。

第295条　对下列情形提起第三人撤销之诉的，人民法院不予受理：

（一）适用特别程序、督促程序、公示催告程序、破产程序等非讼程序处理的案件；

（二）婚姻无效、撤销或者解除婚姻关系等判决、裁定、调解书中涉及身份关系的内容；

（三）民事诉讼法第五十七条规定的未参加登记的权利人对代表人诉讼案件的生效裁判；

（四）民事诉讼法第五十八条规定的损害社会公共利益行为的受害人对公益诉讼案件的生效裁判。

第296条 第三人提起撤销之诉，人民法院应当将该第三人列为原告，生效判决、裁定、调解书的当事人列为被告，但生效判决、裁定、调解书中没有承担责任的无独立请求权的第三人列为第三人。

第297条 受理第三人撤销之诉案件后，原告提供相应担保，请求中止执行的，人民法院可以准许。

第298条 对第三人撤销或者部分撤销发生法律效力的判决、裁定、调解书内容的请求，人民法院经审理，按下列情形分别处理：

（一）请求成立且确认其民事权利的主张全部或部分成立的，改变原判决、裁定、调解书内容的错误部分；

（二）请求成立，但确认其全部或部分民事权利的主张不成立，或者未提出确认其民事权利请求的，撤销原判决、裁定、调解书内容的错误部分；

（三）请求不成立的，驳回诉讼请求。

对前款规定裁判不服的，当事人可以上诉。

原判决、裁定、调解书的内容未改变或者未撤销的部分继续有效。

第299条 第三人撤销之诉案件审理期间，人民法院对生效判决、裁定、调解书裁定再审的，受理第三人撤销之诉的人民法院应当裁定将第三人的诉讼请求并入再审程序。但有证据证明原审当事人之间恶意串通损害第三人合法权益的，人民法院应当先行审理第三人撤销之诉案件，裁定中止再审诉讼。

第300条　第三人诉讼请求并入再审程序审理的，按照下列情形分别处理：

（一）按照第一审程序审理的，人民法院应当对第三人的诉讼请求一并审理，所作的判决可以上诉；

（二）按照第二审程序审理的，人民法院可以调解，调解达不成协议的，应当裁定撤销原判决、裁定、调解书，发回一审法院重审，重审时应当列明第三人。

第301条　第三人提起撤销之诉后，未中止生效判决、裁定、调解书执行的，执行法院对第三人依照民事诉讼法第二百三十四条规定提出的执行异议，应予审查。第三人不服驳回执行异议裁定，申请对原判决、裁定、调解书再审的，人民法院不予受理。

案外人对人民法院驳回其执行异议裁定不服，认为原判决、裁定、调解书内容错误损害其合法权益的，应当根据民事诉讼法第二百三十四条规定申请再审，提起第三人撤销之诉的，人民法院不予受理。

十五、执行异议之诉

第302条　根据民事诉讼法第二百三十四条规定，案外人、当事人对执行异议裁定不服，自裁定送达之日起十五日内向人民法院提起执行异议之诉的，由执行法院管辖。

第303条　案外人提起执行异议之诉，除符合民事诉讼法第一百二十二条规定外，还应当具备下列条件：

（一）案外人的执行异议申请已经被人民法院裁定驳回；

（二）有明确的排除对执行标的执行的诉讼请求，且诉讼请求与原判决、裁定无关；

（三）自执行异议裁定送达之日起十五日内提起。

人民法院应当在收到起诉状之日起十五日内决定是否立案。

● **案例指引**

某证券公司诉某置业公司财产权属纠纷案（《最高人民法院公报》2010 年第 3 期）

裁判要旨：根据《民事诉讼法》第 56 条①的规定，"第三人"是指对原、被告所争议的诉讼标的认为有独立的请求权，或者虽然没有独立请求权，但案件的处理结果与其有法律上的利害关系，从而参加到正在进行的诉讼中的人。可见，民事诉讼中的第三人包括有独立请求权的第三人和无独立请求权的第三人。本案中，系争法人股权属的确定，与福民支行在其他案件中的债权能否实现存在法律上的利害关系，故福民支行申请作为第三人参加诉讼符合法律规定。

第二节 诉讼代理人

第六十条　法定诉讼代理人

> 无诉讼行为能力人由他的监护人作为法定代理人代为诉讼。法定代理人之间互相推诿代理责任的，由人民法院指定其中一人代为诉讼。

● **法　律**

1.《民法典》（2020 年 5 月 28 日）

第 26 条　父母对未成年子女负有抚养、教育和保护的义务。成年子女对父母负有赡养、扶助和保护的义务。

第 27 条　父母是未成年子女的监护人。

未成年人的父母已经死亡或者没有监护能力的，由下列有监护能力的人按顺序担任监护人：

（一）祖父母、外祖父母；

（二）兄、姐；

---

① 对应 2023 年修正的《民事诉讼法》第 59 条。

（三）其他愿意担任监护人的个人或者组织，但是须经未成年人住所地的居民委员会、村民委员会或者民政部门同意。

第161条　民事主体可以通过代理人实施民事法律行为。

依照法律规定、当事人约定或者民事法律行为的性质，应当由本人亲自实施的民事法律行为，不得代理。

第162条　代理人在代理权限内，以被代理人名义实施的民事法律行为，对被代理人发生效力。

第163条　代理包括委托代理和法定代理。

委托代理人按照被代理人的委托行使代理权。法定代理人依照法律的规定行使代理权。

第164条　代理人不履行或者不完全履行职责，造成被代理人损害的，应当承担民事责任。

代理人和相对人恶意串通，损害被代理人合法权益的，代理人和相对人应当承担连带责任。

第二节　委托代理

第165条　委托代理授权采用书面形式的，授权委托书应当载明代理人的姓名或者名称、代理事项、权限和期限，并由被代理人签名或者盖章。

第166条　数人为同一代理事项的代理人的，应当共同行使代理权，但是当事人另有约定的除外。

第167条　代理人知道或者应当知道代理事项违法仍然实施代理行为，或者被代理人知道或者应当知道代理人的代理行为违法未作反对表示的，被代理人和代理人应当承担连带责任。

第168条　代理人不得以被代理人的名义与自己实施民事法律行为，但是被代理人同意或者追认的除外。

代理人不得以被代理人的名义与自己同时代理的其他人实施民事法律行为，但是被代理的双方同意或者追认的除外。

第169条　代理人需要转委托第三人代理的，应当取得被代理人的同意或者追认。

转委托代理经被代理人同意或者追认的，被代理人可以就代理事务直接指示转委托的第三人，代理人仅就第三人的选任以及对第三人的指示承担责任。

转委托代理未经被代理人同意或者追认的，代理人应当对转委托的第三人的行为承担责任；但是，在紧急情况下代理人为了维护被代理人的利益需要转委托第三人代理的除外。

第170条 执行法人或者非法人组织工作任务的人员，就其职权范围内的事项，以法人或者非法人组织的名义实施的民事法律行为，对法人或者非法人组织发生效力。

法人或者非法人组织对执行其工作任务的人员职权范围的限制，不得对抗善意相对人。

第171条 行为人没有代理权、超越代理权或者代理权终止后，仍然实施代理行为，未经被代理人追认的，对被代理人不发生效力。

相对人可以催告被代理人自收到通知之日起三十日内予以追认。被代理人未作表示的，视为拒绝追认。行为人实施的行为被追认前，善意相对人有撤销的权利。撤销应当以通知的方式作出。

行为人实施的行为未被追认的，善意相对人有权请求行为人履行债务或者就其受到的损害请求行为人赔偿。但是，赔偿的范围不得超过被代理人追认时相对人所能获得的利益。

相对人知道或者应当知道行为人无权代理的，相对人和行为人按照各自的过错承担责任。

第172条 行为人没有代理权、超越代理权或者代理权终止后，仍然实施代理行为，相对人有理由相信行为人有代理权的，代理行为有效。

第三节 代理终止

第173条 有下列情形之一的，委托代理终止：

（一）代理期限届满或者代理事务完成；

（二）被代理人取消委托或者代理人辞去委托；

（三）代理人丧失民事行为能力；

（四）代理人或者被代理人死亡；

（五）作为代理人或者被代理人的法人、非法人组织终止。

● 司法解释及文件

2.《最高人民法院关于适用〈中华人民共和国民事诉讼法〉的解释》（2022年4月1日）

第83条　在诉讼中，无民事行为能力人、限制民事行为能力人的监护人是他的法定代理人。事先没有确定监护人的，可以由有监护资格的人协商确定；协商不成的，由人民法院在他们之中指定诉讼中的法定代理人。当事人没有民法典第二十七条、第二十八条规定的监护人的，可以指定民法典第三十二条规定的有关组织担任诉讼中的法定代理人。

第六十一条　**委托诉讼代理人**

当事人、法定代理人可以委托一至二人作为诉讼代理人。

下列人员可以被委托为诉讼代理人：

（一）律师、基层法律服务工作者；

（二）当事人的近亲属或者工作人员；

（三）当事人所在社区、单位以及有关社会团体推荐的公民。

● 司法解释及文件

《最高人民法院关于适用〈中华人民共和国民事诉讼法〉的解释》（2022年4月1日）

第84条　无民事行为能力人、限制民事行为能力人以及其他依法不能作为诉讼代理人的，当事人不得委托其作为诉讼代理人。

第85条 根据民事诉讼法第六十一条第二款第二项规定,与当事人有夫妻、直系血亲、三代以内旁系血亲、近姻亲关系以及其他有抚养、赡养关系的亲属,可以当事人近亲属的名义作为诉讼代理人。

第86条 根据民事诉讼法第六十一条第二款第二项规定,与当事人有合法劳动人事关系的职工,可以当事人工作人员的名义作为诉讼代理人。

第87条 根据民事诉讼法第六十一条第二款第三项规定,有关社会团体推荐公民担任诉讼代理人的,应当符合下列条件:

(一)社会团体属于依法登记设立或者依法免予登记设立的非营利性法人组织;

(二)被代理人属于该社会团体的成员,或者当事人一方住所地位于该社会团体的活动地域;

(三)代理事务属于该社会团体章程载明的业务范围;

(四)被推荐的公民是该社会团体的负责人或者与该社会团体有合法劳动人事关系的工作人员。

专利代理人经中华全国专利代理人协会推荐,可以在专利纠纷案件中担任诉讼代理人。

第六十二条 委托诉讼代理权的取得和权限

委托他人代为诉讼,必须向人民法院提交由委托人签名或者盖章的授权委托书。

授权委托书必须记明委托事项和权限。诉讼代理人代为承认、放弃、变更诉讼请求,进行和解,提起反诉或者上诉,必须有委托人的特别授权。

侨居在国外的中华人民共和国公民从国外寄交或者托交的授权委托书,必须经中华人民共和国驻该国的使领馆证明;没有使领馆的,由与中华人民共和国有外交关系的第三国驻该国的使领馆证明，再转由中华人民共和国驻该第三国使领馆证明，或者由当地的爱国华侨团体证明。

● 司法解释及文件

1.《最高人民法院关于适用〈中华人民共和国民事诉讼法〉的解释》（2022年4月1日）

第88条　诉讼代理人除根据民事诉讼法第六十二条规定提交授权委托书外，还应当按照下列规定向人民法院提交相关材料：

（一）律师应当提交律师执业证、律师事务所证明材料；

（二）基层法律服务工作者应当提交法律服务工作者执业证、基层法律服务所出具的介绍信以及当事人一方位于本辖区内的证明材料；

（三）当事人的近亲属应当提交身份证件和与委托人有近亲属关系的证明材料；

（四）当事人的工作人员应当提交身份证件和与当事人有合法劳动人事关系的证明材料；

（五）当事人所在社区、单位推荐的公民应当提交身份证件、推荐材料和当事人属于该社区、单位的证明材料；

（六）有关社会团体推荐的公民应当提交身份证件和符合本解释第八十七条规定条件的证明材料。

2.《最高人民法院关于民事诉讼委托代理人在执行程序中的代理权限问题的批复》（1997年1月23日）

根据民事诉讼法的规定，当事人在民事诉讼中有权委托代理人。当事人委托代理人时，应当依法向人民法院提交记明委托事项和代理人具体代理权限的授权委托书。如果当事人在授权委托书中没有写明代理人在执行程序中有代理权及具体的代理事项，代理人在执行程序中没有代理权，不能代理当事人直接领取或者处分标的物。

第六十三条　诉讼代理权的变更和解除

诉讼代理人的权限如果变更或者解除，当事人应当书面告知人民法院，并由人民法院通知对方当事人。

第六十四条　诉讼代理人调查收集证据和查阅有关资料的权利

代理诉讼的律师和其他诉讼代理人有权调查收集证据，可以查阅本案有关材料。查阅本案有关材料的范围和办法由最高人民法院规定。

● 法　律

1. 《律师法》（2017 年 9 月 1 日）

第 34 条　律师担任辩护人的，自人民检察院对案件审查起诉之日起，有权查阅、摘抄、复制本案的案卷材料。

第 37 条　律师在执业活动中的人身权利不受侵犯。

律师在法庭上发表的代理、辩护意见不受法律追究。但是，发表危害国家安全、恶意诽谤他人、严重扰乱法庭秩序的言论除外。

律师在参与诉讼活动中涉嫌犯罪的，侦查机关应当及时通知其所在的律师事务所或者所属的律师协会；被依法拘留、逮捕的，侦查机关应当依照刑事诉讼法的规定通知该律师的家属。

● 司法解释及文件

2. 《最高人民法院关于诉讼代理人查阅民事案件材料的规定》（2020 年 12 月 29 日）

为保障代理民事诉讼的律师和其他诉讼代理人依法行使查阅所代理案件有关材料的权利，保证诉讼活动的顺利进行，根据《中华人民共和国民事诉讼法》第六十一条的规定，现对诉讼代理人查阅代理案件有关材料的范围和办法作如下规定：

第 1 条 代理民事诉讼的律师和其他诉讼代理人有权查阅所代理案件的有关材料。但是，诉讼代理人查阅案件材料不得影响案件的审理。

诉讼代理人为了申请再审的需要，可以查阅已经审理终结的所代理案件有关材料。

第 2 条 人民法院应当为诉讼代理人阅卷提供便利条件，安排阅卷场所。必要时，该案件的书记员或者法院其他工作人员应当在场。

第 3 条 诉讼代理人在诉讼过程中需要查阅案件有关材料的，应当提前与该案件的书记员或者审判人员联系；查阅已经审理终结的案件有关材料的，应当与人民法院有关部门工作人员联系。

第 4 条 诉讼代理人查阅案件有关材料应当出示律师证或者身份证等有效证件。查阅案件有关材料应当填写查阅案件有关材料阅卷单。

第 5 条 诉讼代理人在诉讼中查阅案件材料限于案件审判卷和执行卷的正卷，包括起诉书、答辩书、庭审笔录及各种证据材料等。

案件审理终结后，可以查阅案件审判卷的正卷。

第 6 条 诉讼代理人查阅案件有关材料后，应当及时将查阅的全部案件材料交回书记员或者其他负责保管案卷的工作人员。

书记员或者法院其他工作人员对诉讼代理人交回的案件材料应当当面清查，认为无误后在阅卷单上签注。阅卷单应当附卷。

诉讼代理人不得将查阅的案件材料携出法院指定的阅卷场所。

第 7 条 诉讼代理人查阅案件材料可以摘抄或者复印。涉及国家秘密的案件材料，依照国家有关规定办理。

复印案件材料应当经案卷保管人员的同意。复印已经审理终结的案件有关材料，诉讼代理人可以要求案卷管理部门在复印材料上盖章确认。

复印案件材料可以收取必要的费用。

第8条　查阅案件材料中涉及国家秘密、商业秘密和个人隐私的，诉讼代理人应当保密。

第9条　诉讼代理人查阅案件材料时不得涂改、损毁、抽取案件材料。

人民法院对修改、损毁、抽取案卷材料的诉讼代理人，可以参照民事诉讼法第一百一十一条第一款第（一）项的规定处理。

第10条　民事案件的当事人查阅案件有关材料的，参照本规定执行。

第11条　本规定自公布之日起施行。

第六十五条　离婚诉讼代理的特别规定

离婚案件有诉讼代理人的，本人除不能表达意思的以外，仍应出庭；确因特殊情况无法出庭的，必须向人民法院提交书面意见。

第六章　证　　据

第六十六条　证据的种类

证据包括：

（一）当事人的陈述；

（二）书证；

（三）物证；

（四）视听资料；

（五）电子数据；

（六）证人证言；

（七）鉴定意见；

（八）勘验笔录。

证据必须查证属实，才能作为认定事实的根据。

● 司法解释及文件

《最高人民法院关于适用〈中华人民共和国民事诉讼法〉的解释》（2022年4月1日）

第116条 视听资料包括录音资料和影像资料。

电子数据是指通过电子邮件、电子数据交换、网上聊天记录、博客、微博客、手机短信、电子签名、域名等形成或者存储在电子介质中的信息。

存储在电子介质中的录音资料和影像资料，适用电子数据的规定。

第六十七条　举证责任与查证

当事人对自己提出的主张，有责任提供证据。

当事人及其诉讼代理人因客观原因不能自行收集的证据，或者人民法院认为审理案件需要的证据，人民法院应当调查收集。

人民法院应当按照法定程序，全面地、客观地审查核实证据。

● 法　律

1. 《民法典》（2020年5月28日）

第1121条 继承从被继承人死亡时开始。

相互有继承关系的数人在同一事件中死亡，难以确定死亡时间的，推定没有其他继承人的人先死亡。都有其他继承人，辈份不同的，推定长辈先死亡；辈份相同的，推定同时死亡，相互不发生继承。

第1182条　侵害他人人身权益造成财产损失的，按照被侵权人因此受到的损失或者侵权人因此获得的利益赔偿；被侵权人因此受到的损失以及侵权人因此获得的利益难以确定，被侵权人和侵权人就赔偿数额协商不一致，向人民法院提起诉讼的，由人民法院根据实际情况确定赔偿数额。

第1222条　患者在诊疗活动中受到损害，有下列情形之一的，推定医疗机构有过错：

（一）违反法律、行政法规、规章以及其他有关诊疗规范的规定；

（二）隐匿或者拒绝提供与纠纷有关的病历资料；

（三）遗失、伪造、篡改或者违法销毁病历资料。

第1230条　因污染环境、破坏生态发生纠纷，行为人应当就法律规定的不承担责任或者减轻责任的情形及其行为与损害之间不存在因果关系承担举证责任。

第1253条　建筑物、构筑物或者其他设施及其搁置物、悬挂物发生脱落、坠落造成他人损害，所有人、管理人或者使用人不能证明自己没有过错的，应当承担侵权责任。所有人、管理人或者使用人赔偿后，有其他责任人的，有权向其他责任人追偿。

第1255条　堆放物倒塌、滚落或者滑落造成他人损害，堆放人不能证明自己没有过错的，应当承担侵权责任。

第1256条　在公共道路上堆放、倾倒、遗撒妨碍通行的物品造成他人损害的，由行为人承担侵权责任。公共道路管理人不能证明已经尽到清理、防护、警示等义务的，应当承担相应的责任。

第1257条　因林木折断、倾倒或者果实坠落等造成他人损害，林木的所有人或者管理人不能证明自己没有过错的，应当承担侵权责任。

第1258条　在公共场所或者道路上挖掘、修缮安装地下设施等造成他人损害，施工人不能证明已经设置明显标志和采取安全措施的，应当承担侵权责任。

窨井等地下设施造成他人损害，管理人不能证明尽到管理职责的，应当承担侵权责任。

● 司法解释及文件

2.《最高人民法院关于全国部分法院知识产权审判工作座谈会纪要》（1998年7月20日）

二、关于严格诉讼程序问题

（三）举证责任和证据的审查认定问题

知识产权民事纠纷案件与其他民事纠纷案件一样，应当适用"谁主张，谁举证"的举证责任原则。在侵权案件中，原告应当证明自己享有的知识产权等民事权利及被告对其实施了法律所禁止的行为。原告完成举证义务后，由被告进行抗辩。被告提出的抗辩主张，可以是对原告所举事实与证据的否定，也可以提出其他主张，并且应当为此提供必要的证据，例如其主张没有过错不应承担责任时，应当举证证明其主观上没有过错。在举证过程中，人民法院应当注意举证责任的转移问题，即在当事人一方举证证明自己的主张时，对方对该项主张进行反驳的，应当提出充分的反证，这时，举证责任就转移到由对方承担。此外，人民法院对于当事人的某些主张，应当根据法律并从实际情况出发，实行"举证责任倒置"的原则，即一方对于自己的主张，由于证据被对方掌握而无法以合法手段收集证据时，人民法院应当要求对方当事人举证。例如，在方法专利和技术秘密侵权诉讼中的被告，应当提供其使用的方法的证据，被告拒不提供证据的，人民法院可以根据查明的案件事实，认定被告是否构成侵权。侵权行为证实后，权利人要求按照侵权人的获利额进行赔偿时，侵权人应当提供其经营额、利润等情况的全部证据，侵权人拒不提供其侵权获利证据的，人民法院可以查封有关财务账册，依法组织审计。

对证据的提交和审查认定，与会同志认为应当注意以下几个问题：

1. 证据一般应当在开庭前递交，并且应当给各方当事人留有交换证据的时间，交换证据可以通过开庭前组织各方当事人的方式进行。

2. 开庭后提交的证据，必须经过质证才能采信；经过庭审有待进一步查明的事实，可以给予当事人合理的举证期间，但以不影响在审限内结案为原则。

3. 对证据的审查，应当注意其真实性、合法性、关联性，认真审查其证明力。对违法取得的证据不得采信；对与证明案件事实无关的证据应予剔除；当争议双方提出相反证据时，应当结合其他关联证据确定采信哪方提供的证据。

4. 对能够证明案件事实的主要证据，必要时应当及时作出证据保全的裁定。

3.《最高人民法院关于审理期货纠纷案件若干问题的规定》（2020年12月29日）

第56条 期货公司应当对客户的交易指令是否入市交易承担举证责任。

确认期货公司是否将客户下达的交易指令入市交易，应当以期货交易所的交易记录、期货公司通知的交易结算结果与客户交易指令记录中的品种、买卖方向是否一致，价格、交易时间是否相符为标准，指令交易数量可以作为参考。但客户有相反证据证明其交易指令未入市交易的除外。

4.《最高人民法院关于审理票据纠纷案件若干问题的规定》（2020年12月29日）

第8条 票据诉讼的举证责任由提出主张的一方当事人

承担。

依照票据法第四条第二款、第十条、第十二条、第二十一条的规定,向人民法院提起诉讼的持票人有责任提供诉争票据。该票据的出票、承兑、交付、背书转让涉嫌欺诈、偷盗、胁迫、恐吓、暴力等非法行为的,持票人对持票的合法性应当负责举证。

第9条 票据债务人依照票据法第十三条的规定,对与其有直接债权债务关系的持票人提出抗辩,人民法院合并审理票据关系和基础关系的,持票人应当提供相应的证据证明已经履行了约定义务。

第10条 付款人或者承兑人被人民法院依法宣告破产的,持票人因行使追索权而向人民法院提起诉讼时,应当向受理法院提供人民法院依法作出的宣告破产裁定书或者能够证明付款人或者承兑人破产的其他证据。

第11条 在票据诉讼中,负有举证责任的票据当事人应当在一审人民法院法庭辩论结束以前提供证据。因客观原因不能在上述举证期限以内提供的,应当在举证期限届满以前向人民法院申请延期。延长的期限由人民法院根据案件的具体情况决定。

票据当事人在一审人民法院审理期间隐匿票据、故意有证不举,应当承担相应的诉讼后果。

5.《最高人民法院关于民事诉讼证据的若干规定》(2019年12月25日)

一、当事人举证

第1条 原告向人民法院起诉或者被告提出反诉,应当提供符合起诉条件的相应的证据。

第2条 人民法院应当向当事人说明举证的要求及法律后果,促使当事人在合理期限内积极、全面、正确、诚实地完成举证。

当事人因客观原因不能自行收集的证据,可申请人民法院调查收集。

第3条　在诉讼过程中,一方当事人陈述的于己不利的事实,或者对于己不利的事实明确表示承认的,另一方当事人无需举证证明。

在证据交换、询问、调查过程中,或者在起诉状、答辩状、代理词等书面材料中,当事人明确承认于己不利的事实的,适用前款规定。

第4条　一方当事人对于另一方当事人主张的于己不利的事实既不承认也不否认,经审判人员说明并询问后,其仍然不明确表示肯定或者否定的,视为对该事实的承认。

第5条　当事人委托诉讼代理人参加诉讼的,除授权委托书明确排除的事项外,诉讼代理人的自认视为当事人的自认。

当事人在场对诉讼代理人的自认明确否认的,不视为自认。

第6条　普通共同诉讼中,共同诉讼人中一人或者数人作出的自认,对作出自认的当事人发生效力。

必要共同诉讼中,共同诉讼人中一人或者数人作出自认而其他共同诉讼人予以否认的,不发生自认的效力。其他共同诉讼人既不承认也不否认,经审判人员说明并询问后仍然不明确表示意见的,视为全体共同诉讼人的自认。

第7条　一方当事人对于另一方当事人主张的于己不利的事实有所限制或者附加条件予以承认的,由人民法院综合案件情况决定是否构成自认。

第8条　《最高人民法院关于适用〈中华人民共和国民事诉讼法〉的解释》第九十六条第一款规定的事实,不适用有关自认的规定。

自认的事实与已经查明的事实不符的,人民法院不予确认。

第9条　有下列情形之一,当事人在法庭辩论终结前撤销自认的,人民法院应当准许:

（一）经对方当事人同意的；

（二）自认是在受胁迫或者重大误解情况下作出的。

人民法院准许当事人撤销自认的，应当作出口头或者书面裁定。

第10条　下列事实，当事人无须举证证明：

（一）自然规律以及定理、定律；

（二）众所周知的事实；

（三）根据法律规定推定的事实；

（四）根据已知的事实和日常生活经验法则推定出的另一事实；

（五）已为仲裁机构的生效裁决所确认的事实；

（六）已为人民法院发生法律效力的裁判所确认的基本事实；

（七）已为有效公证文书所证明的事实。

前款第二项至第五项事实，当事人有相反证据足以反驳的除外；第六项、第七项事实，当事人有相反证据足以推翻的除外。

第11条　当事人向人民法院提供证据，应当提供原件或者原物。如需自己保存证据原件、原物或者提供原件、原物确有困难的，可以提供经人民法院核对无异的复制件或者复制品。

第12条　以动产作为证据的，应当将原物提交人民法院。原物不宜搬移或者不宜保存的，当事人可以提供复制品、影像资料或者其他替代品。

人民法院在收到当事人提交的动产或者替代品后，应当及时通知双方当事人到人民法院或者保存现场查验。

第13条　当事人以不动产作为证据的，应当向人民法院提供该不动产的影像资料。

人民法院认为有必要的，应当通知双方当事人到场进行查验。

第14条　电子数据包括下列信息、电子文件：

（一）网页、博客、微博客等网络平台发布的信息；

（二）手机短信、电子邮件、即时通信、通讯群组等网络应用服务的通信信息；

（三）用户注册信息、身份认证信息、电子交易记录、通信记录、登录日志等信息；

（四）文档、图片、音频、视频、数字证书、计算机程序等电子文件；

（五）其他以数字化形式存储、处理、传输的能够证明案件事实的信息。

第15条　当事人以视听资料作为证据的，应当提供存储该视听资料的原始载体。

当事人以电子数据作为证据的，应当提供原件。电子数据的制作者制作的与原件一致的副本，或者直接来源于电子数据的打印件或其他可以显示、识别的输出介质，视为电子数据的原件。

第16条　当事人提供的公文书证系在中华人民共和国领域外形成的，该证据应当经所在国公证机关证明，或者履行中华人民共和国与该所在国订立的有关条约中规定的证明手续。

中华人民共和国领域外形成的涉及身份关系的证据，应当经所在国公证机关证明并经中华人民共和国驻该国使领馆认证，或者履行中华人民共和国与该所在国订立的有关条约中规定的证明手续。

当事人向人民法院提供的证据是在香港、澳门、台湾地区形成的，应当履行相关的证明手续。

第17条　当事人向人民法院提供外文书证或者外文说明资料，应当附有中文译本。

第18条　双方当事人无争议的事实符合《最高人民法院关于适用〈中华人民共和国民事诉讼法〉的解释》第九十六条第一款规定情形的，人民法院可以责令当事人提供有关证据。

第 19 条 当事人应当对其提交的证据材料逐一分类编号，对证据材料的来源、证明对象和内容作简要说明，签名盖章，注明提交日期，并依照对方当事人人数提出副本。

人民法院收到当事人提交的证据材料，应当出具收据，注明证据的名称、份数和页数以及收到的时间，由经办人员签名或者盖章。

二、证据的调查收集和保全

第 20 条 当事人及其诉讼代理人申请人民法院调查收集证据，应当在举证期限届满前提交书面申请。

申请书应当载明被调查人的姓名或者单位名称、住所地等基本情况、所要调查收集的证据名称或者内容、需要由人民法院调查收集证据的原因及其要证明的事实以及明确的线索。

第 21 条 人民法院调查收集的书证，可以是原件，也可以是经核对无误的副本或者复制件。是副本或者复制件的，应当在调查笔录中说明来源和取证情况。

第 22 条 人民法院调查收集的物证应当是原物。被调查人提供原物确有困难的，可以提供复制品或者影像资料。提供复制品或者影像资料的，应当在调查笔录中说明取证情况。

第 23 条 人民法院调查收集视听资料、电子数据，应当要求被调查人提供原始载体。

提供原始载体确有困难的，可以提供复制件。提供复制件的，人民法院应当在调查笔录中说明其来源和制作经过。

人民法院对视听资料、电子数据采取证据保全措施的，适用前款规定。

第 24 条 人民法院调查收集可能需要鉴定的证据，应当遵守相关技术规范，确保证据不被污染。

第 25 条 当事人或者利害关系人根据民事诉讼法第八十一条的规定申请证据保全的，申请书应当载明需要保全的证据的基本情况、申请保全的理由以及采取何种保全措施等内容。

当事人根据民事诉讼法第八十一条第一款的规定申请证据保全的，应当在举证期限届满前向人民法院提出。

法律、司法解释对诉前证据保全有规定的，依照其规定办理。

第26条　当事人或者利害关系人申请采取查封、扣押等限制保全标的物使用、流通等保全措施，或者保全可能对证据持有人造成损失的，人民法院应当责令申请人提供相应的担保。

担保方式或者数额由人民法院根据保全措施对证据持有人的影响、保全标的物的价值、当事人或者利害关系人争议的诉讼标的金额等因素综合确定。

第27条　人民法院进行证据保全，可以要求当事人或者诉讼代理人到场。

根据当事人的申请和具体情况，人民法院可以采取查封、扣押、录音、录像、复制、鉴定、勘验等方法进行证据保全，并制作笔录。

在符合证据保全目的的情况下，人民法院应当选择对证据持有人利益影响最小的保全措施。

第28条　申请证据保全错误造成财产损失，当事人请求申请人承担赔偿责任的，人民法院应予支持。

第29条　人民法院采取诉前证据保全措施后，当事人向其他有管辖权的人民法院提起诉讼的，采取保全措施的人民法院应当根据当事人的申请，将保全的证据及时移交受理案件的人民法院。

第30条　人民法院在审理案件过程中认为待证事实需要通过鉴定意见证明的，应当向当事人释明，并指定提出鉴定申请的期间。

符合《最高人民法院关于适用〈中华人民共和国民事诉讼

法〉的解释》第九十六条第一款规定情形的，人民法院应当依职权委托鉴定。

第31条　当事人申请鉴定，应当在人民法院指定期间内提出，并预交鉴定费用。逾期不提出申请或者不预交鉴定费用的，视为放弃申请。

对需要鉴定的待证事实负有举证责任的当事人，在人民法院指定期间内无正当理由不提出鉴定申请或者不预交鉴定费用，或者拒不提供相关材料，致使待证事实无法查明的，应当承担举证不能的法律后果。

第32条　人民法院准许鉴定申请的，应当组织双方当事人协商确定具备相应资格的鉴定人。当事人协商不成的，由人民法院指定。

人民法院依职权委托鉴定的，可以在询问当事人的意见后，指定具备相应资格的鉴定人。

人民法院在确定鉴定人后应当出具委托书，委托书中应当载明鉴定事项、鉴定范围、鉴定目的和鉴定期限。

第33条　鉴定开始之前，人民法院应当要求鉴定人签署承诺书。承诺书中应当载明鉴定人保证客观、公正、诚实地进行鉴定，保证出庭作证，如作虚假鉴定应当承担法律责任等内容。

鉴定人故意作虚假鉴定的，人民法院应当责令其退还鉴定费用，并根据情节，依照民事诉讼法第一百一十一条的规定进行处罚。

第34条　人民法院应当组织当事人对鉴定材料进行质证。未经质证的材料，不得作为鉴定的根据。

经人民法院准许，鉴定人可以调取证据、勘验物证和现场、询问当事人或者证人。

第35条　鉴定人应当在人民法院确定的期限内完成鉴定，并提交鉴定书。

鉴定人无正当理由未按期提交鉴定书的，当事人可以申请人民法院另行委托鉴定人进行鉴定。人民法院准许的,原鉴定人已经收取的鉴定费用应当退还;拒不退还的,依照本规定第八十一条第二款的规定处理。

第36条　人民法院对鉴定人出具的鉴定书,应当审查是否具有下列内容:

(一) 委托法院的名称;

(二) 委托鉴定的内容、要求;

(三) 鉴定材料;

(四) 鉴定所依据的原理、方法;

(五) 对鉴定过程的说明;

(六) 鉴定意见;

(七) 承诺书。

鉴定书应当由鉴定人签名或者盖章,并附鉴定人的相应资格证明。委托机构鉴定的,鉴定书应当由鉴定机构盖章,并由从事鉴定的人员签名。

第37条　人民法院收到鉴定书后,应当及时将副本送交当事人。

当事人对鉴定书的内容有异议的,应当在人民法院指定期间内以书面方式提出。

对于当事人的异议,人民法院应当要求鉴定人作出解释、说明或者补充。人民法院认为有必要的,可以要求鉴定人对当事人未提出异议的内容进行解释、说明或者补充。

第38条　当事人在收到鉴定人的书面答复后仍有异议的,人民法院应当根据《诉讼费用交纳办法》第十一条的规定,通知有异议的当事人预交鉴定人出庭费用,并通知鉴定人出庭。有异议的当事人不预交鉴定人出庭费用的,视为放弃异议。

双方当事人对鉴定意见均有异议的,分摊预交鉴定人出庭费用。

第39条 鉴定人出庭费用按照证人出庭作证费用的标准计算，由败诉的当事人负担。因鉴定意见不明确或者有瑕疵需要鉴定人出庭的，出庭费用由其自行负担。

人民法院委托鉴定时已经确定鉴定人出庭费用包含在鉴定费用中的，不再通知当事人预交。

第40条 当事人申请重新鉴定，存在下列情形之一的，人民法院应当准许：

（一）鉴定人不具备相应资格的；

（二）鉴定程序严重违法的；

（三）鉴定意见明显依据不足的；

（四）鉴定意见不能作为证据使用的其他情形。

存在前款第一项至第三项情形的，鉴定人已经收取的鉴定费用应当退还。拒不退还的，依照本规定第八十一条第二款的规定处理。

对鉴定意见的瑕疵，可以通过补正、补充鉴定或者补充质证、重新质证等方法解决的，人民法院不予准许重新鉴定的申请。

重新鉴定的，原鉴定意见不得作为认定案件事实的根据。

第41条 对于一方当事人就专门性问题自行委托有关机构或者人员出具的意见，另一方当事人有证据或者理由足以反驳并申请鉴定的，人民法院应予准许。

第42条 鉴定意见被采信后，鉴定人无正当理由撤销鉴定意见的，人民法院应当责令其退还鉴定费用，并可以根据情节，依照民事诉讼法第一百一十一条的规定对鉴定人进行处罚。当事人主张鉴定人负担由此增加的合理费用的，人民法院应予支持。

人民法院采信鉴定意见后准许鉴定人撤销的，应当责令其退还鉴定费用。

第43条 人民法院应当在勘验前将勘验的时间和地点通知

当事人。当事人不参加的，不影响勘验进行。

当事人可以就勘验事项向人民法院进行解释和说明，可以请求人民法院注意勘验中的重要事项。

人民法院勘验物证或者现场，应当制作笔录，记录勘验的时间、地点、勘验人、在场人、勘验的经过、结果，由勘验人、在场人签名或者盖章。对于绘制的现场图应当注明绘制的时间、方位、测绘人姓名、身份等内容。

第44条　摘录有关单位制作的与案件事实相关的文件、材料，应当注明出处，并加盖制作单位或者保管单位的印章，摘录人和其他调查人员应当在摘录件上签名或者盖章。

摘录文件、材料应当保持内容相应的完整性。

第45条　当事人根据《最高人民法院关于适用〈中华人民共和国民事诉讼法〉的解释》第一百一十二条的规定申请人民法院责令对方当事人提交书证的，申请书应当载明所申请提交的书证名称或者内容、需要以该书证证明的事实及事实的重要性、对方当事人控制该书证的根据以及应当提交该书证的理由。

对方当事人否认控制书证的，人民法院应当根据法律规定、习惯等因素，结合案件的事实、证据，对于书证是否在对方当事人控制之下的事实作出综合判断。

第46条　人民法院对当事人提交书证的申请进行审查时，应当听取对方当事人的意见，必要时可以要求双方当事人提供证据、进行辩论。

当事人申请提交的书证不明确、书证对于待证事实的证明无必要、待证事实对于裁判结果无实质性影响、书证未在对方当事人控制之下或者不符合本规定第四十七条情形的，人民法院不予准许。

当事人申请理由成立的，人民法院应当作出裁定，责令对方当事人提交书证；理由不成立的，通知申请人。

第47条　下列情形，控制书证的当事人应当提交书证：

（一）控制书证的当事人在诉讼中曾经引用过的书证；

（二）为对方当事人的利益制作的书证；

（三）对方当事人依照法律规定有权查阅、获取的书证；

（四）账簿、记账原始凭证；

（五）人民法院认为应当提交书证的其他情形。

前款所列书证，涉及国家秘密、商业秘密、当事人或第三人的隐私，或者存在法律规定应当保密的情形的，提交后不得公开质证。

第48条　控制书证的当事人无正当理由拒不提交书证的，人民法院可以认定对方当事人所主张的书证内容为真实。

控制书证的当事人存在《最高人民法院关于适用〈中华人民共和国民事诉讼法〉的解释》第一百一十三条规定情形的，人民法院可以认定对方当事人主张以该书证证明的事实为真实。

三、举证时限与证据交换

第49条　被告应当在答辩期届满前提出书面答辩，阐明其对原告诉讼请求及所依据的事实和理由的意见。

第50条　人民法院应当在审理前的准备阶段向当事人送达举证通知书。

举证通知书应当载明举证责任的分配原则和要求、可以向人民法院申请调查收集证据的情形、人民法院根据案件情况指定的举证期限以及逾期提供证据的法律后果等内容。

第51条　举证期限可以由当事人协商，并经人民法院准许。

人民法院指定举证期限的，适用第一审普通程序审理的案件不得少于十五日，当事人提供新的证据的第二审案件不得少于十日。适用简易程序审理的案件不得超过十五日，小额诉讼案件的举证期限一般不得超过七日。

举证期限届满后，当事人提供反驳证据或者对已经提供的证据的来源、形式等方面的瑕疵进行补正的，人民法院可以酌情再次确定举证期限，该期限不受前款规定的期间限制。

第 52 条　当事人在举证期限内提供证据存在客观障碍，属于民事诉讼法第六十五条第二款规定的"当事人在该期限内提供证据确有困难"的情形。

前款情形，人民法院应当根据当事人的举证能力、不能在举证期限内提供证据的原因等因素综合判断。必要时，可以听取对方当事人的意见。

第 53 条　诉讼过程中，当事人主张的法律关系性质或者民事行为效力与人民法院根据案件事实作出的认定不一致的，人民法院应当将法律关系性质或者民事行为效力作为焦点问题进行审理。但法律关系性质对裁判理由及结果没有影响，或者有关问题已经当事人充分辩论的除外。

存在前款情形，当事人根据法庭审理情况变更诉讼请求的，人民法院应当准许并可以根据案件的具体情况重新指定举证期限。

第 54 条　当事人申请延长举证期限的，应当在举证期限届满前向人民法院提出书面申请。

申请理由成立的，人民法院应当准许，适当延长举证期限，并通知其他当事人。延长的举证期限适用于其他当事人。

申请理由不成立的，人民法院不予准许，并通知申请人。

第 55 条　存在下列情形的，举证期限按照如下方式确定：

（一）当事人依照民事诉讼法第一百二十七条规定提出管辖权异议的，举证期限中止，自驳回管辖权异议的裁定生效之日起恢复计算；

（二）追加当事人、有独立请求权的第三人参加诉讼或者无独立请求权的第三人经人民法院通知参加诉讼的，人民法院应当依照本规定第五十一条的规定为新参加诉讼的当事人确定举证期限，该举证期限适用于其他当事人；

（三）发回重审的案件，第一审人民法院可以结合案件具体情况和发回重审的原因，酌情确定举证期限；

（四）当事人增加、变更诉讼请求或者提出反诉的，人民法院应当根据案件具体情况重新确定举证期限；

（五）公告送达的，举证期限自公告期届满之次日起计算。

第 56 条 人民法院依照民事诉讼法第一百三十三条第四项的规定，通过组织证据交换进行审理前准备的，证据交换之日举证期限届满。

证据交换的时间可以由当事人协商一致并经人民法院认可，也可以由人民法院指定。当事人申请延期举证经人民法院准许的，证据交换日相应顺延。

第 57 条 证据交换应当在审判人员的主持下进行。

在证据交换的过程中，审判人员对当事人无异议的事实、证据应当记录在卷；对有异议的证据，按照需要证明的事实分类记录在卷，并记载异议的理由。通过证据交换，确定双方当事人争议的主要问题。

第 58 条 当事人收到对方的证据后有反驳证据需要提交的，人民法院应当再次组织证据交换。

第 59 条 人民法院对逾期提供证据的当事人处以罚款的，可以结合当事人逾期提供证据的主观过错程度、导致诉讼迟延的情况、诉讼标的金额等因素，确定罚款数额。

四、质证

第 60 条 当事人在审理前的准备阶段或者人民法院调查、询问过程中发表过质证意见的证据，视为质证过的证据。

当事人要求以书面方式发表质证意见，人民法院在听取对方当事人意见后认为有必要的，可以准许。人民法院应当及时将书面质证意见送交对方当事人。

第 61 条 对书证、物证、视听资料进行质证时，当事人应当出示证据的原件或者原物。但有下列情形之一的除外：

（一）出示原件或者原物确有困难并经人民法院准许出示复制件或者复制品的；

（二）原件或者原物已不存在，但有证据证明复制件、复制品与原件或者原物一致的。

第62条　质证一般按下列顺序进行：

（一）原告出示证据，被告、第三人与原告进行质证；

（二）被告出示证据，原告、第三人与被告进行质证；

（三）第三人出示证据，原告、被告与第三人进行质证。

人民法院根据当事人申请调查收集的证据，审判人员对调查收集证据的情况进行说明后，由提出申请的当事人与对方当事人、第三人进行质证。

人民法院依职权调查收集的证据，由审判人员对调查收集证据的情况进行说明后，听取当事人的意见。

第63条　当事人应当就案件事实作真实、完整的陈述。

当事人的陈述与此前陈述不一致的，人民法院应当责令其说明理由，并结合当事人的诉讼能力、证据和案件具体情况进行审查认定。

当事人故意作虚假陈述妨碍人民法院审理的，人民法院应当根据情节，依照民事诉讼法第一百一十一条的规定进行处罚。

第64条　人民法院认为有必要的，可以要求当事人本人到场，就案件的有关事实接受询问。

人民法院要求当事人到场接受询问的，应当通知当事人询问的时间、地点、拒不到场的后果等内容。

第65条　人民法院应当在询问前责令当事人签署保证书并宣读保证书的内容。

保证书应当载明保证据实陈述，绝无隐瞒、歪曲、增减，如有虚假陈述应当接受处罚等内容。当事人应当在保证书上签名、捺印。

当事人有正当理由不能宣读保证书的,由书记员宣读并进行说明。

第66条　当事人无正当理由拒不到场、拒不签署或宣读保证书或者拒不接受询问的,人民法院应当综合案件情况,判断待证事实的真伪。待证事实无其他证据证明的,人民法院应当作出不利于该当事人的认定。

第67条　不能正确表达意思的人,不能作为证人。

待证事实与其年龄、智力状况或者精神健康状况相适应的无民事行为能力人和限制民事行为能力人,可以作为证人。

第68条　人民法院应当要求证人出庭作证,接受审判人员和当事人的询问。证人在审理前的准备阶段或者人民法院调查、询问等双方当事人在场时陈述证言的,视为出庭作证。

双方当事人同意证人以其他方式作证并经人民法院准许的,证人可以不出庭作证。

无正当理由未出庭的证人以书面等方式提供的证言,不得作为认定案件事实的根据。

第69条　当事人申请证人出庭作证的,应当在举证期限届满前向人民法院提交申请书。

申请书应当载明证人的姓名、职业、住所、联系方式,作证的主要内容,作证内容与待证事实的关联性,以及证人出庭作证的必要性。

符合《最高人民法院关于适用〈中华人民共和国民事诉讼法〉的解释》第九十六条第一款规定情形的,人民法院应当依职权通知证人出庭作证。

第70条　人民法院准许证人出庭作证申请的,应当向证人送达通知书并告知双方当事人。通知书中应当载明证人作证的时间、地点,作证的事项、要求以及作伪证的法律后果等内容。

当事人申请证人出庭作证的事项与待证事实无关，或者没有通知证人出庭作证必要的，人民法院不予准许当事人的申请。

第71条　人民法院应当要求证人在作证之前签署保证书，并在法庭上宣读保证书的内容。但无民事行为能力人和限制民事行为能力人作为证人的除外。

证人确有正当理由不能宣读保证书的，由书记员代为宣读并进行说明。

证人拒绝签署或者宣读保证书的，不得作证，并自行承担相关费用。

证人保证书的内容适用当事人保证书的规定。

第72条　证人应当客观陈述其亲身感知的事实，作证时不得使用猜测、推断或者评论性语言。

证人作证前不得旁听法庭审理，作证时不得以宣读事先准备的书面材料的方式陈述证言。

证人言辞表达有障碍的，可以通过其他表达方式作证。

第73条　证人应当就其作证的事项进行连续陈述。

当事人及其法定代理人、诉讼代理人或者旁听人员干扰证人陈述的，人民法院应当及时制止，必要时可以依照民事诉讼法第一百一十条的规定进行处罚。

第74条　审判人员可以对证人进行询问。当事人及其诉讼代理人经审判人员许可后可以询问证人。

询问证人时其他证人不得在场。

人民法院认为有必要的，可以要求证人之间进行对质。

第75条　证人出庭作证后，可以向人民法院申请支付证人出庭作证费用。证人有困难需要预先支取出庭作证费用的，人民法院可以根据证人的申请在出庭作证前支付。

第76条　证人确有困难不能出庭作证，申请以书面证言、视听传输技术或者视听资料等方式作证的，应当向人民法院提交申请书。申请书中应当载明不能出庭的具体原因。

符合民事诉讼法第七十三条规定情形的，人民法院应当准许。

第77条　证人经人民法院准许，以书面证言方式作证的，应当签署保证书；以视听传输技术或者视听资料方式作证的，应当签署保证书并宣读保证书的内容。

第78条　当事人及其诉讼代理人对证人的询问与待证事实无关，或者存在威胁、侮辱证人或不适当引导等情形的，审判人员应当及时制止。必要时可以依照民事诉讼法第一百一十条、第一百一十一条的规定进行处罚。

证人故意作虚假陈述，诉讼参与人或者其他人以暴力、威胁、贿买等方法妨碍证人作证，或者在证人作证后以侮辱、诽谤、诬陷、恐吓、殴打等方式对证人打击报复的，人民法院应当根据情节，依照民事诉讼法第一百一十一条的规定，对行为人进行处罚。

第79条　鉴定人依照民事诉讼法第七十八条的规定出庭作证的，人民法院应当在开庭审理三日前将出庭的时间、地点及要求通知鉴定人。

委托机构鉴定的，应当由从事鉴定的人员代表机构出庭。

第80条　鉴定人应当就鉴定事项如实答复当事人的异议和审判人员的询问。当庭答复确有困难的，经人民法院准许，可以在庭审结束后书面答复。

人民法院应当及时将书面答复送交当事人，并听取当事人的意见。必要时，可以再次组织质证。

第81条　鉴定人拒不出庭作证的，鉴定意见不得作为认定案件事实的根据。人民法院应当建议有关主管部门或者组织对拒不出庭作证的鉴定人予以处罚。

当事人要求退还鉴定费用的，人民法院应当在三日内作出裁定，责令鉴定人退还；拒不退还的，由人民法院依法执行。

当事人因鉴定人拒不出庭作证申请重新鉴定的，人民法院应当准许。

第82条　经法庭许可，当事人可以询问鉴定人、勘验人。

询问鉴定人、勘验人不得使用威胁、侮辱等不适当的言语和方式。

第83条　当事人依照民事诉讼法第七十九条和《最高人民法院关于适用〈中华人民共和国民事诉讼法〉的解释》第一百二十二条的规定，申请有专门知识的人出庭的，申请书中应当载明有专门知识的人的基本情况和申请的目的。

人民法院准许当事人申请的，应当通知双方当事人。

第84条　审判人员可以对有专门知识的人进行询问。经法庭准许，当事人可以对有专门知识的人进行询问，当事人各自申请的有专门知识的人可以就案件中的有关问题进行对质。

有专门知识的人不得参与对鉴定意见质证或者就专业问题发表意见之外的法庭审理活动。

五、证据的审核认定

第85条　人民法院应当以证据能够证明的案件事实为根据依法作出裁判。

审判人员应当依照法定程序，全面、客观地审核证据，依据法律的规定，遵循法官职业道德，运用逻辑推理和日常生活经验，对证据有无证明力和证明力大小独立进行判断，并公开判断的理由和结果。

第86条　当事人对于欺诈、胁迫、恶意串通事实的证明，以及对于口头遗嘱或赠与事实的证明，人民法院确信该待证事实存在的可能性能够排除合理怀疑的，应当认定该事实存在。

与诉讼保全、回避等程序事项有关的事实，人民法院结合当事人的说明及相关证据，认为有关事实存在的可能性较大的，可以认定该事实存在。

第87条　审判人员对单一证据可以从下列方面进行审核认定：

（一）证据是否为原件、原物，复制件、复制品与原件、原物是否相符；

（二）证据与本案事实是否相关；

（三）证据的形式、来源是否符合法律规定；

（四）证据的内容是否真实；

（五）证人或者提供证据的人与当事人有无利害关系。

第88条　审判人员对案件的全部证据，应当从各证据与案件事实的关联程度、各证据之间的联系等方面进行综合审查判断。

第89条　当事人在诉讼过程中认可的证据，人民法院应当予以确认。但法律、司法解释另有规定的除外。

当事人对认可的证据反悔的，参照《最高人民法院关于适用〈中华人民共和国民事诉讼法〉的解释》第二百二十九条的规定处理。

第90条　下列证据不能单独作为认定案件事实的根据：

（一）当事人的陈述；

（二）无民事行为能力人或者限制民事行为能力人所作的与其年龄、智力状况或者精神健康状况不相当的证言；

（三）与一方当事人或者其代理人有利害关系的证人陈述的证言；

（四）存有疑点的视听资料、电子数据；

（五）无法与原件、原物核对的复制件、复制品。

第91条　公文书证的制作者根据文书原件制作的载有部分或者全部内容的副本，与正本具有相同的证明力。

在国家机关存档的文件，其复制件、副本、节录本经档案部门或者制作原本的机关证明其内容与原本一致的，该复制件、副本、节录本具有与原本相同的证明力。

第92条　私文书证的真实性,由主张以私文书证证明案件事实的当事人承担举证责任。

私文书证由制作者或者其代理人签名、盖章或捺印的,推定为真实。

私文书证上有删除、涂改、增添或者其他形式瑕疵的,人民法院应当综合案件的具体情况判断其证明力。

第93条　人民法院对于电子数据的真实性,应当结合下列因素综合判断:

（一）电子数据的生成、存储、传输所依赖的计算机系统的硬件、软件环境是否完整、可靠;

（二）电子数据的生成、存储、传输所依赖的计算机系统的硬件、软件环境是否处于正常运行状态,或者不处于正常运行状态时对电子数据的生成、存储、传输是否有影响;

（三）电子数据的生成、存储、传输所依赖的计算机系统的硬件、软件环境是否具备有效的防止出错的监测、核查手段;

（四）电子数据是否被完整地保存、传输、提取,保存、传输、提取的方法是否可靠;

（五）电子数据是否在正常的往来活动中形成和存储;

（六）保存、传输、提取电子数据的主体是否适当;

（七）影响电子数据完整性和可靠性的其他因素。

人民法院认为有必要的,可以通过鉴定或者勘验等方法,审查判断电子数据的真实性。

第94条　电子数据存在下列情形的,人民法院可以确认其真实性,但有足以反驳的相反证据的除外:

（一）由当事人提交或者保管的于己不利的电子数据;

（二）由记录和保存电子数据的中立第三方平台提供或者确认的;

（三）在正常业务活动中形成的；

（四）以档案管理方式保管的；

（五）以当事人约定的方式保存、传输、提取的。

电子数据的内容经公证机关公证的，人民法院应当确认其真实性，但有相反证据足以推翻的除外。

第95条　一方当事人控制证据无正当理由拒不提交，对待证事实负有举证责任的当事人主张该证据的内容不利于控制人的，人民法院可以认定该主张成立。

第96条　人民法院认定证人证言，可以通过对证人的智力状况、品德、知识、经验、法律意识和专业技能等的综合分析作出判断。

6.《最高人民法院关于适用〈中华人民共和国民事诉讼法〉的解释》（2022年4月1日）

第90条　当事人对自己提出的诉讼请求所依据的事实或者反驳对方诉讼请求所依据的事实，应当提供证据加以证明，但法律另有规定的除外。

在作出判决前，当事人未能提供证据或者证据不足以证明其事实主张的，由负有举证证明责任的当事人承担不利的后果。

第91条　人民法院应当依照下列原则确定举证证明责任的承担，但法律另有规定的除外：

（一）主张法律关系存在的当事人，应当对产生该法律关系的基本事实承担举证证明责任；

（二）主张法律关系变更、消灭或者权利受到妨害的当事人，应当对该法律关系变更、消灭或者权利受到妨害的基本事实承担举证证明责任。

第92条　一方当事人在法庭审理中，或者在起诉状、答辩状、代理词等书面材料中，对于己不利的事实明确表示承认的，另一方当事人无需举证证明。

对于涉及身份关系、国家利益、社会公共利益等应当由人民法院依职权调查的事实，不适用前款自认的规定。

自认的事实与查明的事实不符的，人民法院不予确认。

第93条　下列事实，当事人无须举证证明：

（一）自然规律以及定理、定律；

（二）众所周知的事实；

（三）根据法律规定推定的事实；

（四）根据已知的事实和日常生活经验法则推定出的另一事实；

（五）已为人民法院发生法律效力的裁判所确认的事实；

（六）已为仲裁机构生效裁决所确认的事实；

（七）已为有效公证文书所证明的事实。

前款第二项至第四项规定的事实，当事人有相反证据足以反驳的除外；第五项至第七项规定的事实，当事人有相反证据足以推翻的除外。

第94条　民事诉讼法第六十七条第二款规定的当事人及其诉讼代理人因客观原因不能自行收集的证据包括：

（一）证据由国家有关部门保存，当事人及其诉讼代理人无权查阅调取的；

（二）涉及国家秘密、商业秘密或者个人隐私的；

（三）当事人及其诉讼代理人因客观原因不能自行收集的其他证据。

当事人及其诉讼代理人因客观原因不能自行收集的证据，可以在举证期限届满前书面申请人民法院调查收集。

第95条　当事人申请调查收集的证据，与待证事实无关联、对证明待证事实无意义或者其他无调查收集必要的，人民法院不予准许。

第96条　民事诉讼法第六十七条第二款规定的人民法院认

为审理案件需要的证据包括：

（一）涉及可能损害国家利益、社会公共利益的；

（二）涉及身份关系的；

（三）涉及民事诉讼法第五十八条规定诉讼的；

（四）当事人有恶意串通损害他人合法权益可能的；

（五）涉及依职权追加当事人、中止诉讼、终结诉讼、回避等程序性事项的。

除前款规定外，人民法院调查收集证据，应当依照当事人的申请进行。

第97条 人民法院调查收集证据，应当由两人以上共同进行。调查材料要由调查人、被调查人、记录人签名、捺印或者盖章。

第98条 当事人根据民事诉讼法第八十四条第一款规定申请证据保全的，可以在举证期限届满前书面提出。

证据保全可能对他人造成损失的，人民法院应当责令申请人提供相应的担保。

第99条 人民法院应当在审理前的准备阶段确定当事人的举证期限。举证期限可以由当事人协商，并经人民法院准许。

人民法院确定举证期限，第一审普通程序案件不得少于十五日，当事人提供新的证据的第二审案件不得少于十日。

举证期限届满后，当事人对已经提供的证据，申请提供反驳证据或者对证据来源、形式等方面的瑕疵进行补正的，人民法院可以酌情再次确定举证期限，该期限不受前款规定的限制。

第100条 当事人申请延长举证期限的，应当在举证期限届满前向人民法院提出书面申请。

申请理由成立的，人民法院应当准许，适当延长举证期限，并通知其他当事人。延长的举证期限适用于其他当事人。

申请理由不成立的，人民法院不予准许，并通知申请人。

第101条 当事人逾期提供证据的，人民法院应当责令其说明理由，必要时可以要求其提供相应的证据。

当事人因客观原因逾期提供证据，或者对方当事人对逾期提供证据未提出异议的，视为未逾期。

第102条　当事人因故意或者重大过失逾期提供的证据，人民法院不予采纳。但该证据与案件基本事实有关的，人民法院应当采纳，并依照民事诉讼法第六十八条、第一百一十八条第一款的规定予以训诫、罚款。

当事人非因故意或者重大过失逾期提供的证据，人民法院应当采纳，并对当事人予以训诫。

当事人一方要求另一方赔偿因逾期提供证据致使其增加的交通、住宿、就餐、误工、证人出庭作证等必要费用的，人民法院可予支持。

第103条　证据应当在法庭上出示，由当事人互相质证。未经当事人质证的证据，不得作为认定案件事实的根据。

当事人在审理前的准备阶段认可的证据，经审判人员在庭审中说明后，视为质证过的证据。

涉及国家秘密、商业秘密、个人隐私或者法律规定应当保密的证据，不得公开质证。

第104条　人民法院应当组织当事人围绕证据的真实性、合法性以及与待证事实的关联性进行质证，并针对证据有无证明力和证明力大小进行说明和辩论。

能够反映案件真实情况、与待证事实相关联、来源和形式符合法律规定的证据，应当作为认定案件事实的根据。

第105条　人民法院应当按照法定程序，全面、客观地审核证据，依照法律规定，运用逻辑推理和日常生活经验法则，对证据有无证明力和证明力大小进行判断，并公开判断的理由和结果。

第106条　对以严重侵害他人合法权益、违反法律禁止性规定或者严重违背公序良俗的方法形成或者获取的证据，不得作为认定案件事实的根据。

第 107 条　在诉讼中，当事人为达成调解协议或者和解协议作出妥协而认可的事实，不得在后续的诉讼中作为对其不利的根据，但法律另有规定或者当事人均同意的除外。

第六十八条　举证期限及逾期后果

当事人对自己提出的主张应当及时提供证据。

人民法院根据当事人的主张和案件审理情况，确定当事人应当提供的证据及其期限。当事人在该期限内提供证据确有困难的，可以向人民法院申请延长期限，人民法院根据当事人的申请适当延长。当事人逾期提供证据的，人民法院应当责令其说明理由；拒不说明理由或者理由不成立的，人民法院根据不同情形可以不予采纳该证据，或者采纳该证据但予以训诫、罚款。

● 司法解释及文件

《最高人民法院关于适用〈中华人民共和国民事诉讼法〉的解释》（2022 年 4 月 1 日）

第 99 条　人民法院应当在审理前的准备阶段确定当事人的举证期限。举证期限可以由当事人协商，并经人民法院准许。

人民法院确定举证期限，第一审普通程序案件不得少于十五日，当事人提供新的证据的第二审案件不得少于十日。

举证期限届满后，当事人对已经提供的证据，申请提供反驳证据或者对证据来源、形式等方面的瑕疵进行补正的，人民法院可以酌情再次确定举证期限，该期限不受前款规定的限制。

第 100 条　当事人申请延长举证期限的，应当在举证期限届满前向人民法院提出书面申请。

申请理由成立的，人民法院应当准许，适当延长举证期限，并通知其他当事人。延长的举证期限适用于其他当事人。

申请理由不成立的，人民法院不予准许，并通知申请人。

第 101 条　当事人逾期提供证据的，人民法院应当责令其说明理由，必要时可以要求其提供相应的证据。

当事人因客观原因逾期提供证据，或者对方当事人对逾期提供证据未提出异议的，视为未逾期。

第 102 条　当事人因故意或者重大过失逾期提供的证据，人民法院不予采纳。但该证据与案件基本事实有关的，人民法院应当采纳，并依照民事诉讼法第六十八条、第一百一十八条第一款的规定予以训诫、罚款。

当事人非因故意或者重大过失逾期提供的证据，人民法院应当采纳，并对当事人予以训诫。

当事人一方要求另一方赔偿因逾期提供证据致使其增加的交通、住宿、就餐、误工、证人出庭作证等必要费用的，人民法院可予支持。

第六十九条　人民法院签收证据

人民法院收到当事人提交的证据材料，应当出具收据，写明证据名称、页数、份数、原件或者复印件以及收到时间等，并由经办人员签名或者盖章。

● 司法解释及文件

《最高人民法院关于民事诉讼证据的若干规定》（2019 年 12 月 25 日）

第 19 条　当事人应当对其提交的证据材料逐一分类编号，对证据材料的来源、证明对象和内容作简要说明，签名盖章，注明提交日期，并依照对方当事人人数提出副本。

人民法院收到当事人提交的证据材料，应当出具收据，注明证据的名称、份数和页数以及收到的时间，由经办人员签名或者盖章。

第七十条　人民法院调查取证

人民法院有权向有关单位和个人调查取证，有关单位和个人不得拒绝。

人民法院对有关单位和个人提出的证明文书，应当辨别真伪，审查确定其效力。

● 司法解释及文件

1.《最高人民法院关于民事诉讼证据的若干规定》（2019年12月25日）

第21条　人民法院调查收集的书证，可以是原件，也可以是经核对无误的副本或者复制件。是副本或者复制件的，应当在调查笔录中说明来源和取证情况。

第22条　人民法院调查收集的物证应当是原物。被调查人提供原物确有困难的，可以提供复制品或者影像资料。提供复制品或者影像资料的，应当在调查笔录中说明取证情况。

第23条　人民法院调查收集视听资料、电子数据，应当要求被调查人提供原始载体。

提供原始载体确有困难的，可以提供复制件。提供复制件的，人民法院应当在调查笔录中说明其来源和制作经过。

人民法院对视听资料、电子数据采取证据保全措施的，适用前款规定。

第24条　人民法院调查收集可能需要鉴定的证据，应当遵守相关技术规范，确保证据不被污染。

第43条　人民法院应当在勘验前将勘验的时间和地点通知当事人。当事人不参加的，不影响勘验进行。

当事人可以就勘验事项向人民法院进行解释和说明，可以请求人民法院注意勘验中的重要事项。

人民法院勘验物证或者现场，应当制作笔录，记录勘验的时间、地点、勘验人、在场人、勘验的经过、结果，由勘验人、在场人签名或者盖章。对于绘制的现场图应当注明绘制的时间、方位、测绘人姓名、身份等内容。

第44条 摘录有关单位制作的与案件事实相关的文件、材料，应当注明出处，并加盖制作单位或者保管单位的印章，摘录人和其他调查人员应当在摘录件上签名或者盖章。

摘录文件、材料应当保持内容相应的完整性。

2.《最高人民法院关于适用〈中华人民共和国民事诉讼法〉的解释》（2022年4月1日）

第114条 国家机关或者其他依法具有社会管理职能的组织，在其职权范围内制作的文书所记载的事项推定为真实，但有相反证据足以推翻的除外。必要时，人民法院可以要求制作文书的机关或者组织对文书的真实性予以说明。

第115条 单位向人民法院提出的证明材料，应当由单位负责人及制作证明材料的人员签名或者盖章，并加盖单位印章。人民法院就单位出具的证明材料，可以向单位及制作证明材料的人员进行调查核实。必要时，可以要求制作证明材料的人员出庭作证。

单位及制作证明材料的人员拒绝人民法院调查核实，或者制作证明材料的人员无正当理由拒绝出庭作证的，该证明材料不得作为认定案件事实的根据。

第七十一条　证据的公开与质证

证据应当在法庭上出示，并由当事人互相质证。对涉及国家秘密、商业秘密和个人隐私的证据应当保密，需要在法庭出示的，不得在公开开庭时出示。

● **司法解释及文件**

1. 《最高人民法院关于民事诉讼证据的若干规定》(2019年12月25日)

　　第47条　下列情形，控制书证的当事人应当提交书证：

　　（一）控制书证的当事人在诉讼中曾经引用过的书证；

　　（二）为对方当事人的利益制作的书证；

　　（三）对方当事人依照法律规定有权查阅、获取的书证；

　　（四）账簿、记账原始凭证；

　　（五）人民法院认为应当提交书证的其他情形。

　　前款所列书证，涉及国家秘密、商业秘密、当事人或第三人的隐私，或者存在法律规定应当保密的情形的，提交后不得公开质证。

　　第61条　对书证、物证、视听资料进行质证时，当事人应当出示证据的原件或者原物。但有下列情形之一的除外：

　　（一）出示原件或者原物确有困难并经人民法院准许出示复制件或者复制品的；

　　（二）原件或者原物已不存在，但有证据证明复制件、复制品与原件或者原物一致的。

　　第62条　质证一般按下列顺序进行：

　　（一）原告出示证据，被告、第三人与原告进行质证；

　　（二）被告出示证据，原告、第三人与被告进行质证；

　　（三）第三人出示证据，原告、被告与第三人进行质证。

　　人民法院根据当事人申请调查收集的证据，审判人员对调查收集证据的情况进行说明后，由提出申请的当事人与对方当事人、第三人进行质证。

　　人民法院依职权调查收集的证据，由审判人员对调查收集证据的情况进行说明后，听取当事人的意见。

2.《最高人民法院关于适用〈中华人民共和国民事诉讼法〉的解释》（2022 年 4 月 1 日）

第 103 条 证据应当在法庭上出示，由当事人互相质证。未经当事人质证的证据，不得作为认定案件事实的根据。

当事人在审理前的准备阶段认可的证据，经审判人员在庭审中说明后，视为质证过的证据。

涉及国家秘密、商业秘密、个人隐私或者法律规定应当保密的证据，不得公开质证。

第 220 条 民事诉讼法第七十一条、第一百三十七条、第一百五十九条规定的商业秘密，是指生产工艺、配方、贸易联系、购销渠道等当事人不愿公开的技术秘密、商业情报及信息。

第七十二条　公证证据

经过法定程序公证证明的法律事实和文书，人民法院应当作为认定事实的根据，但有相反证据足以推翻公证证明的除外。

第七十三条　书证和物证

书证应当提交原件。物证应当提交原物。提交原件或者原物确有困难的，可以提交复制品、照片、副本、节录本。

提交外文书证，必须附有中文译本。

● 司法解释及文件

1.《最高人民法院关于民事诉讼证据的若干规定》（2019 年 12 月 25 日）

第 11 条 当事人向人民法院提供证据，应当提供原件或者原物。如需自己保存证据原件、原物或者提供原件、原物确有困难的，可以提供经人民法院核对无异的复制件或者复制品。

第 21 条　人民法院调查收集的书证，可以是原件，也可以是经核对无误的副本或者复制件。是副本或者复制件的，应当在调查笔录中说明来源和取证情况。

第 61 条　对书证、物证、视听资料进行质证时，当事人应当出示证据的原件或者原物。但有下列情形之一的除外：

（一）出示原件或者原物确有困难并经人民法院准许出示复制件或者复制品的；

（二）原件或者原物已不存在，但有证据证明复制件、复制品与原件或者原物一致的。

第 90 条　下列证据不能单独作为认定案件事实的根据：

（一）当事人的陈述；

（二）无民事行为能力人或者限制民事行为能力人所作的与其年龄、智力状况或者精神健康状况不相当的证言；

（三）与一方当事人或者其代理人有利害关系的证人陈述的证言；

（四）存有疑点的视听资料、电子数据；

（五）无法与原件、原物核对的复制件、复制品。

2.《最高人民法院关于适用〈中华人民共和国民事诉讼法〉的解释》（2022 年 4 月 1 日）

第 111 条　民事诉讼法第七十三条规定的提交书证原件确有困难，包括下列情形：

（一）书证原件遗失、灭失或者毁损的；

（二）原件在对方当事人控制之下，经合法通知提交而拒不提交的；

（三）原件在他人控制之下，而其有权不提交的；

（四）原件因篇幅或者体积过大而不便提交的；

（五）承担举证证明责任的当事人通过申请人民法院调查收集或者其他方式无法获得书证原件的。

前款规定情形，人民法院应当结合其他证据和案件具体情况，审查判断书证复制品等能否作为认定案件事实的根据。

第七十四条　视听资料

人民法院对视听资料，应当辨别真伪，并结合本案的其他证据，审查确定能否作为认定事实的根据。

第七十五条　证人的义务

凡是知道案件情况的单位和个人，都有义务出庭作证。有关单位的负责人应当支持证人作证。

不能正确表达意思的人，不能作证。

● 司法解释及文件

《最高人民法院关于民事诉讼证据的若干规定》（2019年12月25日）

第67条　不能正确表达意思的人，不能作为证人。

待证事实与其年龄、智力状况或者精神健康状况相适应的无民事行为能力人和限制民事行为能力人，可以作为证人。

第68条　人民法院应当要求证人出庭作证，接受审判人员和当事人的询问。证人在审理前的准备阶段或者人民法院调查、询问等双方当事人在场时陈述证言的，视为出庭作证。

双方当事人同意证人以其他方式作证并经人民法院准许的，证人可以不出庭作证。

无正当理由未出庭的证人以书面等方式提供的证言，不得作为认定案件事实的根据。

第69条　当事人申请证人出庭作证的，应当在举证期限届满前向人民法院提交申请书。

申请书应当载明证人的姓名、职业、住所、联系方式，作证的主要内容，作证内容与待证事实的关联性，以及证人出庭作证的必要性。

符合《最高人民法院关于适用〈中华人民共和国民事诉讼法〉的解释》第九十六条第一款规定情形的，人民法院应当依职权通知证人出庭作证。

第70条 人民法院准许证人出庭作证申请的，应当向证人送达通知书并告知双方当事人。通知书中应当载明证人作证的时间、地点，作证的事项、要求以及作伪证的法律后果等内容。

当事人申请证人出庭作证的事项与待证事实无关，或者没有通知证人出庭作证必要的，人民法院不予准许当事人的申请。

| 第七十六条 | 证人不出庭作证的情形 |

经人民法院通知，证人应当出庭作证。有下列情形之一的，经人民法院许可，可以通过书面证言、视听传输技术或者视听资料等方式作证：

（一）因健康原因不能出庭的；
（二）因路途遥远，交通不便不能出庭的；
（三）因自然灾害等不可抗力不能出庭的；
（四）其他有正当理由不能出庭的。

| 第七十七条 | 证人出庭作证费用的承担 |

证人因履行出庭作证义务而支出的交通、住宿、就餐等必要费用以及误工损失，由败诉一方当事人负担。当事人申请证人作证的，由该当事人先行垫付；当事人没有申请，人民法院通知证人作证的，由人民法院先行垫付。

● 司法解释及文件

1. 《最高人民法院关于民事诉讼证据的若干规定》（2019年12月25日）

　　第72条　证人应当客观陈述其亲身感知的事实，作证时不得使用猜测、推断或者评论性语言。

　　证人作证前不得旁听法庭审理，作证时不得以宣读事先准备的书面材料的方式陈述证言。

　　证人言辞表达有障碍的，可以通过其他表达方式作证。

　　第73条　证人应当就其作证的事项进行连续陈述。

　　当事人及其法定代理人、诉讼代理人或者旁听人员干扰证人陈述的，人民法院应当及时制止，必要时可以依照民事诉讼法第一百一十条的规定进行处罚。

　　第74条　审判人员可以对证人进行询问。当事人及其诉讼代理人经审判人员许可后可以询问证人。

　　询问证人时其他证人不得在场。

　　人民法院认为有必要的，可以要求证人之间进行对质。

　　第75条　证人出庭作证后，可以向人民法院申请支付证人出庭作证费用。证人有困难需要预先支取出庭作证费用的，人民法院可以根据证人的申请在出庭作证前支付。

　　第76条　证人确有困难不能出庭作证，申请以书面证言、视听传输技术或者视听资料等方式作证的，应当向人民法院提交申请书。申请书中应当载明不能出庭的具体原因。

　　符合民事诉讼法第七十三条规定情形的，人民法院应当准许。

2. 《最高人民法院关于适用〈中华人民共和国民事诉讼法〉的解释》（2022年4月1日）

　　第118条　民事诉讼法第七十七条规定的证人因履行出庭作证义务而支出的交通、住宿、就餐等必要费用，按照机关事业单位工作人员差旅费用和补贴标准计算；误工损失按照国家上年度职工日平均工资标准计算。

人民法院准许证人出庭作证申请的,应当通知申请人预缴证人出庭作证费用。

第七十八条　当事人陈述

人民法院对当事人的陈述,应当结合本案的其他证据,审查确定能否作为认定事实的根据。

当事人拒绝陈述的,不影响人民法院根据证据认定案件事实。

● 司法解释及文件

《最高人民法院关于适用〈中华人民共和国民事诉讼法〉的解释》（2022年4月1日）

第110条　人民法院认为有必要的,可以要求当事人本人到庭,就案件有关事实接受询问。在询问当事人之前,可以要求其签署保证书。

保证书应当载明据实陈述、如有虚假陈述愿意接受处罚等内容。当事人应当在保证书上签名或者捺印。

负有举证证明责任的当事人拒绝到庭、拒绝接受询问或者拒绝签署保证书,待证事实又欠缺其他证据证明的,人民法院对其主张的事实不予认定。

第七十九条　申请鉴定

当事人可以就查明事实的专门性问题向人民法院申请鉴定。当事人申请鉴定的,由双方当事人协商确定具备资格的鉴定人;协商不成的,由人民法院指定。

当事人未申请鉴定,人民法院对专门性问题认为需要鉴定的,应当委托具备资格的鉴定人进行鉴定。

● 司法解释及文件

1.《最高人民法院关于民事诉讼证据的若干规定》(2019年12月25日)

第31条 当事人申请鉴定,应当在人民法院指定期间内提出,并预交鉴定费用。逾期不提出申请或者不预交鉴定费用的,视为放弃申请。

对需要鉴定的待证事实负有举证责任的当事人,在人民法院指定期间内无正当理由不提出鉴定申请或者不预交鉴定费用,或者拒不提供相关材料,致使待证事实无法查明的,应当承担举证不能的法律后果。

第32条 人民法院准许鉴定申请的,应当组织双方当事人协商确定具备相应资格的鉴定人。当事人协商不成的,由人民法院指定。

人民法院依职权委托鉴定的,可以在询问当事人的意见后,指定具备相应资格的鉴定人。

人民法院在确定鉴定人后应当出具委托书,委托书中应当载明鉴定事项、鉴定范围、鉴定目的和鉴定期限。

第33条 鉴定开始之前,人民法院应当要求鉴定人签署承诺书。承诺书中应当载明鉴定人保证客观、公正、诚实地进行鉴定,保证出庭作证,如作虚假鉴定应当承担法律责任等内容。

鉴定人故意作虚假鉴定的,人民法院应当责令其退还鉴定费用,并根据情节,依照民事诉讼法第一百一十一条的规定进行处罚。

第40条 当事人申请重新鉴定,存在下列情形之一的,人民法院应当准许:

(一)鉴定人不具备相应资格的;

(二)鉴定程序严重违法的;

(三)鉴定意见明显依据不足的;

（四）鉴定意见不能作为证据使用的其他情形。

存在前款第一项至第三项情形的，鉴定人已经收取的鉴定费用应当退还。拒不退还的，依照本规定第八十一条第二款的规定处理。

对鉴定意见的瑕疵，可以通过补正、补充鉴定或者补充质证、重新质证等方法解决的，人民法院不予准许重新鉴定的申请。

重新鉴定的，原鉴定意见不得作为认定案件事实的根据。

第41条　对于一方当事人就专门性问题自行委托有关机构或者人员出具的意见，另一方当事人有证据或者理由足以反驳并申请鉴定的，人民法院应予准许。

2.《最高人民法院关于适用〈中华人民共和国民事诉讼法〉的解释》（2022年4月1日）

第121条　当事人申请鉴定，可以在举证期限届满前提出。申请鉴定的事项与待证事实无关联，或者对证明待证事实无意义的，人民法院不予准许。

人民法院准许当事人鉴定申请的，应当组织双方当事人协商确定具备相应资格的鉴定人。当事人协商不成的，由人民法院指定。

符合依职权调查收集证据条件的，人民法院应当依职权委托鉴定，在询问当事人的意见后，指定具备相应资格的鉴定人。

第八十条　鉴定人的职责

鉴定人有权了解进行鉴定所需要的案件材料，必要时可以询问当事人、证人。

鉴定人应当提出书面鉴定意见，在鉴定书上签名或者盖章。

● 司法解释及文件

《最高人民法院关于民事诉讼证据的若干规定》（2019 年 12 月 25 日）

第 36 条　人民法院对鉴定人出具的鉴定书，应当审查是否具有下列内容：

（一）委托法院的名称；

（二）委托鉴定的内容、要求；

（三）鉴定材料；

（四）鉴定所依据的原理、方法；

（五）对鉴定过程的说明；

（六）鉴定意见；

（七）承诺书。

鉴定书应当由鉴定人签名或者盖章，并附鉴定人的相应资格证明。委托机构鉴定的，鉴定书应当由鉴定机构盖章，并由从事鉴定的人员签名。

第八十一条　鉴定人出庭作证的义务

当事人对鉴定意见有异议或者人民法院认为鉴定人有必要出庭的，鉴定人应当出庭作证。经人民法院通知，鉴定人拒不出庭作证的，鉴定意见不得作为认定事实的根据；支付鉴定费用的当事人可以要求返还鉴定费用。

● 法　律

1.《全国人民代表大会常务委员会关于司法鉴定管理问题的决定》（2015 年 4 月 24 日）

九、在诉讼中，对本决定第二条所规定的鉴定事项发生争议，需要鉴定的，应当委托列入鉴定人名册的鉴定人进行鉴定。鉴定人从事司法鉴定业务，由所在的鉴定机构统一接受委托。

鉴定人和鉴定机构应当在鉴定人和鉴定机构名册注明的业务范围内从事司法鉴定业务。

鉴定人应当依照诉讼法律规定实行回避。

十一、在诉讼中,当事人对鉴定意见有异议的,经人民法院依法通知,鉴定人应当出庭作证。

● 司法解释及文件

2.《最高人民法院关于民事诉讼证据的若干规定》(2019 年 12 月 25 日)

第 31 条 当事人申请鉴定,应当在人民法院指定期间内提出,并预交鉴定费用。逾期不提出申请或者不预交鉴定费用的,视为放弃申请。

对需要鉴定的待证事实负有举证责任的当事人,在人民法院指定期间内无正当理由不提出鉴定申请或者不预交鉴定费用,或者拒不提供相关材料,致使待证事实无法查明的,应当承担举证不能的法律后果。

第 32 条 人民法院准许鉴定申请的,应当组织双方当事人协商确定具备相应资格的鉴定人。当事人协商不成的,由人民法院指定。

人民法院依职权委托鉴定的,可以在询问当事人的意见后,指定具备相应资格的鉴定人。

人民法院在确定鉴定人后应当出具委托书,委托书中应当载明鉴定事项、鉴定范围、鉴定目的和鉴定期限。

第 33 条 鉴定开始之前,人民法院应当要求鉴定人签署承诺书。承诺书中应当载明鉴定人保证客观、公正、诚实地进行鉴定,保证出庭作证,如作虚假鉴定应当承担法律责任等内容。

鉴定人故意作虚假鉴定的,人民法院应当责令其退还鉴定费用,并根据情节，依照民事诉讼法第一百一十一条的规定进行处罚。

第34条 人民法院应当组织当事人对鉴定材料进行质证。未经质证的材料，不得作为鉴定的根据。

经人民法院准许，鉴定人可以调取证据、勘验物证和现场、询问当事人或者证人。

第35条 鉴定人应当在人民法院确定的期限内完成鉴定，并提交鉴定书。

鉴定人无正当理由未按期提交鉴定书的，当事人可以申请人民法院另行委托鉴定人进行鉴定。人民法院准许的，原鉴定人已经收取的鉴定费用应当退还；拒不退还的，依照本规定第八十一条第二款的规定处理。

第36条 人民法院对鉴定人出具的鉴定书，应当审查是否具有下列内容：

（一）委托法院的名称；

（二）委托鉴定的内容、要求；

（三）鉴定材料；

（四）鉴定所依据的原理、方法；

（五）对鉴定过程的说明；

（六）鉴定意见；

（七）承诺书。

鉴定书应当由鉴定人签名或者盖章，并附鉴定人的相应资格证明。委托机构鉴定的，鉴定书应当由鉴定机构盖章，并由从事鉴定的人员签名。

第八十二条　对鉴定意见的查证

当事人可以申请人民法院通知有专门知识的人出庭，就鉴定人作出的鉴定意见或者专业问题提出意见。

● **司法解释及文件**

1. 《最高人民法院关于民事诉讼证据的若干规定》（2019年12月25日）

　　第83条　当事人依照民事诉讼法第七十九条和《最高人民法院关于适用〈中华人民共和国民事诉讼法〉的解释》第一百二十二条的规定，申请有专门知识的人出庭的，申请书中应当载明有专门知识的人的基本情况和申请的目的。

　　人民法院准许当事人申请的，应当通知双方当事人。

2. 《最高人民法院关于适用〈中华人民共和国民事诉讼法〉的解释》（2022年4月1日）

　　第122条　当事人可以依照民事诉讼法第八十二条的规定，在举证期限届满前申请一至二名具有专门知识的人出庭，代表当事人对鉴定意见进行质证，或者对案件事实所涉及的专业问题提出意见。

　　具有专门知识的人在法庭上就专业问题提出的意见，视为当事人的陈述。

　　人民法院准许当事人申请的，相关费用由提出申请的当事人负担。

第八十三条　勘验笔录

　　勘验物证或者现场，勘验人必须出示人民法院的证件，并邀请当地基层组织或者当事人所在单位派人参加。当事人或者当事人的成年家属应当到场，拒不到场的，不影响勘验的进行。

　　有关单位和个人根据人民法院的通知，有义务保护现场，协助勘验工作。

　　勘验人应当将勘验情况和结果制作笔录，由勘验人、当事人和被邀参加人签名或者盖章。

● **司法解释及文件**

1. 《最高人民法院关于民事诉讼证据的若干规定》（2019年12月25日）

第43条 人民法院应当在勘验前将勘验的时间和地点通知当事人。当事人不参加的，不影响勘验进行。

当事人可以就勘验事项向人民法院进行解释和说明，可以请求人民法院注意勘验中的重要事项。

人民法院勘验物证或者现场，应当制作笔录，记录勘验的时间、地点、勘验人、在场人、勘验的经过、结果，由勘验人、在场人签名或者盖章。对于绘制的现场图应当注明绘制的时间、方位、测绘人姓名、身份等内容。

2. 《最高人民法院关于适用〈中华人民共和国民事诉讼法〉的解释》（2022年4月1日）

第124条 人民法院认为有必要的，可以根据当事人的申请或者依职权对物证或者现场进行勘验。勘验时应当保护他人的隐私和尊严。

人民法院可以要求鉴定人参与勘验。必要时，可以要求鉴定人在勘验中进行鉴定。

第八十四条　证据保全

在证据可能灭失或者以后难以取得的情况下，当事人可以在诉讼过程中向人民法院申请保全证据，人民法院也可以主动采取保全措施。

因情况紧急，在证据可能灭失或者以后难以取得的情况下，利害关系人可以在提起诉讼或者申请仲裁前向证据所在地、被申请人住所地或者对案件有管辖权的人民法院申请保全证据。

证据保全的其他程序，参照适用本法第九章保全的有关规定。

● 法　律

1.《著作权法》（2020年11月11日）

第57条　为制止侵权行为，在证据可能灭失或者以后难以取得的情况下，著作权人或者与著作权有关的权利人可以在起诉前依法向人民法院申请保全证据。

2.《商标法》（2019年4月23日）

第66条　为制止侵权行为，在证据可能灭失或者以后难以取得的情况下，商标注册人或者利害关系人可以依法在起诉前向人民法院申请保全证据。

● 司法解释及文件

3.《最高人民法院关于民事诉讼证据的若干规定》（2019年12月25日）

第26条　当事人或者利害关系人申请采取查封、扣押等限制保全标的物使用、流通等保全措施，或者保全可能对证据持有人造成损失的，人民法院应当责令申请人提供相应的担保。

担保方式或者数额由人民法院根据保全措施对证据持有人的影响、保全标的物的价值、当事人或者利害关系人争议的诉讼标的金额等因素综合确定。

第27条　人民法院进行证据保全，可以要求当事人或者诉讼代理人到场。

根据当事人的申请和具体情况，人民法院可以采取查封、扣押、录音、录像、复制、鉴定、勘验等方法进行证据保全，并制作笔录。

在符合证据保全目的的情况下，人民法院应当选择对证据持有人利益影响最小的保全措施。

4.《最高人民法院关于适用〈中华人民共和国公司法〉若干问题的规定（二）》（2020 年 12 月 29 日）

第 3 条　股东提起解散公司诉讼时，向人民法院申请财产保全或者证据保全的，在股东提供担保且不影响公司正常经营的情形下，人民法院可予以保全。

第七章　期间、送达

第一节　期　间

第八十五条　**期间的种类和计算**

期间包括法定期间和人民法院指定的期间。

期间以时、日、月、年计算。期间开始的时和日，不计算在期间内。

期间届满的最后一日是法定休假日的，以法定休假日后的第一日为期间届满的日期。

期间不包括在途时间，诉讼文书在期满前交邮的，不算过期。

● 行政法规

1.《全国年节及纪念日放假办法》（2013 年 12 月 11 日）

第 1 条　为统一全国年节及纪念日的假期，制定本办法。

第 2 条　全体公民放假的节日：

（一）新年，放假 1 天（1 月 1 日）；

（二）春节，放假 3 天（农历正月初一、初二、初三）；

（三）清明节，放假 1 天（农历清明当日）；

（四）劳动节，放假 1 天（5 月 1 日）；

（五）端午节，放假 1 天（农历端午当日）；

（六）中秋节，放假 1 天（农历中秋当日）；

（七）国庆节，放假 3 天（10 月 1 日、2 日、3 日）。

第 3 条　部分公民放假的节日及纪念日：

（一）妇女节（3 月 8 日），妇女放假半天；

（二）青年节（5 月 4 日），14 周岁以上的青年放假半天；

（三）儿童节（6 月 1 日），不满 14 周岁的少年儿童放假 1 天；

（四）中国人民解放军建军纪念日（8 月 1 日），现役军人放假半天。

第 4 条　少数民族习惯的节日，由各少数民族聚居地区的地方人民政府，按照各该民族习惯，规定放假日期。

第 5 条　二七纪念日、五卅纪念日、七七抗战纪念日、九三抗战胜利纪念日、九一八纪念日、教师节、护士节、记者节、植树节等其他节日、纪念日，均不放假。

第 6 条　全体公民放假的假日，如果适逢星期六、星期日，应当在工作日补假。部分公民放假的假日，如果适逢星期六、星期日，则不补假。

第 7 条　本办法自公布之日起施行。

● 司法解释及文件

2.《最高人民法院关于适用〈中华人民共和国民事诉讼法〉的解释》（2022 年 4 月 1 日）

第 125 条　依照民事诉讼法第八十五条第二款规定，民事诉讼中以时起算的期间从次时起算；以日、月、年计算的期间从次日起算。

第八十六条　期间的耽误和顺延

> 当事人因不可抗拒的事由或者其他正当理由耽误期限的，在障碍消除后的十日内，可以申请顺延期限，是否准许，由人民法院决定。

第二节　送　　达

第八十七条　送达回证

送达诉讼文书必须有送达回证，由受送达人在送达回证上记明收到日期，签名或者盖章。

受送达人在送达回证上的签收日期为送达日期。

● 司法解释及文件

《最高人民法院关于适用〈中华人民共和国民事诉讼法〉的解释》（2022年4月1日）

第137条　当事人在提起上诉、申请再审、申请执行时未书面变更送达地址的，其在第一审程序中确认的送达地址可以作为第二审程序、审判监督程序、执行程序的送达地址。

第141条　人民法院在定期宣判时，当事人拒不签收判决书、裁定书的，应视为送达，并在宣判笔录中记明。

第八十八条　直接送达

送达诉讼文书，应当直接送交受送达人。受送达人是公民的，本人不在交他的同住成年家属签收；受送达人是法人或者其他组织的，应当由法人的法定代表人、其他组织的主要负责人或者该法人、组织负责收件的人签收；受送达人有诉讼代理人的，可以送交其代理人签收；受送达人已向人民法院指定代收人的，送交代收人签收。

受送达人的同住成年家属，法人或者其他组织的负责收件的人，诉讼代理人或者代收人在送达回证上签收的日期为送达日期。

● 司法解释及文件

《最高人民法院关于适用〈中华人民共和国民事诉讼法〉的解释》（2022年4月1日）

第130条 向法人或者其他组织送达诉讼文书，应当由法人的法定代表人、该组织的主要负责人或者办公室、收发室、值班室等负责收件的人签收或者盖章，拒绝签收或者盖章的，适用留置送达。

民事诉讼法第八十九条规定的有关基层组织和所在单位的代表，可以是受送达人住所地的居民委员会、村民委员会的工作人员以及受送达人所在单位的工作人员。

第八十九条　留置送达

受送达人或者他的同住成年家属拒绝接收诉讼文书的，送达人可以邀请有关基层组织或者所在单位的代表到场，说明情况，在送达回证上记明拒收事由和日期，由送达人、见证人签名或者盖章，把诉讼文书留在受送达人的住所；也可以把诉讼文书留在受送达人的住所，并采用拍照、录像等方式记录送达过程，即视为送达。

● 司法解释及文件

1.《最高人民法院关于适用简易程序审理民事案件的若干规定》（2020年12月29日）

第11条 受送达的自然人以及他的同住成年家属拒绝签收诉讼文书的，或者法人、非法人组织负责收件的人拒绝签收诉讼文书的，送达人应当依据民事诉讼法第八十六条的规定邀请有关基层组织或者所在单位的代表到场见证，被邀请的人不愿到场见证的，送达人应当在送达回证上记明拒收事由、时间和地点以及被邀请人不愿到场见证的情形，将诉讼文书留在受送达人的住所或者从业场所，即视为送达。

受送达人的同住成年家属或者法人、非法人组织负责收件的人是同一案件中另一方当事人的，不适用前款规定。

2.《最高人民法院关于适用〈中华人民共和国民事诉讼法〉的解释》（2022年4月1日）

第130条　向法人或者其他组织送达诉讼文书，应当由法人的法定代表人、该组织的主要负责人或者办公室、收发室、值班室等负责收件的人签收或者盖章，拒绝签收或者盖章的，适用留置送达。

民事诉讼法第八十九条规定的有关基层组织和所在单位的代表，可以是受送达人住所地的居民委员会、村民委员会的工作人员以及受送达人所在单位的工作人员。

第131条　人民法院直接送达诉讼文书的，可以通知当事人到人民法院领取。当事人到达人民法院，拒绝签署送达回证的，视为送达。审判人员、书记员应当在送达回证上注明送达情况并签名。

人民法院可以在当事人住所地以外向当事人直接送达诉讼文书。当事人拒绝签署送达回证的，采用拍照、录像等方式记录送达过程即视为送达。审判人员、书记员应当在送达回证上注明送达情况并签名。

第132条　受送达人有诉讼代理人的，人民法院既可以向受送达人送达，也可以向其诉讼代理人送达。受送达人指定诉讼代理人为代收人的，向诉讼代理人送达时，适用留置送达。

第133条　调解书应当直接送达当事人本人，不适用留置送达。当事人本人因故不能签收的，可由其指定的代收人签收。

第九十条　电子送达

经受送达人同意，人民法院可以采用能够确认其收悉的电子方式送达诉讼文书。通过电子方式送达的判决书、裁定书、调解书，受送达人提出需要纸质文书的，人民法院应当提供。

采用前款方式送达的，以送达信息到达受送达人特定系统的日期为送达日期。

● 司法解释及文件

《最高人民法院关于适用〈中华人民共和国民事诉讼法〉的解释》（2022年4月1日）

第135条　电子送达可以采用传真、电子邮件、移动通信等即时收悉的特定系统作为送达媒介。

民事诉讼法第九十条第二款规定的到达受送达人特定系统的日期，为人民法院对应系统显示发送成功的日期，但受送达人证明到达其特定系统的日期与人民法院对应系统显示发送成功的日期不一致的，以受送达人证明到达其特定系统的日期为准。

第136条　受送达人同意采用电子方式送达的，应当在送达地址确认书中予以确认。

第九十一条　委托送达与邮寄送达

直接送达诉讼文书有困难的，可以委托其他人民法院代为送达，或者邮寄送达。邮寄送达的，以回执上注明的收件日期为送达日期。

● 司法解释及文件

1.《最高人民法院关于以法院专递方式邮寄送达民事诉讼文书的若干规定》(2004 年 9 月 17 日)

为保障和方便双方当事人依法行使诉讼权利,根据《中华人民共和国民事诉讼法》的有关规定,结合民事审判经验和各地的实际情况,制定本规定。

第 1 条 人民法院直接送达诉讼文书有困难的,可以交由国家邮政机构(以下简称邮政机构)以法院专递方式邮寄送达,但有下列情形之一的除外:

(一)受送达人或者其诉讼代理人、受送达人指定的代收人同意在指定的期间内到人民法院接受送达的;

(二)受送达人下落不明的;

(三)法律规定或者我国缔结或者参加的国际条约中约定有特别送达方式的。

第 2 条 以法院专递方式邮寄送达民事诉讼文书的,其送达与人民法院送达具有同等法律效力。

第 3 条 当事人起诉或者答辩时应当向人民法院提供或者确认自己准确的送达地址,并填写送达地址确认书。当事人拒绝提供的,人民法院应当告知其拒不提供送达地址的不利后果,并记入笔录。

第 4 条 送达地址确认书的内容应当包括送达地址的邮政编码、详细地址以及受送达人的联系电话等内容。

当事人要求对送达地址确认书中的内容保密的,人民法院应当为其保密。

当事人在第一审、第二审和执行终结前变更送达地址的,应当及时以书面方式告知人民法院。

第 5 条 当事人拒绝提供自己的送达地址,经人民法院告知后仍不提供的,自然人以其户籍登记中的住所地或者经常居住地为送达地址；法人或者其他组织以其工商登记或者其他依法登记、备案中的住所地为送达地址。

第6条 邮政机构按照当事人提供或者确认的送达地址送达的，应当在规定的日期内将回执退回人民法院。

邮政机构按照当事人提供或确认的送达地址在五日内投送三次以上未能送达，通过电话或者其他联系方式又无法告知受送达人的，应当将邮件在规定的日期内退回人民法院，并说明退回的理由。

第7条 受送达人指定代收人的，指定代收人的签收视为受送达人本人签收。

邮政机构在受送达人提供或确认的送达地址未能见到受送达人的，可以将邮件交给与受送达人同住的成年家属代收，但代收人是同一案件中另一方当事人的除外。

第8条 受送达人及其代收人应当在邮件回执上签名、盖章或者捺印。

受送达人及其代收人在签收时应当出示其有效身份证件并在回执上填写该证件的号码；受送达人及其代收人拒绝签收的，由邮政机构的投递员记明情况后将邮件退回人民法院。

第9条 有下列情形之一的，即为送达：

（一）受送达人在邮件回执上签名、盖章或者捺印的；

（二）受送达人是无民事行为能力或者限制民事行为能力的自然人，其法定代理人签收的；

（三）受送达人是法人或者其他组织，其法人的法定代表人、该组织的主要负责人或者办公室、收发室、值班室的工作人员签收的；

（四）受送达人的诉讼代理人签收的；

（五）受送达人指定的代收人签收的；

（六）受送达人的同住成年家属签收的。

第10条 签收人是受送达人本人或者是受送达人的法定代

表人、主要负责人、法定代理人、诉讼代理人的，签收人应当当场核对邮件内容。签收人发现邮件内容与回执上的文书名称不一致的，应当当场向邮政机构的投递员提出，由投递员在回执上记明情况后将邮件退回人民法院。

签收人是受送达人办公室、收发室和值班室的工作人员或者是与受送达人同住成年家属，受送达人发现邮件内容与回执上的文书名称不一致的，应当在收到邮件后的三日内将该邮件退回人民法院，并以书面方式说明退回的理由。

第11条 因受送达人自己提供或者确认的送达地址不准确、拒不提供送达地址、送达地址变更未及时告知人民法院、受送达人本人或者受送达人指定的代收人拒绝签收，导致诉讼文书未能被受送达人实际接收的，文书退回之日视为送达之日。

受送达人能够证明自己在诉讼文书送达的过程中没有过错的，不适用前款规定。

第12条 本规定自2005年1月1日起实施。

我院以前的司法解释与本规定不一致的，以本规定为准。

2.《最高人民法院关于适用〈中华人民共和国民事诉讼法〉的解释》（2022年4月1日）

第134条 依照民事诉讼法第九十一条规定，委托其他人民法院代为送达的，委托法院应当出具委托函，并附需要送达的诉讼文书和送达回证，以受送达人在送达回证上签收的日期为送达日期。

委托送达的，受委托人民法院应当自收到委托函及相关诉讼文书之日起十日内代为送达。

第九十二条　军人的转交送达

受送达人是军人的，通过其所在部队团以上单位的政治机关转交。

第九十三条 被监禁人或被采取强制性教育措施人的转交送达

受送达人被监禁的，通过其所在监所转交。

受送达人被采取强制性教育措施的，通过其所在强制性教育机构转交。

第九十四条 转交送达的送达日期

代为转交的机关、单位收到诉讼文书后，必须立即交受送达人签收，以在送达回证上的签收日期，为送达日期。

第九十五条 公告送达

受送达人下落不明，或者用本节规定的其他方式无法送达的，公告送达。自发出公告之日起，经过三十日，即视为送达。

公告送达，应当在案卷中记明原因和经过。

● 司法解释及文件

1.《最高人民法院关于适用〈中华人民共和国民事诉讼法〉的解释》（2022年4月1日）

第138条 公告送达可以在法院的公告栏和受送达人住所地张贴公告，也可以在报纸、信息网络等媒体上刊登公告，发出公告日期以最后张贴或者刊登的日期为准。对公告送达方式有特殊要求的，应当按要求的方式进行。公告期满，即视为送达。

人民法院在受送达人住所地张贴公告的，应当采取拍照、录像等方式记录张贴过程。

第139条 公告送达应当说明公告送达的原因；公告送达起诉状或者上诉状副本的，应当说明起诉或者上诉要点，受送达人答辩期限及逾期不答辩的法律后果；公告送达传票，应当说明出庭的时间和地点及逾期不出庭的法律后果；公告送达判决书、裁定书的，应当说明裁判主要内容，当事人有权上诉的，还应当说明上诉权利、上诉期限和上诉的人民法院。

2.《最高人民法院关于依据原告起诉时提供的被告住址无法送达应如何处理问题的批复》（2004 年 11 月 25 日）

人民法院依据原告起诉时所提供的被告住址无法直接送达或者留置送达，应当要求原告补充材料。原告因客观原因不能补充或者依据原告补充的材料仍不能确定被告住址的，人民法院应当依法向被告公告送达诉讼文书。人民法院不得仅以原告不能提供真实、准确的被告住址为由裁定驳回起诉或者裁定终结诉讼。

因有关部门不准许当事人自行查询其他当事人的住址信息，原告向人民法院申请查询的，人民法院应当依原告的申请予以查询。

第八章　调　解

第九十六条　法院调解原则

人民法院审理民事案件，根据当事人自愿的原则，在事实清楚的基础上，分清是非，进行调解。

● 司法解释及文件

1.《最高人民法院关于人民法院民事调解工作若干问题的规定》（2020 年 12 月 29 日）

第 1 条　根据民事诉讼法第九十五条的规定，人民法院可以邀请与当事人有特定关系或者与案件有一定联系的企业事业单位、社会团体或者其他组织，和具有专门知识、特定社会经验、与当事人有特定关系并有利于促成调解的个人协助调解工作。

经各方当事人同意，人民法院可以委托前款规定的单位或者个人对案件进行调解，达成调解协议后，人民法院应当依法予以确认。

第 2 条　当事人在诉讼过程中自行达成和解协议的，人民法院可以根据当事人的申请依法确认和解协议制作调解书。双方当事人申请庭外和解的期间，不计入审限。

当事人在和解过程中申请人民法院对和解活动进行协调的，人民法院可以委派审判辅助人员或者邀请、委托有关单位和个人从事协调活动。

第 3 条　人民法院应当在调解前告知当事人主持调解人员和书记员姓名以及是否申请回避等有关诉讼权利和诉讼义务。

第 4 条　在答辩期满前人民法院对案件进行调解，适用普通程序的案件在当事人同意调解之日起 15 天内，适用简易程序的案件在当事人同意调解之日起 7 天内未达成调解协议的，经各方当事人同意，可以继续调解。延长的调解期间不计入审限。

2.《最高人民法院关于适用〈中华人民共和国民事诉讼法〉的解释》（2022 年 4 月 1 日）

第 142 条　人民法院受理案件后，经审查，认为法律关系明确、事实清楚，在征得当事人双方同意后，可以径行调解。

第 143 条　适用特别程序、督促程序、公示催告程序的案件，婚姻等身份关系确认案件以及其他根据案件性质不能进行调解的案件，不得调解。

第 144 条　人民法院审理民事案件，发现当事人之间恶意串通，企图通过和解、调解方式侵害他人合法权益的，应当依照民事诉讼法第一百一十五条的规定处理。

第 145 条　人民法院审理民事案件，应当根据自愿、合法的原则进行调解。当事人一方或者双方坚持不愿调解的，应当及时裁判。

人民法院审理离婚案件，应当进行调解，但不应久调不决。

第九十七条　法院调解的程序

人民法院进行调解，可以由审判员一人主持，也可以由合议庭主持，并尽可能就地进行。

人民法院进行调解，可以用简便方式通知当事人、证人到庭。

● 司法解释及文件

1.《最高人民法院关于人民法院民事调解工作若干问题的规定》（2020年12月29日）

第5条　当事人申请不公开进行调解的，人民法院应当准许。

调解时当事人各方应当同时在场，根据需要也可以对当事人分别作调解工作。

2.《最高人民法院关于适用〈中华人民共和国民事诉讼法〉的解释》（2022年4月1日）

第146条　人民法院审理民事案件，调解过程不公开，但当事人同意公开的除外。

调解协议内容不公开，但为保护国家利益、社会公共利益、他人合法权益，人民法院认为确有必要公开的除外。

主持调解以及参与调解的人员，对调解过程以及调解过程中获悉的国家秘密、商业秘密、个人隐私和其他不宜公开的信息，应当保守秘密，但为保护国家利益、社会公共利益、他人合法权益的除外。

第147条　人民法院调解案件时，当事人不能出庭的，经其特别授权，可由其委托代理人参加调解，达成的调解协议，可由委托代理人签名。

离婚案件当事人确因特殊情况无法出庭参加调解的，除本人不能表达意志的以外，应当出具书面意见。

第九十八条　对法院调解的协助

人民法院进行调解，可以邀请有关单位和个人协助。被邀请的单位和个人，应当协助人民法院进行调解。

● 司法解释及文件

《最高人民法院关于人民法院民事调解工作若干问题的规定》（2020年12月29日）

第1条　根据民事诉讼法第九十五条的规定，人民法院可以邀请与当事人有特定关系或者与案件有一定联系的企业事业单位、社会团体或者其他组织，和具有专门知识、特定社会经验、与当事人有特定关系并有利于促成调解的个人协助调解工作。

经各方当事人同意，人民法院可以委托前款规定的单位或者个人对案件进行调解，达成调解协议后，人民法院应当依法予以确认。

第九十九条　调解协议的达成

调解达成协议，必须双方自愿，不得强迫。调解协议的内容不得违反法律规定。

● 司法解释及文件

1.《最高人民法院关于人民法院民事调解工作若干问题的规定》（2020年12月29日）

第6条　当事人可以自行提出调解方案，主持调解的人员也可以提出调解方案供当事人协商时参考。

第7条　调解协议内容超出诉讼请求的，人民法院可以准许。

第8条　人民法院对于调解协议约定一方不履行协议应当承担民事责任的，应予准许。

调解协议约定一方不履行协议，另一方可以请求人民法院对案件作出裁判的条款，人民法院不予准许。

第 9 条　调解协议约定一方提供担保或者案外人同意为当事人提供担保的，人民法院应当准许。

案外人提供担保的，人民法院制作调解书应当列明担保人，并将调解书送交担保人。担保人不签收调解书的，不影响调解书生效。

当事人或者案外人提供的担保符合民法典规定的条件时生效。

第 10 条　调解协议具有下列情形之一的，人民法院不予确认：

（一）侵害国家利益、社会公共利益的；

（二）侵害案外人利益的；

（三）违背当事人真实意思的；

（四）违反法律、行政法规禁止性规定的。

2.《最高人民法院关于适用〈中华人民共和国民事诉讼法〉的解释》（2022 年 4 月 1 日）

第 144 条　人民法院审理民事案件，发现当事人之间恶意串通，企图通过和解、调解方式侵害他人合法权益的，应当依照民事诉讼法第一百一十五条的规定处理。

第一百条　调解书的制作、送达和效力

调解达成协议，人民法院应当制作调解书。调解书应当写明诉讼请求、案件的事实和调解结果。

调解书由审判人员、书记员署名，加盖人民法院印章，送达双方当事人。

调解书经双方当事人签收后，即具有法律效力。

● 司法解释及文件

1.《最高人民法院关于人民法院民事调解工作若干问题的规定》（2020年12月29日）

　　第12条　对调解书的内容既不享有权利又不承担义务的当事人不签收调解书的，不影响调解书的效力。

　　第13条　当事人以民事调解书与调解协议的原意不一致为由提出异议，人民法院审查后认为异议成立的，应当根据调解协议裁定补正民事调解书的相关内容。

　　第14条　当事人就部分诉讼请求达成调解协议的，人民法院可以就此先行确认并制作调解书。

　　当事人就主要诉讼请求达成调解协议，请求人民法院对未达成协议的诉讼请求提出处理意见并表示接受该处理结果的，人民法院的处理意见是调解协议的一部分内容，制作调解书的记入调解书。

　　第15条　调解书确定的担保条款条件或者承担民事责任的条件成就时，当事人申请执行的，人民法院应当依法执行。

　　不履行调解协议的当事人按照前款规定承担了调解书确定的民事责任后，对方当事人又要求其承担民事诉讼法第二百五十三条规定的迟延履行责任的，人民法院不予支持。

2.《最高人民法院关于适用〈中华人民共和国民事诉讼法〉的解释》（2022年4月1日）

　　第148条　当事人自行和解或者调解达成协议后，请求人民法院按照和解协议或者调解协议的内容制作判决书的，人民法院不予准许。

　　无民事行为能力人的离婚案件，由其法定代理人进行诉讼。法定代理人与对方达成协议要求发给判决书的，可根据协议内容制作判决书。

　　第149条　调解书需经当事人签收后才发生法律效力的，应当以最后收到调解书的当事人签收的日期为调解书生效日期。

第一百零一条　　不需要制作调解书的案件

下列案件调解达成协议，人民法院可以不制作调解书：
（一）调解和好的离婚案件；
（二）调解维持收养关系的案件；
（三）能够即时履行的案件；
（四）其他不需要制作调解书的案件。

对不需要制作调解书的协议，应当记入笔录，由双方当事人、审判人员、书记员签名或者盖章后，即具有法律效力。

● 司法解释及文件

《最高人民法院关于适用〈中华人民共和国民事诉讼法〉的解释》（2022年4月1日）

第151条　根据民事诉讼法第一百零一条第一款第四项规定，当事人各方同意在调解协议上签名或者盖章后即发生法律效力的，经人民法院审查确认后，应当记入笔录或者将调解协议附卷，并由当事人、审判人员、书记员签名或者盖章后即具有法律效力。

前款规定情形，当事人请求制作调解书的，人民法院审查确认后可以制作调解书送交当事人。当事人拒收调解书的，不影响调解协议的效力。

第一百零二条　　调解不成或调解后反悔的处理

调解未达成协议或者调解书送达前一方反悔的，人民法院应当及时判决。

● 司法解释及文件

1.《最高人民法院关于人民法院民事调解工作若干问题的规定》（2020年12月29日）

第8条　人民法院对于调解协议约定一方不履行协议应当承

担民事责任的,应予准许。

调解协议约定一方不履行协议,另一方可以请求人民法院对案件作出裁判的条款,人民法院不予准许。

第11条 当事人不能对诉讼费用如何承担达成协议的,不影响调解协议的效力。人民法院可以直接决定当事人承担诉讼费用的比例,并将决定记入调解书。

第13条 当事人以民事调解书与调解协议的原意不一致为由提出异议,人民法院审查后认为异议成立的,应当根据调解协议裁定补正民事调解书的相关内容。

第14条 当事人就部分诉讼请求达成调解协议的,人民法院可以就此先行确认并制作调解书。

当事人就主要诉讼请求达成调解协议,请求人民法院对未达成协议的诉讼请求提出处理意见并表示接受该处理结果的,人民法院的处理意见是调解协议的一部分内容,制作调解书的记入调解书。

2. **《最高人民法院关于适用〈中华人民共和国民事诉讼法〉的解释》(2022年4月1日)**

第150条 人民法院调解民事案件,需由无独立请求权的第三人承担责任的,应当经其同意。该第三人在调解书送达前反悔的,人民法院应当及时裁判。

3. **《最高人民法院关于适用〈中华人民共和国公司法〉若干问题的规定(五)》(2020年12月29日)**

第5条 人民法院审理涉及有限责任公司股东重大分歧案件时,应当注重调解。当事人协商一致以下列方式解决分歧,且不违反法律、行政法规的强制性规定的,人民法院应予支持:

(一)公司回购部分股东股份;

(二)其他股东受让部分股东股份;

(三)他人受让部分股东股份;

（四）公司减资；

（五）公司分立；

（六）其他能够解决分歧，恢复公司正常经营，避免公司解散的方式。

第九章　保全和先予执行

第一百零三条　诉讼保全

人民法院对于可能因当事人一方的行为或者其他原因，使判决难以执行或者造成当事人其他损害的案件，根据对方当事人的申请，可以裁定对其财产进行保全、责令其作出一定行为或者禁止其作出一定行为；当事人没有提出申请的，人民法院在必要时也可以裁定采取保全措施。

人民法院采取保全措施，可以责令申请人提供担保，申请人不提供担保的，裁定驳回申请。

人民法院接受申请后，对情况紧急的，必须在四十八小时内作出裁定；裁定采取保全措施的，应当立即开始执行。

● 司法解释及文件

1.《最高人民法院关于严格执行对证券或者期货交易机构的账号资金采取诉讼保全或者执行措施规定的通知》（2001年7月17日）

最近，国务院证券管理部门和一些地方政府有关部门向我院反映，已列入我院《关于清理整顿信托投资公司中有关问题的通知》公布名单中的信托投资公司和有关证券公司因债务纠纷，其下属一些证券营业部交易结算资金账户被部分法院冻结，投资者交易结算资金被扣划。关于对证券或者期货交易机构的账号、资金采取诉讼保全或者执行措施问题，我院曾下发了《关于冻结、划拨证券或期货交易所证券登记结算机构证券经营或期货经纪机构清算账号资金等问题的通知》（法发〔1997〕27 号）和《关于贯彻最高人民法院法发〔1997〕27 号通知应注意的几个问题的紧急通知》（法明传〔1998〕213 号）。2001 年 5 月 28 日，针对清理整顿信托投资公司中的有关问题，我院又下发了《最高人民法院关于发布延长部分停业整顿重组和撤销信托投资公司暂缓受理和中止执行期限名单的通知》。各级人民法院应当按照上述通知规定的精神，严格执行。对确属违反上述规定的，应当立即依法纠正。

2.《最高人民法院关于适用〈中华人民共和国民事诉讼法〉的解释》（2022 年 4 月 1 日）

第 152 条　人民法院依照民事诉讼法第一百零三条、第一百零四条规定，在采取诉前保全、诉讼保全措施时，责令利害关系人或者当事人提供担保的，应当书面通知。

利害关系人申请诉前保全的，应当提供担保。申请诉前财产保全的，应当提供相当于请求保全数额的担保；情况特殊的，人民法院可以酌情处理。申请诉前行为保全的，担保的数额由人民法院根据案件的具体情况决定。

在诉讼中，人民法院依申请或者依职权采取保全措施的，应当根据案件的具体情况，决定当事人是否应当提供担保以及担保的数额。

第一百零四条　诉前保全

利害关系人因情况紧急，不立即申请保全将会使其合法权益受到难以弥补的损害的，可以在提起诉讼或者申请仲裁前向被保全财产所在地、被申请人住所地或者对案件有管辖权的人民法院申请采取保全措施。申请人应当提供担保，不提供担保的，裁定驳回申请。

人民法院接受申请后，必须在四十八小时内作出裁定；裁定采取保全措施的，应当立即开始执行。

申请人在人民法院采取保全措施后三十日内不依法提起诉讼或者申请仲裁的，人民法院应当解除保全。

● 法　律

1.《民法典》（2020年5月28日）

第997条　民事主体有证据证明行为人正在实施或者即将实施侵害其人格权的违法行为，不及时制止将使其合法权益受到难以弥补的损害的，有权依法向人民法院申请采取责令行为人停止有关行为的措施。

● 司法解释及文件

2.《最高人民法院关于审理票据纠纷案件若干问题的规定》（2020年12月29日）

第7条　人民法院在审理、执行票据纠纷案件时，对具有下列情形之一的票据，经当事人申请并提供担保，可以依法采取保全措施或者执行措施：

（一）不履行约定义务，与票据债务人有直接债权债务关系的票据当事人所持有的票据；

（二）持票人恶意取得的票据；

（三）应付对价而未付对价的持票人持有的票据；

（四）记载有"不得转让"字样而用于贴现的票据；

（五）记载有"不得转让"字样而用于质押的票据；

（六）法律或者司法解释规定有其他情形的票据。

3.《最高人民法院关于适用〈中华人民共和国民事诉讼法〉的解释》（2022年4月1日）

第27条　当事人申请诉前保全后没有在法定期间起诉或者

申请仲裁，给被申请人、利害关系人造成损失引起的诉讼，由采取保全措施的人民法院管辖。

当事人申请诉前保全后在法定期间内起诉或者申请仲裁，被申请人、利害关系人因保全受到损失提起的诉讼，由受理起诉的人民法院或者采取保全措施的人民法院管辖。

第152条　人民法院依照民事诉讼法第一百零三条、第一百零四条规定，在采取诉前保全、诉讼保全措施时，责令利害关系人或者当事人提供担保的，应当书面通知。

利害关系人申请诉前保全的，应当提供担保。申请诉前财产保全的，应当提供相当于请求保全数额的担保；情况特殊的，人民法院可以酌情处理。申请诉前行为保全的，担保的数额由人民法院根据案件的具体情况决定。

在诉讼中，人民法院依申请或者依职权采取保全措施的，应当根据案件的具体情况，决定当事人是否应当提供担保以及担保的数额。

第153条　人民法院对季节性商品、鲜活、易腐烂变质以及其他不宜长期保存的物品采取保全措施时，可以责令当事人及时处理，由人民法院保存价款；必要时，人民法院可予以变卖，保存价款。

第154条　人民法院在财产保全中采取查封、扣押、冻结财产措施时，应当妥善保管被查封、扣押、冻结的财产。不宜由人民法院保管的，人民法院可以指定被保全人负责保管；不宜由被保全人保管的，可以委托他人或者申请保全人保管。

查封、扣押、冻结担保物权人占有的担保财产，一般由担保物权人保管；由人民法院保管的，质权、留置权不因采取保全措施而消灭。

第155条　由人民法院指定被保全人保管的财产，如果继续使用对该财产的价值无重大影响，可以允许被保全人继续使用；

由人民法院保管或者委托他人、申请保全人保管的财产，人民法院和其他保管人不得使用。

第156条　人民法院采取财产保全的方法和措施，依照执行程序相关规定办理。

第157条　人民法院对抵押物、质押物、留置物可以采取财产保全措施，但不影响抵押权人、质权人、留置权人的优先受偿权。

第158条　人民法院对债务人到期应得的收益，可以采取财产保全措施，限制其支取，通知有关单位协助执行。

第159条　债务人的财产不能满足保全请求，但对他人有到期债权的，人民法院可以依债权人的申请裁定该他人不得对本案债务人清偿。该他人要求偿付的，由人民法院提存财物或者价款。

第160条　当事人向采取诉前保全措施以外的其他有管辖权的人民法院起诉的，采取诉前保全措施的人民法院应当将保全手续移送受理案件的人民法院。诉前保全的裁定视为受移送人民法院作出的裁定。

第161条　对当事人不服一审判决提起上诉的案件，在第二审人民法院接到报送的案件之前，当事人有转移、隐匿、出卖或者毁损财产等行为，必须采取保全措施的，由第一审人民法院依当事人申请或者依职权采取。第一审人民法院的保全裁定，应当及时报送第二审人民法院。

第162条　第二审人民法院裁定对第一审人民法院采取的保全措施予以续保或者采取新的保全措施的，可以自行实施，也可以委托第一审人民法院实施。

再审人民法院裁定对原保全措施予以续保或者采取新的保全措施的，可以自行实施，也可以委托原审人民法院或者执行法院实施。

第 163 条　法律文书生效后，进入执行程序前，债权人因对方当事人转移财产等紧急情况，不申请保全将可能导致生效法律文书不能执行或者难以执行的，可以向执行法院申请采取保全措施。债权人在法律文书指定的履行期间届满后五日内不申请执行的，人民法院应当解除保全。

第 164 条　对申请保全人或者他人提供的担保财产，人民法院应当依法办理查封、扣押、冻结等手续。

4.《最高人民法院关于诉前财产保全几个问题的批复》（1998 年 11 月 27 日）

一、人民法院受理当事人诉前财产保全申请后，应当按照诉前财产保全标的金额并参照《中华人民共和国民事诉讼法》关于级别管辖和专属管辖的规定，决定采取诉前财产保全措施。

二、采取财产保全措施的人民法院受理申请人的起诉后，发现所受理的案件不属于本院管辖的，应当将案件和财产保全申请费一并移送有管辖权的人民法院。

案件移送后，诉前财产保全裁定继续有效。

因执行诉讼前财产保全裁定而实际支出的费用，应由受诉人民法院在申请费中返还组作出诉前财产保全的人民法院。

第一百零五条　保全的范围

保全限于请求的范围，或者与本案有关的财物。

第一百零六条　财产保全的措施

财产保全采取查封、扣押、冻结或者法律规定的其他方法。人民法院保全财产后，应当立即通知被保全财产的人。

财产已被查封、冻结的，不得重复查封、冻结。

● 司法解释及文件

1.《最高人民法院关于人民法院对注册商标权进行财产保全的解释》（2020年12月29日）

为了正确实施对注册商标权的财产保全措施，避免重复保全，现就人民法院对注册商标权进行财产保全有关问题解释如下：

第1条 人民法院根据民事诉讼法有关规定采取财产保全措施时，需要对注册商标权进行保全的，应当向国家知识产权局商标局（以下简称商标局）发出协助执行通知书，载明要求商标局协助保全的注册商标的名称、注册人、注册证号码、保全期限以及协助执行保全的内容，包括禁止转让、注销注册商标、变更注册事项和办理商标权质押登记等事项。

第2条 对注册商标权保全的期限一次不得超过一年，自商标局收到协助执行通知书之日起计算。如果仍然需要对该注册商标权继续采取保全措施的，人民法院应当在保全期限届满前向商标局重新发出协助执行通知书，要求继续保全。否则，视为自动解除对该注册商标权的财产保全。

第3条 人民法院对已经进行保全的注册商标权，不得重复进行保全。

2.《最高人民法院关于审理期货纠纷案件若干问题的规定》（2020年12月29日）

第51条 期货交易所依据有关规定对期货市场出现的异常情况采取合理的紧急措施造成客户损失的，期货交易所不承担赔偿责任。

期货公司执行期货交易所的合理的紧急措施造成客户损失的，期货公司不承担赔偿责任。

十、侵权行为责任

第52条 期货交易所、期货公司故意提供虚假信息误导客户下单的，由此造成客户的经济损失由期货交易所、期货公司承担。

第53条　期货公司私下对冲、与客户对赌等不将客户指令入市交易的行为，应当认定为无效，期货公司应当赔偿由此给客户造成的经济损失；期货公司与客户均有过错的，应当根据过错大小，分别承担相应的赔偿责任。

第54条　期货公司擅自以客户的名义进行交易，客户对交易结果不予追认的，所造成的损失由期货公司承担。

第55条　期货公司挪用客户保证金，或者违反有关规定划转客户保证金造成客户损失的，应当承担赔偿责任。

十一、举证责任

第56条　期货公司应当对客户的交易指令是否入市交易承担举证责任。

确认期货公司是否将客户下达的交易指令入市交易，应当以期货交易所的交易记录、期货公司通知的交易结算结果与客户交易指令记录中的品种、买卖方向是否一致，价格、交易时间是否相符为标准，指令交易数量可以作为参考。但客户有相反证据证明其交易指令未入市交易的除外。

第57条　期货交易所通知期货公司追加保证金，期货公司否认收到上述通知的，由期货交易所承担举证责任。

期货公司向客户发出追加保证金的通知，客户否认收到上述通知的，由期货公司承担举证责任。

十二、保全和执行

第58条　人民法院保全与会员资格相应的会员资格费或者交易席位，应当依法裁定不得转让该会员资格，但不得停止该会员交易席位的使用。人民法院在执行过程中，有权依法采取强制措施转让该交易席位。

第59条　期货交易所、期货公司为债务人的，人民法院不得冻结、划拨期货公司在期货交易所或者客户在期货公司保证金账户中的资金。

有证据证明该保证金账户中有超出期货公司、客户权益资金的部分，期货交易所、期货公司在人民法院指定的合理期限内不能提出相反证据的，人民法院可以依法冻结、划拨该账户中属于期货交易所、期货公司的自有资金。

第60条 期货公司为债务人的，人民法院不得冻结、划拨专用结算账户中未被期货合约占用的用于担保期货合约履行的最低限额的结算准备金；期货公司已经结清所有持仓并清偿客户资金的，人民法院可以对结算准备金依法予以冻结、划拨。

期货公司有其他财产的，人民法院应当依法先行冻结、查封、执行期货公司的其他财产。

第61条 客户、自营会员为债务人的，人民法院可以对其保证金、持仓依法采取保全和执行措施。

3.《最高人民法院关于审理期货纠纷案件若干问题的规定（二）》（2020年12月29日）

第3条 期货交易所为债务人，债权人请求冻结、划拨以下账户中资金或者有价证券的，人民法院不予支持：

（一）期货交易所会员在期货交易所保证金账户中的资金；

（二）期货交易所会员向期货交易所提交的用于充抵保证金的有价证券。

第4条 期货公司为债务人，债权人请求冻结、划拨以下账户中资金或者有价证券的，人民法院不予支持：

（一）客户在期货公司保证金账户中的资金；

（二）客户向期货公司提交的用于充抵保证金的有价证券。

第5条 实行会员分级结算制度的期货交易所的结算会员为债务人，债权人请求冻结、划拨结算会员以下资金或者有价证券的，人民法院不予支持：

（一）非结算会员在结算会员保证金账户中的资金；

（二）非结算会员向结算会员提交的用于充抵保证金的有价证券。

第6条 有证据证明保证金账户中有超过上述第三条、第四条、第五条规定的资金或者有价证券部分权益的，期货交易所、期货公司或者期货交易所结算会员在人民法院指定的合理期限内不能提出相反证据的，人民法院可以依法冻结、划拨超出部分的资金或者有价证券。

有证据证明期货交易所、期货公司、期货交易所结算会员自有资金与保证金发生混同，期货交易所、期货公司或者期货交易所结算会员在人民法院指定的合理期限内不能提出相反证据的，人民法院可以依法冻结、划拨相关账户内的资金或者有价证券。

第7条 实行会员分级结算制度的期货交易所或者其结算会员为债务人，债权人请求冻结、划拨期货交易所向其结算会员依法收取的结算担保金的，人民法院不予支持。

有证据证明结算会员在结算担保金专用账户中有超过交易所要求的结算担保金数额部分的，结算会员在人民法院指定的合理期限内不能提出相反证据的，人民法院可以依法冻结、划拨超出部分的资金。

4.《最高人民法院关于适用〈中华人民共和国民事诉讼法〉的解释》（2022年4月1日）

第153条 人民法院对季节性商品、鲜活、易腐烂变质以及其他不宜长期保存的物品采取保全措施时，可以责令当事人及时处理，由人民法院保存价款；必要时，人民法院可予以变卖，保存价款。

第154条 人民法院在财产保全中采取查封、扣押、冻结财产措施时，应当妥善保管被查封、扣押、冻结的财产。不宜由人民法院保管的，人民法院可以指定被保全人负责保管；不宜由被保全人保管的，可以委托他人或者申请保全人保管。

查封、扣押、冻结担保物权人占有的担保财产，一般由担保物权人保管；由人民法院保管的，质权、留置权不因采取保全措施而消灭。

第 155 条　由人民法院指定被保全人保管的财产，如果继续使用对该财产的价值无重大影响，可以允许被保全人继续使用；由人民法院保管或者委托他人、申请保全人保管的财产，人民法院和其他保管人不得使用。

第 156 条　人民法院采取财产保全的方法和措施，依照执行程序相关规定办理。

第 157 条　人民法院对抵押物、质押物、留置物可以采取财产保全措施，但不影响抵押权人、质权人、留置权人的优先受偿权。

第 158 条　人民法院对债务人到期应得的收益，可以采取财产保全措施，限制其支取，通知有关单位协助执行。

第 159 条　债务人的财产不能满足保全请求，但对他人有到期债权的，人民法院可以依债权人的申请裁定该他人不得对本案债务人清偿。该他人要求偿付的，由人民法院提存财物或者价款。

第 160 条　当事人向采取诉前保全措施以外的其他有管辖权的人民法院起诉的，采取诉前保全措施的人民法院应当将保全手续移送受理案件的人民法院。诉前保全的裁定视为受移送人民法院作出的裁定。

第一百零七条　保全的解除

财产纠纷案件，被申请人提供担保的，人民法院应当裁定解除保全。

● 司法解释及文件

1. 《最高人民法院关于适用〈中华人民共和国民事诉讼法〉的解释》（2022年4月1日）

第166条 裁定采取保全措施后，有下列情形之一的，人民法院应当作出解除保全裁定：

（一）保全错误的；

（二）申请人撤回保全申请的；

（三）申请人的起诉或者诉讼请求被生效裁判驳回的；

（四）人民法院认为应当解除保全的其他情形。

解除以登记方式实施的保全措施的，应当向登记机关发出协助执行通知书。

第167条 财产保全的被保全人提供其他等值担保财产且有利于执行的，人民法院可以裁定变更保全标的物为被保全人提供的担保财产。

第168条 保全裁定未经人民法院依法撤销或者解除，进入执行程序后，自动转为执行中的查封、扣押、冻结措施，期限连续计算，执行法院无需重新制作裁定书，但查封、扣押、冻结期限届满的除外。

2. 《最高人民法院关于人民法院办理财产保全案件若干问题的规定》（2020年12月29日）

第22条 财产纠纷案件，被保全人或第三人提供充分有效担保请求解除保全，人民法院应当裁定准许。被保全人请求对作为争议标的的财产解除保全的，须经申请保全人同意。

第23条 人民法院采取财产保全措施后，有下列情形之一的，申请保全人应当及时申请解除保全：

（一）采取诉前财产保全措施后三十日内不依法提起诉讼或者申请仲裁的；

（二）仲裁机构不予受理仲裁申请、准许撤回仲裁申请或者按撤回仲裁申请处理的；

（三）仲裁申请或者请求被仲裁裁决驳回的；

（四）其他人民法院对起诉不予受理、准许撤诉或者按撤诉处理的；

（五）起诉或者诉讼请求被其他人民法院生效裁判驳回的；

（六）申请保全人应当申请解除保全的其他情形。

人民法院收到解除保全申请后，应当在五日内裁定解除保全；对情况紧急的，必须在四十八小时内裁定解除保全。

申请保全人未及时申请人民法院解除保全，应当赔偿被保全人因财产保全所遭受的损失。

被保全人申请解除保全，人民法院经审查认为符合法律规定的，应当在本条第二款规定的期间内裁定解除保全。

3.《最高人民法院关于审查知识产权纠纷行为保全案件适用法律若干问题的规定》（2018年12月12日）

第12条 人民法院采取的行为保全措施，一般不因被申请人提供担保而解除，但是申请人同意的除外。

第17条 当事人申请解除行为保全措施，人民法院收到申请后经审查符合《最高人民法院关于适用〈中华人民共和国民事诉讼法〉的解释》第一百六十六条规定的情形的，应当在五日内裁定解除。

申请人撤回行为保全申请或者申请解除行为保全措施的，不因此免除民事诉讼法第一百零五条规定的赔偿责任。

第一百零八条　保全申请错误的处理

申请有错误的，申请人应当赔偿被申请人因保全所遭受的损失。

● 法　律

1. 《国家赔偿法》（2012年10月26日）

　　第38条　人民法院在民事诉讼、行政诉讼过程中，违法采取对妨害诉讼的强制措施、保全措施或者对判决、裁定及其他生效法律文书执行错误，造成损害的，赔偿请求人要求赔偿的程序，适用本法刑事赔偿程序的规定。

● 司法解释及文件

2. 《最高人民法院关于当事人申请财产保全错误造成案外人损失应否承担赔偿责任问题的解释》（2005年8月15日）

　　根据《中华人民共和国民法通则》第一百零六条、《中华人民共和国民事诉讼法》① 第九十六条等法律规定，当事人申请财产保全错误造成案外人损失的，应当依法承担赔偿责任。

● 案例指引

某进出口贸易公司、某地毯公司诉许某有因申请临时措施损害赔偿纠纷案（《最高人民法院公报》2009年第4期）

　　裁判要旨：《中华人民共和国民事诉讼法》第96条②规定："申请有错误的，申请人应当赔偿被请人因财产保全所遭受的损失。"据此，专利权人的专利权最终被宣告无效，专利权人提出财产保全和停止侵犯专利权申请给被申请人造成损失的，属于民事诉讼法规定的"申请有错误"，被申请人据此请求申请人依法予以赔偿的，人民法院应于支持。

---

　　① 对应2023年修正的《民事诉讼法》第108条。
　　② 对应2023年修正的《民事诉讼法》第108条。

第一百零九条　先予执行的适用范围

人民法院对下列案件，根据当事人的申请，可以裁定先予执行：

（一）追索赡养费、扶养费、抚养费、抚恤金、医疗费用的；

（二）追索劳动报酬的；

（三）因情况紧急需要先予执行的。

● 司法解释及文件

《最高人民法院关于适用〈中华人民共和国民事诉讼法〉的解释》（2022年4月1日）

第169条　民事诉讼法规定的先予执行，人民法院应当在受理案件后终审判决作出前采取。先予执行应当限于当事人诉讼请求的范围，并以当事人的生活、生产经营的急需为限。

第170条　民事诉讼法第一百零九条第三项规定的情况紧急，包括：

（一）需要立即停止侵害、排除妨碍的；

（二）需要立即制止某项行为的；

（三）追索恢复生产、经营急需的保险理赔费的；

（四）需要立即返还社会保险金、社会救助资金的；

（五）不立即返还款项，将严重影响权利人生活和生产经营的。

第一百一十条　先予执行的条件

人民法院裁定先予执行的，应当符合下列条件：

（一）当事人之间权利义务关系明确，不先予执行将严重影响申请人的生活或者生产经营的；

（二）被申请人有履行能力。

人民法院可以责令申请人提供担保，申请人不提供担保的，驳回申请。申请人败诉的，应当赔偿被申请人因先予执行遭受的财产损失。

第一百一十一条　对保全或先予执行不服的救济程序

当事人对保全或者先予执行的裁定不服的，可以申请复议一次。复议期间不停止裁定的执行。

● 司法解释及文件

1.《最高人民法院关于执行权合理配置和科学运行的若干意见》（2011年10月19日）

17. 当事人、案外人对财产保全、先予执行的裁定不服申请复议的，由作出裁定的立案机构或者审判机构按照民事诉讼法①第九十九条的规定进行审查。

当事人、案外人、利害关系人对财产保全、先予执行的实施行为提出异议的，由执行局根据异议事项的性质按照民事诉讼法第二百零二条或者第二百零四条的规定进行审查。

当事人、案外人的异议既指向财产保全、先予执行的裁定，又指向实施行为的，一并由作出裁定的立案机构或者审判机构分别按照民事诉讼法第九十九条和第二百零二条或者第二百零四条的规定审查。

2.《最高人民法院关于适用〈中华人民共和国民事诉讼法〉的解释》（2022年4月1日）

第171条　当事人对保全或者先予执行裁定不服的，可以自收到裁定书之日起五日内向作出裁定的人民法院申请复议。人民

---

① 对应《民事诉讼法》第111条。

法院应当在收到复议申请后十日内审查。裁定正确的，驳回当事人的申请；裁定不当的，变更或者撤销原裁定。

第172条　利害关系人对保全或者先予执行的裁定不服申请复议的，由作出裁定的人民法院依照民事诉讼法第一百一十一条规定处理。

第十章　对妨害民事诉讼的强制措施

第一百一十二条　拘传的适用

人民法院对必须到庭的被告，经两次传票传唤，无正当理由拒不到庭的，可以拘传。

● 司法解释及文件

《最高人民法院关于适用〈中华人民共和国民事诉讼法〉的解释》（2022年4月1日）

第174条　民事诉讼法第一百一十二条规定的必须到庭的被告，是指负有赡养、抚育、扶养义务和不到庭就无法查清案情的被告。

人民法院对必须到庭才能查清案件基本事实的原告，经两次传票传唤，无正当理由拒不到庭的，可以拘传。

第175条　拘传必须用拘传票，并直接送达被拘传人；在拘传前，应当向被拘传人说明拒不到庭的后果，经批评教育仍拒不到庭的，可以拘传其到庭。

第一百一十三条　对违反法庭规则、扰乱法庭秩序行为的强制措施

诉讼参与人和其他人应当遵守法庭规则。

人民法院对违反法庭规则的人，可以予以训诫，责令退出法庭或者予以罚款、拘留。

> 人民法院对哄闹、冲击法庭，侮辱、诽谤、威胁、殴打审判人员，严重扰乱法庭秩序的人，依法追究刑事责任；情节较轻的，予以罚款、拘留。

● 法　律

1.《刑法》（2020 年 12 月 26 日）

第 309 条　有下列扰乱法庭秩序情形之一的，处三年以下有期徒刑、拘役、管制或者罚金：

（一）聚众哄闹、冲击法庭的；

（二）殴打司法工作人员或者诉讼参与人的；

（三）侮辱、诽谤、威胁司法工作人员或者诉讼参与人，不听法庭制止，严重扰乱法庭秩序的；

（四）有毁坏法庭设施，抢夺、损毁诉讼文书、证据等扰乱法庭秩序行为，情节严重的。

● 司法解释及文件

2.《最高人民法院关于适用〈中华人民共和国民事诉讼法〉的解释》（2022 年 4 月 1 日）

第 176 条　诉讼参与人或者其他人有下列行为之一的，人民法院可以适用民事诉讼法第一百一十三条规定处理：

（一）未经准许进行录音、录像、摄影的；

（二）未经准许以移动通信等方式现场传播审判活动的；

（三）其他扰乱法庭秩序，妨害审判活动进行的。

有前款规定情形的，人民法院可以暂扣诉讼参与人或者其他人进行录音、录像、摄影、传播审判活动的器材，并责令其删除有关内容；拒不删除的，人民法院可以采取必要手段强制删除。

第 177 条　训诫、责令退出法庭由合议庭或者独任审判员决定。训诫的内容、被责令退出法庭者的违法事实应当记入庭审笔录。

第 178 条　人民法院依照民事诉讼法第一百一十三条至第一百一十七条的规定采取拘留措施的，应经院长批准，作出拘留决定书，由司法警察将被拘留人送交当地公安机关看管。

第 179 条　被拘留人不在本辖区的，作出拘留决定的人民法院应当派员到被拘留人所在地的人民法院，请该院协助执行，受委托的人民法院应当及时派员协助执行。被拘留人申请复议或者在拘留期间承认并改正错误，需要提前解除拘留的，受委托人民法院应当向委托人民法院转达或者提出建议，由委托人民法院审查决定。

第 180 条　人民法院对被拘留人采取拘留措施后，应当在二十四小时内通知其家属；确实无法按时通知或者通知不到的，应当记录在案。

3. 《人民法院法庭规则》（2016 年 4 月 13 日）

第 1 条　为了维护法庭安全和秩序，保障庭审活动正常进行，保障诉讼参与人依法行使诉讼权利，方便公众旁听，促进司法公正，彰显司法权威，根据《中华人民共和国人民法院组织法》《中华人民共和国刑事诉讼法》《中华人民共和国民事诉讼法》《中华人民共和国行政诉讼法》等有关法律规定，制定本规则。

第 2 条　法庭是人民法院代表国家依法审判各类案件的专门场所。

法庭正面上方应当悬挂国徽。

第 3 条　法庭分设审判活动区和旁听区，两区以栏杆等进行隔离。

审理未成年人案件的法庭应当根据未成年人身心发展特点设置区域和席位。

有新闻媒体旁听或报道庭审活动时，旁听区可以设置专门的媒体记者席。

第 4 条 刑事法庭可以配置同步视频作证室，供依法应当保护或其他确有保护必要的证人、鉴定人、被害人在庭审作证时使用。

第 5 条 法庭应当设置残疾人无障碍设施；根据需要配备合议庭合议室，检察人员、律师及其他诉讼参与人休息室，被告人羁押室等附属场所。

第 6 条 进入法庭的人员应当出示有效身份证件，并接受人身及携带物品的安全检查。

持有效工作证件和出庭通知履行职务的检察人员、律师可以通过专门通道进入法庭。需要安全检查的，人民法院对检察人员和律师平等对待。

第 7 条 除经人民法院许可，需要在法庭上出示的证据外，下列物品不得携带进入法庭：

（一）枪支、弹药、管制刀具以及其他具有杀伤力的器具；

（二）易燃易爆物、疑似爆炸物；

（三）放射性、毒害性、腐蚀性、强气味性物质以及传染病病原体；

（四）液体及胶状、粉末状物品；

（五）标语、条幅、传单；

（六）其他可能危害法庭安全或妨害法庭秩序的物品。

第 8 条 人民法院应当通过官方网站、电子显示屏、公告栏等向公众公开各法庭的编号、具体位置以及旁听席位数量等信息。

第 9 条 公开的庭审活动，公民可以旁听。

旁听席位不能满足需要时，人民法院可以根据申请的先后顺序或者通过抽签、摇号等方式发放旁听证，但应当优先安排当事人的近亲属或其他与案件有利害关系的人旁听。

下列人员不得旁听：

（一）证人、鉴定人以及准备出庭提出意见的有专门知识的人；

（二）未获得人民法院批准的未成年人；

（三）拒绝接受安全检查的人；

（四）醉酒的人、精神病人或其他精神状态异常的人；

（五）其他有可能危害法庭安全或妨害法庭秩序的人。

依法有可能封存犯罪记录的公开庭审活动，任何单位或个人不得组织人员旁听。

依法不公开的庭审活动，除法律另有规定外，任何人不得旁听。

第10条　人民法院应当对庭审活动进行全程录像或录音。

第11条　依法公开进行的庭审活动，具有下列情形之一的，人民法院可以通过电视、互联网或其他公共媒体进行图文、音频、视频直播或录播：

（一）公众关注度较高；

（二）社会影响较大；

（三）法治宣传教育意义较强。

第12条　出庭履行职务的人员，按照职业着装规定着装。但是，具有下列情形之一的，着正装：

（一）没有职业着装规定；

（二）侦查人员出庭作证；

（三）所在单位系案件当事人。

非履行职务的出庭人员及旁听人员，应当文明着装。

第13条　刑事在押被告人或上诉人出庭受审时，着正装或便装，不着监管机构的识别服。

人民法院在庭审活动中不得对被告人或上诉人使用戒具，但认为其人身危险性大，可能危害法庭安全的除外。

第14条　庭审活动开始前，书记员应当宣布本规则第十七条规定的法庭纪律。

第15条　审判人员进入法庭以及审判长或独任审判员宣告

判决、裁定、决定时，全体人员应当起立。

第16条　人民法院开庭审判案件应当严格按照法律规定的诉讼程序进行。

审判人员在庭审活动中应当平等对待诉讼各方。

第17条　全体人员在庭审活动中应当服从审判长或独任审判员的指挥，尊重司法礼仪，遵守法庭纪律，不得实施下列行为：

（一）鼓掌、喧哗；

（二）吸烟、进食；

（三）拨打或接听电话；

（四）对庭审活动进行录音、录像、拍照或使用移动通信工具等传播庭审活动；

（五）其他危害法庭安全或妨害法庭秩序的行为。

检察人员、诉讼参与人发言或提问，应当经审判长或独任审判员许可。

旁听人员不得进入审判活动区，不得随意站立、走动，不得发言和提问。

媒体记者经许可实施第一款第四项规定的行为，应当在指定的时间及区域进行，不得影响或干扰庭审活动。

第18条　审判长或独任审判员主持庭审活动时，依照规定使用法槌。

第19条　审判长或独任审判员对违反法庭纪律的人员应当予以警告；对不听警告的，予以训诫；对训诫无效的，责令其退出法庭；对拒不退出法庭的，指令司法警察将其强行带出法庭。

行为人违反本规则第十七条第一款第四项规定的，人民法院可以暂扣其使用的设备及存储介质，删除相关内容。

第20条　行为人实施下列行为之一，危及法庭安全或扰乱法庭秩序的，根据相关法律规定，予以罚款、拘留；构成犯罪的，依法追究其刑事责任：

（一）非法携带枪支、弹药、管制刀具或者爆炸性、易燃性、放射性、毒害性、腐蚀性物品以及传染病病原体进入法庭；

（二）哄闹、冲击法庭；

（三）侮辱、诽谤、威胁、殴打司法工作人员或诉讼参与人；

（四）毁坏法庭设施，抢夺、损毁诉讼文书、证据；

（五）其他危害法庭安全或扰乱法庭秩序的行为。

第 21 条 司法警察依照审判长或独任审判员的指令维持法庭秩序。

出现危及法庭内人员人身安全或者严重扰乱法庭秩序等紧急情况时，司法警察可以直接采取必要的处置措施。

人民法院依法对违反法庭纪律的人采取的扣押物品、强行带出法庭以及罚款、拘留等强制措施，由司法警察执行。

第 22 条 人民检察院认为审判人员违反本规则的，可以在庭审活动结束后向人民法院提出处理建议。

诉讼参与人、旁听人员认为审判人员、书记员、司法警察违反本规则的，可以在庭审活动结束后向人民法院反映。

第 23 条 检察人员违反本规则的，人民法院可以向人民检察院通报情况并提出处理建议。

第 24 条 律师违反本规则的，人民法院可以向司法行政机关及律师协会通报情况并提出处理建议。

第 25 条 人民法院进行案件听证、国家赔偿案件质证、网络视频远程审理以及在法院以外的场所巡回审判等，参照适用本规则。

第 26 条 外国人、无国籍人旁听庭审活动，外国媒体记者报道庭审活动，应当遵守本规则。

第 27 条 本规则自 2016 年 5 月 1 日起施行；最高人民法院此前发布的司法解释及规范性文件与本规则不一致的，以本规则为准。

第一百一十四条　对妨害诉讼证据的收集、调查和阻拦、干扰诉讼进行的强制措施

> 诉讼参与人或者其他人有下列行为之一的，人民法院可以根据情节轻重予以罚款、拘留；构成犯罪的，依法追究刑事责任：
> （一）伪造、毁灭重要证据，妨碍人民法院审理案件的；
> （二）以暴力、威胁、贿买方法阻止证人作证或者指使、贿买、胁迫他人作伪证的；
> （三）隐藏、转移、变卖、毁损已被查封、扣押的财产，或者已被清点并责令其保管的财产，转移已被冻结的财产的；
> （四）对司法工作人员、诉讼参加人、证人、翻译人员、鉴定人、勘验人、协助执行的人，进行侮辱、诽谤、诬陷、殴打或者打击报复的；
> （五）以暴力、威胁或者其他方法阻碍司法工作人员执行职务的；
> （六）拒不履行人民法院已经发生法律效力的判决、裁定的。
> 人民法院对有前款规定的行为之一的单位，可以对其主要负责人或者直接责任人员予以罚款、拘留；构成犯罪的，依法追究刑事责任。

● 法　律

1.《刑法》（2020年12月26日）

　　第306条　在刑事诉讼中，辩护人、诉讼代理人毁灭、伪造证据，帮助当事人毁灭、伪造证据，威胁、引诱证人违背事实改变证言或者作伪证的，处三年以下有期徒刑或者拘役；情节严重的，处三年以上七年以下有期徒刑。

辩护人、诉讼代理人提供、出示、引用的证人证言或者其他证据失实，不是有意伪造的，不属于伪造证据。

第 307 条　以暴力、威胁、贿买等方法阻止证人作证或者指使他人作伪证的，处三年以下有期徒刑或者拘役；情节严重的，处三年以上七年以下有期徒刑。

帮助当事人毁灭、伪造证据，情节严重的，处三年以下有期徒刑或者拘役。

司法工作人员犯前两款罪的，从重处罚。

第 313 条　对人民法院的判决、裁定有能力执行而拒不执行，情节严重的，处三年以下有期徒刑、拘役或者罚金；情节特别严重的，处三年以上七年以下有期徒刑，并处罚金。

单位犯前款罪的，对单位判处罚金，并对其直接负责的主管人员和其他直接责任人员，依照前款的规定处罚。

第 314 条　隐藏、转移、变卖、故意毁损已被司法机关查封、扣押、冻结的财产，情节严重的，处三年以下有期徒刑、拘役或者罚金。

● 司法解释及文件

2.《最高人民法院关于适用〈中华人民共和国民事诉讼法〉的解释》（2022 年 4 月 1 日）

第 187 条　民事诉讼法第一百一十四条第一款第五项规定的以暴力、威胁或者其他方法阻碍司法工作人员执行职务的行为，包括：

（一）在人民法院哄闹、滞留，不听从司法工作人员劝阻的；

（二）故意毁损、抢夺人民法院法律文书、查封标志的；

（三）哄闹、冲击执行公务现场，围困、扣押执行或者协助执行公务人员的；

（四）毁损、抢夺、扣留案件材料、执行公务车辆、其他执行公务器械、执行公务人员服装和执行公务证件的；

（五）以暴力、威胁或者其他方法阻碍司法工作人员查询、查封、扣押、冻结、划拨、拍卖、变卖财产的；

（六）以暴力、威胁或者其他方法阻碍司法工作人员执行职务的其他行为。

第 188 条 民事诉讼法第一百一十四条第一款第六项规定的拒不履行人民法院已经发生法律效力的判决、裁定的行为，包括：

（一）在法律文书发生法律效力后隐藏、转移、变卖、毁损财产或者无偿转让财产、以明显不合理的价格交易财产、放弃到期债权、无偿为他人提供担保等，致使人民法院无法执行的；

（二）隐藏、转移、毁损或者未经人民法院允许处分已向人民法院提供担保的财产的；

（三）违反人民法院限制高消费令进行消费的；

（四）有履行能力而拒不按照人民法院执行通知履行生效法律文书确定的义务的；

（五）有义务协助执行的个人接到人民法院协助执行通知书后，拒不协助执行的。

第 189 条 诉讼参与人或者其他人有下列行为之一的，人民法院可以适用民事诉讼法第一百一十四条的规定处理：

（一）冒充他人提起诉讼或者参加诉讼的；

（二）证人签署保证书后作虚假证言，妨碍人民法院审理案件的；

（三）伪造、隐藏、毁灭或者拒绝交出有关被执行人履行能力的重要证据，妨碍人民法院查明被执行人财产状况的；

（四）擅自解冻已被人民法院冻结的财产的；

（五）接到人民法院协助执行通知书后，给当事人通风报信，协助其转移、隐匿财产的。

3.《最高人民法院关于第二审人民法院在审理过程中可否对当事人的违法行为径行制裁等问题的批复》(1990年7月25日)

一、第二审人民法院在审理案件过程中,认为当事人有违法行为应予依法制裁而原审人民法院未予制裁的,可以径行予以民事制裁。

二、当事人不服人民法院民事制裁决定而向上一级人民法院申请复议的,该上级人民法院无论维持、变更或者撤销原决定,均应制作民事制裁决定书。

三、人民法院复议期间,被制裁人请求撤回复议申请的,经过审查,应当采取通知的形式,准予撤回申请或者驳回其请求。

第一百一十五条　虚假诉讼的认定

当事人之间恶意串通,企图通过诉讼、调解等方式侵害国家利益、社会公共利益或者他人合法权益的,人民法院应当驳回其请求,并根据情节轻重予以罚款、拘留;构成犯罪的,依法追究刑事责任。

当事人单方捏造民事案件基本事实,向人民法院提起诉讼,企图侵害国家利益、社会公共利益或者他人合法权益的,适用前款规定。

● 司法解释及文件

《最高人民法院关于适用〈中华人民共和国民事诉讼法〉的解释》(2022年4月1日)

第190条　民事诉讼法第一百一十五条规定的他人合法权益,包括案外人的合法权益、国家利益、社会公共利益。

第三人根据民事诉讼法第五十九条第三款规定提起撤销之诉,经审查,原案当事人之间恶意串通进行虚假诉讼的,适用民事诉讼法第一百一十五条规定处理。

第191条　单位有民事诉讼法第一百一十五条或者第一百一十六条规定行为的，人民法院应当对该单位进行罚款，并可以对其主要负责人或者直接责任人员予以罚款、拘留；构成犯罪的，依法追究刑事责任。

第一百一十六条　对恶意串通，通过诉讼、仲裁、调解等方式逃避履行法律文书确定的义务的强制措施

> 被执行人与他人恶意串通，通过诉讼、仲裁、调解等方式逃避履行法律文书确定的义务的，人民法院应当根据情节轻重予以罚款、拘留；构成犯罪的，依法追究刑事责任。

● 司法解释及文件

1.《最高人民法院关于适用〈中华人民共和国民事诉讼法〉的解释》（2022年4月1日）

第191条　单位有民事诉讼法第一百一十五条或者第一百一十六条规定行为的，人民法院应当对该单位进行罚款，并可以对其主要负责人或者直接责任人员予以罚款、拘留；构成犯罪的，依法追究刑事责任。

第315条　双方当事人和第三人都提起上诉的，均列为上诉人。人民法院可以依职权确定第二审程序中当事人的诉讼地位。

2.《最高人民法院关于审理民间借贷案件适用法律若干问题的规定》（2020年12月29日）

第18条　人民法院审理民间借贷纠纷案件时发现有下列情形之一的，应当严格审查借贷发生的原因、时间、地点、款项来源、交付方式、款项流向以及借贷双方的关系、经济状况等事实，综合判断是否属于虚假民事诉讼：

（一）出借人明显不具备出借能力；

（二）出借人起诉所依据的事实和理由明显不符合常理；

（三）出借人不能提交债权凭证或者提交的债权凭证存在伪造的可能；

（四）当事人双方在一定期限内多次参加民间借贷诉讼；

（五）当事人无正当理由拒不到庭参加诉讼，委托代理人对借贷事实陈述不清或者陈述前后矛盾；

（六）当事人双方对借贷事实的发生没有任何争议或者诉辩明显不符合常理；

（七）借款人的配偶或者合伙人、案外人的其他债权人提出有事实依据的异议；

（八）当事人在其他纠纷中存在低价转让财产的情形；

（九）当事人不正当放弃权利；

（十）其他可能存在虚假民间借贷诉讼的情形。

第 19 条 经查明属于虚假民间借贷诉讼，原告申请撤诉的，人民法院不予准许，并应当依据民事诉讼法第一百一十二条之规定，判决驳回其请求。

诉讼参与人或者其他人恶意制造、参与虚假诉讼，人民法院应当依据民事诉讼法第一百一十一条、第一百一十二条和第一百一十三条之规定，依法予以罚款、拘留；构成犯罪的，应当移送有管辖权的司法机关追究刑事责任。

单位恶意制造、参与虚假诉讼的，人民法院应当对该单位进行罚款，并可以对其主要负责人或者直接责任人员予以罚款、拘留；构成犯罪的，应当移送有管辖权的司法机关追究刑事责任。

3.《最高人民法院关于防范和制裁虚假诉讼的指导意见》（2016年6月20日）

当前，民事商事审判领域存在的虚假诉讼现象，不仅严重侵害案外人合法权益，破坏社会诚信，也扰乱了正常的诉讼秩序，损害司法权威和司法公信力，人民群众对此反映强烈。各级人民法院对此要高度重视，努力探索通过多种有效措施防范和制裁虚假诉讼行为。

1. 虚假诉讼一般包含以下要素：（1）以规避法律、法规或国家政策谋取非法利益为目的；（2）双方当事人存在恶意串通；（3）虚构事实；（4）借用合法的民事程序；（5）侵害国家利益、社会公共利益或者案外人的合法权益。

2. 实践中，要特别注意以下情形：（1）当事人为夫妻、朋友等亲近关系或者关联企业等共同利益关系；（2）原告诉请司法保护的标的额与其自身经济状况严重不符；（3）原告起诉所依据的事实和理由明显不符合常理；（4）当事人双方无实质性民事权益争议；（5）案件证据不足，但双方仍然主动迅速达成调解协议，并请求人民法院出具调解书。

3. 各级人民法院应当在立案窗口及法庭张贴警示宣传标识，同时在"人民法院民事诉讼风险提示书"中明确告知参与虚假诉讼应当承担的法律责任，引导当事人依法行使诉权，诚信诉讼。

4. 在民间借贷、离婚析产、以物抵债、劳动争议、公司分立（合并）、企业破产等虚假诉讼高发领域的案件审理中，要加大证据审查力度。对可能存在虚假诉讼的，要适当加大依职权调查取证力度。

5. 涉嫌虚假诉讼的，应当传唤当事人本人到庭，就有关案件事实接受询问。除法定事由外，应当要求证人出庭作证。要充分发挥民事诉讼法司法解释有关当事人和证人签署保证书规定的作用，探索当事人和证人宣誓制度。

6. 诉讼中，一方对另一方提出的于己不利的事实明确表示承认，且不符合常理的，要做进一步查明，慎重认定。查明的事实与自认的事实不符的，不予确认。

7. 要加强对调解协议的审查力度。对双方主动达成调解协议并申请人民法院出具调解书的，应当结合案件基础事实，注重审查调解协议是否损害国家利益、社会公共利益或者案外人的合法权益；对人民调解协议司法确认案件，要按照民事诉讼法司法解释要求，注重审查基础法律关系的真实性。

8. 在执行公证债权文书和仲裁裁决书、调解书等法律文书过程中，对可能存在双方恶意串通、虚构事实的，要加大实质审查力度，注重审查相关法律文书是否损害国家利益、社会公共利益或者案外人的合法权益。如果存在上述情形，应当裁定不予执行。必要时，可向仲裁机构或者公证机关发出司法建议。

9. 加大公开审判力度，增加案件审理的透明度。对与案件处理结果可能存在法律上利害关系的，可适当依职权通知其参加诉讼，避免其民事权益受到损害，防范虚假诉讼行为。

10. 在第三人撤销之诉、案外人执行异议之诉、案外人申请再审等案件审理中，发现已经生效的裁判涉及虚假诉讼的，要及时予以纠正，保护案外人诉权和实体权利；同时也要防范有关人员利用上述法律制度，制造虚假诉讼，损害原诉讼中合法权利人利益。

11. 经查明属于虚假诉讼，原告申请撤诉的，不予准许，并应当根据民事诉讼法第一百一十二条的规定，驳回其请求。

12. 对虚假诉讼参与人，要适度加大罚款、拘留等妨碍民事诉讼强制措施的法律适用力度；虚假诉讼侵害他人民事权益的，虚假诉讼参与人应当承担赔偿责任；虚假诉讼违法行为涉嫌虚假诉讼罪、诈骗罪、合同诈骗罪等刑事犯罪的，民事审判部门应当依法将相关线索和有关案件材料移送侦查机关。

13. 探索建立虚假诉讼失信人名单制度。将虚假诉讼参与人列入失信人名单，逐步开展与现有相关信息平台和社会信用体系接轨工作，加大制裁力度。

14. 人民法院工作人员参与虚假诉讼的，要依照法官法、法官职业道德基本准则和法官行为规范等规定，从严处理。

15. 诉讼代理人参与虚假诉讼的，要依法予以制裁，并应当向司法行政部门、律师协会或者行业协会发出司法建议。

16. 鉴定机构、鉴定人参与虚假诉讼的，可以根据情节轻重，给予鉴定机构、鉴定人训诫、责令退还鉴定费用、从法院委托鉴定专业机构备选名单中除名等制裁，并应当向司法行政部门或者行业协会发出司法建议。

17. 要积极主动与有关部门沟通协调，争取支持配合，探索建立多部门协调配合的综合治理机制。要通过向社会公开发布虚假诉讼典型案例等多种形式，震慑虚假诉讼违法行为。

18. 各级人民法院要及时组织干警学习了解中央和地方的各项经济社会政策，充分预判有可能在司法领域反映出来的虚假诉讼案件类型，也可以采取典型案例分析、审判业务交流、庭审观摩等多种形式，提高甄别虚假诉讼的司法能力。

第一百一十七条　对拒不履行协助义务的单位的强制措施

有义务协助调查、执行的单位有下列行为之一的，人民法院除责令其履行协助义务外，并可以予以罚款：

（一）有关单位拒绝或者妨碍人民法院调查取证的；

（二）有关单位接到人民法院协助执行通知书后，拒不协助查询、扣押、冻结、划拨、变价财产的；

（三）有关单位接到人民法院协助执行通知书后，拒不协助扣留被执行人的收入、办理有关财产权证照转移手续、转交有关票证、证照或者其他财产的；

（四）其他拒绝协助执行的。

人民法院对有前款规定的行为之一的单位，可以对其主要负责人或者直接责任人员予以罚款；对仍不履行协助义务的，可以予以拘留；并可以向监察机关或者有关机关提出予以纪律处分的司法建议。

● 司法解释及文件

1. 《最高人民法院关于审理期货纠纷案件若干问题的规定（二）》（2020 年 12 月 29 日）

第 8 条　人民法院在办理案件过程中，依法需要通过期货交易所、期货公司查询、冻结、划拨资金或者有价证券的，期货交易所、期货公司应当予以协助。应当协助而拒不协助的，按照《中华人民共和国民事诉讼法》第一百一十四条之规定办理。

2. 《最高人民法院关于适用〈中华人民共和国民事诉讼法〉的解释》（2022 年 4 月 1 日）

第 192 条　有关单位接到人民法院协助执行通知书后，有下列行为之一的，人民法院可以适用民事诉讼法第一百一十七条规定处理：

（一）允许被执行人高消费的；

（二）允许被执行人出境的；

（三）拒不停止办理有关财产权证照转移手续、权属变更登记、规划审批等手续的；

（四）以需要内部请示、内部审批，有内部规定等为由拖延办理的。

第 483 条　人民法院有权查询被执行人的身份信息与财产信息，掌握相关信息的单位和个人必须按照协助执行通知书办理。

第 493 条　他人持有法律文书指定交付的财物或者票证，人民法院依照民事诉讼法第二百五十六条第二款、第三款规定发出协助执行通知后，拒不转交的，可以强制执行，并可依照民事诉讼法第一百一十七条、第一百一十八条规定处理。

他人持有期间财物或者票证毁损、灭失的，参照本解释第四百九十二条规定处理。

他人主张合法持有财物或者票证的，可以根据民事诉讼法第二百三十四条规定提出执行异议。

第一百一十八条　罚款金额和拘留期限

对个人的罚款金额，为人民币十万元以下。对单位的罚款金额，为人民币五万元以上一百万元以下。

拘留的期限，为十五日以下。

被拘留的人，由人民法院交公安机关看管。在拘留期间，被拘留人承认并改正错误的，人民法院可以决定提前解除拘留。

● 司法解释及文件

《最高人民法院关于适用〈中华人民共和国民事诉讼法〉的解释》（2022 年 4 月 1 日）

第 193 条　人民法院对个人或者单位采取罚款措施时，应当根据其实施妨害民事诉讼行为的性质、情节、后果，当地的经济发展水平，以及诉讼标的额等因素，在民事诉讼法第一百一十八条第一款规定的限额内确定相应的罚款金额。

第一百一十九条　拘传、罚款、拘留的批准

拘传、罚款、拘留必须经院长批准。

拘传应当发拘传票。

罚款、拘留应当用决定书。对决定不服的，可以向上一级人民法院申请复议一次。复议期间不停止执行。

● 司法解释及文件

《最高人民法院关于适用〈中华人民共和国民事诉讼法〉的解释》（2022 年 4 月 1 日）

第 175 条　拘传必须用拘传票，并直接送达被拘传人；在拘传前，应当向被拘传人说明拒不到庭的后果，经批评教育仍拒不到庭的，可以拘传其到庭。

第 181 条　因哄闹、冲击法庭，用暴力、威胁等方法抗拒执行公务等紧急情况，必须立即采取拘留措施的，可在拘留后，立即报告院长补办批准手续。院长认为拘留不当的，应当解除拘留。

第 182 条　被拘留人在拘留期间认错悔改的，可以责令其具结悔过，提前解除拘留。提前解除拘留，应报经院长批准，并作出提前解除拘留决定书，交负责看管的公安机关执行。

第 183 条　民事诉讼法第一百一十三条至第一百一十六条规定的罚款、拘留可以单独适用，也可以合并适用。

第 184 条　对同一妨害民事诉讼行为的罚款、拘留不得连续适用。发生新的妨害民事诉讼行为的，人民法院可以重新予以罚款、拘留。

第 185 条　被罚款、拘留的人不服罚款、拘留决定申请复议的，应当自收到决定书之日起三日内提出。上级人民法院应当在收到复议申请后五日内作出决定，并将复议结果通知下级人民法院和当事人。

第 186 条　上级人民法院复议时认为强制措施不当的，应当制作决定书，撤销或者变更下级人民法院作出的拘留、罚款决定。情况紧急的，可以在口头通知后三日内发出决定书。

第一百二十条　强制措施由法院决定

采取对妨害民事诉讼的强制措施必须由人民法院决定。任何单位和个人采取非法拘禁他人或者非法私自扣押他人财产追索债务的，应当依法追究刑事责任，或者予以拘留、罚款。

● 司法解释及文件

《最高人民法院关于第二审人民法院发现原审人民法院已生效的民事制裁决定确有错误应如何纠正的复函》（1994 年 11 月 21 日）

同意你院审判委员会的意见。第二审人民法院纠正一审人民法院已生效的民事制裁决定,可比照我院 1986 年 4 月 2 日法（研）复〔1986〕14 号批复的精神处理。即：上级人民法院发现下级人民法院已生效的民事制裁决定确有错误时,应及时予以纠正。纠正的方法,可以口头或者书面通知下级人民法院纠正,也可以使用决定书,撤销下级人民法院的决定。

第十一章　诉讼费用

第一百二十一条　诉讼费用

当事人进行民事诉讼,应当按照规定交纳案件受理费。财产案件除交纳案件受理费外,并按照规定交纳其他诉讼费用。

当事人交纳诉讼费用确有困难的,可以按照规定向人民法院申请缓交、减交或者免交。

收取诉讼费用的办法另行制定。

● 行政法规

1.《诉讼费用交纳办法》(2006 年 12 月 19 日)

第一章　总　　则

第 1 条　根据《中华人民共和国民事诉讼法》（以下简称民事诉讼法）和《中华人民共和国行政诉讼法》（以下简称行政诉讼法）的有关规定,制定本办法。

第 2 条　当事人进行民事诉讼、行政诉讼,应当依照本办法交纳诉讼费用。

本办法规定可以不交纳或者免予交纳诉讼费用的除外。

第 3 条　在诉讼过程中不得违反本办法规定的范围和标准向当事人收取费用。

第 4 条　国家对交纳诉讼费用确有困难的当事人提供司法救

助，保障其依法行使诉讼权利，维护其合法权益。

第5条 外国人、无国籍人、外国企业或者组织在人民法院进行诉讼，适用本办法。

外国法院对中华人民共和国公民、法人或者其他组织，与其本国公民、法人或者其他组织在诉讼费用交纳上实行差别对待的，按照对等原则处理。

第二章 诉讼费用交纳范围

第6条 当事人应当向人民法院交纳的诉讼费用包括：

（一）案件受理费；

（二）申请费；

（三）证人、鉴定人、翻译人员、理算人员在人民法院指定日期出庭发生的交通费、住宿费、生活费和误工补贴。

第7条 案件受理费包括：

（一）第一审案件受理费；

（二）第二审案件受理费；

（三）再审案件中，依照本办法规定需要交纳的案件受理费。

第8条 下列案件不交纳案件受理费：

（一）依照民事诉讼法规定的特别程序审理的案件；

（二）裁定不予受理、驳回起诉、驳回上诉的案件；

（三）对不予受理、驳回起诉和管辖权异议裁定不服，提起上诉的案件；

（四）行政赔偿案件。

第9条 根据民事诉讼法和行政诉讼法规定的审判监督程序审理的案件，当事人不交纳案件受理费。但是，下列情形除外：

（一）当事人有新的证据，足以推翻原判决、裁定，向人民法院申请再审，人民法院经审查决定再审的案件；

（二）当事人对人民法院第一审判决或者裁定未提出上诉，第一审判决、裁定或者调解书发生法律效力后又申请再审，人民法院经审查决定再审的案件。

第10条　当事人依法向人民法院申请下列事项,应当交纳申请费:

（一）申请执行人民法院发生法律效力的判决、裁定、调解书,仲裁机构依法作出的裁决和调解书,公证机构依法赋予强制执行效力的债权文书;

（二）申请保全措施;

（三）申请支付令;

（四）申请公示催告;

（五）申请撤销仲裁裁决或者认定仲裁协议效力;

（六）申请破产;

（七）申请海事强制令、共同海损理算、设立海事赔偿责任限制基金、海事债权登记、船舶优先权催告;

（八）申请承认和执行外国法院判决、裁定和国外仲裁机构裁决。

第11条　证人、鉴定人、翻译人员、理算人员在人民法院指定日期出庭发生的交通费、住宿费、生活费和误工补贴,由人民法院按照国家规定标准代为收取。

当事人复制案件卷宗材料和法律文书应当按实际成本向人民法院交纳工本费。

第12条　诉讼过程中因鉴定、公告、勘验、翻译、评估、拍卖、变卖、仓储、保管、运输、船舶监管等发生的依法应当由当事人负担的费用,人民法院根据谁主张、谁负担的原则,决定由当事人直接支付给有关机构或者单位,人民法院不得代收代付。

人民法院依照民事诉讼法第十一条第三款规定提供当地民族通用语言、文字翻译的,不收取费用。

第三章　诉讼费用交纳标准

第13条　案件受理费分别按照下列标准交纳:

（一）财产案件根据诉讼请求的金额或者价额，按照下列比例分段累计交纳：

1. 不超过 1 万元的，每件交纳 50 元；
2. 超过 1 万元至 10 万元的部分，按照 2.5% 交纳；
3. 超过 10 万元至 20 万元的部分，按照 2% 交纳；
4. 超过 20 万元至 50 万元的部分，按照 1.5% 交纳；
5. 超过 50 万元至 100 万元的部分，按照 1% 交纳；
6. 超过 100 万元至 200 万元的部分，按照 0.9% 交纳；
7. 超过 200 万元至 500 万元的部分，按照 0.8% 交纳；
8. 超过 500 万元至 1000 万元的部分，按照 0.7% 交纳；
9. 超过 1000 万元至 2000 万元的部分，按照 0.6% 交纳；
10. 超过 2000 万元的部分，按照 0.5% 交纳。

（二）非财产案件按照下列标准交纳：

1. 离婚案件每件交纳 50 元至 300 元。涉及财产分割，财产总额不超过 20 万元的，不另行交纳；超过 20 万元的部分，按照 0.5% 交纳。

2. 侵害姓名权、名称权、肖像权、名誉权、荣誉权以及其他人格权的案件，每件交纳 100 元至 500 元。涉及损害赔偿，赔偿金额不超过 5 万元的，不另行交纳；超过 5 万元至 10 万元的部分，按照 1% 交纳；超过 10 万元的部分，按照 0.5% 交纳。

3. 其他非财产案件每件交纳 50 元至 100 元。

（三）知识产权民事案件，没有争议金额或者价额的，每件交纳 500 元至 1000 元；有争议金额或者价额的，按照财产案件的标准交纳。

（四）劳动争议案件每件交纳 10 元。

（五）行政案件按照下列标准交纳：

1. 商标、专利、海事行政案件每件交纳 100 元；
2. 其他行政案件每件交纳 50 元。

（六）当事人提出案件管辖权异议，异议不成立的，每件交纳50元至100元。

省、自治区、直辖市人民政府可以结合本地实际情况在本条第（二）项、第（三）项、第（六）项规定的幅度内制定具体交纳标准。

第14条　申请费分别按照下列标准交纳：

（一）依法向人民法院申请执行人民法院发生法律效力的判决、裁定、调解书，仲裁机构依法作出的裁决和调解书，公证机关依法赋予强制执行效力的债权文书，申请承认和执行外国法院判决、裁定以及国外仲裁机构裁决的，按照下列标准交纳：

1. 没有执行金额或者价额的，每件交纳50元至500元。

2. 执行金额或者价额不超过1万元的，每件交纳50元；超过1万元至50万元的部分，按照1.5%交纳；超过50万元至500万元的部分，按照1%交纳；超过500万元至1000万元的部分，按照0.5%交纳；超过1000万元的部分，按照0.1%交纳。

3. 符合民事诉讼法第五十五条第四款规定，未参加登记的权利人向人民法院提起诉讼的，按照本项规定的标准交纳申请费，不再交纳案件受理费。

（二）申请保全措施的，根据实际保全的财产数额按照下列标准交纳：

财产数额不超过1000元或者不涉及财产数额的，每件交纳30元；超过1000元至10万元的部分，按照1%交纳；超过10万元的部分，按照0.5%交纳。但是，当事人申请保全措施交纳的费用最多不超过5000元。

（三）依法申请支付令的，比照财产案件受理费标准的1/3交纳。

（四）依法申请公示催告的，每件交纳100元。

（五）申请撤销仲裁裁决或者认定仲裁协议效力的，每件交纳400元。

（六）破产案件依据破产财产总额计算，按照财产案件受理费标准减半交纳，但是，最高不超过30万元。

（七）海事案件的申请费按照下列标准交纳：

1. 申请设立海事赔偿责任限制基金的，每件交纳1000元至1万元；

2. 申请海事强制令的，每件交纳1000元至5000元；

3. 申请船舶优先权催告的，每件交纳1000元至5000元；

4. 申请海事债权登记的，每件交纳1000元；

5. 申请共同海损理算的，每件交纳1000元。

第15条 以调解方式结案或者当事人申请撤诉的，减半交纳案件受理费。

第16条 适用简易程序审理的案件减半交纳案件受理费。

第17条 对财产案件提起上诉的，按照不服一审判决部分的上诉请求数额交纳案件受理费。

第18条 被告提起反诉、有独立请求权的第三人提出与本案有关的诉讼请求，人民法院决定合并审理的，分别减半交纳案件受理费。

第19条 依照本办法第九条规定需要交纳案件受理费的再审案件，按照不服原判决部分的再审请求数额交纳案件受理费。

第四章 诉讼费用的交纳和退还

第20条 案件受理费由原告、有独立请求权的第三人、上诉人预交。被告提起反诉，依照本办法规定需要交纳案件受理费的，由被告预交。追索劳动报酬的案件可以不预交案件受理费。

申请费由申请人预交。但是，本办法第十条第（一）项、第（六）项规定的申请费不由申请人预交，执行申请费执行后交纳，破产申请费清算后交纳。

本办法第十一条规定的费用，待实际发生后交纳。

第 21 条　当事人在诉讼中变更诉讼请求数额，案件受理费依照下列规定处理：

（一）当事人增加诉讼请求数额的，按照增加后的诉讼请求数额计算补交；

（二）当事人在法庭调查终结前提出减少诉讼请求数额的，按照减少后的诉讼请求数额计算退还。

第 22 条　原告自接到人民法院交纳诉讼费用通知次日起 7 日内交纳案件受理费；反诉案件由提起反诉的当事人自提起反诉次日起 7 日内交纳案件受理费。

上诉案件的案件受理费由上诉人向人民法院提交上诉状时预交。双方当事人都提起上诉的，分别预交。上诉人在上诉期内未预交诉讼费用的，人民法院应当通知其在 7 日内预交。

申请费由申请人在提出申请时或者在人民法院指定的期限内预交。

当事人逾期不交纳诉讼费用又未提出司法救助申请，或者申请司法救助未获批准，在人民法院指定期限内仍未交纳诉讼费用的，由人民法院依照有关规定处理。

第 23 条　依照本办法第九条规定需要交纳案件受理费的再审案件，由申请再审的当事人预交。双方当事人都申请再审的，分别预交。

第 24 条　依照民事诉讼法第三十六条、第三十七条、第三十八条、第三十九条规定移送、移交的案件，原受理人民法院应当将当事人预交的诉讼费用随案移交接收案件的人民法院。

第 25 条　人民法院审理民事案件过程中发现涉嫌刑事犯罪并将案件移送有关部门处理的，当事人交纳的案件受理费予以退还；移送后民事案件需要继续审理的，当事人已交纳的案件受理费不予退还。

第 26 条　中止诉讼、中止执行的案件，已交纳的案件受理费、申请费不予退还。中止诉讼、中止执行的原因消除，恢复诉讼、执行的，不再交纳案件受理费、申请费。

第27条　第二审人民法院决定将案件发回重审的，应当退还上诉人已交纳的第二审案件受理费。

第一审人民法院裁定不予受理或者驳回起诉的，应当退还当事人已交纳的案件受理费；当事人对第一审人民法院不予受理、驳回起诉的裁定提起上诉，第二审人民法院维持第一审人民法院作出的裁定的，第一审人民法院应当退还当事人已交纳的案件受理费。

第28条　依照民事诉讼法第一百三十七条规定终结诉讼的案件，依照本办法规定已交纳的案件受理费不予退还。

第五章　诉讼费用的负担

第29条　诉讼费用由败诉方负担，胜诉方自愿承担的除外。

部分胜诉、部分败诉的，人民法院根据案件的具体情况决定当事人各自负担的诉讼费用数额。

共同诉讼当事人败诉的，人民法院根据其对诉讼标的的利害关系，决定当事人各自负担的诉讼费用数额。

第30条　第二审人民法院改变第一审人民法院作出的判决、裁定的，应当相应变更第一审人民法院对诉讼费用负担的决定。

第31条　经人民法院调解达成协议的案件，诉讼费用的负担由双方当事人协商解决；协商不成的，由人民法院决定。

第32条　依照本办法第九条第（一）项、第（二）项的规定应当交纳案件受理费的再审案件，诉讼费用由申请再审的当事人负担；双方当事人都申请再审的，诉讼费用依照本办法第二十九条的规定负担。原审诉讼费用的负担由人民法院根据诉讼费用负担原则重新确定。

第33条　离婚案件诉讼费用的负担由双方当事人协商解决；协商不成的，由人民法院决定。

第34条　民事案件的原告或者上诉人申请撤诉，人民法院裁定准许的，案件受理费由原告或者上诉人负担。

行政案件的被告改变或者撤销具体行政行为，原告申请撤诉，人民法院裁定准许的，案件受理费由被告负担。

第35条　当事人在法庭调查终结后提出减少诉讼请求数额的，减少请求数额部分的案件受理费由变更诉讼请求的当事人负担。

第36条　债务人对督促程序未提出异议的，申请费由债务人负担。债务人对督促程序提出异议致使督促程序终结的，申请费由申请人负担；申请人另行起诉的，可以将申请费列入诉讼请求。

第37条　公示催告的申请费由申请人负担。

第38条　本办法第十条第（一）项、第（八）项规定的申请费由被执行人负担。

执行中当事人达成和解协议的，申请费的负担由双方当事人协商解决；协商不成的，由人民法院决定。

本办法第十条第（二）项规定的申请费由申请人负担，申请人提起诉讼的，可以将该申请费列入诉讼请求。

本办法第十条第（五）项规定的申请费，由人民法院依照本办法第二十九条规定决定申请费的负担。

第39条　海事案件中的有关诉讼费用依照下列规定负担：

（一）诉前申请海事请求保全、海事强制令的，申请费由申请人负担；申请人就有关海事请求提起诉讼的，可将上述费用列入诉讼请求；

（二）诉前申请海事证据保全的，申请费由申请人负担；

（三）诉讼中拍卖、变卖被扣押船舶、船载货物、船用燃油、船用物料发生的合理费用，由申请人预付，从拍卖、变卖价款中先行扣除，退还申请人；

（四）申请设立海事赔偿责任限制基金、申请债权登记与受偿、申请船舶优先权催告案件的申请费，由申请人负担；

（五）设立海事赔偿责任限制基金、船舶优先权催告程序中的公告费用由申请人负担。

第40条　当事人因自身原因未能在举证期限内举证，在二审或者再审期间提出新的证据致使诉讼费用增加的，增加的诉讼费用由该当事人负担。

第41条　依照特别程序审理案件的公告费，由起诉人或者申请人负担。

第42条　依法向人民法院申请破产的，诉讼费用依照有关法律规定从破产财产中拨付。

第43条　当事人不得单独对人民法院关于诉讼费用的决定提起上诉。

当事人单独对人民法院关于诉讼费用的决定有异议的，可以向作出决定的人民法院院长申请复核。复核决定应当自收到当事人申请之日起15日内作出。

当事人对人民法院决定诉讼费用的计算有异议的，可以向作出决定的人民法院请求复核。计算确有错误的，作出决定的人民法院应当予以更正。

第六章　司法救助

第44条　当事人交纳诉讼费用确有困难的，可以依照本办法向人民法院申请缓交、减交或者免交诉讼费用的司法救助。

诉讼费用的免交只适用于自然人。

第45条　当事人申请司法救助，符合下列情形之一的，人民法院应当准予免交诉讼费用：

（一）残疾人无固定生活来源的；

（二）追索赡养费、扶养费、抚育费、抚恤金的；

（三）最低生活保障对象、农村特困定期救济对象、农村五

保供养对象或者领取失业保险金人员,无其他收入的;

(四)因见义勇为或者为保护社会公共利益致使自身合法权益受到损害,本人或者其近亲属请求赔偿或者补偿的;

(五)确实需要免交的其他情形。

第46条 当事人申请司法救助,符合下列情形之一的,人民法院应当准予减交诉讼费用:

(一)因自然灾害等不可抗力造成生活困难,正在接受社会救济,或者家庭生产经营难以为继的;

(二)属于国家规定的优抚、安置对象的;

(三)社会福利机构和救助管理站;

(四)确实需要减交的其他情形。

人民法院准予减交诉讼费用的,减交比例不得低于30%。

第47条 当事人申请司法救助,符合下列情形之一的,人民法院应当准予缓交诉讼费用:

(一)追索社会保险金、经济补偿金的;

(二)海上事故、交通事故、医疗事故、工伤事故、产品质量事故或者其他人身伤害事故的受害人请求赔偿的;

(三)正在接受有关部门法律援助的;

(四)确实需要缓交的其他情形。

第48条 当事人申请司法救助,应当在起诉或者上诉时提交书面申请、足以证明其确有经济困难的证明材料以及其他相关证明材料。

因生活困难或者追索基本生活费用申请免交、减交诉讼费用的,还应当提供本人及其家庭经济状况符合当地民政、劳动保障等部门规定的公民经济困难标准的证明。

人民法院对当事人的司法救助申请不予批准的,应当向当事人书面说明理由。

第49条 当事人申请缓交诉讼费用经审查符合本办法第四

十七条规定的,人民法院应当在决定立案之前作出准予缓交的决定。

第50条 人民法院对一方当事人提供司法救助,对方当事人败诉的,诉讼费用由对方当事人负担;对方当事人胜诉的,可以视申请司法救助的当事人的经济状况决定其减交、免交诉讼费用。

第51条 人民法院准予当事人减交、免交诉讼费用的,应当在法律文书中载明。

第七章 诉讼费用的管理和监督

第52条 诉讼费用的交纳和收取制度应当公示。人民法院收取诉讼费用按照其财务隶属关系使用国务院财政部门或者省级人民政府财政部门印制的财政票据。案件受理费、申请费全额上缴财政,纳入预算,实行收支两条线管理。

人民法院收取诉讼费用应当向当事人开具缴费凭证,当事人持缴费凭证到指定代理银行交费。依法应当向当事人退费的,人民法院应当按照国家有关规定办理。诉讼费用缴库和退费的具体办法由国务院财政部门商最高人民法院另行制定。

在边远、水上、交通不便地区,基层巡回法庭当场审理案件,当事人提出向指定代理银行交纳诉讼费用确有困难的,基层巡回法庭可以当场收取诉讼费用,并向当事人出具省级人民政府财政部门印制的财政票据;不出具省级人民政府财政部门印制的财政票据的,当事人有权拒绝交纳。

第53条 案件审结后,人民法院应当将诉讼费用的详细清单和当事人应当负担的数额书面通知当事人,同时在判决书、裁定书或者调解书中写明当事人各方应当负担的数额。

需要向当事人退还诉讼费用的,人民法院应当自法律文书生效之日起15日内退还有关当事人。

第54条 价格主管部门、财政部门按照收费管理的职责分工，对诉讼费用进行管理和监督；对违反本办法规定的乱收费行为，依照法律、法规和国务院相关规定予以查处。

第八章 附　　则

第 55 条　诉讼费用以人民币为计算单位。以外币为计算单位的，依照人民法院决定受理案件之日国家公布的汇率换算成人民币计算交纳；上诉案件和申请再审案件的诉讼费用，按照第一审人民法院决定受理案件之日国家公布的汇率换算。

第 56 条　本办法自 2007 年 4 月 1 日起施行。

2.《最高人民法院关于适用〈中华人民共和国民事诉讼法〉的解释》（2022 年 4 月 1 日）

第 194 条　依照民事诉讼法第五十七条审理的案件不预交案件受理费，结案后按照诉讼标的额由败诉方交纳。

第 195 条　支付令失效后转入诉讼程序的，债权人应当按照《诉讼费用交纳办法》补交案件受理费。

支付令被撤销后，债权人另行起诉的，按照《诉讼费用交纳办法》交纳诉讼费用。

第 196 条　人民法院改变原判决、裁定、调解结果的，应当在裁判文书中对原审诉讼费用的负担一并作出处理。

第 197 条　诉讼标的物是证券的，按照证券交易规则并根据当事人起诉之日前最后一个交易日的收盘价、当日的市场价或者其载明的金额计算诉讼标的金额。

第 198 条　诉讼标的物是房屋、土地、林木、车辆、船舶、文物等特定物或者知识产权，起诉时价值难以确定的，人民法院应当向原告释明主张过高或者过低的诉讼风险，以原告主张的价值确定诉讼标的金额。

第 199 条　适用简易程序审理的案件转为普通程序的，原告自接到人民法院交纳诉讼费用通知之日起七日内补交案件受理费。

原告无正当理由未按期足额补交的，按撤诉处理，已经收取的诉讼费用退还一半。

第200条　破产程序中有关债务人的民事诉讼案件，按照财产案件标准交纳诉讼费，但劳动争议案件除外。

第201条　既有财产性诉讼请求，又有非财产性诉讼请求的，按照财产性诉讼请求的标准交纳诉讼费。

有多个财产性诉讼请求的，合并计算交纳诉讼费；诉讼请求中有多个非财产性诉讼请求的，按一件交纳诉讼费。

第202条　原告、被告、第三人分别上诉的，按照上诉请求分别预交二审案件受理费。

同一方多人共同上诉的，只预交一份二审案件受理费；分别上诉的，按照上诉请求分别预交二审案件受理费。

第203条　承担连带责任的当事人败诉的，应当共同负担诉讼费用。

第204条　实现担保物权案件，人民法院裁定拍卖、变卖担保财产的，申请费由债务人、担保人负担；人民法院裁定驳回申请的，申请费由申请人负担。

申请人另行起诉的，其已经交纳的申请费可以从案件受理费中扣除。

第205条　拍卖、变卖担保财产的裁定作出后，人民法院强制执行的，按照执行金额收取执行申请费。

第206条　人民法院决定减半收取案件受理费的，只能减半一次。

第207条　判决生效后，胜诉方预交但不应负担的诉讼费用，人民法院应当退还，由败诉方向人民法院交纳，但胜诉方自愿承担或者同意败诉方直接向其支付的除外。

当事人拒不交纳诉讼费用的，人民法院可以强制执行。

第二编 审判程序

第十二章 第一审普通程序

第一节 起诉和受理

第一百二十二条　起诉的实质要件

起诉必须符合下列条件：

（一）原告是与本案有直接利害关系的公民、法人和其他组织；

（二）有明确的被告；

（三）有具体的诉讼请求和事实、理由；

（四）属于人民法院受理民事诉讼的范围和受诉人民法院管辖。

● 司法解释及文件

1. 《最高人民法院关于适用〈中华人民共和国民事诉讼法〉的解释》（2022年4月1日）

第208条　人民法院接到当事人提交的民事起诉状时，对符合民事诉讼法第一百二十二条的规定，且不属于第一百二十七条规定情形的，应当登记立案；对当场不能判定是否符合起诉条件的，应当接收起诉材料，并出具注明收到日期的书面凭证。

需要补充必要相关材料的，人民法院应当及时告知当事人。在补齐相关材料后，应当在七日内决定是否立案。

立案后发现不符合起诉条件或者属于民事诉讼法第一百二十七条规定情形的，裁定驳回起诉。

第 209 条 原告提供被告的姓名或者名称、住所等信息具体明确，足以使被告与他人相区别的，可以认定为有明确的被告。

起诉状列写被告信息不足以认定明确的被告的，人民法院可以告知原告补正。原告补正后仍不能确定明确的被告的，人民法院裁定不予受理。

2.《最高人民法院关于人民法院登记立案若干问题的规定》（2015年4月15日）

为保护公民、法人和其他组织依法行使诉权，实现人民法院依法、及时受理案件，根据《中华人民共和国民事诉讼法》《中华人民共和国行政诉讼法》《中华人民共和国刑事诉讼法》等法律规定，制定本规定。

第1条 人民法院对依法应该受理的一审民事起诉、行政起诉和刑事自诉，实行立案登记制。

第2条 对起诉、自诉，人民法院应当一律接收诉状，出具书面凭证并注明收到日期。

对符合法律规定的起诉、自诉，人民法院应当当场予以登记立案。

对不符合法律规定的起诉、自诉，人民法院应当予以释明。

第3条 人民法院应当提供诉状样本，为当事人书写诉状提供示范和指引。

当事人书写诉状确有困难的，可以口头提出，由人民法院记入笔录。符合法律规定的，予以登记立案。

第4条 民事起诉状应当记明以下事项：

（一）原告的姓名、性别、年龄、民族、职业、工作单位、住所、联系方式，法人或者其他组织的名称、住所和法定代表人或者主要负责人的姓名、职务、联系方式；

（二）被告的姓名、性别、工作单位、住所等信息，法人或者其他组织的名称、住所等信息；

（三）诉讼请求和所根据的事实与理由；

（四）证据和证据来源；

（五）有证人的，载明证人姓名和住所。

行政起诉状参照民事起诉状书写。

第5条 刑事自诉状应当记明以下事项：

（一）自诉人或者代为告诉人、被告人的姓名、性别、年龄、民族、文化程度、职业、工作单位、住址、联系方式；

（二）被告人实施犯罪的时间、地点、手段、情节和危害后果等；

（三）具体的诉讼请求；

（四）致送的人民法院和具状时间；

（五）证据的名称、来源等；

（六）有证人的，载明证人的姓名、住所、联系方式等。

第6条 当事人提出起诉、自诉的，应当提交以下材料：

（一）起诉人、自诉人是自然人的，提交身份证明复印件；起诉人、自诉人是法人或者其他组织的，提交营业执照或者组织机构代码证复印件、法定代表人或者主要负责人身份证明书；法人或者其他组织不能提供组织机构代码的，应当提供组织机构被注销的情况说明；

（二）委托起诉或者代为告诉的，应当提交授权委托书、代理人身份证明、代为告诉人身份证明等相关材料；

（三）具体明确的足以使被告或者被告人与他人相区别的姓名或者名称、住所等信息；

（四）起诉状原本和与被告或者被告人及其他当事人人数相符的副本；

（五）与诉请相关的证据或者证明材料。

第7条 当事人提交的诉状和材料不符合要求的，人民法院应当一次性书面告知在指定期限内补正。

当事人在指定期限内补正的，人民法院决定是否立案的期间，自收到补正材料之日起计算。

当事人在指定期限内没有补正的，退回诉状并记录在册；坚持起诉、自诉的，裁定或者决定不予受理、不予立案。

经补正仍不符合要求的，裁定或者决定不予受理、不予立案。

第8条 对当事人提出的起诉、自诉，人民法院当场不能判定是否符合法律规定的，应当作出以下处理：

（一）对民事、行政起诉，应当在收到起诉状之日起七日内决定是否立案；

（二）对刑事自诉，应当在收到自诉状次日起十五日内决定是否立案；

（三）对第三人撤销之诉，应当在收到起诉状之日起三十日内决定是否立案；

（四）对执行异议之诉，应当在收到起诉状之日起十五日内决定是否立案。

人民法院在法定期间内不能判定起诉、自诉是否符合法律规定的，应当先行立案。

第9条 人民法院对起诉、自诉不予受理或者不予立案的，应当出具书面裁定或者决定，并载明理由。

第10条 人民法院对下列起诉、自诉不予登记立案：

（一）违法起诉或者不符合法律规定的；

（二）涉及危害国家主权和领土完整的；

（三）危害国家安全的；

（四）破坏国家统一和民族团结的；

（五）破坏国家宗教政策的；

（六）所诉事项不属于人民法院主管的。

第11条 登记立案后，当事人未在法定期限内交纳诉讼费的，按撤诉处理，但符合法律规定的缓、减、免交诉讼费条件的除外。

第12条 登记立案后，人民法院立案庭应当及时将案件移送审判庭审理。

第13条 对立案工作中存在的不接收诉状、接收诉状后不出具书面凭证，不一次性告知当事人补正诉状内容，以及有案不立、拖延立案、干扰立案、既不立案又不作出裁定或者决定等违法违纪情形，当事人可以向受诉人民法院或者上级人民法院投诉。

人民法院应当在受理投诉之日起十五日内，查明事实，并将情况反馈当事人。发现违法违纪行为的，依法依纪追究相关人员责任；构成犯罪的，依法追究刑事责任。

第14条 为方便当事人行使诉权，人民法院提供网上立案、预约立案、巡回立案等诉讼服务。

第15条 人民法院推动多元化纠纷解决机制建设，尊重当事人选择人民调解、行政调解、行业调解、仲裁等多种方式维护权益，化解纠纷。

第16条 人民法院依法维护登记立案秩序，推进诉讼诚信建设。对干扰立案秩序、虚假诉讼的，根据民事诉讼法、行政诉讼法有关规定予以罚款、拘留；构成犯罪的，依法追究刑事责任。

第17条 本规定的"起诉"，是指当事人提起民事、行政诉讼；"自诉"，是指当事人提起刑事自诉。

第18条 强制执行和国家赔偿申请登记立案工作，按照本规定执行。

上诉、申请再审、刑事申诉、执行复议和国家赔偿申诉案件立案工作，不适用本规定。

第19条 人民法庭登记立案工作，按照本规定执行。

第20条　本规定自2015年5月1日起施行。以前有关立案的规定与本规定不一致的，按照本规定执行。

3.《最高人民法院关于审理民间借贷案件适用法律若干问题的规定》(2020年12月29日)

第23条　当事人以订立买卖合同作为民间借贷合同的担保，借款到期后借款人不能还款，出借人请求履行买卖合同的，人民法院应当按照民间借贷法律关系审理。当事人根据法庭审理情况变更诉讼请求的，人民法院应当准许。

按照民间借贷法律关系审理作出的判决生效后，借款人不履行生效判决确定的金钱债务，出借人可以申请拍卖买卖合同标的物，以偿还债务。就拍卖所得的价款与应偿还借款本息之间的差额，借款人或者出借人有权主张返还或者补偿。

第一百二十三条　起诉的形式要件

起诉应当向人民法院递交起诉状，并按照被告人数提出副本。

书写起诉状确有困难的，可以口头起诉，由人民法院记入笔录，并告知对方当事人。

● 司法解释及文件

《最高人民法院关于审理民事案件适用诉讼时效制度若干问题的规定》(2020年12月29日)

第10条　当事人一方向人民法院提交起诉状或者口头起诉的，诉讼时效从提交起诉状或者口头起诉之日起中断。

第一百二十四条　起诉状的内容

起诉状应当记明下列事项：

（一）原告的姓名、性别、年龄、民族、职业、工作单位、住所、联系方式，法人或者其他组织的名称、住所和法定代表人或者主要负责人的姓名、职务、联系方式；

（二）被告的姓名、性别、工作单位、住所等信息，法人或者其他组织的名称、住所等信息；

（三）诉讼请求和所根据的事实与理由；

（四）证据和证据来源，证人姓名和住所。

● **司法解释及文件**

《最高人民法院关于适用〈中华人民共和国民事诉讼法〉的解释》（2022年4月1日）

第210条 原告在起诉状中有谩骂和人身攻击之辞的，人民法院应当告知其修改后提起诉讼。

第一百二十五条 先行调解

当事人起诉到人民法院的民事纠纷，适宜调解的，先行调解，但当事人拒绝调解的除外。

第一百二十六条 起诉权和受理程序

人民法院应当保障当事人依照法律规定享有的起诉权利。对符合本法第一百二十二条的起诉，必须受理。符合起诉条件的，应当在七日内立案，并通知当事人；不符合起诉条件的，应当在七日内作出裁定书，不予受理；原告对裁定不服的，可以提起上诉。

● **司法解释及文件**

1.《最高人民法院关于严格执行案件审理期限制度的若干规定》（2008年12月16日）

第6条 第一审人民法院收到起诉书（状）或者执行申请书

后，经审查认为符合受理条件的应当在 7 日内立案；收到自诉人自诉状或者口头告诉的，经审查认为符合自诉案件受理条件的应当在 15 日内立案。

改变管辖的刑事、民事、行政案件，应当在收到案卷材料后的 3 日内立案。

第二审人民法院应当在收到第一审人民法院移送的上（抗）诉材料及案卷材料后的 5 日内立案。

发回重审或指令再审的案件，应当在收到发回重审或指令再审裁定及案卷材料后的次日内立案。

按照审判监督程序重新审判的案件，应当在作出提审、再审裁定（决定）的次日立案。

第 7 条　立案机构应当在决定立案的 3 日内将案卷材料移送审判庭。

2.《最高人民法院关于适用〈中华人民共和国民事诉讼法〉的解释》（2022 年 4 月 1 日）

第 126 条　民事诉讼法第一百二十六条规定的立案期限，因起诉状内容欠缺通知原告补正的，从补正后交人民法院的次日起算。由上级人民法院转交下级人民法院立案的案件，从受诉人民法院收到起诉状的次日起算。

第 208 条　人民法院接到当事人提交的民事起诉状时，对符合民事诉讼法第一百二十二条的规定，且不属于第一百二十七条规定情形的，应当登记立案；对当场不能判定是否符合起诉条件的，应当接收起诉材料，并出具注明收到日期的书面凭证。

需要补充必要相关材料的，人民法院应当及时告知当事人。在补齐相关材料后，应当在七日内决定是否立案。

立案后发现不符合起诉条件或者属于民事诉讼法第一百二十七条规定情形的，裁定驳回起诉。

第一百二十七条　对特殊情形的处理

人民法院对下列起诉，分别情形，予以处理：

（一）依照行政诉讼法的规定，属于行政诉讼受案范围的，告知原告提起行政诉讼；

（二）依照法律规定，双方当事人达成书面仲裁协议申请仲裁、不得向人民法院起诉的，告知原告向仲裁机构申请仲裁；

（三）依照法律规定，应当由其他机关处理的争议，告知原告向有关机关申请解决；

（四）对不属于本院管辖的案件，告知原告向有管辖权的人民法院起诉；

（五）对判决、裁定、调解书已经发生法律效力的案件，当事人又起诉的，告知原告申请再审，但人民法院准许撤诉的裁定除外；

（六）依照法律规定，在一定期限内不得起诉的案件，在不得起诉的期限内起诉的，不予受理；

（七）判决不准离婚和调解和好的离婚案件，判决、调解维持收养关系的案件，没有新情况、新理由，原告在六个月内又起诉的，不予受理。

● 法　律

1. 《民法典》（2020年5月28日）

第1082条　女方在怀孕期间、分娩后一年内或者终止妊娠后六个月内，男方不得提出离婚；但是，女方提出离婚或者人民法院认为确有必要受理男方离婚请求的除外。

● 司法解释及文件

2. 《最高人民法院关于审理植物新品种纠纷案件若干问题的解释》（2020年12月29日）

第1条　人民法院受理的植物新品种纠纷案件主要包括以下

几类：

（一）植物新品种申请驳回复审行政纠纷案件；

（二）植物新品种权无效行政纠纷案件；

（三）植物新品种权更名行政纠纷案件；

（四）植物新品种权强制许可纠纷案件；

（五）植物新品种权实施强制许可使用费纠纷案件；

（六）植物新品种申请权权属纠纷案件；

（七）植物新品种权权属纠纷案件；

（八）植物新品种申请权转让合同纠纷案件；

（九）植物新品种权转让合同纠纷案件；

（十）侵害植物新品种权纠纷案件；

（十一）假冒他人植物新品种权纠纷案件；

（十二）植物新品种培育人署名权纠纷案件；

（十三）植物新品种临时保护期使用费纠纷案件；

（十四）植物新品种行政处罚纠纷案件；

（十五）植物新品种行政复议纠纷案件；

（十六）植物新品种行政赔偿纠纷案件；

（十七）植物新品种行政奖励纠纷案件；

（十八）其他植物新品种权纠纷案件。

第2条 人民法院在依法审查当事人涉及植物新品种权的起诉时，只要符合《中华人民共和国民事诉讼法》第一百一十九条、《中华人民共和国行政诉讼法》第四十九条规定的民事案件或者行政案件的起诉条件，均应当依法予以受理。

第3条 本解释第一条所列第一至五类案件，由北京知识产权法院作为第一审人民法院审理；第六至十八类案件，由知识产权法院，各省、自治区、直辖市人民政府所在地和最高人民法院指定的中级人民法院作为第一审人民法院审理。

当事人对植物新品种纠纷民事、行政案件第一审判决、裁定不服，提起上诉的，由最高人民法院审理。

3.《最高人民法院关于审理涉及计算机网络域名民事纠纷案件适用法律若干问题的解释》（2020年12月29日）

第1条 对于涉及计算机网络域名注册、使用等行为的民事纠纷，当事人向人民法院提起诉讼，经审查符合民事诉讼法第一百一十九条规定的，人民法院应当受理。

第3条 域名纠纷案件的案由，根据双方当事人争议的法律关系的性质确定，并在其前冠以计算机网络域名；争议的法律关系的性质难以确定的，可以通称为计算机网络域名纠纷案件。

第6条 人民法院审理域名纠纷案件，根据当事人的请求以及案件的具体情况，可以对涉及的注册商标是否驰名依法作出认定。

第7条 人民法院认定域名注册、使用等行为构成侵权或者不正当竞争的，可以判令被告停止侵权、注销域名，或者依原告的请求判令由原告注册使用该域名；给权利人造成实际损害的，可以判令被告赔偿损失。

侵权人故意侵权且情节严重，原告有权向人民法院请求惩罚性赔偿。

4.《最高人民法院关于适用〈中华人民共和国民法典〉婚姻家庭编的解释（一）》（2020年12月29日）

第4条 当事人仅以民法典第一千零四十三条为依据提起诉讼的，人民法院不予受理；已经受理的，裁定驳回起诉。

5.《最高人民法院关于审理商标案件有关管辖和法律适用范围问题的解释》（2020年12月29日）

第3条 商标注册人或者利害关系人向国家知识产权局就侵犯商标权行为请求处理，又向人民法院提起侵害商标权诉讼请求损害赔偿的，人民法院应当受理。

第4条 国家知识产权局在商标法修改决定施行前受理的案

件,于该决定施行后作出复审决定或裁定,当事人对复审决定或裁定不服向人民法院起诉的,人民法院应当受理。

6.《最高人民法院关于审理著作权民事纠纷案件适用法律若干问题的解释》(2020年12月29日)

第1条 人民法院受理以下著作权民事纠纷案件:

(一)著作权及与著作权有关权益权属、侵权、合同纠纷案件;

(二)申请诉前停止侵害著作权、与著作权有关权益行为,申请诉前财产保全、诉前证据保全案件;

(三)其他著作权、与著作权有关权益纠纷案件。

第6条 依法成立的著作权集体管理组织,根据著作权人的书面授权,以自己的名义提起诉讼,人民法院应当受理。

7.《最高人民法院关于审理商标民事纠纷案件适用法律若干问题的解释》(2020年12月29日)

第1条 下列行为属于商标法第五十七条第(七)项规定的给他人注册商标专用权造成其他损害的行为:

(一)将与他人注册商标相同或者相近似的文字作为企业的字号在相同或者类似商品上突出使用,容易使相关公众产生误认的;

(二)复制、摹仿、翻译他人注册的驰名商标或其主要部分在不相同或者不相类似商品上作为商标使用,误导公众,致使该驰名商标注册人的利益可能受到损害的;

(三)将与他人注册商标相同或者相近似的文字注册为域名,并且通过该域名进行相关商品交易的电子商务,容易使相关公众产生误认的。

第2条 依据商标法第十三条第二款的规定,复制、摹仿、翻译他人未在中国注册的驰名商标或其主要部分,在相同或者类似商品上作为商标使用,容易导致混淆的,应当承担停止侵害的民事法律责任。

第3条 商标法第四十三条规定的商标使用许可包括以下三类：

（一）独占使用许可，是指商标注册人在约定的期间、地域和以约定的方式，将该注册商标仅许可一个被许可人使用，商标注册人依约定不得使用该注册商标；

（二）排他使用许可，是指商标注册人在约定的期间、地域和以约定的方式，将该注册商标仅许可一个被许可人使用，商标注册人依约定可以使用该注册商标但不得另行许可他人使用该注册商标；

（三）普通使用许可，是指商标注册人在约定的期间、地域和以约定的方式，许可他人使用其注册商标，并可自行使用该注册商标和许可他人使用其注册商标。

第4条 商标法第六十条第一款规定的利害关系人，包括注册商标使用许可合同的被许可人、注册商标财产权利的合法继承人等。

在发生注册商标专用权被侵害时，独占使用许可合同的被许可人可以向人民法院提起诉讼；排他使用许可合同的被许可人可以和商标注册人共同起诉，也可以在商标注册人不起诉的情况下，自行提起诉讼；普通使用许可合同的被许可人经商标注册人明确授权，可以提起诉讼。

第5条 商标注册人或者利害关系人在注册商标续展宽展期内提出续展申请，未获核准前，以他人侵犯其注册商标专用权提起诉讼的，人民法院应当受理。

8.《最高人民法院关于审理与企业改制相关的民事纠纷案件若干问题的规定》（2020年12月29日）

第1条 人民法院受理以下平等民事主体间在企业产权制度改造中发生的民事纠纷案件：

（一）企业公司制改造中发生的民事纠纷；

（二）企业股份合作制改造中发生的民事纠纷；

（三）企业分立中发生的民事纠纷；

（四）企业债权转股权纠纷；

（五）企业出售合同纠纷；

（六）企业兼并合同纠纷；

（七）与企业改制相关的其他民事纠纷。

第2条 当事人起诉符合本规定第一条所列情形，并符合民事诉讼法第一百一十九条规定的起诉条件的，人民法院应当予以受理。

第3条 政府主管部门在对企业国有资产进行行政性调整、划转过程中发生的纠纷，当事人向人民法院提起民事诉讼的，人民法院不予受理。

9. 《最高人民法院关于审理船舶碰撞纠纷案件若干问题的规定》（2020年12月29日）

第6条 碰撞船舶互有过失造成船载货物损失，船载货物的权利人对承运货物的本船提起违约赔偿之诉，或者对碰撞船舶一方或者双方提起侵权赔偿之诉的，人民法院应当依法予以受理。

10. 《最高人民法院关于适用〈中华人民共和国公司法〉若干问题的规定（二）》（2020年12月29日）

第1条 单独或者合计持有公司全部股东表决权百分之十以上的股东，以下列事由之一提起解散公司诉讼，并符合公司法第一百八十二条规定的，人民法院应予受理：

（一）公司持续两年以上无法召开股东会或者股东大会，公司经营管理发生严重困难的；

（二）股东表决时无法达到法定或者公司章程规定的比例，持续两年以上不能做出有效的股东会或者股东大会决议，公司经营管理发生严重困难的；

（三）公司董事长期冲突，且无法通过股东会或者股东大会解决，公司经营管理发生严重困难的；

（四）经营管理发生其他严重困难，公司继续存续会使股东利益受到重大损失的情形。

股东以知情权、利润分配请求权等权益受到损害，或者公司亏损、财产不足以偿还全部债务，以及公司被吊销企业法人营业执照未进行清算等为由，提起解散公司诉讼的，人民法院不予受理。

第2条 股东提起解散公司诉讼，同时又申请人民法院对公司进行清算的，人民法院对其提出的清算申请不予受理。人民法院可以告知原告，在人民法院判决解散公司后，依据民法典第七十条、公司法第一百八十三条和本规定第七条的规定，自行组织清算或者另行申请人民法院对公司进行清算。

第6条 人民法院关于解散公司诉讼作出的判决，对公司全体股东具有法律约束力。

人民法院判决驳回解散公司诉讼请求后，提起该诉讼的股东或者其他股东又以同一事实和理由提起解散公司诉讼的，人民法院不予受理。

第7条 公司应当依照民法典第七十条、公司法第一百八十三条的规定，在解散事由出现之日起十五日内成立清算组，开始自行清算。

有下列情形之一，债权人、公司股东、董事或其他利害关系人申请人民法院指定清算组进行清算的，人民法院应予受理：

（一）公司解散逾期不成立清算组进行清算的；

（二）虽然成立清算组但故意拖延清算的；

（三）违法清算可能严重损害债权人或者股东利益的。

第12条 公司清算时，债权人对清算组核定的债权有异议的，可以要求清算组重新核定。清算组不予重新核定，或者债权人对重新核定的债权仍有异议，债权人以公司为被告向人民法院提起诉讼请求确认的，人民法院应予受理。

第14条　债权人补充申报的债权，可以在公司尚未分配财产中依法清偿。公司尚未分配财产不能全额清偿，债权人主张股东以其在剩余财产分配中已经取得的财产予以清偿的，人民法院应予支持；但债权人因重大过错未在规定期限内申报债权的除外。

债权人或者清算组，以公司尚未分配财产和股东在剩余财产分配中已经取得的财产，不能全额清偿补充申报的债权为由，向人民法院提出破产清算申请的，人民法院不予受理。

第23条　清算组成员从事清算事务时，违反法律、行政法规或者公司章程给公司或者债权人造成损失，公司或者债权人主张其承担赔偿责任的，人民法院应依法予以支持。

有限责任公司的股东、股份有限公司连续一百八十日以上单独或者合计持有公司百分之一以上股份的股东，依据公司法第一百五十一条第三款的规定，以清算组成员有前款所述行为为由向人民法院提起诉讼的，人民法院应予受理。

公司已经清算完毕注销，上述股东参照公司法第一百五十一条第三款的规定，直接以清算组成员为被告、其他股东为第三人向人民法院提起诉讼的，人民法院应予受理。

11.《最高人民法院关于审理专利纠纷案件适用法律问题的若干规定》（2020年12月29日）

第1条　人民法院受理下列专利纠纷案件：

1. 专利申请权权属纠纷案件；
2. 专利权权属纠纷案件；
3. 专利合同纠纷案件；
4. 侵害专利权纠纷案件；
5. 假冒他人专利纠纷案件；
6. 发明专利临时保护期使用费纠纷案件；

7. 职务发明创造发明人、设计人奖励、报酬纠纷案件；

8. 诉前申请行为保全纠纷案件；

9. 诉前申请财产保全纠纷案件；

10. 因申请行为保全损害责任纠纷案件；

11. 因申请财产保全损害责任纠纷案件；

12. 发明创造发明人、设计人署名权纠纷案件；

13. 确认不侵害专利权纠纷案件；

14. 专利权宣告无效后返还费用纠纷案件；

15. 因恶意提起专利权诉讼损害责任纠纷案件；

16. 标准必要专利使用费纠纷案件；

17. 不服国务院专利行政部门维持驳回申请复审决定案件；

18. 不服国务院专利行政部门专利权无效宣告请求决定案件；

19. 不服国务院专利行政部门实施强制许可决定案件；

20. 不服国务院专利行政部门实施强制许可使用费裁决案件；

21. 不服国务院专利行政部门行政复议决定案件；

22. 不服国务院专利行政部门作出的其他行政决定案件；

23. 不服管理专利工作的部门行政决定案件；

24. 确认是否落入专利权保护范围纠纷案件；

25. 其他专利纠纷案件。

第2条 因侵犯专利权行为提起的诉讼，由侵权行为地或者被告住所地人民法院管辖。

侵权行为地包括：被诉侵犯发明、实用新型专利权的产品的制造、使用、许诺销售、销售、进口等行为的实施地；专利方法使用行为的实施地，依照该专利方法直接获得的产品的使用、许诺销售、销售、进口等行为的实施地；外观设计专利产品的制造、许诺销售、销售、进口等行为的实施地；假冒他人专利的行为实施地。上述侵权行为的侵权结果发生地。

第3条 原告仅对侵权产品制造者提起诉讼，未起诉销售者，侵权产品制造地与销售地不一致的，制造地人民法院有管辖权；以制造者与销售者为共同被告起诉的，销售地人民法院有管辖权。

销售者是制造者分支机构，原告在销售地起诉侵权产品制造者制造、销售行为的，销售地人民法院有管辖权。

第4条 对申请日在2009年10月1日前（不含该日）的实用新型专利提起侵犯专利权诉讼，原告可以出具由国务院专利行政部门作出的检索报告；对申请日在2009年10月1日以后的实用新型或者外观设计专利提起侵犯专利权诉讼，原告可以出具由国务院专利行政部门作出的专利权评价报告。根据案件审理需要，人民法院可以要求原告提交检索报告或者专利权评价报告。原告无正当理由不提交的，人民法院可以裁定中止诉讼或者判令原告承担可能的不利后果。

侵犯实用新型、外观设计专利权纠纷案件的被告请求中止诉讼的，应当在答辩期内对原告的专利权提出宣告无效的请求。

12.《最高人民法院关于适用〈中华人民共和国民事诉讼法〉的解释》（2022年4月1日）

第211条 对本院没有管辖权的案件，告知原告向有管辖权的人民法院起诉；原告坚持起诉的，裁定不予受理；立案后发现本院没有管辖权的，应当将案件移送有管辖权的人民法院。

第212条 裁定不予受理、驳回起诉的案件，原告再次起诉，符合起诉条件且不属于民事诉讼法第一百二十七条规定情形的，人民法院应予受理。

第213条 原告应当预交而未预交案件受理费，人民法院应当通知其预交，通知后仍不预交或者申请减、缓、免未获批准而仍不预交的，裁定按撤诉处理。

第214条 原告撤诉或者人民法院按撤诉处理后，原告以同一诉讼请求再次起诉的，人民法院应予受理。

原告撤诉或者按撤诉处理的离婚案件，没有新情况、新理由，六个月内又起诉的，比照民事诉讼法第一百二十七条第七项的规定不予受理。

第215条 依照民事诉讼法第一百二十七条第二项的规定，当事人在书面合同中订有仲裁条款，或者在发生纠纷后达成书面仲裁协议，一方向人民法院起诉的，人民法院应当告知原告向仲裁机构申请仲裁，其坚持起诉的，裁定不予受理，但仲裁条款或者仲裁协议不成立、无效、失效、内容不明确无法执行的除外。

第216条 在人民法院首次开庭前，被告以有书面仲裁协议为由对受理民事案件提出异议的，人民法院应当进行审查。

经审查符合下列情形之一的，人民法院应当裁定驳回起诉：

（一）仲裁机构或者人民法院已经确认仲裁协议有效的；

（二）当事人没有在仲裁庭首次开庭前对仲裁协议的效力提出异议的；

（三）仲裁协议符合仲裁法第十六条规定且不具有仲裁法第十七条规定情形的。

第217条 夫妻一方下落不明，另一方诉至人民法院，只要求离婚，不申请宣告下落不明人失踪或者死亡的案件，人民法院应当受理，对下落不明人公告送达诉讼文书。

第218条 赡养费、扶养费、抚养费案件，裁判发生法律效力后，因新情况、新理由，一方当事人再行起诉要求增加或者减少费用的，人民法院应作为新案受理。

第219条 当事人超过诉讼时效期间起诉的，人民法院应予受理。受理后对方当事人提出诉讼时效抗辩，人民法院经审理认为抗辩事由成立的，判决驳回原告的诉讼请求。

第247条 当事人就已经提起诉讼的事项在诉讼过程中或者裁判生效后再次起诉，同时符合下列条件的，构成重复起诉：

（一）后诉与前诉的当事人相同；

（二）后诉与前诉的诉讼标的相同；

（三）后诉与前诉的诉讼请求相同，或者后诉的诉讼请求实质上否定前诉裁判结果。

当事人重复起诉的，裁定不予受理；已经受理的，裁定驳回起诉，但法律、司法解释另有规定的除外。

第248条　裁判发生法律效力后，发生新的事实，当事人再次提起诉讼的，人民法院应当依法受理。

13.《最高人民法院关于银行储蓄卡密码被泄露导致存款被他人骗取引起的储蓄合同纠纷应否作为民事案件受理问题的批复》（2005年7月25日）

因银行储蓄卡密码被泄露，他人伪造银行储蓄卡骗取存款人银行存款，存款人依其与银行订立的储蓄合同提起民事诉讼的，人民法院应当依法受理。

第二节　审理前的准备

第一百二十八条　送达起诉状和答辩状

人民法院应当在立案之日起五日内将起诉状副本发送被告，被告应当在收到之日起十五日内提出答辩状。答辩状应当记明被告的姓名、性别、年龄、民族、职业、工作单位、住所、联系方式；法人或者其他组织的名称、住所和法定代表人或者主要负责人的姓名、职务、联系方式。人民法院应当在收到答辩状之日起五日内将答辩状副本发送原告。

被告不提出答辩状的，不影响人民法院审理。

● 司法解释及文件

1.《最高人民法院关于审理民事案件适用诉讼时效制度若干问题的规定》（2020年12月29日）

第3条　当事人在一审期间未提出诉讼时效抗辩，在二审期间提出的，人民法院不予支持，但其基于新的证据能够证明对方当事人的请求权已过诉讼时效期间的情形除外。

当事人未按照前款规定提出诉讼时效抗辩，以诉讼时效期间届满为由申请再审或者提出再审抗辩的，人民法院不予支持。

2.《最高人民法院关于民事诉讼证据的若干规定》（2019年12月25日）

第49条 被告应当在答辩期届满前提出书面答辩，阐明其对原告诉讼请求及所依据的事实和理由的意见。

第一百二十九条　诉讼权利义务的告知

人民法院对决定受理的案件，应当在受理案件通知书和应诉通知书中向当事人告知有关的诉讼权利义务，或者口头告知。

第一百三十条　对管辖权异议的审查和处理

人民法院受理案件后，当事人对管辖权有异议的，应当在提交答辩状期间提出。人民法院对当事人提出的异议，应当审查。异议成立的，裁定将案件移送有管辖权的人民法院；异议不成立的，裁定驳回。

当事人未提出管辖异议，并应诉答辩或者提出反诉的，视为受诉人民法院有管辖权，但违反级别管辖和专属管辖规定的除外。

● 司法解释及文件

1.《最高人民法院关于审理民事级别管辖异议案件若干问题的规定》（2020年12月29日）

为正确审理民事级别管辖异议案件，依法维护诉讼秩序和当事人的合法权益，根据《中华人民共和国民事诉讼法》的规定，结合审判实践，制定本规定。

第1条 被告在提交答辩状期间提出管辖权异议，认为受诉人民法院违反级别管辖规定，案件应当由上级人民法院或者下级人民法院管辖的，受诉人民法院应当审查，并在受理异议之日起十五日内作出裁定：

（一）异议不成立的，裁定驳回；

（二）异议成立的，裁定移送有管辖权的人民法院。

第2条 在管辖权异议裁定作出前，原告申请撤回起诉，受诉人民法院作出准予撤回起诉裁定的，对管辖权异议不再审查，并在裁定书中一并写明。

第3条 提交答辩状期间届满后，原告增加诉讼请求金额致使案件标的额超过受诉人民法院级别管辖标准，被告提出管辖权异议，请求由上级人民法院管辖的，人民法院应当按照本规定第一条审查并作出裁定。

第4条 对于应由上级人民法院管辖的第一审民事案件，下级人民法院不得报请上级人民法院交其审理。

第5条 被告以受诉人民法院同时违反级别管辖和地域管辖规定为由提出管辖权异议的，受诉人民法院应当一并作出裁定。

第6条 当事人未依法提出管辖权异议，但受诉人民法院发现其没有级别管辖权的，应当将案件移送有管辖权的人民法院审理。

第7条 对人民法院就级别管辖异议作出的裁定，当事人不服提起上诉的，第二审人民法院应当依法审理并作出裁定。

第8条 对于将案件移送上级人民法院管辖的裁定，当事人未提出上诉，但受移送的上级人民法院认为确有错误的，可以依职权裁定撤销。

第9条 经最高人民法院批准的第一审民事案件级别管辖标准的规定，应当作为审理民事级别管辖异议案件的依据。

第10条 本规定施行前颁布的有关司法解释与本规定不一致的，以本规定为准。

2.《最高人民法院关于适用〈中华人民共和国民事诉讼法〉的解释》（2022年4月1日）

第223条 当事人在提交答辩状期间提出管辖异议，又针对起诉状的内容进行答辩的，人民法院应当依照民事诉讼法第一百三十条第一款的规定，对管辖异议进行审查。

当事人未提出管辖异议，就案件实体内容进行答辩、陈述或者反诉的，可以认定为民事诉讼法第一百三十条第二款规定的应诉答辩。

3.《最高人民法院关于第三人能否对管辖权提出异议问题的批复》（1990年7月28日）

一、有独立请求权的第三人主动参加他人已开始的诉讼，应视为承认和接受了受诉法院的管辖，因而不发生对管辖权提出异议的问题；如果是受诉法院依职权通知他参加诉讼，则他有权选择是以有独立请求权的第三人的身份参加诉讼，还是以原告身份向其他有管辖权的法院另行起诉。

二、无独立请求权的第三人参加他人已开始的诉讼，是通过支持一方当事人的主张，维护自己的利益。由于他在诉讼中始终辅助一方当事人，并以一方当事人的主张为转移。所以，他无权对受诉法院的管辖权提出异议。

● 案例指引

某药业公司、某商厦公司与韩某彬、某广播电视台、某药房公司产品质量损害赔偿纠纷管辖权异议申请再审案（《最高人民法院公报》2013年第7期）

裁判要旨：上级人民法院发回重审的案件，当事人能否再行提出管辖权异议，《中华人民共和国民事诉讼法》对此并没有明确作出规定。但根据管辖恒定原则，发回重审的案件管辖权已经确定，当事人仍提出管辖权异议的，人民法院不予支持。

第一百三十一条　审判人员的告知

审判人员确定后,应当在三日内告知当事人。

第一百三十二条　审核取证

审判人员必须认真审核诉讼材料,调查收集必要的证据。

第一百三十三条　调查取证的程序

人民法院派出人员进行调查时,应当向被调查人出示证件。

调查笔录经被调查人校阅后,由被调查人、调查人签名或者盖章。

第一百三十四条　委托调查

人民法院在必要时可以委托外地人民法院调查。

委托调查,必须提出明确的项目和要求。受委托人民法院可以主动补充调查。

受委托人民法院收到委托书后,应当在三十日内完成调查。因故不能完成的,应当在上述期限内函告委托人民法院。

第一百三十五条　当事人的追加

必须共同进行诉讼的当事人没有参加诉讼的,人民法院应当通知其参加诉讼。

● 司法解释及文件

《最高人民法院关于适用〈中华人民共和国民事诉讼法〉的解释》（2022年4月1日）

第73条　必须共同进行诉讼的当事人没有参加诉讼的,人民法院应当依照民事诉讼法第一百三十五条的规定，通知其参加；当事人也可以向人民法院申请追加。人民法院对当事人提出的申请，应当进行审查，申请理由不成立的，裁定驳回；申请理由成立的，书面通知被追加的当事人参加诉讼。

第74条　人民法院追加共同诉讼的当事人时，应当通知其他当事人。应当追加的原告，已明确表示放弃实体权利的，可不予追加；既不愿意参加诉讼，又不放弃实体权利的，仍应追加为共同原告，其不参加诉讼，不影响人民法院对案件的审理和依法作出判决。

第一百三十六条　案件受理后的处理

人民法院对受理的案件，分别情形，予以处理：

（一）当事人没有争议，符合督促程序规定条件的，可以转入督促程序；

（二）开庭前可以调解的，采取调解方式及时解决纠纷；

（三）根据案件情况，确定适用简易程序或者普通程序；

（四）需要开庭审理的，通过要求当事人交换证据等方式，明确争议焦点。

● 司法解释及文件

《最高人民法院关于适用〈中华人民共和国民事诉讼法〉的解释》（2022年4月1日）

第224条　依照民事诉讼法第一百三十六条第四项规定，人民法院可以在答辩期届满后，通过组织证据交换、召集庭前会议等方式，作好审理前的准备。

第225条　根据案件具体情况，庭前会议可以包括下列内容：

（一）明确原告的诉讼请求和被告的答辩意见；

（二）审查处理当事人增加、变更诉讼请求的申请和提出的反诉，以及第三人提出的与本案有关的诉讼请求；

（三）根据当事人的申请决定调查收集证据，委托鉴定，要求当事人提供证据，进行勘验，进行证据保全；

（四）组织交换证据；

（五）归纳争议焦点；

（六）进行调解。

第 226 条　人民法院应当根据当事人的诉讼请求、答辩意见以及证据交换的情况，归纳争议焦点，并就归纳的争议焦点征求当事人的意见。

第三节　开庭审理

第一百三十七条　公开审理及例外

人民法院审理民事案件，除涉及国家秘密、个人隐私或者法律另有规定的以外，应当公开进行。

离婚案件，涉及商业秘密的案件，当事人申请不公开审理的，可以不公开审理。

● 司法解释及文件

《最高人民法院关于适用〈中华人民共和国民事诉讼法〉的解释》（2022 年 4 月 1 日）

第 220 条　民事诉讼法第七十一条、第一百三十七条、第一百五十九条规定的商业秘密，是指生产工艺、配方、贸易联系、购销渠道等当事人不愿公开的技术秘密、商业情报及信息。

第一百三十八条　巡回审理

人民法院审理民事案件，根据需要进行巡回审理，就地办案。

第一百三十九条　开庭通知与公告

人民法院审理民事案件，应当在开庭三日前通知当事人和其他诉讼参与人。公开审理的，应当公告当事人姓名、案由和开庭的时间、地点。

● 司法解释及文件

《最高人民法院关于适用〈中华人民共和国民事诉讼法〉的解释》（2022年4月1日）

第227条　人民法院适用普通程序审理案件，应当在开庭三日前用传票传唤当事人。对诉讼代理人、证人、鉴定人、勘验人、翻译人员应当用通知书通知其到庭。当事人或者其他诉讼参与人在外地的，应当留有必要的在途时间。

第一百四十条　宣布开庭

开庭审理前，书记员应当查明当事人和其他诉讼参与人是否到庭，宣布法庭纪律。

开庭审理时，由审判长或者独任审判员核对当事人，宣布案由，宣布审判人员、法官助理、书记员等的名单，告知当事人有关的诉讼权利义务，询问当事人是否提出回避申请。

第一百四十一条　法庭调查顺序

法庭调查按照下列顺序进行：

（一）当事人陈述；

（二）告知证人的权利义务，证人作证，宣读未到庭的证人证言；

（三）出示书证、物证、视听资料和电子数据；

（四）宣读鉴定意见；

（五）宣读勘验笔录。

● 司法解释及文件

《最高人民法院关于适用〈中华人民共和国民事诉讼法〉的解释》（2022年4月1日）

第230条 人民法院根据案件具体情况并征得当事人同意，可以将法庭调查和法庭辩论合并进行。

第一百四十二条　当事人庭审诉讼权利

当事人在法庭上可以提出新的证据。

当事人经法庭许可，可以向证人、鉴定人、勘验人发问。

当事人要求重新进行调查、鉴定或者勘验的，是否准许，由人民法院决定。

● 司法解释及文件

1.《最高人民法院关于民事诉讼证据的若干规定》（2019年12月25日）

第51条 举证期限可以由当事人协商，并经人民法院准许。

人民法院指定举证期限的，适用第一审普通程序审理的案件不得少于十五日，当事人提供新的证据的第二审案件不得少于十日。适用简易程序审理的案件不得超过十五日，小额诉讼案件的举证期限一般不得超过七日。

举证期限届满后，当事人提供反驳证据或者对已经提供的证据的来源、形式等方面的瑕疵进行补正的，人民法院可以酌情再次确定举证期限，该期限不受前款规定的期间限制。

第52条 当事人在举证期限内提供证据存在客观障碍，属于民事诉讼法第六十五条第二款规定的"当事人在该期限内提供证据确有困难"的情形。

前款情形，人民法院应当根据当事人的举证能力、不能在举证期限内提供证据的原因等因素综合判断。必要时，可以听取对方当事人的意见。

第 53 条 诉讼过程中,当事人主张的法律关系性质或者民事行为效力与人民法院根据案件事实作出的认定不一致的,人民法院应当将法律关系性质或者民事行为效力作为焦点问题进行审理。但法律关系性质对裁判理由及结果没有影响,或者有关问题已经当事人充分辩论的除外。

存在前款情形,当事人根据法庭审理情况变更诉讼请求的,人民法院应当准许并可以根据案件的具体情况重新指定举证期限。

第 54 条 当事人申请延长举证期限的,应当在举证期限届满前向人民法院提出书面申请。

申请理由成立的,人民法院应当准许,适当延长举证期限,并通知其他当事人。延长的举证期限适用于其他当事人。

申请理由不成立的,人民法院不予准许,并通知申请人。

2.《最高人民法院关于适用〈中华人民共和国民事诉讼法〉的解释》(2022 年 4 月 1 日)

第 231 条 当事人在法庭上提出新的证据的,人民法院应当依照民事诉讼法第六十八条第二款规定和本解释相关规定处理。

第一百四十三条 合并审理

> 原告增加诉讼请求,被告提出反诉,第三人提出与本案有关的诉讼请求,可以合并审理。

● 司法解释及文件

《最高人民法院关于适用〈中华人民共和国民事诉讼法〉的解释》(2022 年 4 月 1 日)

第 81 条 根据民事诉讼法第五十九条的规定,有独立请求权的第三人有权向人民法院提出诉讼请求和事实、理由,成为当事人;无独立请求权的第三人,可以申请或者由人民法院通知参加诉讼。

第一审程序中未参加诉讼的第三人，申请参加第二审程序的，人民法院可以准许。

第221条　基于同一事实发生的纠纷，当事人分别向同一人民法院起诉的，人民法院可以合并审理。

第232条　在案件受理后，法庭辩论结束前，原告增加诉讼请求，被告提出反诉，第三人提出与本案有关的诉讼请求，可以合并审理的，人民法院应当合并审理。

第233条　反诉的当事人应当限于本诉的当事人的范围。

反诉与本诉的诉讼请求基于相同法律关系、诉讼请求之间具有因果关系，或者反诉与本诉的诉讼请求基于相同事实的，人民法院应当合并审理。

反诉应由其他人民法院专属管辖，或者与本诉的诉讼标的及诉讼请求所依据的事实、理由无关联的，裁定不予受理，告知另行起诉。

第251条　二审裁定撤销一审判决发回重审的案件，当事人申请变更、增加诉讼请求或者提出反诉，第三人提出与本案有关的诉讼请求的，依照民事诉讼法第一百四十三条规定处理。

第326条　在第二审程序中，原审原告增加独立的诉讼请求或者原审被告提出反诉的，第二审人民法院可以根据当事人自愿的原则就新增加的诉讼请求或者反诉进行调解；调解不成的，告知当事人另行起诉。

双方当事人同意由第二审人民法院一并审理的，第二审人民法院可以一并裁判。

第一百四十四条　法庭辩论

法庭辩论按照下列顺序进行：

（一）原告及其诉讼代理人发言；

（二）被告及其诉讼代理人答辩；
（三）第三人及其诉讼代理人发言或者答辩；
（四）互相辩论。

法庭辩论终结，由审判长或者独任审判员按照原告、被告、第三人的先后顺序征询各方最后意见。

● 司法解释及文件

《最高人民法院关于适用〈中华人民共和国民事诉讼法〉的解释》（2022年4月1日）

第230条 人民法院根据案件具体情况并征得当事人同意，可以将法庭调查和法庭辩论合并进行。

第一百四十五条 法庭调解

法庭辩论终结，应当依法作出判决。判决前能够调解的，还可以进行调解，调解不成的，应当及时判决。

第一百四十六条 原告不到庭和中途退庭的处理

原告经传票传唤，无正当理由拒不到庭的，或者未经法庭许可中途退庭的，可以按撤诉处理；被告反诉的，可以缺席判决。

● 司法解释及文件

《最高人民法院关于适用〈中华人民共和国民事诉讼法〉的解释》（2022年4月1日）

第199条 适用简易程序审理的案件转为普通程序的，原告自接到人民法院交纳诉讼费用通知之日起七日内补交案件受理费。

原告无正当理由未按期足额补交的，按撤诉处理，已经收取的诉讼费用退还一半。

第213条　原告应当预交而未预交案件受理费，人民法院应当通知其预交，通知后仍不预交或者申请减、缓、免未获批准而仍不预交的，裁定按撤诉处理。

第214条　原告撤诉或者人民法院按撤诉处理后，原告以同一诉讼请求再次起诉的，人民法院应予受理。

原告撤诉或者按撤诉处理的离婚案件，没有新情况、新理由，六个月内又起诉的，比照民事诉讼法第一百二十七条第七项的规定不予受理。

第235条　无民事行为能力的当事人的法定代理人，经传票传唤无正当理由拒不到庭，属于原告方的，比照民事诉讼法第一百四十六条的规定，按撤诉处理；属于被告方的，比照民事诉讼法第一百四十七条的规定，缺席判决。必要时，人民法院可以拘传其到庭。

第236条　有独立请求权的第三人经人民法院传票传唤，无正当理由拒不到庭的，或者未经法庭许可中途退庭的，比照民事诉讼法第一百四十六条的规定，按撤诉处理。

第238条　当事人申请撤诉或者依法可以按撤诉处理的案件，如果当事人有违反法律的行为需要依法处理的，人民法院可以不准许撤诉或者不按撤诉处理。

法庭辩论终结后原告申请撤诉，被告不同意的，人民法院可以不予准许。

第240条　无独立请求权的第三人经人民法院传票传唤，无正当理由拒不到庭，或者未经法庭许可中途退庭的，不影响案件的审理。

第一百四十七条　被告不到庭和中途退庭的处理

被告经传票传唤，无正当理由拒不到庭的，或者未经法庭许可中途退庭的，可以缺席判决。

● **司法解释及文件**

《最高人民法院关于适用〈中华人民共和国民事诉讼法〉的解释》（2022年4月1日）

第234条 无民事行为能力人的离婚诉讼，当事人的法定代理人应当到庭；法定代理人不能到庭的，人民法院应当在查清事实的基础上，依法作出判决。

第235条 无民事行为能力的当事人的法定代理人，经传票传唤无正当理由拒不到庭，属于原告方的，比照民事诉讼法第一百四十六条的规定，按撤诉处理；属于被告方的，比照民事诉讼法第一百四十七条的规定，缺席判决。必要时，人民法院可以拘传其到庭。

第241条 被告经传票传唤无正当理由拒不到庭，或者未经法庭许可中途退庭的，人民法院应当按期开庭或者继续开庭审理，对到庭的当事人诉讼请求、双方的诉辩理由以及已经提交的证据及其他诉讼材料进行审理后，可以依法缺席判决。

第261条 适用简易程序审理案件，人民法院可以依照民事诉讼法第九十条、第一百六十二条的规定采取捎口信、电话、短信、传真、电子邮件等简便方式传唤双方当事人、通知证人和送达诉讼文书。

以简便方式送达的开庭通知，未经当事人确认或者没有其他证据证明当事人已经收到的，人民法院不得缺席判决。

适用简易程序审理案件，由审判员独任审判，书记员担任记录。

第一百四十八条　原告申请撤诉的处理

> 宣判前，原告申请撤诉的，是否准许，由人民法院裁定。
>
> 人民法院裁定不准许撤诉的，原告经传票传唤，无正当理由拒不到庭的，可以缺席判决。

● 司法解释及文件

1.《最高人民法院关于人民法院对经劳动争议仲裁裁决的纠纷准予撤诉或驳回起诉后劳动争议仲裁裁决从何时起生效的解释》（2000年7月10日）

为正确适用法律审理劳动争议案件，对人民法院裁定准予撤诉或驳回起诉后，劳动争议仲裁裁决从何时起生效的问题解释如下：

第1条 当事人不服劳动争议仲裁裁决向人民法院起诉后又申请撤诉，经人民法院审查准予撤诉的，原仲裁裁决自人民法院裁定送达当事人之日起发生法律效力。

第2条 当事人因超过起诉期间而被人民法院裁定驳回起诉的，原仲裁裁决自起诉期间届满之次日起恢复法律效力。

第3条 因仲裁裁决确定的主体资格错误或仲裁裁决事项不属于劳动争议，被人民法院驳回起诉的，原仲裁裁决不发生法律效力。

2.《最高人民法院关于适用〈中华人民共和国民事诉讼法〉的解释》（2022年4月1日）

第237条 有独立请求权的第三人参加诉讼后，原告申请撤诉，人民法院在准许原告撤诉后，有独立请求权的第三人作为另案原告，原案原告、被告作为另案被告，诉讼继续进行。

第238条 当事人申请撤诉或者依法可以按撤诉处理的案件，如果当事人有违反法律的行为需要依法处理的，人民法院可以不准许撤诉或者不按撤诉处理。

法庭辩论终结后原告申请撤诉，被告不同意的，人民法院可以不予准许。

第239条 人民法院准许本诉原告撤诉的，应当对反诉继续审理；被告申请撤回反诉的，人民法院应予准许。

第288条 公益诉讼案件的原告在法庭辩论终结后申请撤诉

的，人民法院不予准许。

第335条 在第二审程序中，当事人申请撤回上诉，人民法院经审查认为一审判决确有错误，或者当事人之间恶意串通损害国家利益、社会公共利益、他人合法权益的，不应准许。

第336条 在第二审程序中，原审原告申请撤回起诉，经其他当事人同意，且不损害国家利益、社会公共利益、他人合法权益的，人民法院可以准许。准许撤诉的，应当一并裁定撤销一审裁判。

原审原告在第二审程序中撤回起诉后重复起诉的，人民法院不予受理。

第337条 当事人在第二审程序中达成和解协议的，人民法院可以根据当事人的请求，对双方达成的和解协议进行审查并制作调解书送达当事人；因和解而申请撤诉，经审查符合撤诉条件的，人民法院应予准许。

第338条 第二审人民法院宣告判决可以自行宣判，也可以委托原审人民法院或者当事人所在地人民法院代行宣判。

第408条 一审原告在再审审理程序中申请撤回起诉，经其他当事人同意，且不损害国家利益、社会公共利益、他人合法权益的，人民法院可以准许。裁定准许撤诉的，应当一并撤销原判决。

一审原告在再审审理程序中撤回起诉后重复起诉的，人民法院不予受理。

第一百四十九条　延期审理

有下列情形之一的，可以延期开庭审理：

（一）必须到庭的当事人和其他诉讼参与人有正当理由没有到庭的；

（二）当事人临时提出回避申请的；

（三）需要通知新的证人到庭，调取新的证据，重新鉴定、勘验，或者需要补充调查的；

（四）其他应当延期的情形。

● 司法解释及文件

《最高人民法院关于严格规范民商事案件延长审限和延期开庭问题的规定》（2019 年 3 月 27 日）

第 2 条 民事诉讼法第一百四十六条第四项规定的"其他应当延期的情形"，是指因不可抗力或者意外事件导致庭审无法正常进行的情形。

第 3 条 人民法院应当严格限制延期开庭审理次数。适用普通程序审理民商事案件，延期开庭审理次数不超过两次；适用简易程序以及小额速裁程序审理民商事案件，延期开庭审理次数不超过一次。

第 4 条 基层人民法院及其派出的法庭审理事实清楚、权利义务关系明确、争议不大的简单民商事案件，适用简易程序。

基层人民法院及其派出的法庭审理符合前款规定且标的额为各省、自治区、直辖市上年度就业人员年平均工资两倍以下的民商事案件，应当适用简易程序，法律及司法解释规定不适用简易程序的案件除外。

适用简易程序审理的民商事案件，证据交换、庭前会议等庭前准备程序与开庭程序一并进行，不再另行组织。

适用简易程序的案件，不适用公告送达。

第 5 条 人民法院开庭审理民商事案件后，认为需要延期开庭审理的，应当依法告知当事人下次开庭的时间。两次开庭间隔时间不得超过一个月，但因不可抗力或当事人同意的除外。

第 6 条 独任审判员或者合议庭适用民事诉讼法第一百四十六条第四项规定决定延期开庭的，应当报本院院长批准。

第一百五十条　法庭笔录

书记员应当将法庭审理的全部活动记入笔录，由审判人员和书记员签名。

法庭笔录应当当庭宣读，也可以告知当事人和其他诉讼参与人当庭或者在五日内阅读。当事人和其他诉讼参与人认为对自己的陈述记录有遗漏或者差错的，有权申请补正。如果不予补正，应当将申请记录在案。

法庭笔录由当事人和其他诉讼参与人签名或者盖章。拒绝签名盖章的，记明情况附卷。

● **司法解释及文件**

《最高人民法院关于人民法院庭审录音录像的若干规定》（2017年2月22日）

第1条　人民法院开庭审判案件，应当对庭审活动进行全程录音录像。

第2条　人民法院应当在法庭内配备固定或者移动的录音录像设备。

有条件的人民法院可以在法庭安装使用智能语音识别同步转换文字系统。

第3条　庭审录音录像应当自宣布开庭时开始，至闭庭时结束。除下列情形外，庭审录音录像不得人为中断：

（一）休庭；

（二）公开庭审中的不公开举证、质证活动；

（三）不宜录制的调解活动。

负责录音录像的人员应当对录音录像的起止时间、有无中断等情况进行记录并附卷。

第4条　人民法院应当采取叠加同步录制时间或者其他措施保证庭审录音录像的真实和完整。

因设备故障或技术原因导致录音录像不真实、不完整的，负责录音录像的人员应当作出书面说明，经审判长或独任审判员审核签字后附卷。

第5条　人民法院应当使用专门设备在线或离线存储、备份庭审录音录像。因设备故障等原因导致不符合技术标准的录音录像，应当一并存储。

庭审录音录像的归档，按照人民法院电子诉讼档案管理规定执行。

第6条　人民法院通过使用智能语音识别系统同步转换生成的庭审文字记录，经审判人员、书记员、诉讼参与人核对签字后，作为法庭笔录管理和使用。

第7条　诉讼参与人对法庭笔录有异议并申请补正的，书记员可以播放庭审录音录像进行核对、补正；不予补正的，应当将申请记录在案。

第8条　适用简易程序审理民事案件的庭审录音录像，经当事人同意的，可以替代法庭笔录。

第9条　人民法院应当将替代法庭笔录的庭审录音录像同步保存在服务器或者刻录成光盘，并由当事人和其他诉讼参与人对其完整性校验值签字或者采取其他方法进行确认。

第10条　人民法院应当通过审判流程信息公开平台、诉讼服务平台以及其他便民诉讼服务平台，为当事人、辩护律师、诉讼代理人等依法查阅庭审录音录像提供便利。

对提供查阅的录音录像，人民法院应当设置必要的安全防范措施。

第11条　当事人、辩护律师、诉讼代理人等可以依照规定复制录音或者誊录庭审录音录像，必要时人民法院应当配备相应设施。

第12条　人民法院可以播放依法公开审理案件的庭审录音录像。

第13条　诉讼参与人、旁听人员违反法庭纪律或者有关法律规定，危害法庭安全、扰乱法庭秩序的，人民法院可以通过庭审录音录像进行调查核实，并将其作为追究法律责任的证据。

第14条　人民检察院、诉讼参与人认为庭审活动不规范或者违反法律规定的，人民法院应当结合庭审录音录像进行调查核实。

第15条　未经人民法院许可，任何人不得对庭审活动进行录音录像，不得对庭审录音录像进行拍录、复制、删除和迁移。

行为人实施前款行为的，依照规定追究其相应责任。

第16条　涉及国家秘密、商业秘密、个人隐私等庭审活动的录制，以及对庭审录音录像的存储、查阅、复制、誊录等，应当符合保密管理等相关规定。

第17条　庭审录音录像涉及的相关技术保障、技术标准和技术规范，由最高人民法院另行制定。

第18条　人民法院从事其他审判活动或者进行执行、听证、接访等活动需要进行录音录像的，参照本规定执行。

第19条　本规定自2017年3月1日起施行。最高人民法院此前发布的司法解释及规范性文件与本规定不一致的，以本规定为准。

第一百五十一条　宣告判决

人民法院对公开审理或者不公开审理的案件，一律公开宣告判决。

当庭宣判的，应当在十日内发送判决书；定期宣判的，宣判后立即发给判决书。

宣告判决时，必须告知当事人上诉权利、上诉期限和上诉的法院。

宣告离婚判决，必须告知当事人在判决发生法律效力前不得另行结婚。

● 司法解释及文件

《最高人民法院关于适用〈中华人民共和国民事诉讼法〉的解释》（2022年4月1日）

第253条 当庭宣判的案件，除当事人当庭要求邮寄发送裁判文书的外，人民法院应当告知当事人或者诉讼代理人领取裁判文书的时间和地点以及逾期不领取的法律后果。上述情况，应当记入笔录。

第一百五十二条　一审审限

人民法院适用普通程序审理的案件，应当在立案之日起六个月内审结。有特殊情况需要延长的，经本院院长批准，可以延长六个月；还需要延长的，报请上级人民法院批准。

● 司法解释及文件

1.《最高人民法院关于严格执行案件审理期限制度的若干规定》（2008年12月16日）

第2条 适用普通程序审理的第一审民事案件，期限为6个月；有特殊情况需要延长的，经本院院长批准，可以延长6个月，还需延长的，报请上一级人民法院批准，可以再延长3个月。

适用简易程序审理的民事案件，期限为3个月。

适用特别程序审理的民事案件，期限为30日；有特殊情况需要延长的，经本院院长批准，可以延长30日，但审理选民资格案件必须在选举日前审结。

审理第一审船舶碰撞、共同海损案件的期限为1年；有特殊情况需要延长的，经本院院长批准，可以延长6个月。

审理对民事判决的上诉案件，审理期限为3个月；有特殊情况需要延长的，经本院院长批准，可以延长3个月。

审理对民事裁定的上诉案件,审理期限为 30 日。

对罚款、拘留民事决定不服申请复议的,审理期限为 5 日。

审理涉外民事案件,根据民事诉讼法①第二百四十八条的规定,不受上述案件审理期限的限制。

第 8 条 案件的审理期限从立案次日起计算。

由简易程序转为普通程序审理的第一审刑事案件的期限,从决定转为普通程序次日起计算;由简易程序转为普通程序审理的第一审民事案件的期限,从立案次日起连续计算。

第 9 条 下列期间不计入审理、执行期限:

(一)刑事案件对被告人作精神病鉴定的期间;

(二)刑事案件因另行委托、指定辩护人,法院决定延期审理的,自案件宣布延期审理之日起至第 10 日正准备辩护的时间;

(三)公诉人发现案件需要补充侦查,提出延期审理建议后,合议庭同意延期审理的期间;

(四)刑事案件二审期间,检察院查阅案卷超过 7 日后的时间;

(五)因当事人、诉讼代理人、辩护人申请通知新的证人到庭、调取新的证据、申请重新鉴定或者勘验,法院决定延期审理 1 个月之内的期间;

(六)民事、行政案件公告、鉴定的期间;

(七)审理当事人提出的管辖权异议和处理法院之间的管辖争议的期间;

(八)民事、行政、执行案件由有关专业机构进行审计、评估、资产清理的期间;

(九)中止诉讼(审理)或执行至恢复诉讼(审理)或执行的期间;

---

① 对应 2023 年修正的《民事诉讼法》第 231 条。

（十）当事人达成执行和解或者提供执行担保后，执行法院决定暂缓执行的期间；

（十一）上级人民法院通知暂缓执行的期间；

（十二）执行中拍卖、变卖被查封、扣押财产的期间。

第10条 人民法院判决书宣判、裁定书宣告或者调解书送达最后一名当事人的日期为结案时间。如需委托宣判、送达的，委托宣判、送达的人民法院应当在审限届满前将判决书、裁定书、调解书送达受托人民法院。受托人民法院应当在收到委托书后7日内送达。

人民法院判决书宣判、裁定书宣告或者调解书送达有下列情形之一的，结案时间遵守以下规定：

（一）留置送达的，以裁判文书留在受送达人的住所日为结案时间；

（二）公告送达的，以公告刊登之日为结案时间；

（三）邮寄送达的，以交邮日期为结案时间；

（四）通过有关单位转交送达的，以送达回证上当事人签收的日期为结案时间。

第12条 民事案件应当在审理期限届满10日前向本院院长提出申请；还需延长的，应当在审理期限届满10日前向上一级人民法院提出申请。

第13条 行政案件应当在审理期限届满10日前向高级人民法院或者最高人民法院提出申请。

第14条 对于下级人民法院申请延长办案期限的报告，上级人民法院应当在审理期限届满3日前作出决定，并通知提出申请延长审理期限的人民法院。

需要本院院长批准延长办案期限的，院长应当在审限届满前批准或者决定。

2.《最高人民法院关于适用〈中华人民共和国民事诉讼法〉的解释》（2022年4月1日）

第243条 民事诉讼法第一百五十二条规定的审限，是指从立案之日起至裁判宣告、调解书送达之日止的期间，但公告期间、鉴定期间、双方当事人和解期间、审理当事人提出的管辖异议以及处理人民法院之间的管辖争议期间不应计算在内。

第四节 诉讼中止和终结

第一百五十三条 诉讼中止

有下列情形之一的，中止诉讼：

（一）一方当事人死亡，需要等待继承人表明是否参加诉讼的；

（二）一方当事人丧失诉讼行为能力，尚未确定法定代理人的；

（三）作为一方当事人的法人或者其他组织终止，尚未确定权利义务承受人的；

（四）一方当事人因不可抗拒的事由，不能参加诉讼的；

（五）本案必须以另一案的审理结果为依据，而另一案尚未审结的；

（六）其他应当中止诉讼的情形。

中止诉讼的原因消除后，恢复诉讼。

● 司法解释及文件

1.《最高人民法院关于审理植物新品种纠纷案件若干问题的解释》（2020年12月29日）

第6条 人民法院审理侵害植物新品种权纠纷案件，被告在答辩期间内向植物新品种审批机关请求宣告该植物新品种权无效的，人民法院一般不中止诉讼。

2. 《最高人民法院关于审理专利纠纷案件适用法律问题的若干规定》（2020 年 12 月 29 日）

第 5 条　人民法院受理的侵犯实用新型、外观设计专利权纠纷案件，被告在答辩期间内请求宣告该项专利权无效的，人民法院应当中止诉讼，但具备下列情形之一的，可以不中止诉讼：

（一）原告出具的检索报告或者专利权评价报告未发现导致实用新型或者外观设计专利权无效的事由的；

（二）被告提供的证据足以证明其使用的技术已经公知的；

（三）被告请求宣告该项专利权无效所提供的证据或者依据的理由明显不充分的；

（四）人民法院认为不应当中止诉讼的其他情形。

第 6 条　人民法院受理的侵犯实用新型、外观设计专利权纠纷案件，被告在答辩期间届满后请求宣告该项专利权无效的，人民法院不应当中止诉讼，但经审查认为有必要中止诉讼的除外。

第 7 条　人民法院受理的侵犯发明专利权纠纷案件或者经国务院专利行政部门审查维持专利权的侵犯实用新型、外观设计专利权纠纷案件，被告在答辩期间内请求宣告该项专利权无效的，人民法院可以不中止诉讼。

3. 《最高人民法院关于适用〈中华人民共和国民事诉讼法〉的解释》（2022 年 4 月 1 日）

第 246 条　裁定中止诉讼的原因消除，恢复诉讼程序时，不必撤销原裁定，从人民法院通知或者准许当事人双方继续进行诉讼时起，中止诉讼的裁定即失去效力。

第一百五十四条　诉讼终结

有下列情形之一的，终结诉讼：

（一）原告死亡，没有继承人，或者继承人放弃诉讼权利的；

（二）被告死亡，没有遗产，也没有应当承担义务的人的；

（三）离婚案件一方当事人死亡的；

（四）追索赡养费、扶养费、抚养费以及解除收养关系案件的一方当事人死亡的。

第五节 判决和裁定

第一百五十五条　判决书的内容

判决书应当写明判决结果和作出该判决的理由。判决书内容包括：

（一）案由、诉讼请求、争议的事实和理由；

（二）判决认定的事实和理由、适用的法律和理由；

（三）判决结果和诉讼费用的负担；

（四）上诉期间和上诉的法院。

判决书由审判人员、书记员署名，加盖人民法院印章。

● 司法解释及文件

1.《最高人民法院关于民事诉讼证据的若干规定》（2019年12月25日）

第85条　人民法院应当以证据能够证明的案件事实为根据依法作出裁判。

审判人员应当依照法定程序，全面、客观地审核证据，依据法律的规定，遵循法官职业道德，运用逻辑推理和日常生活经验，对证据有无证明力和证明力大小独立进行判断，并公开判断的理由和结果。

第97条　人民法院应当在裁判文书中阐明证据是否采纳的理由。

对当事人无争议的证据，是否采纳的理由可以不在裁判文书中表述。

2.《最高人民法院关于裁判文书引用法律、法规等规范性法律文件的规定》（2009年10月26日）

为进一步规范裁判文书引用法律、法规等规范性法律文件的工作，提高裁判质量，确保司法统一，维护法律权威，根据《中华人民共和国立法法》等法律规定，制定本规定。

第1条 人民法院的裁判文书应当依法引用相关法律、法规等规范性法律文件作为裁判依据。引用时应当准确完整写明规范性法律文件的名称、条款序号，需要引用具体条文的，应当整条引用。

第2条 并列引用多个规范性法律文件的，引用顺序如下：法律及法律解释、行政法规、地方性法规、自治条例或者单行条例、司法解释。同时引用两部以上法律的，应当先引用基本法律，后引用其他法律。引用包括实体法和程序法的，先引用实体法，后引用程序法。

第3条 刑事裁判文书应当引用法律、法律解释或者司法解释。刑事附带民事诉讼裁判文书引用规范性法律文件，同时适用本规定第四条规定。

第4条 民事裁判文书应当引用法律、法律解释或者司法解释。对于应当适用的行政法规、地方性法规或者自治条例和单行条例，可以直接引用。

第5条 行政裁判文书应当引用法律、法律解释、行政法规或者司法解释。对于应当适用的地方性法规、自治条例和单行条例、国务院或者国务院授权的部门公布的行政法规解释或者行政规章，可以直接引用。

第6条 对于本规定第三条、第四条、第五条规定之外的规范性文件，根据审理案件的需要，经审查认定为合法有效的，可以作为裁判说理的依据。

第7条 人民法院制作裁判文书确需引用的规范性法律文件之间存在冲突，根据立法法等有关法律规定无法选择适用的，应当依法提请有决定权的机关做出裁决，不得自行在裁判文书中认定相关规范性法律文件的效力。

第8条 本院以前发布的司法解释与本规定不一致的，以本规定为准。

3.《最高人民法院关于加强和规范裁判文书释法说理的指导意见》（2018年6月1日）

为进一步加强和规范人民法院裁判文书释法说理工作，提高释法说理水平和裁判文书质量，结合审判工作实际，提出如下指导意见。

一、裁判文书释法说理的目的是通过阐明裁判结论的形成过程和正当性理由，提高裁判的可接受性，实现法律效果和社会效果的有机统一；其主要价值体现在增强裁判行为公正度、透明度，规范审判权行使，提升司法公信力和司法权威，发挥裁判的定分止争和价值引领作用，弘扬社会主义核心价值观，努力让人民群众在每一个司法案件中感受到公平正义，切实维护诉讼当事人合法权益，促进社会和谐稳定。

二、裁判文书释法说理，要阐明事理，说明裁判所认定的案件事实及其根据和理由，展示案件事实认定的客观性、公正性和准确性；要释明法理，说明裁判所依据的法律规范以及适用法律规范的理由；要讲明情理，体现法理情相协调，符合社会主流价值观；要讲究文理，语言规范，表达准确，逻辑清晰，合理运用说理技巧，增强说理效果。

三、裁判文书释法说理，要立场正确、内容合法、程序正当，符合社会主义核心价值观的精神和要求；要围绕证据审查判断、事实认定、法律适用进行说理，反映推理过程，做到层次分明；要针对诉讼主张和诉讼争点、结合庭审情况进行说理，做到有的放矢；要根据案件社会影响、审判程序、诉讼阶段等不同情况进行繁简适度的说理，简案略说，繁案精说，力求恰到好处。

四、裁判文书中对证据的认定，应当结合诉讼各方举证质证以及法庭调查核实证据等情况，根据证据规则，运用逻辑推理和经验法则，必要时使用推定和司法认知等方法，围绕证据的关联性、合法性和真实性进行全面、客观、公正的审查判断，阐明证据采纳和采信的理由。

五、刑事被告人及其辩护人提出排除非法证据申请的，裁判文书应当说明是否对证据收集的合法性进行调查、证据是否排除及其理由。民事、行政案件涉及举证责任分配或者证明标准争议的，裁判文书应当说明理由。

六、裁判文书应当结合庭审举证、质证、法庭辩论以及法庭调查核实证据等情况，重点针对裁判认定的事实或者事实争点进行释法说理。依据间接证据认定事实时，应当围绕间接证据之间是否存在印证关系、是否能够形成完整的证明体系等进行说理。采用推定方法认定事实时，应当说明推定启动的原因、反驳的事实和理由，阐释裁断的形成过程。

七、诉讼各方对案件法律适用无争议且法律含义不需要阐明的，裁判文书应当集中围绕裁判内容和尺度进行释法说理。诉讼各方对案件法律适用存有争议或者法律含义需要阐明的，法官应当逐项回应法律争议焦点并说明理由。法律适用存在法律规范竞合或者冲突的，裁判文书应当说明选择的理由。民事案件没有明确的法律规定作为裁判直接依据的，法官应当首先寻找最相类似的法律规定作出裁判；如果没有最相类似的法律规定，法官可以依据习惯、法律原则、立法目的等作出裁判，并合理运用法律方法对裁判依据进行充分论证和说理。法官行使自由裁量权处理案件时，应当坚持合法、合理、公正和审慎的原则，充分论证运用自由裁量权的依据,并阐明自由裁量所考虑的相关因素。

八、下列案件裁判文书,应当强化释法说理:疑难、复杂案件;诉讼各方争议较大的案件;社会关注度较高、影响较大的案件;宣告无罪、判处法定刑以下刑罚、判处死刑的案件;行政诉讼中对被诉行政行为所依据的规范性文件一并进行审查的案件;判决变更行政行为的案件;新类型或者可能成为指导性案例的案件;抗诉案件;二审改判或者发回重审的案件;重审案件;再审案件;其他需要强化说理的案件。

九、下列案件裁判文书,可以简化释法说理:适用民事简易程序、小额诉讼程序审理的案件;适用民事特别程序、督促程序及公示催告程序审理的案件;适用刑事速裁程序、简易程序审理的案件;当事人达成和解协议的轻微刑事案件;适用行政简易程序审理的案件;适用普通程序审理但是诉讼各方争议不大的案件;其他适宜简化说理的案件。

十、二审或者再审裁判文书应当针对上诉、抗诉、申请再审的主张和理由强化释法说理。二审或者再审裁判文书认定的事实与一审或者原审不同的,或者认为一审、原审认定事实不清、适用法律错误的,应当在查清事实、纠正法律适用错误的基础上进行有针对性的说理;针对一审或者原审已经详尽阐述理由且诉讼各方无争议或者无新证据、新理由的事项,可以简化释法说理。

十一、制作裁判文书应当遵循《人民法院民事裁判文书制作规范》《民事申请再审诉讼文书样式》《涉外商事海事裁判文书写作规范》《人民法院破产程序法律文书样式(试行)》《民事简易程序诉讼文书样式(试行)》《人民法院刑事诉讼文书样式》《行政诉讼文书样式(试行)》《人民法院国家赔偿案件文书样式》等规定的技术规范标准,但是可以根据案件情况合理调整事实认定和说理部分的体例结构。

十二、裁判文书引用规范性法律文件进行释法说理,应当适用《最高人民法院关于裁判文书引用法律、法规等规范性法律文件的规定》等相关规定，准确、完整地写明规范性法律文件的名称、条款项序号；需要加注引号引用条文内容的，应当表述准确和完整。

十三、除依据法律法规、司法解释的规定外，法官可以运用下列论据论证裁判理由，以提高裁判结论的正当性和可接受性：最高人民法院发布的指导性案例；最高人民法院发布的非司法解释类审判业务规范性文件；公理、情理、经验法则、交易惯例、民间规约、职业伦理；立法说明等立法材料；采取历史、体系、比较等法律解释方法时使用的材料；法理及通行学术观点；与法律、司法解释等规范性法律文件不相冲突的其他论据。

十四、为便于释法说理，裁判文书可以选择采用下列适当的表达方式：案情复杂的，采用列明裁判要点的方式；案件事实或数额计算复杂的，采用附表的方式；裁判内容用附图的方式更容易表达清楚的，采用附图的方式；证据过多的，采用附录的方式呈现构成证据链的全案证据或证据目录；采用其他附件方式。

十五、裁判文书行文应当规范、准确、清楚、朴实、庄重、凝炼，一般不得使用方言、俚语、土语、生僻词语、古旧词语、外语；特殊情形必须使用的，应当注明实际含义。裁判文书释法说理应当避免使用主观臆断的表达方式、不恰当的修辞方法和学术化的写作风格，不得使用贬损人格尊严、具有强烈感情色彩、明显有违常识常理常情的用语，不能未经分析论证而直接使用"没有事实及法律依据，本院不予支持"之类的表述作为结论性论断。

十六、各级人民法院应当定期收集、整理和汇编辖区内法院具有指导意义的优秀裁判文书，充分发挥典型案例释法说理的引导、规范和教育功能。

十七、人民法院应当将裁判文书的制作和释法说理作为考核法官业务能力和审判质效的必备内容，确立为法官业绩考核的重要指标，纳入法官业绩档案。

十八、最高人民法院建立符合裁判文书释法说理规律的统一裁判文书质量评估体系和评价机制，定期组织裁判文书释法说理评查活动，评选发布全国性的优秀裁判文书，通报批评瑕疵裁判文书，并作为监督指导地方各级人民法院审判工作的重要内容。

十九、地方各级人民法院应当将裁判文书释法说理作为裁判文书质量评查的重要内容，纳入年度常规性工作之中，推动建立第三方开展裁判文书质量评价活动。

二十、各级人民法院可以根据本指导意见，结合实际制定刑事、民事、行政、国家赔偿、执行等裁判文书释法说理的实施细则。

二十一、本指导意见自2018年6月13日起施行。

第一百五十六条　先行判决

人民法院审理案件，其中一部分事实已经清楚，可以就该部分先行判决。

第一百五十七条　裁定

裁定适用于下列范围：

（一）不予受理；

（二）对管辖权有异议的；

（三）驳回起诉；

（四）保全和先予执行；

（五）准许或者不准许撤诉；

（六）中止或者终结诉讼；

（七）补正判决书中的笔误；

（八）中止或者终结执行；

（九）撤销或者不予执行仲裁裁决；
（十）不予执行公证机关赋予强制执行效力的债权文书；
（十一）其他需要裁定解决的事项。

对前款第一项至第三项裁定，可以上诉。

裁定书应当写明裁定结果和作出该裁定的理由。裁定书由审判人员、书记员署名，加盖人民法院印章。口头裁定的，记入笔录。

第一百五十八条　一审裁判的生效

最高人民法院的判决、裁定，以及依法不准上诉或者超过上诉期没有上诉的判决、裁定，是发生法律效力的判决、裁定。

第一百五十九条　判决、裁定的公开

公众可以查阅发生法律效力的判决书、裁定书，但涉及国家秘密、商业秘密和个人隐私的内容除外。

● 司法解释及文件

《最高人民法院关于适用〈中华人民共和国民事诉讼法〉的解释》（2022年4月1日）

第254条　公民、法人或者其他组织申请查阅发生法律效力的判决书、裁定书的，应当向作出该生效裁判的人民法院提出。申请应当以书面形式提出，并提供具体的案号或者当事人姓名、名称。

第255条　对于查阅判决书、裁定书的申请，人民法院根据下列情形分别处理：

（一）判决书、裁定书已经通过信息网络向社会公开的，应当引导申请人自行查阅；

（二）判决书、裁定书未通过信息网络向社会公开，且申请符合要求的，应当及时提供便捷的查阅服务；

（三）判决书、裁定书尚未发生法律效力，或者已失去法律效力的，不提供查阅并告知申请人；

（四）发生法律效力的判决书、裁定书不是本院作出的，应当告知申请人向作出生效裁判的人民法院申请查阅；

（五）申请查阅的内容涉及国家秘密、商业秘密、个人隐私的，不予准许并告知申请人。

第十三章 简 易 程 序

第一百六十条 简易程序的适用范围

> 基层人民法院和它派出的法庭审理事实清楚、权利义务关系明确、争议不大的简单的民事案件，适用本章规定。
>
> 基层人民法院和它派出的法庭审理前款规定以外的民事案件，当事人双方也可以约定适用简易程序。

● 司法解释及文件

1.《最高人民法院关于适用简易程序审理民事案件的若干规定》（2020年12月29日）

第1条 基层人民法院根据民事诉讼法第一百五十七条规定审理简单的民事案件，适用本规定，但有下列情形之一的案件除外：

（一）起诉时被告下落不明的；

（二）发回重审的；

（三）共同诉讼中一方或者双方当事人人数众多的；

（四）法律规定应当适用特别程序、审判监督程序、督促程序、公示催告程序和企业法人破产还债程序的；

（五）人民法院认为不宜适用简易程序进行审理的。

第2条　基层人民法院适用第一审普通程序审理的民事案件，当事人各方自愿选择适用简易程序，经人民法院审查同意的，可以适用简易程序进行审理。

人民法院不得违反当事人自愿原则，将普通程序转为简易程序。

第3条　当事人就适用简易程序提出异议，人民法院认为异议成立的，或者人民法院在审理过程中发现不宜适用简易程序的，应当将案件转入普通程序审理。

2.《最高人民法院关于适用〈中华人民共和国民事诉讼法〉的解释》（2022年4月1日）

第256条　民事诉讼法第一百六十条规定的简单民事案件中的事实清楚，是指当事人对争议的事实陈述基本一致，并能提供相应的证据，无须人民法院调查收集证据即可查明事实；权利义务关系明确是指能明确区分谁是责任的承担者，谁是权利的享有者；争议不大是指当事人对案件的是非、责任承担以及诉讼标的争执无原则分歧。

第257条　下列案件，不适用简易程序：

（一）起诉时被告下落不明的；

（二）发回重审的；

（三）当事人一方人数众多的；

（四）适用审判监督程序的；

（五）涉及国家利益、社会公共利益的；

（六）第三人起诉请求改变或者撤销生效判决、裁定、调解书的；

（七）其他不宜适用简易程序的案件。

第一百六十一条　简易程序的起诉方式和受理程序

对简单的民事案件，原告可以口头起诉。

当事人双方可以同时到基层人民法院或者它派出的法庭，请求解决纠纷。基层人民法院或者它派出的法庭可以当即审理，也可以另定日期审理。

● 司法解释及文件

1.《最高人民法院关于适用简易程序审理民事案件的若干规定》（2020年12月29日）

第4条　原告本人不能书写起诉状，委托他人代写起诉状确有困难的，可以口头起诉。

原告口头起诉的，人民法院应当将当事人的基本情况、联系方式、诉讼请求、事实及理由予以准确记录，将相关证据予以登记。人民法院应当将上述记录和登记的内容向原告当面宣读，原告认为无误后应当签名或者按指印。

第5条　当事人应当在起诉或者答辩时向人民法院提供自己准确的送达地址、收件人、电话号码等其他联系方式，并签名或者按指印确认。

送达地址应当写明受送达人住所地的邮政编码和详细地址；受送达人是有固定职业的自然人的，其从业的场所可以视为送达地址。

第8条　人民法院按照原告提供的被告的送达地址或者其他联系方式无法通知被告应诉的，应当按以下情况分别处理：

（一）原告提供了被告准确的送达地址，但人民法院无法向被告直接送达或者留置送达应诉通知书的，应当将案件转入普通程序审理；

（二）原告不能提供被告准确的送达地址，人民法院经查证后仍不能确定被告送达地址的，可以被告不明确为由裁定驳回原告起诉。

2.《最高人民法院关于适用〈中华人民共和国民事诉讼法〉的解释》（2022年4月1日）

第264条 当事人双方根据民事诉讼法第一百六十条第二款规定约定适用简易程序的，应当在开庭前提出。口头提出的，记入笔录，由双方当事人签名或者捺印确认。

本解释第二百五十七条规定的案件，当事人约定适用简易程序的，人民法院不予准许。

第265条 原告口头起诉的，人民法院应当将当事人的姓名、性别、工作单位、住所、联系方式等基本信息，诉讼请求，事实及理由等准确记入笔录，由原告核对无误后签名或者捺印。对当事人提交的证据材料，应当出具收据。

第一百六十二条　简易程序的传唤方式

基层人民法院和它派出的法庭审理简单的民事案件，可以用简便方式传唤当事人和证人、送达诉讼文书、审理案件，但应当保障当事人陈述意见的权利。

● 司法解释及文件

1.《最高人民法院关于适用简易程序审理民事案件的若干规定》（2020年12月29日）

第6条 原告起诉后，人民法院可以采取捎口信、电话、传真、电子邮件等简便方式随时传唤双方当事人、证人。

2.《最高人民法院关于适用〈中华人民共和国民事诉讼法〉的解释》（2022年4月1日）

第261条 适用简易程序审理案件，人民法院可以依照民事诉讼法第九十条、第一百六十二条的规定采取捎口信、电话、短信、传真、电子邮件等简便方式传唤双方当事人、通知证人和送达诉讼文书。

以简便方式送达的开庭通知，未经当事人确认或者没有其他证据证明当事人已经收到的，人民法院不得缺席判决。

适用简易程序审理案件，由审判员独任审判，书记员担任记录。

第一百六十三条　简易程序的独任审理

> 简单的民事案件由审判员一人独任审理，并不受本法第一百三十九条、第一百四十一条、第一百四十四条规定的限制。

● **司法解释及文件**

1. 《最高人民法院关于适用简易程序审理民事案件的若干规定》（2020年12月29日）

第8条　人民法院按照原告提供的被告的送达地址或者其他联系方式无法通知被告应诉的，应当按以下情况分别处理：

（一）原告提供了被告准确的送达地址，但人民法院无法向被告直接送达或者留置送达应诉通知书的，应当将案件转入普通程序审理；

（二）原告不能提供被告准确的送达地址，人民法院经查证后仍不能确定被告送达地址的，可以被告不明确为由裁定驳回原告起诉。

第18条　以捎口信、电话、传真、电子邮件等形式发送的开庭通知，未经当事人确认或者没有其他证据足以证明当事人已经收到的，人民法院不得将其作为按撤诉处理和缺席判决的根据。

第19条　开庭前已经书面或者口头告知当事人诉讼权利义务，或者当事人各方均委托律师代理诉讼的，审判人员除告知当事人申请回避的权利外，可以不再告知当事人其他的诉讼权利义务。

第20条　对没有委托律师代理诉讼的当事人，审判人员应当对回避、自认、举证责任等相关内容向其作必要的解释或者说明，并在庭审过程中适当提示当事人正确行使诉讼权利、履行诉讼义务，指导当事人进行正常的诉讼活动。

第21条　开庭时，审判人员可以根据当事人的诉讼请求和答辩意见归纳出争议焦点，经当事人确认后，由当事人围绕争议焦点举证、质证和辩论。

当事人对案件事实无争议的，审判人员可以在听取当事人就适用法律方面的辩论意见后迳行判决、裁定。

第22条　当事人双方同时到基层人民法院请求解决简单的民事纠纷，但未协商举证期限，或者被告一方经简便方式传唤到庭的，当事人在开庭审理时要求当庭举证的，应予准许；当事人当庭举证有困难的，举证的期限由当事人协商决定，但最长不得超过十五日；协商不成的，由人民法院决定。

第23条　适用简易程序审理的民事案件，应当一次开庭审结，但人民法院认为确有必要再次开庭的除外。

第24条　书记员应当将适用简易程序审理民事案件的全部活动记入笔录。对于下列事项，应当详细记载：

（一）审判人员关于当事人诉讼权利义务的告知、争议焦点的概括、证据的认定和裁判的宣告等重大事项；

（二）当事人申请回避、自认、撤诉、和解等重大事项；

（三）当事人当庭陈述的与其诉讼权利直接相关的其他事项。

第25条　庭审结束时，审判人员可以根据案件的审理情况对争议焦点和当事人各方举证、质证和辩论的情况进行简要总结，并就是否同意调解征询当事人的意见。

第26条　审判人员在审理过程中发现案情复杂需要转为普

通程序的,应当在审限届满前及时作出决定,并书面通知当事人。

2.《最高人民法院关于适用〈中华人民共和国民事诉讼法〉的解释》(2022年4月1日)

第259条 当事人双方可就开庭方式向人民法院提出申请,由人民法院决定是否准许。经当事人双方同意,可以采用视听传输技术等方式开庭。

第260条 已经按照普通程序审理的案件,在开庭后不得转为简易程序审理。

第261条 适用简易程序审理案件,人民法院可以依照民事诉讼法第九十条、第一百六十二条的规定采取捎口信、电话、短信、传真、电子邮件等简便方式传唤双方当事人、通知证人和送达诉讼文书。

以简便方式送达的开庭通知,未经当事人确认或者没有其他证据证明当事人已经收到的,人民法院不得缺席判决。

适用简易程序审理案件,由审判员独任审判,书记员担任记录。

第262条 人民法庭制作的判决书、裁定书、调解书,必须加盖基层人民法院印章,不得用人民法庭的印章代替基层人民法院的印章。

第263条 适用简易程序审理案件,卷宗中应当具备以下材料:

(一)起诉状或者口头起诉笔录;

(二)答辩状或者口头答辩笔录;

(三)当事人身份证明材料;

(四)委托他人代理诉讼的授权委托书或者口头委托笔录;

(五)证据;

(六)询问当事人笔录;

（七）审理（包括调解）笔录；

（八）判决书、裁定书、调解书或者调解协议；

（九）送达和宣判笔录；

（十）执行情况；

（十一）诉讼费收据；

（十二）适用民事诉讼法第一百六十五条规定审理的，有关程序适用的书面告知。

第266条 适用简易程序案件的举证期限由人民法院确定，也可以由当事人协商一致并经人民法院准许，但不得超过十五日。被告要求书面答辩的，人民法院可在征得其同意的基础上，合理确定答辩期间。

人民法院应当将举证期限和开庭日期告知双方当事人，并向当事人说明逾期举证以及拒不到庭的法律后果，由双方当事人在笔录和开庭传票的送达回证上签名或者捺印。

当事人双方均表示不需要举证期限、答辩期间的，人民法院可以立即开庭审理或者确定开庭日期。

第267条 适用简易程序审理案件，可以简便方式进行审理前的准备。

第268条 对没有委托律师、基层法律服务工作者代理诉讼的当事人，人民法院在庭审过程中可以对回避、自认、举证证明责任等相关内容向其作必要的解释或者说明，并在庭审过程中适当提示当事人正确行使诉讼权利、履行诉讼义务。

第269条 当事人就案件适用简易程序提出异议，人民法院经审查，异议成立的，裁定转为普通程序；异议不成立的，裁定驳回。裁定以口头方式作出的，应当记入笔录。

转为普通程序的，人民法院应当将审判人员及相关事项以书面形式通知双方当事人。

转为普通程序前，双方当事人已确认的事实，可以不再进行举证、质证。

第270条 适用简易程序审理的案件,有下列情形之一的,人民法院在制作判决书、裁定书、调解书时,对认定事实或者裁判理由部分可以适当简化:

(一)当事人达成调解协议并需要制作民事调解书的;

(二)一方当事人明确表示承认对方全部或者部分诉讼请求的;

(三)涉及商业秘密、个人隐私的案件,当事人一方要求简化裁判文书中的相关内容,人民法院认为理由正当的;

(四)当事人双方同意简化的。

第一百六十四条　简易程序的审限

人民法院适用简易程序审理案件,应当在立案之日起三个月内审结。有特殊情况需要延长的,经本院院长批准,可以延长一个月。

● 司法解释及文件

《最高人民法院关于适用〈中华人民共和国民事诉讼法〉的解释》(2022年4月1日)

第258条 适用简易程序审理的案件,审理期限到期后,有特殊情况需要延长的,经本院院长批准,可以延长审理期限。延长后的审理期限累计不得超过四个月。

人民法院发现案件不宜适用简易程序,需要转为普通程序审理的,应当在审理期限届满前作出裁定并将审判人员及相关事项书面通知双方当事人。

案件转为普通程序审理的,审理期限自人民法院立案之日计算。

第一百六十五条　小额诉讼程序

> 基层人民法院和它派出的法庭审理事实清楚、权利义务关系明确、争议不大的简单金钱给付民事案件，标的额为各省、自治区、直辖市上年度就业人员年平均工资百分之五十以下的，适用小额诉讼的程序审理，实行一审终审。
>
> 基层人民法院和它派出的法庭审理前款规定的民事案件，标的额超过各省、自治区、直辖市上年度就业人员年平均工资百分之五十但在二倍以下的，当事人双方也可以约定适用小额诉讼的程序。

● 司法解释及文件

《最高人民法院关于适用〈中华人民共和国民事诉讼法〉的解释》（2022年4月1日）

第271条　人民法院审理小额诉讼案件，适用民事诉讼法第一百六十五条的规定，实行一审终审。

第272条　民事诉讼法第一百六十五条规定的各省、自治区、直辖市上年度就业人员年平均工资，是指已经公布的各省、自治区、直辖市上一年度就业人员年平均工资。在上一年度就业人员年平均工资公布前，以已经公布的最近年度就业人员年平均工资为准。

第273条　海事法院可以适用小额诉讼的程序审理海事、海商案件。案件标的额应当以实际受理案件的海事法院或者其派出法庭所在的省、自治区、直辖市上年度就业人员年平均工资为基数计算。

第274条　人民法院受理小额诉讼案件，应当向当事人告知该类案件的审判组织、一审终审、审理期限、诉讼费用交纳标准等相关事项。

第275条　小额诉讼案件的举证期限由人民法院确定，也可以由当事人协商一致并经人民法院准许，但一般不超过七日。

被告要求书面答辩的，人民法院可以在征得其同意的基础上合理确定答辩期间，但最长不得超过十五日。

当事人到庭后表示不需要举证期限和答辩期间的，人民法院可立即开庭审理。

第276条 当事人对小额诉讼案件提出管辖异议的，人民法院应当作出裁定。裁定一经作出即生效。

第277条 人民法院受理小额诉讼案件后，发现起诉不符合民事诉讼法第一百二十二条规定的起诉条件的，裁定驳回起诉。裁定一经作出即生效。

第278条 因当事人申请增加或者变更诉讼请求、提出反诉、追加当事人等，致使案件不符合小额诉讼案件条件的，应当适用简易程序的其他规定审理。

前款规定案件，应当适用普通程序审理的，裁定转为普通程序。

适用简易程序的其他规定或者普通程序审理前，双方当事人已确认的事实，可以不再进行举证、质证。

第279条 当事人对按照小额诉讼案件审理有异议的，应当在开庭前提出。人民法院经审查，异议成立的，适用简易程序的其他规定审理或者裁定转为普通程序；异议不成立的，裁定驳回。裁定以口头方式作出的，应当记入笔录。

第280条 小额诉讼案件的裁判文书可以简化，主要记载当事人基本信息、诉讼请求、裁判主文等内容。

第281条 人民法院审理小额诉讼案件，本解释没有规定的，适用简易程序的其他规定。

第282条 环境保护法、消费者权益保护法等法律规定的机关和有关组织对污染环境、侵害众多消费者合法权益等损害社会公共利益的行为，根据民事诉讼法第五十八条规定提起公益诉讼，符合下列条件的，人民法院应当受理：

（一）有明确的被告；
（二）有具体的诉讼请求；
（三）有社会公共利益受到损害的初步证据；
（四）属于人民法院受理民事诉讼的范围和受诉人民法院管辖。

第283条 公益诉讼案件由侵权行为地或者被告住所地中级人民法院管辖，但法律、司法解释另有规定的除外。

因污染海洋环境提起的公益诉讼，由污染发生地、损害结果地或者采取预防污染措施地海事法院管辖。

对同一侵权行为分别向两个以上人民法院提起公益诉讼的，由最先立案的人民法院管辖，必要时由它们的共同上级人民法院指定管辖。

第一百六十六条　不适用小额诉讼程序的案件

人民法院审理下列民事案件，不适用小额诉讼的程序：
（一）人身关系、财产确权案件；
（二）涉外案件；
（三）需要评估、鉴定或者对诉前评估、鉴定结果有异议的案件；
（四）一方当事人下落不明的案件；
（五）当事人提出反诉的案件；
（六）其他不宜适用小额诉讼的程序审理的案件。

● 司法解释及文件

1. 《最高人民法院关于印发〈民事诉讼程序繁简分流改革试点实施办法〉的通知》（2020年1月15日）

第6条 下列案件，不适用小额诉讼程序审理：
（一）人身关系、财产确权纠纷；

（二）涉外民事纠纷；

（三）需要评估、鉴定或者对诉前评估、鉴定结果有异议的纠纷；

（四）一方当事人下落不明的纠纷；

（五）其他不宜适用小额诉讼程序审理的纠纷。

第 11 条　适用小额诉讼程序审理的案件，出现下列情形之一，符合适用简易程序审理条件的，裁定转为简易程序审理：

（一）当事人认为案件不符合本办法第五条、第六条关于小额诉讼程序适用条件的规定，向人民法院提出异议，经审查认为异议成立的；

（二）当事人申请增加或者变更诉讼请求、追加当事人，致使案件标的额在人民币五万元以上、十万元以下，且一方当事人不同意继续适用小额诉讼程序的；

（三）当事人申请增加或者变更诉讼请求、追加当事人，致使案件标的额在人民币十万元以上或者不符合小额诉讼程序适用条件的；

（四）当事人提出反诉的；

（五）需要鉴定、评估、审计的；

（六）其他不宜继续适用小额诉讼程序的情形。

适用小额诉讼程序审理的案件，审理中发现案情疑难复杂，并且不适宜适用简易程序审理的，裁定转为普通程序审理。由小额诉讼程序转为简易程序审理的案件，一般不得再转为普通程序审理，但确有必要的除外。

适用小额诉讼程序审理的案件，转为简易程序或者普通程序审理前，双方当事人已确认的事实，可以不再举证、质证。

2.《最高人民法院关于适用〈中华人民共和国民事诉讼法〉的解释》（2022 年 4 月 1 日）

第 280 条　小额诉讼案件的裁判文书可以简化，主要记载当事人基本信息、诉讼请求、裁判主文等内容。

第一百六十七条 小额诉讼的审理方式

人民法院适用小额诉讼的程序审理案件,可以一次开庭审结并且当庭宣判。

● 司法解释及文件

1.《最高人民法院关于印发〈民事诉讼程序繁简分流改革试点实施办法〉的通知》(2020年1月15日)

第8条 适用小额诉讼程序审理的案件,可以比照简易程序进一步简化传唤、送达、证据交换的方式,但不得减损当事人答辩、举证、质证、陈述、辩论等诉讼权利。

适用小额诉讼程序审理的案件,庭审可以不受法庭调查、法庭辩论等庭审程序限制,直接围绕诉讼请求或者案件要素进行,原则上应当一次开庭审结,但人民法院认为确有必要再次开庭的除外。

2.《最高人民法院关于适用〈中华人民共和国刑事诉讼法〉的解释》(2021年1月26日)

第367条 适用简易程序审理案件,裁判文书可以简化。
适用简易程序审理案件,一般应当当庭宣判。
第374条 适用速裁程序审理案件,裁判文书可以简化。
适用速裁程序审理案件,应当当庭宣判。

第一百六十八条 小额诉讼的审限

人民法院适用小额诉讼的程序审理案件,应当在立案之日起两个月内审结。有特殊情况需要延长的,经本院院长批准,可以延长一个月。

● 司法解释及文件

《最高人民法院关于印发〈民事诉讼程序繁简分流改革试点实施办法〉的通知》（2020年1月15日）

第10条　适用小额诉讼程序审理的案件，应当在立案之日起两个月内审结，有特殊情况需要延长的，经本院院长批准，可以延长一个月。

第15条　人民法院适用简易程序审理的案件，应当在立案之日起三个月内审结。有特殊情况需要延长的，经本院院长批准，可以延长一个月。

第一百六十九条　小额诉讼程序转化及当事人异议权

> 人民法院在审理过程中，发现案件不宜适用小额诉讼的程序的，应当适用简易程序的其他规定审理或者裁定转为普通程序。
>
> 当事人认为案件适用小额诉讼的程序审理违反法律规定的，可以向人民法院提出异议。人民法院对当事人提出的异议应当审查，异议成立的，应当适用简易程序的其他规定审理或者裁定转为普通程序；异议不成立的，裁定驳回。

1. 《最高人民法院关于印发〈民事诉讼程序繁简分流改革试点实施办法〉的通知》（2020年1月15日）

第11条　适用小额诉讼程序审理的案件，出现下列情形之一，符合适用简易程序审理条件的，裁定转为简易程序审理：

（一）当事人认为案件不符合本办法第五条、第六条关于小额诉讼程序适用条件的规定，向人民法院提出异议，经审查认为异议成立的；

（二）当事人申请增加或者变更诉讼请求、追加当事人，致使案件标的额在人民币五万元以上、十万元以下，且一方当事人不同意继续适用小额诉讼程序的；

（三）当事人申请增加或者变更诉讼请求、追加当事人，致使案件标的额在人民币十万元以上或者不符合小额诉讼程序适用条件的；

（四）当事人提出反诉的；

（五）需要鉴定、评估、审计的；

（六）其他不宜继续适用小额诉讼程序的情形。

适用小额诉讼程序审理的案件，审理中发现案情疑难复杂，并且不适宜适用简易程序审理的，裁定转为普通程序审理。由小额诉讼程序转为简易程序审理的案件，一般不得再转为普通程序审理，但确有必要的除外。

适用小额诉讼程序审理的案件，转为简易程序或者普通程序审理前，双方当事人已确认的事实，可以不再举证、质证。

2.《最高人民法院关于适用简易程序审理民事案件的若干规定》（2020年12月29日）

第3条 当事人就适用简易程序提出异议，人民法院认为异议成立的，或者人民法院在审理过程中发现不宜适用简易程序的，应当将案件转入普通程序审理。

第一百七十条 简易程序转为普通程序

人民法院在审理过程中，发现案件不宜适用简易程序的，裁定转为普通程序。

● 司法解释及文件

1.《最高人民法院关于适用〈中华人民共和国民事诉讼法〉的解释》（2022年4月1日）

第269条 当事人就案件适用简易程序提出异议，人民法院经审查，异议成立的，裁定转为普通程序；异议不成立的，裁定驳回。裁定以口头方式作出的，应当记入笔录。

转为普通程序的，人民法院应当将审判人员及相关事项以书面形式通知双方当事人。

转为普通程序前，双方当事人已确认的事实，可以不再进行举证、质证。

2.《最高人民法院关于民商事案件繁简分流和调解速裁操作规程（试行）》（2017年5月8日）

第19条　基层人民法院可以设立专门速裁组织，对适宜速裁的民商事案件进行裁判。

第20条　基层人民法院对于离婚后财产纠纷、买卖合同纠纷、商品房预售合同纠纷、金融借款合同纠纷、民间借贷纠纷、银行卡纠纷、租赁合同纠纷等事实清楚、权利义务关系明确、争议不大的金钱给付纠纷，可以采用速裁方式审理。

但下列情形除外：

（一）新类型案件；

（二）重大疑难复杂案件；

（三）上级人民法院发回重审、指令立案受理、指定审理、指定管辖，或者其他人民法院移送管辖的案件；

（四）再审案件；

（五）其他不宜速裁的案件。

第21条　采用速裁方式审理民商事案件，一般只开庭一次，庭审直接围绕诉讼请求进行，不受法庭调查、法庭辩论等庭审程序限制，但应当告知当事人回避、上诉等基本诉讼权利，并听取当事人对案件事实的陈述意见。

第22条　采用速裁方式审理的民商事案件，可以使用令状式、要素式、表格式等简式裁判文书，应当当庭宣判并送达。

当庭即时履行的，经征得各方当事人同意，可以在法庭笔录中记录后不再出具裁判文书。

第 23 条　人民法院采用速裁方式审理民商事案件，一般应当在十日内审结，最长不超过十五日。

第 24 条　采用速裁方式审理案件出现下列情形之一的，应当及时将案件转为普通程序：

（一）原告增加诉讼请求致案情复杂；

（二）被告提出反诉；

（三）被告提出管辖权异议；

（四）追加当事人；

（五）当事人申请鉴定、评估；

（六）需要公告送达。

程序转换后，审限连续计算。

第十四章　第二审程序

第一百七十一条　上诉权

当事人不服地方人民法院第一审判决的，有权在判决书送达之日起十五日内向上一级人民法院提起上诉。

当事人不服地方人民法院第一审裁定的，有权在裁定书送达之日起十日内向上一级人民法院提起上诉。

● 司法解释及文件

《最高人民法院关于适用〈中华人民共和国民事诉讼法〉的解释》（2022 年 4 月 1 日）

第 244 条　可以上诉的判决书、裁定书不能同时送达双方当事人的，上诉期从各自收到判决书、裁定书之日计算。

第 315 条　双方当事人和第三人都提起上诉的，均列为上诉人。人民法院可以依职权确定第二审程序中当事人的诉讼地位。

第317条　必要共同诉讼人的一人或者部分人提起上诉的，按下列情形分别处理：

（一）上诉仅对与对方当事人之间权利义务分担有意见，不涉及其他共同诉讼人利益的，对方当事人为被上诉人，未上诉的同一方当事人依原审诉讼地位列明；

（二）上诉仅对共同诉讼人之间权利义务分担有意见，不涉及对方当事人利益的，未上诉的同一方当事人为被上诉人，对方当事人依原审诉讼地位列明；

（三）上诉对双方当事人之间以及共同诉讼人之间权利义务承担有意见的，未提起上诉的其他当事人均为被上诉人。

第319条　无民事行为能力人、限制民事行为能力人的法定代理人，可以代理当事人提起上诉。

第320条　上诉案件的当事人死亡或者终止的，人民法院依法通知其权利义务承继者参加诉讼。

需要终结诉讼的，适用民事诉讼法第一百五十四条规定。

第一百七十二条　上诉状的内容

> 上诉应当递交上诉状。上诉状的内容，应当包括当事人的姓名，法人的名称及其法定代表人的姓名或者其他组织的名称及其主要负责人的姓名；原审人民法院名称、案件的编号和案由；上诉的请求和理由。

● 司法解释及文件

《最高人民法院关于适用〈中华人民共和国民事诉讼法〉的解释》（2022年4月1日）

第320条　上诉案件的当事人死亡或者终止的，人民法院依法通知其权利义务承继者参加诉讼。

需要终结诉讼的，适用民事诉讼法第一百五十四条规定。

第一百七十三条　上诉的提起

上诉状应当通过原审人民法院提出，并按照对方当事人或者代表人的人数提出副本。

当事人直接向第二审人民法院上诉的，第二审人民法院应当在五日内将上诉状移交原审人民法院。

第一百七十四条　上诉的受理

原审人民法院收到上诉状，应当在五日内将上诉状副本送达对方当事人，对方当事人在收到之日起十五日内提出答辩状。人民法院应当在收到答辩状之日起五日内将副本送达上诉人。对方当事人不提出答辩状的，不影响人民法院审理。

原审人民法院收到上诉状、答辩状，应当在五日内连同全部案卷和证据，报送第二审人民法院。

● **司法解释及文件**

1.《最高人民法院关于严格执行案件审理期限制度的若干规定》（2008年12月16日）

第18条　第二审人民法院立案时发现上诉案件材料不齐全的，应当在2日内通知第一审人民法院。第一审人民法院应当在接到第二审人民法院的通知后5日内补齐。

第19条　下级人民法院接到上级人民法院调卷通知后，应当在5日内将全部案卷和证据移送，至迟不超过10日。

2.《最高人民法院关于适用〈中华人民共和国民事诉讼法〉的解释》（2022年4月1日）

第316条　民事诉讼法第一百七十三条、第一百七十四条规定的对方当事人包括被上诉人和原审其他当事人。

第一百七十五条　二审的审理范围

> 第二审人民法院应当对上诉请求的有关事实和适用法律进行审查。

● 司法解释及文件

1. 《最高人民法院关于适用〈中华人民共和国民事诉讼法〉的解释》（2022 年 4 月 1 日）

第 321 条　第二审人民法院应当围绕当事人的上诉请求进行审理。

当事人没有提出请求的，不予审理，但一审判决违反法律禁止性规定，或者损害国家利益、社会公共利益、他人合法权益的除外。

2. 《最高人民法院关于原审法院确认合同效力有错误而上诉人未对合同效力提出异议的案件第二审法院可否变更问题的复函》（1991 年 8 月 14 日）

《中华人民共和国民事诉讼法》① 第一百五十一条规定："第二审人民法院应当对上诉请求的有关事实和适用法律进行审查。"这一规定并不排斥人民法院在审理上诉案件时，对上诉人在上诉请求中未提出的问题进行审查。如果第二审人民法院发现原判对上诉请求未涉及的问题的处理确有错误，应当在二审中予以纠正。

第一百七十六条　二审的审理方式和地点

> 第二审人民法院对上诉案件应当开庭审理。经过阅卷、调查和询问当事人，对没有提出新的事实、证据或者理由，人民法院认为不需要开庭审理的，可以不开庭审理。

---

① 对应 2023 年修正的《民事诉讼法》第 175 条。

第二审人民法院审理上诉案件，可以在本院进行，也可以到案件发生地或者原审人民法院所在地进行。

● 司法解释及文件

《最高人民法院关于适用〈中华人民共和国民事诉讼法〉的解释》
（2022年4月1日）

第331条　第二审人民法院对下列上诉案件，依照民事诉讼法第一百七十六条规定可以不开庭审理：
（一）不服不予受理、管辖权异议和驳回起诉裁定的；
（二）当事人提出的上诉请求明显不能成立的；
（三）原判决、裁定认定事实清楚，但适用法律错误的；
（四）原判决严重违反法定程序，需要发回重审的。

第一百七十七条　二审裁判

第二审人民法院对上诉案件，经过审理，按照下列情形，分别处理：
（一）原判决、裁定认定事实清楚，适用法律正确的，以判决、裁定方式驳回上诉，维持原判决、裁定；
（二）原判决、裁定认定事实错误或者适用法律错误的，以判决、裁定方式依法改判、撤销或者变更；
（三）原判决认定基本事实不清的，裁定撤销原判决，发回原审人民法院重审，或者查清事实后改判；
（四）原判决遗漏当事人或者违法缺席判决等严重违反法定程序的，裁定撤销原判决，发回原审人民法院重审。

原审人民法院对发回重审的案件作出判决后，当事人提起上诉的，第二审人民法院不得再次发回重审。

● 司法解释及文件

1.《最高人民法院印发〈关于规范上下级人民法院审判业务关系的若干意见〉的通知》(2010年12月28日)

第6条 第一审人民法院已经查清事实的案件,第二审人民法院原则上不得以事实不清、证据不足为由发回重审。

第二审人民法院作出发回重审裁定时,应当在裁定书中详细阐明发回重审的理由及法律依据。

第7条 第二审人民法院因原审判决事实不清、证据不足将案件发回重审的,原则上只能发回重审一次。

2.《最高人民法院关于适用〈中华人民共和国民事诉讼法〉的解释》(2022年4月1日)

第252条 再审裁定撤销原判决、裁定发回重审的案件,当事人申请变更、增加诉讼请求或者提出反诉,符合下列情形之一的,人民法院应当准许:

(一)原审未合法传唤缺席判决,影响当事人行使诉讼权利的;

(二)追加新的诉讼当事人的;

(三)诉讼标的物灭失或者发生变化致使原诉讼请求无法实现的;

(四)当事人申请变更、增加的诉讼请求或者提出的反诉,无法通过另诉解决的。

第323条 下列情形,可以认定为民事诉讼法第一百七十七条第一款第四项规定的严重违反法定程序:

(一)审判组织的组成不合法的;

(二)应当回避的审判人员未回避的;

(三)无诉讼行为能力人未经法定代理人代为诉讼的;

(四)违法剥夺当事人辩论权利的。

第324条 对当事人在第一审程序中已经提出的诉讼请求,

原审人民法院未作审理、判决的，第二审人民法院可以根据当事人自愿的原则进行调解；调解不成的，发回重审。

第325条　必须参加诉讼的当事人或者有独立请求权的第三人，在第一审程序中未参加诉讼，第二审人民法院可以根据当事人自愿的原则予以调解；调解不成的，发回重审。

第326条　在第二审程序中，原审原告增加独立的诉讼请求或者原审被告提出反诉的，第二审人民法院可以根据当事人自愿的原则就新增加的诉讼请求或者反诉进行调解；调解不成的，告知当事人另行起诉。

双方当事人同意由第二审人民法院一并审理的，第二审人民法院可以一并裁判。

第327条　一审判决不准离婚的案件，上诉后，第二审人民法院认为应当判决离婚的，可以根据当事人自愿的原则，与子女抚养、财产问题一并调解；调解不成的，发回重审。

双方当事人同意由第二审人民法院一并审理的，第二审人民法院可以一并裁判。

第328条　人民法院依照第二审程序审理案件，认为依法不应由人民法院受理的，可以由第二审人民法院直接裁定撤销原裁判，驳回起诉。

第329条　人民法院依照第二审程序审理案件，认为第一审人民法院受理案件违反专属管辖规定的，应当裁定撤销原裁判并移送有管辖权的人民法院。

第330条　第二审人民法院查明第一审人民法院作出的不予受理裁定有错误的，应当在撤销原裁定的同时，指令第一审人民法院立案受理；查明第一审人民法院作出的驳回起诉裁定有错误的，应当在撤销原裁定的同时，指令第一审人民法院审理。

第331条　第二审人民法院对下列上诉案件，依照民事诉讼法第一百七十六条规定可以不开庭审理：

（一）不服不予受理、管辖权异议和驳回起诉裁定的；

（二）当事人提出的上诉请求明显不能成立的；

（三）原判决、裁定认定事实清楚，但适用法律错误的；

（四）原判决严重违反法定程序，需要发回重审的。

第332条　原判决、裁定认定事实或者适用法律虽有瑕疵，但裁判结果正确的，第二审人民法院可以在判决、裁定中纠正瑕疵后，依照民事诉讼法第一百七十七条第一款第一项规定予以维持。

第333条　民事诉讼法第一百七十七条第一款第三项规定的基本事实，是指用以确定当事人主体资格、案件性质、民事权利义务等对原判决、裁定的结果有实质性影响的事实。

第334条　在第二审程序中，作为当事人的法人或者其他组织分立的，人民法院可以直接将分立后的法人或者其他组织列为共同诉讼人；合并的，将合并后的法人或者其他组织列为当事人。

● 案例指引

邹某英诉孙某根、刘某工伤事故损害赔偿纠纷案（《最高人民法院公报》2010年第3期）

裁判要旨：根据《民事诉讼法》的规定，上级人民法院对二审案件经过审理后主要有三种处理方式，即：维持判决、撤销判决、改判判决。本案即属于第一种情形，扬州市人民法院经过二审，确认了一审查明的事实，遂驳回了上诉，维持原判。

第一百七十八条　对一审适用裁定的上诉案件的处理

第二审人民法院对不服第一审人民法院裁定的上诉案件的处理，一律使用裁定。

第一百七十九条　上诉案件的调解

第二审人民法院审理上诉案件，可以进行调解。调解达成协议，应当制作调解书，由审判人员、书记员署名，加盖人民法院印章。调解书送达后，原审人民法院的判决即视为撤销。

● 司法解释及文件

《最高人民法院关于适用〈中华人民共和国民事诉讼法〉的解释》（2022年4月1日）

第324条　对当事人在第一审程序中已经提出的诉讼请求，原审人民法院未作审理、判决的，第二审人民法院可以根据当事人自愿的原则进行调解；调解不成的，发回重审。

第325条　必须参加诉讼的当事人或者有独立请求权的第三人，在第一审程序中未参加诉讼，第二审人民法院可以根据当事人自愿的原则予以调解；调解不成的，发回重审。

第326条　在第二审程序中，原审原告增加独立的诉讼请求或者原审被告提出反诉的，第二审人民法院可以根据当事人自愿的原则就新增加的诉讼请求或者反诉进行调解；调解不成的，告知当事人另行起诉。

双方当事人同意由第二审人民法院一并审理的，第二审人民法院可以一并裁判。

第327条　一审判决不准离婚的案件，上诉后，第二审人民法院认为应当判决离婚的，可以根据当事人自愿的原则，与子女抚养、财产问题一并调解；调解不成的，发回重审。

双方当事人同意由第二审人民法院一并审理的，第二审人民法院可以一并裁判。

第一百八十条　上诉的撤回

第二审人民法院判决宣告前,上诉人申请撤回上诉的,是否准许,由第二审人民法院裁定。

● **司法解释及文件**

《最高人民法院关于适用〈中华人民共和国民事诉讼法〉的解释》(2022年4月1日)

第335条　在第二审程序中,当事人申请撤回上诉,人民法院经审查认为一审判决确有错误,或者当事人之间恶意串通损害国家利益、社会公共利益、他人合法权益的,不应准许。

第336条　在第二审程序中,原审原告申请撤回起诉,经其他当事人同意,且不损害国家利益、社会公共利益、他人合法权益的,人民法院可以准许。准许撤诉的,应当一并裁定撤销一审裁判。

原审原告在第二审程序中撤回起诉后重复起诉的,人民法院不予受理。

第337条　当事人在第二审程序中达成和解协议的,人民法院可以根据当事人的请求,对双方达成的和解协议进行审查并制作调解书送达当事人;因和解而申请撤诉,经审查符合撤诉条件的,人民法院应予准许。

第一百八十一条　二审适用的程序

第二审人民法院审理上诉案件,除依照本章规定外,适用第一审普通程序。

第一百八十二条　二审裁判的效力

第二审人民法院的判决、裁定,是终审的判决、裁定。

第一百八十三条　二审审限

人民法院审理对判决的上诉案件，应当在第二审立案之日起三个月内审结。有特殊情况需要延长的，由本院院长批准。

人民法院审理对裁定的上诉案件，应当在第二审立案之日起三十日内作出终审裁定。

● 司法解释及文件

《最高人民法院关于适用〈中华人民共和国民事诉讼法〉的解释》（2022年4月1日）

第128条　再审案件按照第一审程序或者第二审程序审理的，适用民事诉讼法第一百五十二条、第一百八十三条规定的审限。审限自再审立案的次日起算。

第339条　人民法院审理对裁定的上诉案件，应当在第二审立案之日起三十日内作出终审裁定。有特殊情况需要延长审限的，由本院院长批准。

第340条　当事人在第一审程序中实施的诉讼行为，在第二审程序中对该当事人仍具有拘束力。

当事人推翻其在第一审程序中实施的诉讼行为时，人民法院应当责令其说明理由。理由不成立的，不予支持。

第十五章　特别程序

第一节　一般规定

第一百八十四条　特别程序的适用范围

人民法院审理选民资格案件、宣告失踪或者宣告死亡案件、指定遗产管理人案件、认定公民无民事行为能力或者限制民事行为能力案件、认定财产无主案件、确认调解协议案件和实现担保物权案件,适用本章规定。本章没有规定的,适用本法和其他法律的有关规定。

● 法　律

1.《民法典》(2020 年 5 月 28 日)

　　第 386 条　担保物权人在债务人不履行到期债务或者发生当事人约定的实现担保物权的情形,依法享有就担保财产优先受偿的权利,但是法律另有规定的除外。

2.《人民调解法》(2010 年 8 月 28 日)

　　第 33 条　经人民调解委员会调解达成调解协议后,双方当事人认为有必要的,可以自调解协议生效之日起三十日内共同向人民法院申请司法确认,人民法院应当及时对调解协议进行审查,依法确认调解协议的效力。

　　人民法院依法确认调解协议有效,一方当事人拒绝履行或者未全部履行的,对方当事人可以向人民法院申请强制执行。

　　人民法院依法确认调解协议无效的,当事人可以通过人民调解方式变更原调解协议或者达成新的调解协议,也可以向人民法院提起诉讼。

第一百八十五条　一审终审与独任审理

　　依照本章程序审理的案件,实行一审终审。选民资格案件或者重大、疑难的案件,由审判员组成合议庭审理;其他案件由审判员一人独任审理。

第一百八十六条　特别程序的转换

　　人民法院在依照本章程序审理案件的过程中,发现本案属于民事权益争议的,应当裁定终结特别程序,并告知利害关系人可以另行起诉。

第一百八十七条　特别程序的审限

人民法院适用特别程序审理的案件，应当在立案之日起三十日内或者公告期满后三十日内审结。有特殊情况需要延长的，由本院院长批准。但审理选民资格的案件除外。

第二节　选民资格案件

第一百八十八条　起诉与管辖

公民不服选举委员会对选民资格的申诉所作的处理决定，可以在选举日的五日以前向选区所在地基层人民法院起诉。

第一百八十九条　审理、审限及判决

人民法院受理选民资格案件后，必须在选举日前审结。审理时，起诉人、选举委员会的代表和有关公民必须参加。

人民法院的判决书，应当在选举日前送达选举委员会和起诉人，并通知有关公民。

● 案例指引

吴某不服选民资格处理决定案（《最高人民法院公报》2003年第6期）

裁判要旨：起诉人对村民选举委员会对其选民资格申诉所作的处理决定不服有权提起诉讼。根据《中华人民共和国村民委员会组织法》的规定，村民委员会的"具体选举办法由省、自治区、直辖市的人民代表大会常务委员会规定"。2000年7月28日福建省第九届人民代表大会常务委员会第二十次会议修订的《福建省村民委员会选举办法》① 第十一条规定："凡具有选民资格的村民可以在户籍

---

① 《福建省村民委员会选举办法》于2020年12月3日修订。

所在地的村民选举委员会进行选民登记。"本案起诉人的户籍已于2003年6月12日迁入路下村,而某村的选举日是7月12日。根据上述规定,选举日前,起诉人有权在户籍所在地即某村的选举委员会进行选民登记。故法院判决撤销某村村民选举委员会作出的对起诉人吴某选民资格不予登记的决定。

第三节 宣告失踪、宣告死亡案件

第一百九十条 宣告失踪案件的提起

公民下落不明满二年,利害关系人申请宣告其失踪的,向下落不明人住所地基层人民法院提出。

申请书应当写明失踪的事实、时间和请求,并附有公安机关或者其他有关机关关于该公民下落不明的书面证明。

● 法 律

《民法典》(2020年5月28日)

第40条 自然人下落不明满二年的,利害关系人可以向人民法院申请宣告该自然人为失踪人。

第41条 自然人下落不明的时间自其失去音讯之日起计算。战争期间下落不明的,下落不明的时间自战争结束之日或者有关机关确定的下落不明之日起计算。

第一百九十一条 宣告死亡案件的提起

公民下落不明满四年,或者因意外事件下落不明满二年,或者因意外事件下落不明,经有关机关证明该公民不可能生存,利害关系人申请宣告其死亡的,向下落不明人住所地基层人民法院提出。

申请书应当写明下落不明的事实、时间和请求,并附有公安机关或者其他有关机关关于该公民下落不明的书面证明。

● 法　律

1.《民法典》(2020年5月28日)

第46条　自然人有下列情形之一的，利害关系人可以向人民法院申请宣告该自然人死亡：

（一）下落不明满四年；

（二）因意外事件，下落不明满二年。

因意外事件下落不明，经有关机关证明该自然人不可能生存的，申请宣告死亡不受二年时间的限制。

第47条　对同一自然人，有的利害关系人申请宣告死亡，有的利害关系人申请宣告失踪，符合本法规定的宣告死亡条件的，人民法院应当宣告死亡。

● 司法解释及文件

2.《最高人民法院关于适用〈中华人民共和国民事诉讼法〉的解释》(2022年4月1日)

第343条　人民法院判决宣告公民失踪后，利害关系人向人民法院申请宣告失踪人死亡，自失踪之日起满四年的，人民法院应当受理，宣告失踪的判决即是该公民失踪的证明，审理中仍应依照民事诉讼法第一百九十二条规定进行公告。

第344条　符合法律规定的多个利害关系人提出宣告失踪、宣告死亡申请的，列为共同申请人。

第一百九十二条　公告与判决

人民法院受理宣告失踪、宣告死亡案件后，应当发出寻找下落不明人的公告。宣告失踪的公告期间为三个月，宣告死亡的公告期间为一年。因意外事件下落不明，经有关机关证明该公民不可能生存的，宣告死亡的公告期间为三个月。

公告期间届满，人民法院应当根据被宣告失踪、宣告死亡的事实是否得到确认，作出宣告失踪、宣告死亡的判决或者驳回申请的判决。

● 法　律

1.《民法典》（2020年5月28日）

　　第42条　失踪人的财产由其配偶、成年子女、父母或者其他愿意担任财产代管人的人代管。

　　代管有争议，没有前款规定的人，或者前款规定的人无代管能力的，由人民法院指定的人代管。

　　第43条　财产代管人应当妥善管理失踪人的财产，维护其财产权益。

　　失踪人所欠税款、债务和应付的其他费用，由财产代管人从失踪人的财产中支付。

　　财产代管人因故意或者重大过失造成失踪人财产损失的，应当承担赔偿责任。

　　第44条　财产代管人不履行代管职责、侵害失踪人财产权益或者丧失代管能力的，失踪人的利害关系人可以向人民法院申请变更财产代管人。

　　财产代管人有正当理由的，可以向人民法院申请变更财产代管人。

　　人民法院变更财产代管人的，变更后的财产代管人有权请求原财产代管人及时移交有关财产并报告财产代管情况。

　　第45条　失踪人重新出现，经本人或者利害关系人申请，人民法院应当撤销失踪宣告。

　　失踪人重新出现，有权请求财产代管人及时移交有关财产并报告财产代管情况。

　　第46条　自然人有下列情形之一的，利害关系人可以向人民法院申请宣告该自然人死亡：

（一）下落不明满四年；

（二）因意外事件，下落不明满二年。

因意外事件下落不明，经有关机关证明该自然人不可能生存的，申请宣告死亡不受二年时间的限制。

第47条　对同一自然人，有的利害关系人申请宣告死亡，有的利害关系人申请宣告失踪，符合本法规定的宣告死亡条件的，人民法院应当宣告死亡。

第48条　被宣告死亡的人，人民法院宣告死亡的判决作出之日视为其死亡的日期；因意外事件下落不明宣告死亡的，意外事件发生之日视为其死亡的日期。

第49条　自然人被宣告死亡但是并未死亡的，不影响该自然人在被宣告死亡期间实施的民事法律行为的效力。

第50条　被宣告死亡的人重新出现，经本人或者利害关系人申请，人民法院应当撤销死亡宣告。

第51条　被宣告死亡的人的婚姻关系，自死亡宣告之日起消除。死亡宣告被撤销的，婚姻关系自撤销死亡宣告之日起自行恢复。但是，其配偶再婚或者向婚姻登记机关书面声明不愿意恢复的除外。

● 司法解释及文件

2.《最高人民法院关于适用〈中华人民共和国民事诉讼法〉的解释》（2022年4月1日）

第345条　寻找下落不明人的公告应当记载下列内容：

（一）被申请人应当在规定期间内向受理法院申报其具体地址及其联系方式。否则，被申请人将被宣告失踪、宣告死亡；

（二）凡知悉被申请人生存现状的人，应当在公告期间内将其所知道情况向受理法院报告。

第 346 条　人民法院受理宣告失踪、宣告死亡案件后，作出判决前，申请人撤回申请的，人民法院应当裁定终结案件，但其他符合法律规定的利害关系人加入程序要求继续审理的除外。

● 案例指引

王某英与胡某宣告死亡案[①]

裁判要旨：公民下落不明满四年，利害关系人申请宣告其死亡，并附有公安机关关于该公民下落不明书面证明，经人民法院发出的寻找公告期满，仍下落不明的，人民法院应依法作出宣告死亡判决。本案中，经公安机关书面证明胡某于 1989 年走失，离家未归，本院依法发出查找公告期满，被申请人胡某仍然下落不明。法院应当依法对被申请人胡某宣告死亡。

第一百九十三条　判决的撤销

被宣告失踪、宣告死亡的公民重新出现，经本人或者利害关系人申请，人民法院应当作出新判决，撤销原判决。

● 法　律

《民法典》（2020 年 5 月 28 日）

第 45 条　失踪人重新出现，经本人或者利害关系人申请，人民法院应当撤销失踪宣告。

失踪人重新出现，有权请求财产代管人及时移交有关财产并报告财产代管情况。

第 46 条　自然人有下列情形之一的，利害关系人可以向人民法院申请宣告该自然人死亡：

（一）下落不明满四年；

[①] 《王某英、胡某申请宣告公民死亡民事判决书》，载中国裁判文书网，https：//wenshu.court.gov.cn/website/wenshu/181107ANFZ0BXSK4/index.html?docId=28f65dc687254e8c9ef3bdcf0fb83328，2023 年 9 月 8 日访问。

（二）因意外事件，下落不明满二年。

因意外事件下落不明，经有关机关证明该自然人不可能生存的，申请宣告死亡不受二年时间的限制。

第47条　对同一自然人，有的利害关系人申请宣告死亡，有的利害关系人申请宣告失踪，符合本法规定的宣告死亡条件的，人民法院应当宣告死亡。

第48条　被宣告死亡的人，人民法院宣告死亡的判决作出之日视为其死亡的日期；因意外事件下落不明宣告死亡的，意外事件发生之日视为其死亡的日期。

第49条　自然人被宣告死亡但是并未死亡的，不影响该自然人在被宣告死亡期间实施的民事法律行为的效力。

第50条　被宣告死亡的人重新出现，经本人或者利害关系人申请，人民法院应当撤销死亡宣告。

第51条　被宣告死亡的人的婚姻关系，自死亡宣告之日起消除。死亡宣告被撤销的，婚姻关系自撤销死亡宣告之日起自行恢复。但是，其配偶再婚或者向婚姻登记机关书面声明不愿意恢复的除外。

第52条　被宣告死亡的人在被宣告死亡期间，其子女被他人依法收养的，在死亡宣告被撤销后，不得以未经本人同意为由主张收养行为无效。

第53条　被撤销死亡宣告的人有权请求依照本法第六编取得其财产的民事主体返还财产；无法返还的，应当给予适当补偿。

利害关系人隐瞒真实情况，致使他人被宣告死亡而取得其财产的，除应当返还财产外，还应当对由此造成的损失承担赔偿责任。

第四节　指定遗产管理人案件

第一百九十四条　指定遗产管理人的管辖

对遗产管理人的确定有争议，利害关系人申请指定遗产管理人的，向被继承人死亡时住所地或者主要遗产所在地基层人民法院提出。

申请书应当写明被继承人死亡的时间、申请事由和具体请求，并附有被继承人死亡的相关证据。

● 法　律

《民法典》（2020年5月28日）

第572条　标的物提存后，债务人应当及时通知债权人或者债权人的继承人、遗产管理人、监护人、财产代管人。

第935条　因委托人死亡或者被宣告破产、解散，致使委托合同终止将损害委托人利益的，在委托人的继承人、遗产管理人或者清算人承受委托事务之前，受托人应当继续处理委托事务。

第936条　因受托人死亡、丧失民事行为能力或者被宣告破产、解散，致使委托合同终止的，受托人的继承人、遗产管理人、法定代理人或者清算人应当及时通知委托人。因委托合同终止将损害委托人利益的，在委托人作出善后处理之前，受托人的继承人、遗产管理人、法定代理人或者清算人应当采取必要措施。

第1145条　继承开始后，遗嘱执行人为遗产管理人；没有遗嘱执行人的，继承人应当及时推选遗产管理人；继承人未推选的，由继承人共同担任遗产管理人；没有继承人或者继承人均放弃继承的，由被继承人生前住所地的民政部门或者村民委员会担任遗产管理人。

第1146条　对遗产管理人的确定有争议的，利害关系人可以向人民法院申请指定遗产管理人。

第一百九十五条　遗产管理人的指定原则

人民法院受理申请后,应当审查核实,并按照有利于遗产管理的原则,判决指定遗产管理人。

● 案例指引

欧某士申请指定遗产管理人案[①]

裁判要旨:侨乡涉侨房产因年代久远、继承人散落海外往往析产确权困难,存在管养维护责任长期处于搁置或争议状态的窘境,不少历史风貌建筑因此而残破贬损。本案中,审理法院巧用民法典新创设的遗产管理人法律制度,创造性地在可查明的继承人中引入管养房屋方案"竞标"方式,让具有管养维护遗产房屋优势条件的部分继承人担任侨房遗产管理人,妥善解决了涉侨祖宅的管养维护问题,充分彰显了民法典以人为本、物尽其用的价值追求,为侨乡历史建筑的司法保护开创了一条全新路径。

第一百九十六条　遗产管理人的变更

被指定的遗产管理人死亡、终止、丧失民事行为能力或者存在其他无法继续履行遗产管理职责情形的,人民法院可以根据利害关系人或者本人的申请另行指定遗产管理人。

第一百九十七条　遗产管理人的另行指定

遗产管理人违反遗产管理职责,严重侵害继承人、受遗赠人或者债权人合法权益的,人民法院可以根据利害关系人的申请,撤销其遗产管理人资格,并依法指定新的遗产管理人。

---

① 《人民法院贯彻实施民法典典型案例(第一批)》,载最高人民法院网站,https://www.court.gov.cn/zixun-xiangqing-347181.html,2023年9月11日访问。

● 法　律

《民法典》（2020年5月28日）

第1148条　遗产管理人应当依法履行职责，因故意或者重大过失造成继承人、受遗赠人、债权人损害的，应当承担民事责任。

第1149条　遗产管理人可以依照法律规定或者按照约定获得报酬。

第五节　认定公民无民事行为能力、限制民事行为能力案件

第一百九十八条　认定公民无民事行为能力、限制民事行为能力案件的提起

申请认定公民无民事行为能力或者限制民事行为能力，由利害关系人或者有关组织向该公民住所地基层人民法院提出。

申请书应当写明该公民无民事行为能力或者限制民事行为能力的事实和根据。

● 法　律

1.《民法典》（2020年5月28日）

第21条　不能辨认自己行为的成年人为无民事行为能力人，由其法定代理人代理实施民事法律行为。

八周岁以上的未成年人不能辨认自己行为的，适用前款规定。

第22条　不能完全辨认自己行为的成年人为限制民事行为能力人，实施民事法律行为由其法定代理人代理或者经其法定代理人同意、追认；但是，可以独立实施纯获利益的民事法律行为或者与其智力、精神健康状况相适应的民事法律行为。

第 23 条　无民事行为能力人、限制民事行为能力人的监护人是其法定代理人。

第 24 条　不能辨认或者不能完全辨认自己行为的成年人，其利害关系人或者有关组织，可以向人民法院申请认定该成年人为无民事行为能力人或者限制民事行为能力人。

被人民法院认定为无民事行为能力人或者限制民事行为能力人的，经本人、利害关系人或者有关组织申请，人民法院可以根据其智力、精神健康恢复的状况，认定该成年人恢复为限制民事行为能力人或者完全民事行为能力人。

本条规定的有关组织包括：居民委员会、村民委员会、学校、医疗机构、妇女联合会、残疾人联合会、依法设立的老年人组织、民政部门等。

● 司法解释及文件

2.《最高人民法院关于适用〈中华人民共和国民事诉讼法〉的解释》（2022 年 4 月 1 日）

第 347 条　在诉讼中，当事人的利害关系人或者有关组织提出该当事人不能辨认或者不能完全辨认自己的行为，要求宣告该当事人无民事行为能力或者限制民事行为能力的，应由利害关系人或者有关组织向人民法院提出申请，由受诉人民法院按照特别程序立案审理，原诉讼中止。

第一百九十九条　民事行为能力鉴定

人民法院受理申请后，必要时应当对被请求认定为无民事行为能力或者限制民事行为能力的公民进行鉴定。申请人已提供鉴定意见的，应当对鉴定意见进行审查。

第二百条　审理及判决

> 人民法院审理认定公民无民事行为能力或者限制民事行为能力的案件，应当由该公民的近亲属为代理人，但申请人除外。近亲属互相推诿的，由人民法院指定其中一人为代理人。该公民健康情况许可的，还应当询问本人的意见。
>
> 人民法院经审理认定申请有事实根据的，判决该公民为无民事行为能力或者限制民事行为能力人；认定申请没有事实根据的，应当判决予以驳回。

● 司法解释及文件

《最高人民法院关于适用〈中华人民共和国民事诉讼法〉的解释》（2022年4月1日）

第349条　被指定的监护人不服居民委员会、村民委员会或者民政部门指定，应当自接到通知之日起三十日内向人民法院提出异议。经审理，认为指定并无不当的，裁定驳回异议；指定不当的，判决撤销指定，同时另行指定监护人。判决书应当送达异议人、原指定单位及判决指定的监护人。

有关当事人依照民法典第三十一条第一款规定直接向人民法院申请指定监护人的，适用特别程序审理，判决指定监护人。判决书应当送达申请人、判决指定的监护人。

第350条　申请认定公民无民事行为能力或者限制民事行为能力的案件，被申请人没有近亲属的，人民法院可以指定经被申请人住所地的居民委员会、村民委员会或者民政部门同意，且愿意担任代理人的个人或者组织为代理人。

没有前款规定的代理人的，由被申请人住所地的居民委员会、村民委员会或者民政部门担任代理人。

代理人可以是一人，也可以是同一顺序中的两人。

第二百零一条　判决的撤销

人民法院根据被认定为无民事行为能力人、限制民事行为能力人本人、利害关系人或者有关组织的申请，证实该公民无民事行为能力或者限制民事行为能力的原因已经消除的，应当作出新判决，撤销原判决。

● 法　律

《民法典》（2020年5月28日）

第27条　父母是未成年子女的监护人。

未成年人的父母已经死亡或者没有监护能力的，由下列有监护能力的人按顺序担任监护人：

（一）祖父母、外祖父母；

（二）兄、姐；

（三）其他愿意担任监护人的个人或者组织，但是须经未成年人住所地的居民委员会、村民委员会或者民政部门同意。

第28条　无民事行为能力或者限制民事行为能力的成年人，由下列有监护能力的人按顺序担任监护人：

（一）配偶；

（二）父母、子女；

（三）其他近亲属；

（四）其他愿意担任监护人的个人或者组织，但是须经被监护人住所地的居民委员会、村民委员会或者民政部门同意。

第29条　被监护人的父母担任监护人的，可以通过遗嘱指定监护人。

第30条　依法具有监护资格的人之间可以协议确定监护人。协议确定监护人应当尊重被监护人的真实意愿。

第31条　对监护人的确定有争议的，由被监护人住所地的居民委员会、村民委员会或者民政部门指定监护人，有关当事人对指定不服的，可以向人民法院申请指定监护人；有关当事人也可以直接向人民法院申请指定监护人。

居民委员会、村民委员会、民政部门或者人民法院应当尊重被监护人的真实意愿，按照最有利于被监护人的原则在依法具有监护资格的人中指定监护人。

依据本条第一款规定指定监护人前，被监护人的人身权利、财产权利以及其他合法权益处于无人保护状态的，由被监护人住所地的居民委员会、村民委员会、法律规定的有关组织或者民政部门担任临时监护人。

监护人被指定后，不得擅自变更；擅自变更的，不免除被指定的监护人的责任。

第32条 没有依法具有监护资格的人的，监护人由民政部门担任，也可以由具备履行监护职责条件的被监护人住所地的居民委员会、村民委员会担任。

第33条 具有完全民事行为能力的成年人，可以与其近亲属、其他愿意担任监护人的个人或者组织事先协商，以书面形式确定自己的监护人，在自己丧失或者部分丧失民事行为能力时，由该监护人履行监护职责。

第34条 监护人的职责是代理被监护人实施民事法律行为，保护被监护人的人身权利、财产权利以及其他合法权益等。

监护人依法履行监护职责产生的权利，受法律保护。

监护人不履行监护职责或者侵害被监护人合法权益的，应当承担法律责任。

因发生突发事件等紧急情况，监护人暂时无法履行监护职责，被监护人的生活处于无人照料状态的，被监护人住所地的居民委员会、村民委员会或者民政部门应当为被监护人安排必要的临时生活照料措施。

第35条 监护人应当按照最有利于被监护人的原则履行监

护职责。监护人除为维护被监护人利益外，不得处分被监护人的财产。

未成年人的监护人履行监护职责，在作出与被监护人利益有关的决定时，应当根据被监护人的年龄和智力状况，尊重被监护人的真实意愿。

成年人的监护人履行监护职责，应当最大程度地尊重被监护人的真实意愿，保障并协助被监护人实施与其智力、精神健康状况相适应的民事法律行为。对被监护人有能力独立处理的事务，监护人不得干涉。

第36条　监护人有下列情形之一的，人民法院根据有关个人或者组织的申请，撤销其监护人资格，安排必要的临时监护措施，并按照最有利于被监护人的原则依法指定监护人：

（一）实施严重损害被监护人身心健康的行为；

（二）怠于履行监护职责，或者无法履行监护职责且拒绝将监护职责部分或者全部委托给他人，导致被监护人处于危困状态；

（三）实施严重侵害被监护人合法权益的其他行为。

本条规定的有关个人、组织包括：其他依法具有监护资格的人，居民委员会、村民委员会、学校、医疗机构、妇女联合会、残疾人联合会、未成年人保护组织、依法设立的老年人组织、民政部门等。

前款规定的个人和民政部门以外的组织未及时向人民法院申请撤销监护人资格的，民政部门应当向人民法院申请。

第37条　依法负担被监护人抚养费、赡养费、扶养费的父母、子女、配偶等，被人民法院撤销监护人资格后，应当继续履行负担的义务。

第38条　被监护人的父母或者子女被人民法院撤销监护人资格后，除对被监护人实施故意犯罪的外，确有悔改表现的，经其申请，人民法院可以在尊重被监护人真实意愿的前提下，视情况恢复其监护人资格，人民法院指定的监护人与被监护人的监护关系同时终止。

第39条　有下列情形之一的，监护关系终止：

（一）被监护人取得或者恢复完全民事行为能力；

（二）监护人丧失监护能力；

（三）被监护人或者监护人死亡；

（四）人民法院认定监护关系终止的其他情形。

监护关系终止后，被监护人仍然需要监护的，应当依法另行确定监护人。

第六节　认定财产无主案件

第二百零二条　财产无主案件的提起

申请认定财产无主，由公民、法人或者其他组织向财产所在地基层人民法院提出。

申请书应当写明财产的种类、数量以及要求认定财产无主的根据。

第二百零三条　公告及判决

人民法院受理申请后，经审查核实，应当发出财产认领公告。公告满一年无人认领的，判决认定财产无主，收归国家或者集体所有。

● 法　律

1. 《海事诉讼特别程序法》（1999年12月25日）

第9条　当事人申请认定海上财产无主的，向财产所在地海事法院提出；申请因海上事故宣告死亡的，向处理海事事故主管机关所在地或者受理相关海事案件的海事法院提出。

● 司法解释及文件

2.《最高人民法院关于适用〈中华人民共和国民事诉讼法〉的解释》（2022年4月1日）

第348条 认定财产无主案件，公告期间有人对财产提出请求的，人民法院应当裁定终结特别程序，告知申请人另行起诉，适用普通程序审理。

● 案例指引

某社区居民委员会要求认定财产无主案①

裁判要旨：公民、法人或者其他组织有权向财产所在地的基层人民法院提出申请认定财产无主。人民法院受理申请后，经审查核实，在法院公告栏及上述财产所在地发出认领该财产的公告，法定公告期为一年。公告期届满无人认领的，判决认定财产无主。

第二百零四条 判决的撤销

判决认定财产无主后，原财产所有人或者继承人出现，在民法典规定的诉讼时效期间可以对财产提出请求，人民法院审查属实后，应当作出新判决，撤销原判决。

● 法 律

《民法典》（2020年5月28日）

第314条 拾得遗失物，应当返还权利人。拾得人应当及时通知权利人领取，或者送交公安等有关部门。

第315条 有关部门收到遗失物，知道权利人的，应当及时通知其领取；不知道的，应当及时发布招领公告。

---

① 《申请人某社区居民委员会要求认定财产无主一案一审民事判决书》，载中国裁判文书网，https：//wenshu.court.gov.cn/website/wenshu/181107ANFZ0BXSK4/index.html? docId = 7e060f863a6e462181538882ddca57f2，2023年9月8日访问。

第316条　拾得人在遗失物送交有关部门前，有关部门在遗失物被领取前，应当妥善保管遗失物。因故意或者重大过失致使遗失物毁损、灭失的，应当承担民事责任。

第317条　权利人领取遗失物时，应当向拾得人或者有关部门支付保管遗失物等支出的必要费用。

权利人悬赏寻找遗失物的，领取遗失物时应当按照承诺履行义务。

拾得人侵占遗失物的，无权请求保管遗失物等支出的费用，也无权请求权利人按照承诺履行义务。

第318条　遗失物自发布招领公告之日起一年内无人认领的，归国家所有。

第319条　拾得漂流物、发现埋藏物或者隐藏物的，参照适用拾得遗失物的有关规定。法律另有规定的，依照其规定。

第七节　确认调解协议案件

第二百零五条　**调解协议的司法确认**

经依法设立的调解组织调解达成调解协议，申请司法确认的，由双方当事人自调解协议生效之日起三十日内，共同向下列人民法院提出：

（一）人民法院邀请调解组织开展先行调解的，向作出邀请的人民法院提出；

（二）调解组织自行开展调解的，向当事人住所地、标的物所在地、调解组织所在地的基层人民法院提出；调解协议所涉纠纷应当由中级人民法院管辖的，向相应的中级人民法院提出。

● 司法解释及文件

1. 《最高人民法院关于人民调解协议司法确认程序的若干规定》（2011年3月23日）

　　为了规范经人民调解委员会调解达成的民事调解协议的司法确认程序，进一步建立健全诉讼与非诉讼相衔接的矛盾纠纷解决机制，依照《中华人民共和国民事诉讼法》和《中华人民共和国人民调解法》的规定，结合审判实际，制定本规定。

　　第1条　当事人根据《中华人民共和国人民调解法》第三十三条的规定共同向人民法院申请确认调解协议的，人民法院应当依法受理。

　　第2条　当事人申请确认调解协议的，由主持调解的人民调解委员会所在地基层人民法院或者它派出的法庭管辖。

　　人民法院在立案前委派人民调解委员会调解并达成调解协议，当事人申请司法确认的，由委派的人民法院管辖。

　　第3条　当事人申请确认调解协议，应当向人民法院提交司法确认申请书、调解协议和身份证明、资格证明，以及与调解协议相关的财产权利证明等证明材料，并提供双方当事人的送达地址、电话号码等联系方式。委托他人代为申请的，必须向人民法院提交由委托人签名或者盖章的授权委托书。

　　第4条　人民法院收到当事人司法确认申请，应当在三日内决定是否受理。人民法院决定受理的，应当编立"调确字"案号，并及时向当事人送达受理通知书。双方当事人同时到法院申请司法确认的，人民法院可以当即受理并作出是否确认的决定。

　　有下列情形之一的，人民法院不予受理：

　　（一）不属于人民法院受理民事案件的范围或者不属于接受申请的人民法院管辖的；

　　（二）确认身份关系的；

　　（三）确认收养关系的；

（四）确认婚姻关系的。

第5条　人民法院应当自受理司法确认申请之日起十五日内作出是否确认的决定。因特殊情况需要延长的，经本院院长批准，可以延长十日。

在人民法院作出是否确认的决定前，一方或者双方当事人撤回司法确认申请的，人民法院应当准许。

第6条　人民法院受理司法确认申请后，应当指定一名审判人员对调解协议进行审查。人民法院在必要时可以通知双方当事人同时到场，当面询问当事人。当事人应当向人民法院如实陈述申请确认的调解协议的有关情况，保证提交的证明材料真实、合法。人民法院在审查中，认为当事人的陈述或者提供的证明材料不充分、不完备或者有疑义的，可以要求当事人补充陈述或者补充证明材料。当事人无正当理由未按时补充或者拒不接受询问的，可以按撤回司法确认申请处理。

第7条　具有下列情形之一的，人民法院不予确认调解协议效力：

（一）违反法律、行政法规强制性规定的；

（二）侵害国家利益、社会公共利益的；

（三）侵害案外人合法权益的；

（四）损害社会公序良俗的；

（五）内容不明确，无法确认的；

（六）其他不能进行司法确认的情形。

第8条　人民法院经审查认为调解协议符合确认条件的，应当作出确认决定书；决定不予确认调解协议效力的，应当作出不予确认决定书。

第9条　人民法院依法作出确认决定后，一方当事人拒绝履行或者未全部履行的，对方当事人可以向作出确认决定的人民法院申请强制执行。

第10条　案外人认为经人民法院确认的调解协议侵害其合法权益的，可以自知道或者应当知道权益被侵害之日起一年内，向作出确认决定的人民法院申请撤销确认决定。

第11条　人民法院办理人民调解协议司法确认案件，不收取费用。

第12条　人民法院可以将调解协议不予确认的情况定期或者不定期通报同级司法行政机关和相关人民调解委员会。

第13条　经人民法院建立的调解员名册中的调解员调解达成协议后，当事人申请司法确认的，参照本规定办理。人民法院立案后委托他人调解达成的协议的司法确认，按照《最高人民法院关于人民法院民事调解工作若干问题的规定》（法释〔2004〕12号）的有关规定办理。

2.《最高人民法院关于适用〈中华人民共和国民事诉讼法〉的解释》（2022年4月1日）

第351条　申请司法确认调解协议的，双方当事人应当本人或者由符合民事诉讼法第六十一条规定的代理人依照民事诉讼法第二百零一条的规定提出申请。

第352条　调解组织自行开展的调解，有两个以上调解组织参与的，符合民事诉讼法第二百零一条规定的各调解组织所在地人民法院均有管辖权。

双方当事人可以共同向符合民事诉讼法第二百零一条规定的其中一个有管辖权的人民法院提出申请；双方当事人共同向两个以上有管辖权的人民法院提出申请的，由最先立案的人民法院管辖。

第353条　当事人申请司法确认调解协议，可以采用书面形式或者口头形式。当事人口头申请的，人民法院应当记入笔录，并由当事人签名、捺印或者盖章。

第354条　当事人申请司法确认调解协议，应当向人民法院提交调解协议、调解组织主持调解的证明，以及与调解协议相关的财产权利证明等材料，并提供双方当事人的身份、住所、联系方式等基本信息。

当事人未提交上述材料的，人民法院应当要求当事人限期补交。

第 355 条　当事人申请司法确认调解协议，有下列情形之一的，人民法院裁定不予受理：

（一）不属于人民法院受理范围的；

（二）不属于收到申请的人民法院管辖的；

（三）申请确认婚姻关系、亲子关系、收养关系等身份关系无效、有效或者解除的；

（四）涉及适用其他特别程序、公示催告程序、破产程序审理的；

（五）调解协议内容涉及物权、知识产权确权的。

人民法院受理申请后，发现有上述不予受理情形的，应当裁定驳回当事人的申请。

第二百零六条　审查及裁定

人民法院受理申请后，经审查，符合法律规定的，裁定调解协议有效，一方当事人拒绝履行或者未全部履行的，对方当事人可以向人民法院申请执行；不符合法律规定的，裁定驳回申请，当事人可以通过调解方式变更原调解协议或者达成新的调解协议，也可以向人民法院提起诉讼。

● 司法解释及文件

《最高人民法院关于适用〈中华人民共和国民事诉讼法〉的解释》（2022 年 4 月 1 日）

第 356 条　人民法院审查相关情况时，应当通知双方当事人共同到场对案件进行核实。

人民法院经审查,认为当事人的陈述或者提供的证明材料不充分、不完备或者有疑义的,可以要求当事人限期补充陈述或者补充证明材料。必要时,人民法院可以向调解组织核实有关情况。

第357条　确认调解协议的裁定作出前,当事人撤回申请的,人民法院可以裁定准许。

当事人无正当理由未在限期内补充陈述、补充证明材料或者拒不接受询问的,人民法院可以按撤回申请处理。

第358条　经审查,调解协议有下列情形之一的,人民法院应当裁定驳回申请:

（一）违反法律强制性规定的;
（二）损害国家利益、社会公共利益、他人合法权益的;
（三）违背公序良俗的;
（四）违反自愿原则的;
（五）内容不明确的;
（六）其他不能进行司法确认的情形。

第八节　实现担保物权案件

第二百零七条　**实现担保物权案件的提起**

申请实现担保物权,由担保物权人以及其他有权请求实现担保物权的人依照民法典等法律,向担保财产所在地或者担保物权登记地基层人民法院提出。

● 司法解释及文件

《最高人民法院关于适用〈中华人民共和国民事诉讼法〉的解释》
(2022年4月1日)

第359条　民事诉讼法第二百零三条规定的担保物权人,包括抵押权人、质权人、留置权人；其他有权请求实现担保物权的人，包括抵押人、出质人、财产被留置的债务人或者所有权人等。

第360条 实现票据、仓单、提单等有权利凭证的权利质权案件，可以由权利凭证持有人住所地人民法院管辖；无权利凭证的权利质权，由出质登记地人民法院管辖。

第361条 实现担保物权案件属于海事法院等专门人民法院管辖的，由专门人民法院管辖。

第362条 同一债权的担保物有多个且所在地不同，申请人分别向有管辖权的人民法院申请实现担保物权的，人民法院应当依法受理。

第363条 依照民法典第三百九十二条的规定，被担保的债权既有物的担保又有人的担保，当事人对实现担保物权的顺序有约定，实现担保物权的申请违反该约定的，人民法院裁定不予受理；没有约定或者约定不明的，人民法院应当受理。

第364条 同一财产上设立多个担保物权，登记在先的担保物权尚未实现的，不影响后顺位的担保物权人向人民法院申请实现担保物权。

第365条 申请实现担保物权，应当提交下列材料：

（一）申请书。申请书应当记明申请人、被申请人的姓名或者名称、联系方式等基本信息，具体的请求和事实、理由；

（二）证明担保物权存在的材料，包括主合同、担保合同、抵押登记证明或者他项权利证书，权利质权的权利凭证或者质权出质登记证明等；

（三）证明实现担保物权条件成就的材料；

（四）担保财产现状的说明；

（五）人民法院认为需要提交的其他材料。

第二百零八条　审查及裁定

> 人民法院受理申请后，经审查，符合法律规定的，裁定拍卖、变卖担保财产，当事人依据该裁定可以向人民法院申请执行；不符合法律规定的，裁定驳回申请，当事人可以向人民法院提起诉讼。

● 司法解释及文件

《最高人民法院关于适用〈中华人民共和国民事诉讼法〉的解释》（2022年4月1日）

第366条　人民法院受理申请后，应当在五日内向被申请人送达申请书副本、异议权利告知书等文书。

被申请人有异议的，应当在收到人民法院通知后的五日内向人民法院提出，同时说明理由并提供相应的证据材料。

第367条　实现担保物权案件可以由审判员一人独任审查。担保财产标的额超过基层人民法院管辖范围的，应当组成合议庭进行审查。

第368条　人民法院审查实现担保物权案件，可以询问申请人、被申请人、利害关系人，必要时可以依职权调查相关事实。

第369条　人民法院应当就主合同的效力、期限、履行情况，担保物权是否有效设立、担保财产的范围、被担保的债权范围、被担保的债权是否已届清偿期等担保物权实现的条件，以及是否损害他人合法权益等内容进行审查。

被申请人或者利害关系人提出异议的，人民法院应当一并审查。

第370条　人民法院审查后，按下列情形分别处理：

（一）当事人对实现担保物权无实质性争议且实现担保物权条件成就的，裁定准许拍卖、变卖担保财产；

（二）当事人对实现担保物权有部分实质性争议的，可以就

无争议部分裁定准许拍卖、变卖担保财产;

(三)当事人对实现担保物权有实质性争议的,裁定驳回申请,并告知申请人向人民法院提起诉讼。

第371条 人民法院受理申请后,申请人对担保财产提出保全申请的,可以按照民事诉讼法关于诉讼保全的规定办理。

第十六章 审判监督程序

第二百零九条 人民法院决定再审

各级人民法院院长对本院已经发生法律效力的判决、裁定、调解书,发现确有错误,认为需要再审的,应当提交审判委员会讨论决定。

最高人民法院对地方各级人民法院已经发生法律效力的判决、裁定、调解书,上级人民法院对下级人民法院已经发生法律效力的判决、裁定、调解书,发现确有错误的,有权提审或者指令下级人民法院再审。

● **司法解释及文件**

1.《最高人民法院关于规范人民法院再审立案的若干意见(试行)》
(2002年9月10日)

第1条 各级人民法院、专门人民法院对本院或者上级人民法院对下级人民法院作出的终审裁判,经复查认为符合再审立案条件的,应当决定或裁定再审。

人民检察院依照法律规定对人民法院作出的终审裁判提出抗诉的,应当再审立案。

第2条 地方各级人民法院、专门人民法院负责下列案件的再审立案:

(一)本院作出的终审裁判,符合再审立案条件的;

（二）下一级人民法院复查驳回或者再审改判，符合再审立案条件的；

（三）上级人民法院指令再审的；

（四）人民检察院依法提出抗诉的。

第3条　最高人民法院负责下列案件的再审立案：

（一）本院作出的终审裁判，符合再审立案条件的；

（二）高级人民法院复查驳回或者再审改判，符合再审立案条件的；

（三）最高人民检察院依法提出抗诉的，

（四）最高人民法院认为应由自己再审的。

第4条　上级人民法院对下级人民法院作出的终审裁判，认为确有必要的，可以直接立案复查，经复查认为符合再审立案条件的，可以决定或裁定再审。

2.《最高人民法院关于适用〈中华人民共和国民事诉讼法〉审判监督程序若干问题的解释》（2020年12月29日）

第18条　上一级人民法院经审查认为申请再审事由成立的，一般由本院提审。最高人民法院、高级人民法院也可以指定与原审人民法院同级的其他人民法院再审，或者指令原审人民法院再审。

第19条　上一级人民法院可以根据案件的影响程度以及案件参与人等情况，决定是否指定再审。需要指定再审的，应当考虑便利当事人行使诉讼权利以及便利人民法院审理等因素。

接受指定再审的人民法院，应当按照民事诉讼法第二百零七条第一款规定的程序审理。

第20条　有下列情形之一的，不得指令原审人民法院再审：

（一）原审人民法院对该案无管辖权的；

（二）审判人员在审理该案件时有贪污受贿，徇私舞弊，枉法裁判行为的；

（三）原判决、裁定系经原审人民法院审判委员会讨论作出的；

（四）其他不宜指令原审人民法院再审的。

第21条　当事人未申请再审、人民检察院未抗诉的案件，人民法院发现原判决、裁定、调解协议有损害国家利益、社会公共利益等确有错误情形的，应当依照民事诉讼法第一百九十八条的规定提起再审。

第二百一十条　　当事人申请再审

> 当事人对已经发生法律效力的判决、裁定，认为有错误的，可以向上一级人民法院申请再审；当事人一方人数众多或者当事人双方为公民的案件，也可以向原审人民法院申请再审。当事人申请再审的，不停止判决、裁定的执行。

● 司法解释及文件

1.《最高人民法院关于适用〈中华人民共和国民事诉讼法〉审判监督程序若干问题的解释》（2020年12月29日）

第1条　当事人在民事诉讼法第二百零五条规定的期限内，以民事诉讼法第二百条所列明的再审事由，向原审人民法院的上一级人民法院申请再审的，上一级人民法院应当依法受理。

2.《最高人民法院关于适用〈中华人民共和国民事诉讼法〉的解释》（2022年4月1日）

第373条　当事人死亡或者终止的，其权利义务承继者可以根据民事诉讼法第二百零六条、第二百零八条的规定申请再审。

判决、调解书生效后，当事人将判决、调解书确认的债权转让，债权受让人对该判决、调解书不服申请再审的，人民法院不予受理。

第374条　民事诉讼法第二百零六条规定的人数众多的一方当事人，包括公民、法人和其他组织。

民事诉讼法第二百零六条规定的当事人双方为公民的案件，是指原告和被告均为公民的案件。

第375条　当事人申请再审，应当提交下列材料：

（一）再审申请书，并按照被申请人和原审其他当事人的人数提交副本；

（二）再审申请人是自然人的，应当提交身份证明；再审申请人是法人或者其他组织的，应当提交营业执照、组织机构代码证书、法定代表人或者主要负责人身份证明书。委托他人代为申请的，应当提交授权委托书和代理人身份证明；

（三）原审判决书、裁定书、调解书；

（四）反映案件基本事实的主要证据及其他材料。

前款第二项、第三项、第四项规定的材料可以是与原件核对无异的复印件。

第376条　再审申请书应当记明下列事项：

（一）再审申请人与被申请人及原审其他当事人的基本信息；

（二）原审人民法院的名称，原审裁判文书案号；

（三）具体的再审请求；

（四）申请再审的法定情形及具体事实、理由。

再审申请书应当明确申请再审的人民法院，并由再审申请人签名、捺印或者盖章。

第377条　当事人一方人数众多或者当事人双方为公民的案件，当事人分别向原审人民法院和上一级人民法院申请再审且不能协商一致的，由原审人民法院受理。

3.《最高人民法院关于当事人对人民法院撤销仲裁裁决的裁定不服申请再审人民法院是否受理问题的批复》（1999年2月11日）

根据《中华人民共和国仲裁法》第九条规定的精神，当事人对人民法院撤销仲裁裁决的裁定不服申请再审的，人民法院不予受理。

第二百一十一条 再审事由

当事人的申请符合下列情形之一的，人民法院应当再审：

（一）有新的证据，足以推翻原判决、裁定的；

（二）原判决、裁定认定的基本事实缺乏证据证明的；

（三）原判决、裁定认定事实的主要证据是伪造的；

（四）原判决、裁定认定事实的主要证据未经质证的；

（五）对审理案件需要的主要证据，当事人因客观原因不能自行收集，书面申请人民法院调查收集，人民法院未调查收集的；

（六）原判决、裁定适用法律确有错误的；

（七）审判组织的组成不合法或者依法应当回避的审判人员没有回避的；

（八）无诉讼行为能力人未经法定代理人代为诉讼或者应当参加诉讼的当事人，因不能归责于本人或者其诉讼代理人的事由，未参加诉讼的；

（九）违反法律规定，剥夺当事人辩论权利的；

（十）未经传票传唤，缺席判决的；

（十一）原判决、裁定遗漏或者超出诉讼请求的；

（十二）据以作出原判决、裁定的法律文书被撤销或者变更的；

（十三）审判人员审理该案件时有贪污受贿，徇私舞弊，枉法裁判行为的。

● 司法解释及文件

《最高人民法院关于适用〈中华人民共和国民事诉讼法〉的解释》
（2022年4月1日）

第379条 当事人认为发生法律效力的不予受理、驳回起诉的裁定错误的,可以申请再审。

第385条 再审申请人提供的新的证据,能够证明原判决、裁定认定基本事实或者裁判结果错误的,应当认定为民事诉讼法第二百零七条第一项规定的情形。

对于符合前款规定的证据,人民法院应当责令再审申请人说明其逾期提供该证据的理由;拒不说明理由或者理由不成立的,依照民事诉讼法第六十八条第二款和本解释第一百零二条的规定处理。

第386条 再审申请人证明其提交的新的证据符合下列情形之一的,可以认定逾期提供证据的理由成立:

(一)在原审庭审结束前已经存在,因客观原因于庭审结束后才发现的;

(二)在原审庭审结束前已经发现,但因客观原因无法取得或者在规定的期限内不能提供的;

(三)在原审庭审结束后形成,无法据此另行提起诉讼的。

再审申请人提交的证据在原审中已经提供,原审人民法院未组织质证且未作为裁判根据的,视为逾期提供证据的理由成立,但原审人民法院依照民事诉讼法第六十八条规定不予采纳的除外。

第387条 当事人对原判决、裁定认定事实的主要证据在原审中拒绝发表质证意见或者质证中未对证据发表质证意见的,不属于民事诉讼法第二百零七条第四项规定的未经质证的情形。

第388条 有下列情形之一,导致判决、裁定结果错误的,应当认定为民事诉讼法第二百零七条第六项规定的原判决、裁定适用法律确有错误:

(一)适用的法律与案件性质明显不符的;

(二)确定民事责任明显违背当事人约定或者法律规定的;

（三）适用已经失效或者尚未施行的法律的；

（四）违反法律溯及力规定的；

（五）违反法律适用规则的；

（六）明显违背立法原意的。

第389条　原审开庭过程中有下列情形之一的，应当认定为民事诉讼法第二百零七条第九项规定的剥夺当事人辩论权利：

（一）不允许当事人发表辩论意见的；

（二）应当开庭审理而未开庭审理的；

（三）违反法律规定送达起诉状副本或者上诉状副本，致使当事人无法行使辩论权利的；

（四）违法剥夺当事人辩论权利的其他情形。

第390条　民事诉讼法第二百零七条第十一项规定的诉讼请求，包括一审诉讼请求、二审上诉请求，但当事人未对一审判决、裁定遗漏或者超出诉讼请求提起上诉的除外。

第391条　民事诉讼法第二百零七条第十二项规定的法律文书包括：

（一）发生法律效力的判决书、裁定书、调解书；

（二）发生法律效力的仲裁裁决书；

（三）具有强制执行效力的公证债权文书。

第392条　民事诉讼法第二百零七条第十三项规定的审判人员审理该案件时有贪污受贿、徇私舞弊、枉法裁判行为，是指已经由生效刑事法律文书或者纪律处分决定所确认的行为。

● 案例指引

韩某彬与某郡公司等产品责任纠纷管辖权异议案（最高人民法院指导案例56号）

裁判要旨：当事人在一审提交答辩状期间未提出管辖异议，在二审或者再审发回重审时提出管辖异议的，人民法院不予审查。

第二百一十二条　调解书的再审

当事人对已经发生法律效力的调解书，提出证据证明调解违反自愿原则或者调解协议的内容违反法律的，可以申请再审。经人民法院审查属实的，应当再审。

● 司法解释及文件

《最高人民法院关于适用〈中华人民共和国民事诉讼法〉的解释》
（2022年4月1日）

第 373 条　当事人死亡或者终止的，其权利义务承继者可以根据民事诉讼法第二百零六条、第二百零八条的规定申请再审。

判决、调解书生效后，当事人将判决、调解书确认的债权转让，债权受让人对该判决、调解书不服申请再审的，人民法院不予受理。

第 382 条　当事人对已经发生法律效力的调解书申请再审，应当在调解书发生法律效力后六个月内提出。

第 407 条　人民法院对调解书裁定再审后，按照下列情形分别处理：

（一）当事人提出的调解违反自愿原则的事由不成立，且调解书的内容不违反法律强制性规定的，裁定驳回再审申请；

（二）人民检察院抗诉或者再审检察建议所主张的损害国家利益、社会公共利益的理由不成立的，裁定终结再审程序。

前款规定情形，人民法院裁定中止执行的调解书需要继续执行的，自动恢复执行。

第二百一十三条　不得申请再审的案件

当事人对已经发生法律效力的解除婚姻关系的判决、调解书，不得申请再审。

● 司法解释及文件

1.《最高人民法院关于适用〈中华人民共和国民事诉讼法〉的解释》（2022年4月1日）

第378条　适用特别程序、督促程序、公示催告程序、破产程序等非讼程序审理的案件，当事人不得申请再审。

第380条　当事人就离婚案件中的财产分割问题申请再审，如涉及判决中已分割的财产，人民法院应当依照民事诉讼法第二百零七条的规定进行审查，符合再审条件的，应当裁定再审；如涉及判决中未作处理的夫妻共同财产，应当告知当事人另行起诉。

2.《最高人民法院关于当事人对人民法院撤销仲裁裁决的裁定不服申请再审人民法院是否受理问题的批复》（1999年2月11日）

根据《中华人民共和国仲裁法》①第九条规定的精神，当事人对人民法院撤销仲裁裁决的裁定不服申请再审的，人民法院不予受理。

● 案例指引

杨某与某保健品公司侵犯发明专利权纠纷案（《最高人民法院公报》2009年第11期）

裁判要旨：诉讼和解协议是案件当事人为终止争议或者防止争议再次发生，通过相互让步形成的合意，和解协议的内容不限于当事人的诉讼请求事项。

当事人具有较高的文化程度，并有代理律师一同参与诉讼、调解、和解活动。在此情形下，当事人在和解协议上签字同意并收取了对方当事人按照和解协议支付的款项，此后又以调解违背真实意愿为由申请再审的，其再审申请不符合《中华人民共和国民事诉讼法》规定的情形，应予驳回。

---

①　《仲裁法》于2017年9月1日修正。

第二百一十四条 再审申请以及审查

当事人申请再审的，应当提交再审申请书等材料。人民法院应当自收到再审申请书之日起五日内将再审申请书副本发送对方当事人。对方当事人应当自收到再审申请书副本之日起十五日内提交书面意见；不提交书面意见的，不影响人民法院审查。人民法院可以要求申请人和对方当事人补充有关材料，询问有关事项。

● 司法解释及文件

1. 《最高人民法院关于受理审查民事申请再审案件的若干意见》（2009年4月27日）

为依法保障当事人申请再审权利，规范人民法院受理审查民事申请再审案件工作，根据《中华人民共和国民事诉讼法》和《最高人民法院关于适用〈中华人民共和国民事诉讼法〉审判监督程序若干问题的解释》的有关规定，结合审判工作实际，现就受理审查民事申请再审案件工作提出以下意见：

一、民事申请再审案件的受理

第1条 当事人或案外人申请再审，应当提交再审申请书等材料，并按照被申请人及原审其他当事人人数提交再审申请书副本。

第2条 人民法院应当审查再审申请书是否载明下列事项：

（一）申请再审人、被申请人及原审其他当事人的基本情况。当事人是自然人的，应列明姓名、性别、年龄、民族、职业、工作单位、住所及有效联系电话、邮寄地址；当事人是法人或者其他组织的，应列明名称、住所和法定代表人或者主要负责人的姓名、职务及有效联系电话、邮寄地址；

（二）原审法院名称，原判决、裁定、调解文书案号；

（三）具体的再审请求；

（四）申请再审的法定事由及具体事实、理由；

（五）受理再审申请的法院名称；

（六）申请再审人的签名或者盖章。

第3条　申请再审人申请再审，除应提交符合前条规定的再审申请书外，还应当提交以下材料：

（一）申请再审人是自然人的，应提交身份证明复印件；申请再审人是法人或其他组织的，应提交营业执照复印件、法定代表人或主要负责人身份证明书。委托他人代为申请的，应提交授权委托书和代理人身份证明；

（二）申请再审的生效裁判文书原件，或者经核对无误的复印件；生效裁判系二审、再审裁判的，应同时提交一审、二审裁判文书原件，或者经核对无误的复印件；

（三）在原审诉讼过程中提交的主要证据复印件；

（四）支持申请再审事由和再审诉讼请求的证据材料。

第4条　申请再审人提交再审申请书等材料的同时，应提交材料清单一式两份，并可附申请再审材料的电子文本，同时填写送达地址确认书。

第5条　申请再审人提交的再审申请书等材料不符合上述要求，或者有人身攻击等内容，可能引起矛盾激化的，人民法院应将材料退回申请再审人并告知其补充或改正。

再审申请书等材料符合上述要求的，人民法院应在申请再审人提交的材料清单上注明收到日期，加盖收件章，并将其中一份清单返还申请再审人。

第6条　申请再审人提出的再审申请符合以下条件的，人民法院应当在5日内受理并向申请再审人发送受理通知书，同时向被申请人及原审其他当事人发送受理通知书、再审申请书副本及送达地址确认书：

（一）申请再审人是生效裁判文书列明的当事人，或者符合法律和司法解释规定的案外人；

（二）受理再审申请的法院是作出生效裁判法院的上一级法院；

（三）申请再审的裁判属于法律和司法解释允许申请再审的生效裁判；

（四）申请再审的事由属于民事诉讼法第一百七十九条规定的情形。

再审申请不符合上述条件的，应当及时告知申请再审人。

第7条　申请再审人向原审法院申请再审的，原审法院应针对申请再审事由并结合原裁判理由作好释明工作。申请再审人坚持申请再审的，告知其可以向上一级法院提出。

第8条　申请再审人越级申请再审的，有关上级法院应告知其向原审法院的上一级法院提出。

第9条　人民法院认为再审申请不符合民事诉讼法第一百八十四条规定的期间要求的，应告知申请再审人。申请再审人认为未超过法定期间的，人民法院可以限期要求其提交生效裁判文书的送达回证复印件或其他能够证明裁判文书实际生效日期的相应证据材料。

二、民事申请再审案件的审查

第10条　人民法院受理申请再审案件后，应当组成合议庭进行审查。

第11条　人民法院审查申请再审案件，应当围绕申请再审事由是否成立进行，申请再审人未主张的事由不予审查。

第12条　人民法院审查申请再审案件，应当审查当事人诉讼主体资格的变化情况。

第13条　人民法院审查申请再审案件，采取以下方式：

（一）审查当事人提交的再审申请书、书面意见等材料；

（二）审阅原审卷宗；

（三）询问当事人；

（四）组织当事人听证。

第14条　人民法院经审查申请再审人提交的再审申请书、对方当事人提交的书面意见、原审裁判文书和证据等材料，足以确定申请再审事由不能成立的，可以径行裁定驳回再审申请。

第15条　对于以下列事由申请再审，且根据当事人提交的申请材料足以确定再审事由成立的案件，人民法院可以径行裁定再审：

（一）违反法律规定，管辖错误的；

（二）审判组织的组成不合法或者依法应当回避的审判人员没有回避的；

（三）无诉讼行为能力人未经法定代理人代为诉讼，或者应当参加诉讼的当事人因不能归责于本人或者其诉讼代理人的事由未参加诉讼的；

（四）据以作出原判决、裁定的法律文书被撤销或者变更的；

（五）审判人员在审理该案件时有贪污受贿、徇私舞弊、枉法裁判行为，并经相关刑事法律文书或者纪律处分决定确认的。

第16条　人民法院决定调卷审查的，原审法院应当在收到调卷函后15日内按要求报送卷宗。

调取原审卷宗的范围可根据审查工作需要决定。必要时，在保证真实的前提下，可要求原审法院以传真件、复印件、电子文档等方式及时报送相关卷宗材料。

第17条　人民法院可根据审查工作需要询问一方或者双方当事人。

第18条　人民法院对以下列事由申请再审的案件，可以组织当事人进行听证：

（一）有新的证据，足以推翻原判决、裁定的；

（二）原判决、裁定认定的基本事实缺乏证据证明的；

（三）原判决、裁定认定事实的主要证据是伪造的；

（四）原判决、裁定适用法律确有错误的。

第19条　合议庭决定听证的案件，应在听证5日前通知当事人。

第20条　听证由审判长主持，围绕申请再审事由是否成立进行。

第21条　申请再审人经传票传唤，无正当理由拒不参加询问、听证或未经许可中途退出的，裁定按撤回再审申请处理。被申请人及原审其他当事人不参加询问、听证或未经许可中途退出的，视为放弃在询问、听证过程中陈述意见的权利。

第22条　人民法院在审查申请再审案件过程中，被申请人或者原审其他当事人提出符合条件的再审申请的，应当将其列为申请再审人，对于其申请再审事由一并审查，审查期限重新计算。经审查，其中一方申请再审人主张的再审事由成立的，人民法院即应裁定再审。各方申请再审人主张的再审事由均不成立的，一并裁定驳回。

第23条　申请再审人在审查过程中撤回再审申请的，是否准许，由人民法院裁定。

第24条　审查过程中，申请再审人、被申请人及原审其他当事人自愿达成和解协议，当事人申请人民法院出具调解书且能够确定申请再审事由成立的，人民法院应当裁定再审并制作调解书。

第25条　审查过程中，申请再审人或者被申请人死亡或者终止的，按下列情形分别处理：

（一）申请再审人有权利义务继受人且该权利义务继受人申请参加审查程序的，变更其为申请再审人；

（二）被申请人有权利义务继受人的，变更其权利义务继受人为被申请人；

（三）申请再审人无权利义务继受人或其权利义务继受人未申请参加审查程序的，裁定终结审查程序；

（四）被申请人无权利义务继受人且无可供执行财产的，裁定终结审查程序。

第26条　人民法院经审查认为再审申请超过民事诉讼法第一百八十四条规定期间的，裁定驳回申请。

第27条　人民法院经审查认为申请再审事由成立的，一般应由本院提审。

第28条　最高人民法院、高级人民法院审查的下列案件，可以指令原审法院再审：

（一）依据民事诉讼法第一百七十九条第一款第（八）至第（十三）项事由提起再审的；

（二）因违反法定程序可能影响案件正确判决、裁定提起再审的；

（三）上一级法院认为其他应当指令原审法院再审的。

第29条　提审和指令再审的裁定书应当包括以下内容：

（一）申请再审人、被申请人及原审其他当事人基本情况；

（二）原审法院名称、申请再审的生效裁判文书名称、案号；

（三）裁定再审的法律依据；

（四）裁定结果。

裁定书由院长署名，加盖人民法院印章。

第30条　驳回再审申请的裁定书，应当包括以下内容：

（一）申请再审人、被申请人及原审其他当事人基本情况；

（二）原审法院名称、申请再审的生效裁判文书名称、案号；

（三）申请再审人主张的再审事由、被申请人的意见；

（四）驳回再审申请的理由、法律依据；

（五）裁定结果。

裁定书由审判人员、书记员署名，加盖人民法院印章。

第31条 再审申请被裁定驳回后,申请再审人以相同理由再次申请再审的,不作为申请再审案件审查处理。

申请再审人不服驳回其再审申请的裁定,向作出驳回裁定法院的上一级法院申请再审的,不作为申请再审案件审查处理。

第32条 人民法院应当自受理再审申请之日起3个月内审查完毕,但鉴定期间等不计入审查期限。有特殊情况需要延长的,报经本院院长批准。

第33条 2008年4月1日之前受理,尚未审结的案件,符合申请再审条件的,由受理再审申请的人民法院继续审查处理并作出裁定。

2.《最高人民法院关于适用〈中华人民共和国民事诉讼法〉的解释》(2022年4月1日)

第375条 当事人申请再审,应当提交下列材料:

(一)再审申请书,并按照被申请人和原审其他当事人的人数提交副本;

(二)再审申请人是自然人的,应当提交身份证明;再审申请人是法人或者其他组织的,应当提交营业执照、组织机构代码证书、法定代表人或者主要负责人身份证明书。委托他人代为申请的,应当提交授权委托书和代理人身份证明;

(三)原审判决书、裁定书、调解书;

(四)反映案件基本事实的主要证据及其他材料。

前款第二项、第三项、第四项规定的材料可以是与原件核对无异的复印件。

第376条 再审申请书应当记明下列事项:

(一)再审申请人与被申请人及原审其他当事人的基本信息;

(二)原审人民法院的名称,原审裁判文书案号;

(三)具体的再审请求;

(四)申请再审的法定情形及具体事实、理由。

再审申请书应当明确申请再审的人民法院，并由再审申请人签名、捺印或者盖章。

第383条 人民法院应当自收到符合条件的再审申请书等材料之日起五日内向再审申请人发送受理通知书，并向被申请人及原审其他当事人发送应诉通知书、再审申请书副本等材料。

第395条 人民法院根据审查案件的需要决定是否询问当事人。新的证据可能推翻原判决、裁定的，人民法院应当询问当事人。

第二百一十五条　再审申请的审查期限以及再审案件管辖法院

人民法院应当自收到再审申请书之日起三个月内审查，符合本法规定的，裁定再审；不符合本法规定的，裁定驳回申请。有特殊情况需要延长的，由本院院长批准。

因当事人申请裁定再审的案件由中级人民法院以上的人民法院审理，但当事人依照本法第二百一十条的规定选择向基层人民法院申请再审的除外。最高人民法院、高级人民法院裁定再审的案件，由本院再审或者交其他人民法院再审，也可以交原审人民法院再审。

● 司法解释及文件

1. 《最高人民法院关于适用〈中华人民共和国民事诉讼法〉审判监督程序若干问题的解释》（2020年12月29日）

第7条 人民法院受理再审申请后，应当组成合议庭予以审查。

第8条 人民法院对再审申请的审查，应当围绕再审事由是否成立进行。

第11条 人民法院经审查再审申请书等材料，认为申请再审事由成立的，应当进行裁定再审。

当事人申请再审超过民事诉讼法第二百零五条规定的期限，

或者超出民事诉讼法第二百条所列明的再审事由范围的，人民法院应当裁定驳回再审申请。

第12条 人民法院认为仅审查再审申请书等材料难以作出裁定的，应当调阅原审卷宗予以审查。

第13条 人民法院可以根据案情需要决定是否询问当事人。

以有新的证据足以推翻原判决、裁定为由申请再审的，人民法院应当询问当事人。

第14条 在审查再审申请过程中，对方当事人也申请再审的，人民法院应当将其列为申请再审人，对其提出的再审申请一并审查。

第15条 申请再审人在案件审查期间申请撤回再审申请的，是否准许，由人民法院裁定。

申请再审人经传票传唤，无正当理由拒不接受询问，可以裁定按撤回再审申请处理。

2.《最高人民法院关于适用〈中华人民共和国民事诉讼法〉的解释》（2022年4月1日）

第393条 当事人主张的再审事由成立，且符合民事诉讼法和本解释规定的申请再审条件的，人民法院应当裁定再审。

当事人主张的再审事由不成立，或者当事人申请再审超过法定申请再审期限、超出法定再审事由范围等不符合民事诉讼法和本解释规定的申请再审条件的，人民法院应当裁定驳回再审申请。

第396条 审查再审申请期间，被申请人及原审其他当事人依法提出再审申请的，人民法院应当将其列为再审申请人，对其再审事由一并审查，审查期限重新计算。经审查，其中一方再审申请人主张的再审事由成立的，应当裁定再审。各方再审申请人主张的再审事由均不成立的，一并裁定驳回再审申请。

第二百一十六条　当事人申请再审的期限

当事人申请再审，应当在判决、裁定发生法律效力后六个月内提出；有本法第二百一十一条第一项、第三项、第十二项、第十三项规定情形的，自知道或者应当知道之日起六个月内提出。

● 司法解释及文件

1. 《最高人民法院关于适用〈中华人民共和国民事诉讼法〉审判监督程序若干问题的解释》（2020年12月29日）

第2条　民事诉讼法第二百零五条规定的申请再审期间不适用中止、中断和延长的规定。

第11条　人民法院经审查再审申请书等材料，认为申请再审事由成立的，应当进行裁定再审。

当事人申请再审超过民事诉讼法第二百零五条规定的期限，或者超出民事诉讼法第二百条所列明的再审事由范围的，人民法院应当裁定驳回再审申请。

2. 《最高人民法院关于受理审查民事申请再审案件的若干意见》（2009年4月27日）

第9条　人民法院认为再审申请不符合民事诉讼法第一百八十四条规定的期间要求的，应告知申请再审人。申请再审人认为未超过法定期间的，人民法院可以限期要求其提交生效裁判文书的送达回证复印件或其他能够证明裁判文书实际生效日期的相应证据材料。

第26条　人民法院经审查认为再审申请超过民事诉讼法第一百八十四条规定期间的，裁定驳回申请。

第二百一十七条　中止原判决的执行及例外

按照审判监督程序决定再审的案件，裁定中止原判决、裁定、调解书的执行，但追索赡养费、扶养费、抚养费、抚恤金、医疗费用、劳动报酬等案件，可以不中止执行。

● 司法解释及文件

《最高人民法院关于适用〈中华人民共和国民事诉讼法〉的解释》（2022年4月1日）

第394条　人民法院对已经发生法律效力的判决、裁定、调解书依法决定再审，依照民事诉讼法第二百一十三条规定，需要中止执行的，应当在再审裁定中同时写明中止原判决、裁定、调解书的执行；情况紧急的，可以将中止执行裁定口头通知负责执行的人民法院，并在通知后十日内发出裁定书。

第二百一十八条　再审案件的审理程序

人民法院按照审判监督程序再审的案件，发生法律效力的判决、裁定是由第一审法院作出的，按照第一审程序审理，所作的判决、裁定，当事人可以上诉；发生法律效力的判决、裁定是由第二审法院作出的，按照第二审程序审理，所作的判决、裁定，是发生法律效力的判决、裁定；上级人民法院按照审判监督程序提审的，按照第二审程序审理，所作的判决、裁定是发生法律效力的判决、裁定。

人民法院审理再审案件，应当另行组成合议庭。

● 司法解释及文件

1.**《最高人民法院关于适用〈中华人民共和国民事诉讼法〉审判监督程序若干问题的解释》**（2020年12月29日）

第16条　人民法院经审查认为申请再审事由不成立的，应当裁定驳回再审申请。

驳回再审申请的裁定一经送达，即发生法律效力。

第22条 人民法院应当依照民事诉讼法第二百零七条的规定，按照第一审程序或者第二审程序审理再审案件。

人民法院审理再审案件应当开庭审理。但按照第二审程序审理的，双方当事人已经其他方式充分表达意见，且书面同意不开庭审理的除外。

第23条 申请再审人在再审期间撤回再审申请的，是否准许由人民法院裁定。裁定准许的，应终结再审程序。申请再审人经传票传唤，无正当理由拒不到庭的，或者未经法庭许可中途退庭的，可以裁定按自动撤回再审申请处理。

人民检察院抗诉再审的案件，申请抗诉的当事人有前款规定的情形，且不损害国家利益、社会公共利益或第三人利益的，人民法院应当裁定终结再审程序；人民检察院撤回抗诉的，应当准予。

终结再审程序的，恢复原判决的执行。

第27条 人民法院按照第二审程序审理再审案件，发现原判决认定事实错误或者认定事实不清的，应当在查清事实后改判。但原审人民法院便于查清事实，化解纠纷的，可以裁定撤销原判决，发回重审；原审程序遗漏必须参加诉讼的当事人且无法达成调解协议，以及其他违反法定程序不宜在再审程序中直接作出实体处理的，应当裁定撤销原判决，发回重审。

2.《最高人民法院关于适用〈中华人民共和国民事诉讼法〉的解释》（2022年4月1日）

第401条 人民法院审理再审案件应当组成合议庭开庭审理，但按照第二审程序审理，有特殊情况或者双方当事人已经通过其他方式充分表达意见，且书面同意不开庭审理的除外。

符合缺席判决条件的，可以缺席判决。

第402条 人民法院开庭审理再审案件,应当按照下列情形分别进行:

(一)因当事人申请再审的,先由再审申请人陈述再审请求及理由,后由被申请人答辩、其他原审当事人发表意见;

(二)因抗诉再审的,先由抗诉机关宣读抗诉书,再由申请抗诉的当事人陈述,后由被申请人答辩、其他原审当事人发表意见;

(三)人民法院依职权再审,有申诉人的,先由申诉人陈述再审请求及理由,后由被申诉人答辩、其他原审当事人发表意见;

(四)人民法院依职权再审,没有申诉人的,先由原审原告或者原审上诉人陈述,后由原审其他当事人发表意见。

对前款第一项至第三项规定的情形,人民法院应当要求当事人明确其再审请求。

第403条 人民法院审理再审案件应当围绕再审请求进行。当事人的再审请求超出原审诉讼请求的,不予审理;符合另案诉讼条件的,告知当事人可以另行起诉。

被申请人及原审其他当事人在庭审辩论结束前提出的再审请求,符合民事诉讼法第二百一十二条规定的,人民法院应当一并审理。

人民法院经再审,发现已经发生法律效力的判决、裁定损害国家利益、社会公共利益、他人合法权益的,应当一并审理。

第404条 再审审理期间,有下列情形之一的,可以裁定终结再审程序:

(一)再审申请人在再审期间撤回再审请求,人民法院准许的;

(二)再审申请人经传票传唤,无正当理由拒不到庭的,或者未经法庭许可中途退庭,按撤回再审请求处理的;

(三)人民检察院撤回抗诉的;

(四)有本解释第四百条第一项至第四项规定情形的。

因人民检察院提出抗诉裁定再审的案件,申请抗诉的当事人有前款规定的情形,且不损害国家利益、社会公共利益或者他人合法权益的,人民法院应当裁定终结再审程序。

再审程序终结后,人民法院裁定中止执行的原生效判决自动恢复执行。

第405条 人民法院经再审审理认为,原判决、裁定认定事实清楚、适用法律正确的,应予维持;原判决、裁定认定事实、适用法律虽有瑕疵,但裁判结果正确的,应当在再审判决、裁定中纠正瑕疵后予以维持。

原判决、裁定认定事实、适用法律错误,导致裁判结果错误的,应当依法改判、撤销或者变更。

第406条 按照第二审程序再审的案件,人民法院经审理认为不符合民事诉讼法规定的起诉条件或者符合民事诉讼法第一百二十七条规定不予受理情形的,应当裁定撤销一、二审判决,驳回起诉。

第二百一十九条　人民检察院提起抗诉

最高人民检察院对各级人民法院已经发生法律效力的判决、裁定,上级人民检察院对下级人民法院已经发生法律效力的判决、裁定,发现有本法第二百一十一条规定情形之一的,或者发现调解书损害国家利益、社会公共利益的,应当提出抗诉。

地方各级人民检察院对同级人民法院已经发生法律效力的判决、裁定,发现有本法第二百一十一条规定情形之一的,或者发现调解书损害国家利益、社会公共利益的,可以向同级人民法院提出检察建议,并报上级人民检察院备案;也可以提请上级人民检察院向同级人民法院提出抗诉。

各级人民检察院对审判监督程序以外的其他审判程序中审判人员的违法行为，有权向同级人民法院提出检察建议。

● 司法解释及文件

1.《最高人民法院关于适用〈中华人民共和国民事诉讼法〉的解释》（2022年4月1日）

第407条　人民法院对调解书裁定再审后，按照下列情形分别处理：

（一）当事人提出的调解违反自愿原则的事由不成立，且调解书的内容不违反法律强制性规定的，裁定驳回再审申请；

（二）人民检察院抗诉或者再审检察建议所主张的损害国家利益、社会公共利益的理由不成立的，裁定终结再审程序。

前款规定情形，人民法院裁定中止执行的调解书需要继续执行的，自动恢复执行。

第408条　一审原告在再审审理程序中申请撤回起诉，经其他当事人同意，且不损害国家利益、社会公共利益、他人合法权益的，人民法院可以准许。裁定准许撤诉的，应当一并撤销原判决。

一审原告在再审审理程序中撤回起诉后重复起诉的，人民法院不予受理。

第409条　当事人提交新的证据致使再审改判，因再审申请人或者申请检察监督当事人的过错未能在原审程序中及时举证，被申请人等当事人请求补偿其增加的交通、住宿、就餐、误工等必要费用的，人民法院应予支持。

第410条　部分当事人到庭并达成调解协议，其他当事人未作出书面表示的，人民法院应当在判决中对该事实作出表述；调解协议内容不违反法律规定，且不损害其他当事人合法权益的，可以在判决主文中予以确认。

第411条 人民检察院依法对损害国家利益、社会公共利益的发生法律效力的判决、裁定、调解书提出抗诉，或者经人民检察院检察委员会讨论决定提出再审检察建议的，人民法院应予受理。

第412条 人民检察院对已经发生法律效力的判决以及不予受理、驳回起诉的裁定依法提出抗诉的，人民法院应予受理，但适用特别程序、督促程序、公示催告程序、破产程序以及解除婚姻关系的判决、裁定等不适用审判监督程序的判决、裁定除外。

第413条 人民检察院依照民事诉讼法第二百一十六条第一款第三项规定对有明显错误的再审判决、裁定提出抗诉或者再审检察建议的，人民法院应予受理。

第414条 地方各级人民检察院依当事人的申请对生效判决、裁定向同级人民法院提出再审检察建议，符合下列条件的，应予受理：

（一）再审检察建议书和原审当事人申请书及相关证据材料已经提交；

（二）建议再审的对象为依照民事诉讼法和本解释规定可以进行再审的判决、裁定；

（三）再审检察建议书列明该判决、裁定有民事诉讼法第二百一十五条第二款规定情形；

（四）符合民事诉讼法第二百一十六条第一款第一项、第二项规定情形；

（五）再审检察建议经该人民检察院检察委员会讨论决定。

不符合前款规定的，人民法院可以建议人民检察院予以补正或者撤回；不予补正或者撤回的，应当函告人民检察院不予受理。

第415条 人民检察院依当事人的申请对生效判决、裁定提出抗诉，符合下列条件的，人民法院应当在三十日内裁定再审：

（一）抗诉书和原审当事人申请书及相关证据材料已经提交；

（二）抗诉对象为依照民事诉讼法和本解释规定可以进行再审的判决、裁定；

（三）抗诉书列明该判决、裁定有民事诉讼法第二百一十五条第一款规定情形；

（四）符合民事诉讼法第二百一十六条第一款第一项、第二项规定情形。

不符合前款规定的，人民法院可以建议人民检察院予以补正或者撤回；不予补正或者撤回的，人民法院可以裁定不予受理。

第416条　当事人的再审申请被上级人民法院裁定驳回后，人民检察院对原判决、裁定、调解书提出抗诉，抗诉事由符合民事诉讼法第二百零七条第一项至第五项规定情形之一的，受理抗诉的人民法院可以交由下一级人民法院再审。

第417条　人民法院收到再审检察建议后，应当组成合议庭，在三个月内进行审查，发现原判决、裁定、调解书确有错误，需要再审的，依照民事诉讼法第二百零五条规定裁定再审，并通知当事人；经审查，决定不予再审的，应当书面回复人民检察院。

第418条　人民法院审理因人民检察院抗诉或者检察建议裁定再审的案件，不受此前已经作出的驳回当事人再审申请裁定的影响。

2.《最高人民法院关于对执行程序中的裁定的抗诉不予受理的批复》（1995年8月10日）

根据《中华人民共和国民事诉讼法》的有关规定，人民法院为了保证已发生法律效力的判决、裁定或者其他法律文书的执行而在执行程序中作出的裁定，不属于抗诉的范围。因此，人民检察院针对人民法院在执行程序中作出的查封财产裁定提出抗诉，于法无据，人民法院不予受理。

| 第二百二十条 | 当事人申请再审检察建议及抗诉的条件 |

有下列情形之一的，当事人可以向人民检察院申请检察建议或者抗诉：

（一）人民法院驳回再审申请的；

（二）人民法院逾期未对再审申请作出裁定的；

（三）再审判决、裁定有明显错误的。

人民检察院对当事人的申请应当在三个月内进行审查，作出提出或者不予提出检察建议或者抗诉的决定。当事人不得再次向人民检察院申请检察建议或者抗诉。

● 司法解释及文件

《最高人民法院关于适用〈中华人民共和国民事诉讼法〉的解释》（2022年4月1日）

第381条 当事人申请再审，有下列情形之一的，人民法院不予受理：

（一）再审申请被驳回后再次提出申请的；

（二）对再审判决、裁定提出申请的；

（三）在人民检察院对当事人的申请作出不予提出再审检察建议或者抗诉决定后又提出申请的。

前款第一项、第二项规定情形，人民法院应当告知当事人可以向人民检察院申请再审检察建议或者抗诉，但因人民检察院提出再审检察建议或者抗诉而再审作出的判决、裁定除外。

第414条 地方各级人民检察院依当事人的申请对生效判决、裁定向同级人民法院提出再审检察建议，符合下列条件的，应予受理：

（一）再审检察建议书和原审当事人申请书及相关证据材料已经提交；

（二）建议再审的对象为依照民事诉讼法和本解释规定可以

进行再审的判决、裁定；

（三）再审检察建议书列明该判决、裁定有民事诉讼法第二百一十五条第二款规定情形；

（四）符合民事诉讼法第二百一十六条第一款第一项、第二项规定情形；

（五）再审检察建议经该人民检察院检察委员会讨论决定。

不符合前款规定的，人民法院可以建议人民检察院予以补正或者撤回；不予补正或者撤回的，应当函告人民检察院不予受理。

第415条 人民检察院依当事人的申请对生效判决、裁定提出抗诉，符合下列条件的，人民法院应当在三十日内裁定再审：

（一）抗诉书和原审当事人申请书及相关证据材料已经提交；

（二）抗诉对象为依照民事诉讼法和本解释规定可以进行再审的判决、裁定；

（三）抗诉书列明该判决、裁定有民事诉讼法第二百一十五条第一款规定情形；

（四）符合民事诉讼法第二百一十六条第一款第一项、第二项规定情形。

不符合前款规定的，人民法院可以建议人民检察院予以补正或者撤回；不予补正或者撤回的，人民法院可以裁定不予受理。

第二百二十一条　抗诉案件的调查

人民检察院因履行法律监督职责提出检察建议或者抗诉的需要，可以向当事人或者案外人调查核实有关情况。

第二百二十二条　抗诉案件裁定再审的期限及审理法院

人民检察院提出抗诉的案件，接受抗诉的人民法院应当自收到抗诉书之日起三十日内作出再审的裁定；有本法第二百一十一条第一项至第五项规定情形之一的，可以交下一级人民法院再审，但经该下一级人民法院再审的除外。

● 司法解释及文件

《最高人民法院关于适用〈中华人民共和国民事诉讼法〉的解释》（2022年4月1日）

第416条　当事人的再审申请被上级人民法院裁定驳回后，人民检察院对原判决、裁定、调解书提出抗诉，抗诉事由符合民事诉讼法第二百零七条第一项至第五项规定情形之一的，受理抗诉的人民法院可以交由下一级人民法院再审。

第二百二十三条　抗诉书

人民检察院决定对人民法院的判决、裁定、调解书提出抗诉的，应当制作抗诉书。

第二百二十四条　人民检察院派员出庭

人民检察院提出抗诉的案件，人民法院再审时，应当通知人民检察院派员出席法庭。

● 司法解释及文件

《最高人民法院关于民事审判监督程序严格依法适用指令再审和发回重审若干问题的规定》（2015年2月16日）

为了及时有效维护各方当事人的合法权益，维护司法公正，进一步规范民事案件指令再审和再审发回重审，提高审判监督质量和效率，根据《中华人民共和国民事诉讼法》，结合审判实际，制定本规定。

第一条 上级人民法院应当严格依照民事诉讼法第二百条等规定审查当事人的再审申请，符合法定条件的，裁定再审。不得因指令再审而降低再审启动标准，也不得因当事人反复申诉将依法不应当再审的案件指令下级人民法院再审。

第二条 因当事人申请裁定再审的案件一般应当由裁定再审的人民法院审理。有下列情形之一的，最高人民法院、高级人民法院可以指令原审人民法院再审：

（一）依据民事诉讼法第二百条第（四）项、第（五）项或者第（九）项裁定再审的；

（二）发生法律效力的判决、裁定、调解书是由第一审法院作出的；

（三）当事人一方人数众多或者当事人双方为公民的；

（四）经审判委员会讨论决定的其他情形。

人民检察院提出抗诉的案件，由接受抗诉的人民法院审理，具有民事诉讼法第二百条第（一）至第（五）项规定情形之一的，可以指令原审人民法院再审。

人民法院依据民事诉讼法第一百九十八条第二款裁定再审的，应当提审。

第三条 虽然符合本规定第二条可以指令再审的条件，但有下列情形之一的，应当提审：

（一）原判决、裁定系经原审人民法院再审审理后作出的；

（二）原判决、裁定系经原审人民法院审判委员会讨论作出的；

（三）原审审判人员在审理该案件时有贪污受贿，徇私舞弊，枉法裁判行为的；

（四）原审人民法院对该案无再审管辖权的；

（五）需要统一法律适用或裁量权行使标准的；

（六）其他不宜指令原审人民法院再审的情形。

第四条 人民法院按照第二审程序审理再审案件，发现原判决认定基本事实不清的，一般应当通过庭审认定事实后依法作出判决。但原审人民法院未对基本事实进行过审理的，可以裁定撤销原判决，发回重审。原判决认定事实错误的，上级人民法院不得以基本事实不清为由裁定发回重审。

第五条 人民法院按照第二审程序审理再审案件，发现第一审人民法院有下列严重违反法定程序情形之一的，可以依照民事诉讼法第一百七十条第一款第（四）项的规定，裁定撤销原判决，发回第一审人民法院重审：

（一）原判决遗漏必须参加诉讼的当事人的；

（二）无诉讼行为能力人未经法定代理人代为诉讼，或者应当参加诉讼的当事人，因不能归责于本人或者其诉讼代理人的事由，未参加诉讼的；

（三）未经合法传唤缺席判决，或者违反法律规定剥夺当事人辩论权利的；

（四）审判组织的组成不合法或者依法应当回避的审判人员没有回避的；

（五）原判决、裁定遗漏诉讼请求的。

第六条 上级人民法院裁定指令再审、发回重审的，应当在裁定书中阐明指令再审或者发回重审的具体理由。

第七条 再审案件应当围绕申请人的再审请求进行审理和裁判。对方当事人在再审庭审辩论终结前也提出再审请求的，应一并审理和裁判。当事人的再审请求超出原审诉讼请求的不予审理，构成另案诉讼的应告知当事人可以提起新的诉讼。

第八条 再审发回重审的案件，应当围绕当事人原诉讼请求进行审理。当事人申请变更、增加诉讼请求和提出反诉的，按照最高人民法院《关于适用〈中华人民共和国民事诉讼法〉的解释》第二百五十二条的规定审查决定是否准许。当事人变更其在原审中的诉讼主张、质证及辩论意见的，应说明理由并提交相应的证据，理由不成立或证据不充分的，人民法院不予支持。

第九条　各级人民法院对民事案件指令再审和再审发回重审的审判行为，应当严格遵守本规定。违反本规定的，应当依照相关规定追究有关人员的责任。

第十条　最高人民法院以前发布的司法解释与本规定不一致的，不再适用。

第十七章　督促程序

第二百二十五条　支付令的申请

债权人请求债务人给付金钱、有价证券，符合下列条件的，可以向有管辖权的基层人民法院申请支付令：

（一）债权人与债务人没有其他债务纠纷的；

（二）支付令能够送达债务人的。

申请书应当写明请求给付金钱或者有价证券的数量和所根据的事实、证据。

● 司法解释及文件

《最高人民法院关于适用〈中华人民共和国民事诉讼法〉的解释》
（2022年4月1日）

第425条　两个以上人民法院都有管辖权的，债权人可以向其中一个基层人民法院申请支付令。

债权人向两个以上有管辖权的基层人民法院申请支付令的，由最先立案的人民法院管辖。

第二百二十六条　支付令申请的受理

> 债权人提出申请后，人民法院应当在五日内通知债权人是否受理。

● 司法解释及文件

1.《最高人民法院关于在民事审判工作中适用〈中华人民共和国工会法〉若干问题的解释》（2020年12月29日）

第3条　基层工会或者上级工会依照工会法第四十三条规定向人民法院申请支付令的，由被申请人所在地的基层人民法院管辖。

第4条　人民法院根据工会法第四十三条的规定受理工会提出的拨缴工会经费的支付令申请后，应当先行征询被申请人的意见。被申请人仅对应拨缴经费数额有异议的，人民法院应当就无异议部分的工会经费数额发出支付令。

人民法院在审理涉及工会经费的案件中，需要按照工会法第四十二条第一款第（二）项规定的"全部职工""工资总额"确定拨缴数额的，"全部职工""工资总额"的计算，应当按照国家有关部门规定的标准执行。

第5条　根据工会法第四十三条和民事诉讼法的有关规定，上级工会向人民法院申请支付令或者提起诉讼，要求企业、事业单位拨缴工会经费的，人民法院应当受理。基层工会要求参加诉讼的，人民法院可以准许其作为共同申请人或者共同原告参加诉讼。

第6条　根据工会法第五十二条规定，人民法院审理涉及职工和工会工作人员因参加工会活动或者履行工会法规定的职责而被解除劳动合同的劳动争议案件，可以根据当事人的请求裁判用人单位恢复其工作，并补发被解除劳动合同期间应得的报酬；或者根据当事人的请求裁判用人单位给予本人年收入二倍的赔偿，并根据劳动合同法第四十六条、第四十七条规定给予解除劳动合同时的经济补偿。

第 7 条 对于企业、事业单位无正当理由拖延或者拒不拨缴工会经费的，工会组织向人民法院请求保护其权利的诉讼时效期间，适用民法典第一百八十八条的规定。

第 8 条 工会组织就工会经费的拨缴向人民法院申请支付令的，应当按照《诉讼费用交纳办法》第十四条的规定交纳申请费；督促程序终结后，工会组织另行起诉的，按照《诉讼费用交纳办法》第十三条规定的财产案件受理费标准交纳诉讼费用。

2.《最高人民法院关于适用〈中华人民共和国民事诉讼法〉的解释》（2022 年 4 月 1 日）

第 426 条 人民法院收到债权人的支付令申请书后，认为申请书不符合要求的，可以通知债权人限期补正。人民法院应当自收到补正材料之日起五日内通知债权人是否受理。

第 427 条 债权人申请支付令，符合下列条件的，基层人民法院应当受理，并在收到支付令申请书后五日内通知债权人：

（一）请求给付金钱或者汇票、本票、支票、股票、债券、国库券、可转让的存款单等有价证券；

（二）请求给付的金钱或者有价证券已到期且数额确定，并写明了请求所根据的事实、证据；

（三）债权人没有对待给付义务；

（四）债务人在我国境内且未下落不明；

（五）支付令能够送达债务人；

（六）收到申请书的人民法院有管辖权；

（七）债权人未向人民法院申请诉前保全。

不符合前款规定的，人民法院应当在收到支付令申请书后五日内通知债权人不予受理。

基层人民法院受理申请支付令案件，不受债权金额的限制。

第二百二十七条 审理

> 人民法院受理申请后，经审查债权人提供的事实、证据，对债权债务关系明确、合法的，应当在受理之日起十五日内向债务人发出支付令；申请不成立的，裁定予以驳回。
>
> 债务人应当自收到支付令之日起十五日内清偿债务，或者向人民法院提出书面异议。
>
> 债务人在前款规定的期间不提出异议又不履行支付令的，债权人可以向人民法院申请执行。

● 司法解释及文件

《最高人民法院关于适用〈中华人民共和国民事诉讼法〉的解释》（2022年4月1日）

第428条 人民法院受理申请后，由审判员一人进行审查。经审查，有下列情形之一的，裁定驳回申请：

（一）申请人不具备当事人资格的；

（二）给付金钱或者有价证券的证明文件没有约定逾期给付利息或者违约金、赔偿金，债权人坚持要求给付利息或者违约金、赔偿金的；

（三）要求给付的金钱或者有价证券属于违法所得的；

（四）要求给付的金钱或者有价证券尚未到期或者数额不确定的。

人民法院受理支付令申请后，发现不符合本解释规定的受理条件的，应当在受理之日起十五日内裁定驳回申请。

第429条 向债务人本人送达支付令，债务人拒绝接收的，人民法院可以留置送达。

第二百二十八条 支付令的异议及失效的处理

> 人民法院收到债务人提出的书面异议后，经审查，异议成立的，应当裁定终结督促程序，支付令自行失效。

> 支付令失效的，转入诉讼程序，但申请支付令的一方当事人不同意提起诉讼的除外。

● **司法解释及文件**

《最高人民法院关于适用〈中华人民共和国民事诉讼法〉的解释》（2022年4月1日）

第430条 有下列情形之一的，人民法院应当裁定终结督促程序，已发出支付令的，支付令自行失效：

（一）人民法院受理支付令申请后，债权人就同一债权债务关系又提起诉讼的；

（二）人民法院发出支付令之日起三十日内无法送达债务人的；

（三）债务人收到支付令前，债权人撤回申请的。

第431条 债务人在收到支付令后，未在法定期间提出书面异议，而向其他人民法院起诉的，不影响支付令的效力。

债务人超过法定期间提出异议的，视为未提出异议。

第432条 债权人基于同一债权债务关系，在同一支付令申请中向债务人提出多项支付请求，债务人仅就其中一项或者几项请求提出异议的，不影响其他各项请求的效力。

第433条 债权人基于同一债权债务关系，就可分之债向多个债务人提出支付请求，多个债务人中的一人或者几人提出异议的，不影响其他请求的效力。

第434条 对设有担保的债务的主债务人发出的支付令，对担保人没有拘束力。

债权人就担保关系单独提起诉讼的，支付令自人民法院受理案件之日起失效。

第435条 经形式审查，债务人提出的书面异议有下列情形之一的，应当认定异议成立，裁定终结督促程序，支付令自行失效：

（一）本解释规定的不予受理申请情形的；

（二）本解释规定的裁定驳回申请情形的；

（三）本解释规定的应当裁定终结督促程序情形的；

（四）人民法院对是否符合发出支付令条件产生合理怀疑的。

第436条 债务人对债务本身没有异议，只是提出缺乏清偿能力、延缓债务清偿期限、变更债务清偿方式等异议的，不影响支付令的效力。

人民法院经审查认为异议不成立的，裁定驳回。

债务人的口头异议无效。

第437条 人民法院作出终结督促程序或者驳回异议裁定前，债务人请求撤回异议的，应当裁定准许。

债务人对撤回异议反悔的，人民法院不予支持。

第438条 支付令失效后，申请支付令的一方当事人不同意提起诉讼的，应当自收到终结督促程序裁定之日起七日内向受理申请的人民法院提出。

申请支付令的一方当事人不同意提起诉讼的，不影响其向其他有管辖权的人民法院提起诉讼。

第439条 支付令失效后，申请支付令的一方当事人自收到终结督促程序裁定之日起七日内未向受理申请的人民法院表明不同意提起诉讼的，视为向受理申请的人民法院起诉。

债权人提出支付令申请的时间，即为向人民法院起诉的时间。

第440条 债权人向人民法院申请执行支付令的期间，适用民事诉讼法第二百四十六条的规定。

第441条 人民法院院长发现本院已经发生法律效力的支付令确有错误，认为需要撤销的，应当提交本院审判委员会讨论决定后，裁定撤销支付令，驳回债权人的申请。

第十八章　公示催告程序

第二百二十九条　公示催告程序的提起

按照规定可以背书转让的票据持有人，因票据被盗、遗失或者灭失，可以向票据支付地的基层人民法院申请公示催告。依照法律规定可以申请公示催告的其他事项，适用本章规定。

申请人应当向人民法院递交申请书，写明票面金额、发票人、持票人、背书人等票据主要内容和申请的理由、事实。

● 行政法规及文件

1.《票据管理实施办法》（2011年1月8日）

第19条　票据法规定可以办理挂失止付的票据丧失的，失票人可以依照票据法的规定及时通知付款人或者代理付款人挂失止付。

失票人通知票据的付款人或者代理付款人挂失止付时，应当填写挂失止付通知书并签章。挂失止付通知书应当记载下列事项：

（一）票据丧失的时间和事由；

（二）票据种类、号码、金额、出票日期、付款日期、付款人名称、收款人名称；

（三）挂失止付人的名称、营业场所或者住所以及联系方法。

第20条　付款人或者代理付款人收到挂失止付通知书，应当立即暂停支付。付款人或者代理付款人自收到挂失止付通知书之日起12日内没有收到人民法院的止付通知书的，自第13日起，挂失止付通知书失效。

第21条　付款人或者代理付款人在收到挂失止付通知书前，已经依法向持票人付款的，不再接受挂失止付。

● **司法解释及文件**

2.《最高人民法院关于审理票据纠纷案件若干问题的规定》（2020年12月29日）

第28条 失票人通知票据付款人挂失止付后三日内向人民法院申请公示催告的，公示催告申请书应当载明下列内容：

（一）票面金额；

（二）出票人、持票人、背书人；

（三）申请的理由、事实；

（四）通知票据付款人或者代理付款人挂失止付的时间；

（五）付款人或者代理付款人的名称、通信地址、电话号码等。

第29条 人民法院决定受理公示催告申请，应当同时通知付款人及代理付款人停止支付，并自立案之日起三日内发出公告。

第30条 付款人或者代理付款人收到人民法院发出的止付通知，应当立即停止支付，直至公示催告程序终结。非经发出止付通知的人民法院许可擅自解付的，不得免除票据责任。

第31条 公告应当在全国性报纸或者其他媒体上刊登，并于同日公布于人民法院公告栏内。人民法院所在地有证券交易所的，还应当同日在该交易所公布。

第32条 依照《中华人民共和国民事诉讼法》（以下简称民事诉讼法）第二百一十九条的规定，公告期间不得少于六十日，且公示催告期间届满日不得早于票据付款日后十五日。

第33条 依照民事诉讼法第二百二十条第二款的规定，在公示催告期间，以公示催告的票据质押、贴现，因质押、贴现而接受该票据的持票人主张票据权利的，人民法院不予支持，但公示催告期间届满以后人民法院作出除权判决以前取得该票据的除外。

第34条 票据丧失后，失票人在票据权利时效届满以前请求出票人补发票据，或者请求债务人付款，在提供相应担保的情况下因债务人拒绝付款或者出票人拒绝补发票据提起诉讼的，由被告住所地或者票据支付地人民法院管辖。

第35条　失票人因请求出票人补发票据或者请求债务人付款遭到拒绝而向人民法院提起诉讼的，被告为与失票人具有票据债权债务关系的出票人、拒绝付款的票据付款人或者承兑人。

第36条　失票人为行使票据所有权，向非法持有票据人请求返还票据的，人民法院应当依法受理。

第37条　失票人向人民法院提起诉讼的，应向人民法院说明曾经持有票据及丧失票据的情形，人民法院应当根据案件的具体情况，决定当事人是否应当提供担保以及担保的数额。

第38条　对于伪报票据丧失的当事人，人民法院在查明事实，裁定终结公示催告或者诉讼程序后，可以参照民事诉讼法第一百一十一条的规定，追究伪报人的法律责任。

3.《最高人民法院关于适用〈中华人民共和国民事诉讼法〉的解释》（2022年4月1日）

第442条　民事诉讼法第二百二十五条规定的票据持有人，是指票据被盗、遗失或者灭失前的最后持有人。

第二百三十条　受理、止付通知与公告

> 人民法院决定受理申请，应当同时通知支付人停止支付，并在三日内发出公告，催促利害关系人申报权利。公示催告的期间，由人民法院根据情况决定，但不得少于六十日。

● 司法解释及文件

《最高人民法院关于适用〈中华人民共和国民事诉讼法〉的解释》（2022年4月1日）

第443条　人民法院收到公示催告的申请后，应当立即审

查，并决定是否受理。经审查认为符合受理条件的，通知予以受理，并同时通知支付人停止支付；认为不符合受理条件的，七日内裁定驳回申请。

第444条　因票据丧失，申请公示催告的，人民法院应结合票据存根、丧失票据的复印件、出票人关于签发票据的证明、申请人合法取得票据的证明、银行挂失止付通知书、报案证明等证据，决定是否受理。

第445条　人民法院依照民事诉讼法第二百二十六条规定发出的受理申请的公告，应当写明下列内容：

（一）公示催告申请人的姓名或者名称；

（二）票据的种类、号码、票面金额、出票人、背书人、持票人、付款期限等事项以及其他可以申请公示催告的权利凭证的种类、号码、权利范围、权利人、义务人、行权日期等事项；

（三）申报权利的期间；

（四）在公示催告期间转让票据等权利凭证，利害关系人不申报的法律后果。

第446条　公告应当在有关报纸或者其他媒体上刊登，并于同日公布于人民法院公告栏内。人民法院所在地有证券交易所的，还应当同日在该交易所公布。

第447条　公告期间不得少于六十日，且公示催告期间届满日不得早于票据付款日后十五日。

第448条　在申报期届满后、判决作出之前，利害关系人申报权利的，应当适用民事诉讼法第二百二十八条第二款、第三款规定处理。

第449条　利害关系人申报权利，人民法院应当通知其向法院出示票据，并通知公示催告申请人在指定的期间查看该票据。公示催告申请人申请公示催告的票据与利害关系人出示的票据不一致的，应当裁定驳回利害关系人的申报。

第 450 条　在申报权利的期间无人申报权利，或者申报被驳回的，申请人应当自公示催告期间届满之日起一个月内申请作出判决。逾期不申请判决的，终结公示催告程序。

裁定终结公示催告程序的，应当通知申请人和支付人。

第 451 条　判决公告之日起，公示催告申请人有权依据判决向付款人请求付款。

付款人拒绝付款，申请人向人民法院起诉，符合民事诉讼法第一百二十二条规定的起诉条件的，人民法院应予受理。

第 452 条　适用公示催告程序审理案件，可由审判员一人独任审理；判决宣告票据无效的，应当组成合议庭审理。

第 453 条　公示催告申请人撤回申请，应在公示催告前提出；公示催告期间申请撤回的，人民法院可以径行裁定终结公示催告程序。

第二百三十一条　止付通知和公告的效力

支付人收到人民法院停止支付的通知，应当停止支付，至公示催告程序终结。

公示催告期间，转让票据权利的行为无效。

● 司法解释及文件

《最高人民法院关于适用〈中华人民共和国民事诉讼法〉的解释》（2022 年 4 月 1 日）

第 454 条　人民法院依照民事诉讼法第二百二十七条规定通知支付人停止支付，应当符合有关财产保全的规定。支付人收到停止支付通知后拒不止付的，除可依照民事诉讼法第一百一十四条、第一百一十七条规定采取强制措施外，在判决后，支付人仍应承担付款义务。

| 第二百三十二条 | 利害关系人申报权利 |

利害关系人应当在公示催告期间向人民法院申报。

人民法院收到利害关系人的申报后，应当裁定终结公示催告程序，并通知申请人和支付人。

申请人或者申报人可以向人民法院起诉。

● 司法解释及文件

《最高人民法院关于适用〈中华人民共和国民事诉讼法〉的解释》（2022年4月1日）

第448条　在申报期届满后、判决作出之前，利害关系人申报权利的，应当适用民事诉讼法第二百二十八条第二款、第三款规定处理。

第449条　利害关系人申报权利，人民法院应当通知其向法院出示票据，并通知公示催告申请人在指定的期间查看该票据。公示催告申请人申请公示催告的票据与利害关系人出示的票据不一致的，应当裁定驳回利害关系人的申报。

第450条　在申报权利的期间无人申报权利，或者申报被驳回的，申请人应当自公示催告期间届满之日起一个月内申请作出判决。逾期不申请判决的，终结公示催告程序。

裁定终结公示催告程序的，应当通知申请人和支付人。

第451条　判决公告之日起，公示催告申请人有权依据判决向付款人请求付款。

付款人拒绝付款，申请人向人民法院起诉，符合民事诉讼法第一百二十二条规定的起诉条件的，人民法院应予受理。

第452条　适用公示催告程序审理案件，可由审判员一人独任审理；判决宣告票据无效的，应当组成合议庭审理。

第453条　公示催告申请人撤回申请，应在公示催告前提出；公示催告期间申请撤回的，人民法院可以径行裁定终结公示催告程序。

第454条 人民法院依照民事诉讼法第二百二十七条规定通知支付人停止支付，应当符合有关财产保全的规定。支付人收到停止支付通知后拒不止付的，除可依照民事诉讼法第一百一十四条、第一百一十七条规定采取强制措施外，在判决后，支付人仍应承担付款义务。

第455条 人民法院依照民事诉讼法第二百二十八条规定终结公示催告程序后，公示催告申请人或者申报人向人民法院提起诉讼，因票据权利纠纷提起的，由票据支付地或者被告住所地人民法院管辖；因非票据权利纠纷提起的，由被告住所地人民法院管辖。

第456条 依照民事诉讼法第二百二十八条规定制作的终结公示催告程序的裁定书，由审判员、书记员署名，加盖人民法院印章。

第二百三十三条 除权判决

没有人申报的，人民法院应当根据申请人的申请，作出判决，宣告票据无效。判决应当公告，并通知支付人。自判决公告之日起，申请人有权向支付人请求支付。

● **司法解释及文件**

《最高人民法院关于适用〈中华人民共和国民事诉讼法〉的解释》
（2022年4月1日）

第450条 在申报权利的期间无人申报权利，或者申报被驳回的，申请人应当自公示催告期间届满之日起一个月内申请作出判决。逾期不申请判决的，终结公示催告程序。

裁定终结公示催告程序的，应当通知申请人和支付人。

第451条 判决公告之日起，公示催告申请人有权依据判决向付款人请求付款。

付款人拒绝付款，申请人向人民法院起诉，符合民事诉讼法第一百二十二条规定的起诉条件的，人民法院应予受理。

第二百三十四条　除权判决的撤销

利害关系人因正当理由不能在判决前向人民法院申报的，自知道或者应当知道判决公告之日起一年内，可以向作出判决的人民法院起诉。

● 司法解释及文件

《最高人民法院关于适用〈中华人民共和国民事诉讼法〉的解释》
（2022年4月1日）

第457条　依照民事诉讼法第二百三十条的规定，利害关系人向人民法院起诉的，人民法院可按票据纠纷适用普通程序审理。

第458条　民事诉讼法第二百三十条规定的正当理由，包括：

（一）因发生意外事件或者不可抗力致使利害关系人无法知道公告事实的；

（二）利害关系人因被限制人身自由而无法知道公告事实，或者虽然知道公告事实，但无法自己或者委托他人代为申报权利的；

（三）不属于法定申请公示催告情形的；

（四）未予公告或者未按法定方式公告的；

（五）其他导致利害关系人在判决作出前未能向人民法院申报权利的客观事由。

第459条　根据民事诉讼法第二百三十条的规定，利害关系人请求人民法院撤销除权判决的，应当将申请人列为被告。

利害关系人仅诉请确认其为合法持票人的，人民法院应当在裁判文书中写明，确认利害关系人为票据权利人的判决作出后，除权判决即被撤销。

第三编 执行程序

第十九章 一般规定

第二百三十五条 执行依据及管辖

发生法律效力的民事判决、裁定，以及刑事判决、裁定中的财产部分，由第一审人民法院或者与第一审人民法院同级的被执行的财产所在地人民法院执行。

法律规定由人民法院执行的其他法律文书，由被执行人住所地或者被执行的财产所在地人民法院执行。

● 法　律

1.《民法典》（2020年5月28日）

第807条　发包人未按照约定支付价款的，承包人可以催告发包人在合理期限内支付价款。发包人逾期不支付的，除根据建设工程的性质不宜折价、拍卖外，承包人可以与发包人协议将该工程折价，也可以请求人民法院将该工程依法拍卖。建设工程的价款就该工程折价或者拍卖的价款优先受偿。

● 司法解释及文件

2.《最高人民法院关于适用〈中华人民共和国民事诉讼法〉执行程序若干问题的解释》（2020年12月29日）

第1条　申请执行人向被执行的财产所在地人民法院申请执行的，应当提供该人民法院辖区有可供执行财产的证明材料。

第2条　对两个以上人民法院都有管辖权的执行案件，人民法院在立案前发现其他有管辖权的人民法院已经立案的，不得重

401

复立案。

立案后发现其他有管辖权的人民法院已经立案的，应当撤销案件；已经采取执行措施的，应当将控制的财产交先立案的执行法院处理。

第 3 条 人民法院受理执行申请后，当事人对管辖权有异议的，应当自收到执行通知书之日起十日内提出。

人民法院对当事人提出的异议，应当审查。异议成立的，应当撤销执行案件，并告知当事人向有管辖权的人民法院申请执行；异议不成立的，裁定驳回。当事人对裁定不服的，可以向上一级人民法院申请复议。

管辖权异议审查和复议期间，不停止执行。

3. **《最高人民法院关于人民法院执行工作若干问题的规定（试行）》**（2020 年 12 月 29 日）

2. 执行机构负责执行下列生效法律文书：

（1）人民法院民事、行政判决、裁定、调解书，民事制裁决定、支付令，以及刑事附带民事判决、裁定、调解书，刑事裁判涉财产部分；

（2）依法应由人民法院执行的行政处罚决定、行政处理决定；

（3）我国仲裁机构作出的仲裁裁决和调解书，人民法院依据《中华人民共和国仲裁法》有关规定作出的财产保全和证据保全裁定；

（4）公证机关依法赋予强制执行效力的债权文书；

（5）经人民法院裁定承认其效力的外国法院作出的判决、裁定，以及国外仲裁机构作出的仲裁裁决；

（6）法律规定由人民法院执行的其他法律文书。

9. 在国内仲裁过程中，当事人申请财产保全，经仲裁机构提交人民法院的，由被申请人住所地或被申请保全的财产所在地的基层人民法院裁定并执行；申请证据保全的，由证据所在地的基层人民法院裁定并执行。

10. 在涉外仲裁过程中，当事人申请财产保全，经仲裁机构提交人民法院的，由被申请人住所地或被申请保全的财产所在地的中级人民法院裁定并执行；申请证据保全的，由证据所在地的中级人民法院裁定并执行。

11. 专利管理机关依法作出的处理决定和处罚决定，由被执行人住所地或财产所在地的省、自治区、直辖市有权受理专利纠纷案件的中级人民法院执行。

12. 国务院各部门、各省、自治区、直辖市人民政府和海关依照法律、法规作出的处理决定和处罚决定，由被执行人住所地或财产所在地的中级人民法院执行。

13. 两个以上人民法院都有管辖权的，当事人可以向其中一个人民法院申请执行；当事人向两个以上人民法院申请执行的，由最先立案的人民法院管辖。

14. 人民法院之间因执行管辖权发生争议的，由双方协商解决；协商不成的，报请双方共同的上级人民法院指定管辖。

15. 基层人民法院和中级人民法院管辖的执行案件，因特殊情况需要由上级人民法院执行的，可以报请上级人民法院执行。

三、执行的申请和移送

16. 人民法院受理执行案件应当符合下列条件：

（1）申请或移送执行的法律文书已经生效；

（2）申请执行人是生效法律文书确定的权利人或其继承人、权利承受人；

（3）申请执行的法律文书有给付内容，且执行标的和被执行人明确；

（4）义务人在生效法律文书确定的期限内未履行义务；

（5）属于受申请执行的人民法院管辖。

人民法院对符合上述条件的申请，应当在七日内予以立案；

不符合上述条件之一的，应当在七日内裁定不予受理。

4.《最高人民法院关于适用〈中华人民共和国民事诉讼法〉的解释》（2022年4月1日）

第460条　发生法律效力的实现担保物权裁定、确认调解协议裁定、支付令，由作出裁定、支付令的人民法院或者与其同级的被执行财产所在地的人民法院执行。

认定财产无主的判决，由作出判决的人民法院将无主财产收归国家或者集体所有。

第461条　当事人申请人民法院执行的生效法律文书应当具备下列条件：

（一）权利义务主体明确；

（二）给付内容明确。

法律文书确定继续履行合同的，应当明确继续履行的具体内容。

● 案例指引

某担保公司与某证券公司等证券权益纠纷执行复议案（最高人民法院指导案例36号）

裁判要旨：被执行人在收到执行法院执行通知之前，收到另案执行法院要求其向申请执行人的债权人直接清偿已经法院生效法律文书确认的债务的通知，并清偿债务的，执行法院不能将该部分已清偿债务纳入执行范围。

第二百三十六条　对违法的执行行为的异议

当事人、利害关系人认为执行行为违反法律规定的，可以向负责执行的人民法院提出书面异议。当事人、利害关系人提出书面异议的，人民法院应当自收到书面异议之日起十五日内审查，理由成立的，裁定撤销或者改正；理由不成立的，裁定驳回。当事人、利害关系人对裁定不服的，可以自裁定送达之日起十日内向上一级人民法院申请复议。

● **司法解释及文件**

《最高人民法院关于适用〈中华人民共和国民事诉讼法〉执行程序若干问题的解释》（2020年12月29日）

第5条　执行过程中，当事人、利害关系人认为执行法院的执行行为违反法律规定的，可以依照民事诉讼法第二百二十五条的规定提出异议。

执行法院审查处理执行异议，应当自收到书面异议之日起十五日内作出裁定。

第6条　当事人、利害关系人依照民事诉讼法第二百二十五条规定申请复议的，应当采取书面形式。

第7条　当事人、利害关系人申请复议的书面材料，可以通过执行法院转交，也可以直接向执行法院的上一级人民法院提交。

执行法院收到复议申请后，应当在五日内将复议所需的案卷材料报送上一级人民法院；上一级人民法院收到复议申请后，应当通知执行法院在五日内报送复议所需的案卷材料。

第8条　当事人、利害关系人依照民事诉讼法第二百二十五条规定申请复议的，上一级人民法院应当自收到复议申请之日起三十日内审查完毕，并作出裁定。有特殊情况需要延长的，经本院院长批准，可以延长，延长的期限不得超过三十日。

第9条　执行异议审查和复议期间，不停止执行。

被执行人、利害关系人提供充分、有效的担保请求停止相应处分措施的，人民法院可以准许；申请执行人提供充分、有效的担保请求继续执行的，应当继续执行。

第10条　依照民事诉讼法第二百二十六条的规定，有下列情形之一的，上一级人民法院可以根据申请执行人的申请，责令执行法院限期执行或者变更执行法院：

（一）债权人申请执行时被执行人有可供执行的财产，执行法院自收到申请执行书之日起超过六个月对该财产未执行完结的；

（二）执行过程中发现被执行人可供执行的财产，执行法院自发现财产之日起超过六个月对该财产未执行完结的；

（三）对法律文书确定的行为义务的执行，执行法院自收到申请执行书之日起超过六个月未依法采取相应执行措施的；

（四）其他有条件执行超过六个月未执行的。

第二百三十七条　变更执行法院

人民法院自收到申请执行书之日起超过六个月未执行的，申请执行人可以向上一级人民法院申请执行。上一级人民法院经审查，可以责令原人民法院在一定期限内执行，也可以决定由本院执行或者指令其他人民法院执行。

● 司法解释及文件

《最高人民法院关于适用〈中华人民共和国民事诉讼法〉执行程序若干问题的解释》（2020年12月29日）

第10条　依照民事诉讼法第二百二十六条的规定，有下列情形之一的，上一级人民法院可以根据申请执行人的申请，责令执行法院限期执行或者变更执行法院：

（一）债权人申请执行时被执行人有可供执行的财产，执行法院自收到申请执行书之日起超过六个月对该财产未执行完结的；

（二）执行过程中发现被执行人可供执行的财产，执行法院自发现财产之日起超过六个月对该财产未执行完结的；

（三）对法律文书确定的行为义务的执行，执行法院自收到申请执行书之日起超过六个月未依法采取相应执行措施的；

（四）其他有条件执行超过六个月未执行的。

第 11 条　上一级人民法院依照民事诉讼法第二百二十六条规定责令执行法院限期执行的，应当向其发出督促执行令，并将有关情况书面通知申请执行人。

上一级人民法院决定由本院执行或者指令本辖区其他人民法院执行的，应当作出裁定，送达当事人并通知有关人民法院。

第 12 条　上一级人民法院责令执行法院限期执行，执行法院在指定期间内无正当理由仍未执行完结的，上一级人民法院应当裁定由本院执行或者指令本辖区其他人民法院执行。

第 13 条　民事诉讼法第二百二十六条规定的六个月期间，不应当计算执行中的公告期间、鉴定评估期间、管辖争议处理期间、执行争议协调期间、暂缓执行期间以及中止执行期间。

第二百三十八条　案外人异议

执行过程中，案外人对执行标的提出书面异议的，人民法院应当自收到书面异议之日起十五日内审查，理由成立的，裁定中止对该标的的执行；理由不成立的，裁定驳回。案外人、当事人对裁定不服，认为原判决、裁定错误的，依照审判监督程序办理；与原判决、裁定无关的，可以自裁定送达之日起十五日内向人民法院提起诉讼。

● 司法解释及文件

1. 《最高人民法院关于适用〈中华人民共和国民事诉讼法〉执行程序若干问题的解释》（2020 年 12 月 29 日）

第 14 条　案外人对执行标的主张所有权或者有其他足以阻止执行标的转让、交付的实体权利的，可以依照民事诉讼法第二百二十七条的规定，向执行法院提出异议。

第 15 条　案外人异议审查期间，人民法院不得对执行标的进行处分。

案外人向人民法院提供充分、有效的担保请求解除对异议标的的查封、扣押、冻结的，人民法院可以准许；申请执行人提供充分、有效的担保请求继续执行的，应当继续执行。

因案外人提供担保解除查封、扣押、冻结有错误，致使该标的无法执行的，人民法院可以直接执行担保财产；申请执行人提供担保请求继续执行有错误，给对方造成损失的，应当予以赔偿。

第16条 案外人执行异议之诉审理期间，人民法院不得对执行标的进行处分。申请执行人请求人民法院继续执行并提供相应担保的，人民法院可以准许。

案外人请求解除查封、扣押、冻结或者申请执行人请求继续执行有错误，给对方造成损失的，应当予以赔偿。

第17条 多个债权人对同一被执行人申请执行或者对执行财产申请参与分配的，执行法院应当制作财产分配方案，并送达各债权人和被执行人。债权人或者被执行人对分配方案有异议的，应当自收到分配方案之日起十五日内向执行法院提出书面异议。

第18条 债权人或者被执行人对分配方案提出书面异议的，执行法院应当通知未提出异议的债权人或被执行人。

未提出异议的债权人、被执行人收到通知之日起十五日内未提出反对意见的，执行法院依异议人的意见对分配方案审查修正后进行分配；提出反对意见的，应当通知异议人。异议人可以自收到通知之日起十五日内，以提出反对意见的债权人、被执行人为被告，向执行法院提起诉讼；异议人逾期未提起诉讼的，执行法院依原分配方案进行分配。

诉讼期间进行分配的，执行法院应当将与争议债权数额相应的款项予以提存。

第19条 在申请执行时效期间的最后六个月内，因不可抗力或者其他障碍不能行使请求权的，申请执行时效中止。从中止时效的原因消除之日起，申请执行时效期间继续计算。

第 20 条　申请执行时效因申请执行、当事人双方达成和解协议、当事人一方提出履行要求或者同意履行义务而中断。从中断时起，申请执行时效期间重新计算。

第 21 条　生效法律文书规定债务人负有不作为义务的，申请执行时效期间从债务人违反不作为义务之日起计算。

第 22 条　执行员依照民事诉讼法第二百四十条规定立即采取强制执行措施的，可以同时或者自采取强制执行措施之日起三日内发送执行通知书。

第 23 条　依照民事诉讼法第二百五十五条规定对被执行人限制出境的，应当由申请执行人向执行法院提出书面申请；必要时，执行法院可以依职权决定。

2.《最高人民法院关于适用〈中华人民共和国民事诉讼法〉的解释》（2022 年 4 月 1 日）

第 302 条　根据民事诉讼法第二百三十四条规定，案外人、当事人对执行异议裁定不服，自裁定送达之日起十五日内向人民法院提起执行异议之诉的，由执行法院管辖。

第 303 条　案外人提起执行异议之诉，除符合民事诉讼法第一百二十二条规定外，还应当具备下列条件：

（一）案外人的执行异议申请已经被人民法院裁定驳回；

（二）有明确的排除对执行标的执行的诉讼请求，且诉讼请求与原判决、裁定无关；

（三）自执行异议裁定送达之日起十五日内提起。

人民法院应当在收到起诉状之日起十五日内决定是否立案。

第 304 条　申请执行人提起执行异议之诉，除符合民事诉讼法第一百二十二条规定外，还应当具备下列条件：

（一）依案外人执行异议申请，人民法院裁定中止执行；

（二）有明确的对执行标的继续执行的诉讼请求，且诉讼请求与原判决、裁定无关；

（三）自执行异议裁定送达之日起十五日内提起。

人民法院应当在收到起诉状之日起十五日内决定是否立案。

第305条 案外人提起执行异议之诉的，以申请执行人为被告。被执行人反对案外人异议的，被执行人为共同被告；被执行人不反对案外人异议的，可以列被执行人为第三人。

第306条 申请执行人提起执行异议之诉的，以案外人为被告。被执行人反对申请执行人主张的，以案外人和被执行人为共同被告；被执行人不反对申请执行人主张的，可以列被执行人为第三人。

第307条 申请执行人对中止执行裁定未提起执行异议之诉，被执行人提起执行异议之诉的，人民法院告知其另行起诉。

第308条 人民法院审理执行异议之诉案件，适用普通程序。

第309条 案外人或者申请执行人提起执行异议之诉的，案外人应当就其对执行标的享有足以排除强制执行的民事权益承担举证证明责任。

第310条 对案外人提起的执行异议之诉，人民法院经审理，按照下列情形分别处理：

（一）案外人就执行标的享有足以排除强制执行的民事权益的，判决不得执行该执行标的；

（二）案外人就执行标的不享有足以排除强制执行的民事权益的，判决驳回诉讼请求。

案外人同时提出确认其权利的诉讼请求的，人民法院可以在判决中一并作出裁判。

第311条 对申请执行人提起的执行异议之诉，人民法院经审理，按照下列情形分别处理：

（一）案外人就执行标的不享有足以排除强制执行的民事权

益的,判决准许执行该执行标的;

(二)案外人就执行标的享有足以排除强制执行的民事权益的,判决驳回诉讼请求。

第312条 对案外人执行异议之诉,人民法院判决不得对执行标的执行的,执行异议裁定失效。

对申请执行人执行异议之诉,人民法院判决准许对该执行标的执行的,执行异议裁定失效,执行法院可以根据申请执行人的申请或者依职权恢复执行。

第313条 案外人执行异议之诉审理期间,人民法院不得对执行标的进行处分。申请执行人请求人民法院继续执行并提供相应担保的,人民法院可以准许。

被执行人与案外人恶意串通,通过执行异议、执行异议之诉妨害执行的,人民法院应当依照民事诉讼法第一百一十六条规定处理。申请执行人因此受到损害的,可以提起诉讼要求被执行人、案外人赔偿。

第314条 人民法院对执行标的裁定中止执行后,申请执行人在法律规定的期间内未提起执行异议之诉的,人民法院应当自起诉期限届满之日起七日内解除对该执行标的采取的执行措施。

十六、第二审程序

第315条 双方当事人和第三人都提起上诉的,均列为上诉人。人民法院可以依职权确定第二审程序中当事人的诉讼地位。

第316条 民事诉讼法第一百七十三条、第一百七十四条规定的对方当事人包括被上诉人和原审其他当事人。

第317条 必要共同诉讼人的一人或者部分人提起上诉的,按下列情形分别处理:

(一)上诉仅对与对方当事人之间权利义务分担有意见,不涉及其他共同诉讼人利益的,对方当事人为被上诉人,未上诉的同一方当事人依原审诉讼地位列明；

（二）上诉仅对共同诉讼人之间权利义务分担有意见，不涉及对方当事人利益的，未上诉的同一方当事人为被上诉人，对方当事人依原审诉讼地位列明；

（三）上诉对双方当事人之间以及共同诉讼人之间权利义务承担有意见的，未提起上诉的其他当事人均为被上诉人。

第318条 一审宣判时或者判决书、裁定书送达时，当事人口头表示上诉的，人民法院应告知其必须在法定上诉期间内递交上诉状。未在法定上诉期间内递交上诉状的，视为未提起上诉。虽递交上诉状，但未在指定的期限内交纳上诉费的，按自动撤回上诉处理。

第319条 无民事行为能力人、限制民事行为能力人的法定代理人，可以代理当事人提起上诉。

第320条 上诉案件的当事人死亡或者终止的，人民法院依法通知其权利义务承继者参加诉讼。

需要终结诉讼的，适用民事诉讼法第一百五十四条规定。

第321条 第二审人民法院应当围绕当事人的上诉请求进行审理。

当事人没有提出请求的，不予审理，但一审判决违反法律禁止性规定，或者损害国家利益、社会公共利益、他人合法权益的除外。

第322条 开庭审理的上诉案件，第二审人民法院可以依照民事诉讼法第一百三十六条第四项规定进行审理前的准备。

第323条 下列情形，可以认定为民事诉讼法第一百七十七条第一款第四项规定的严重违反法定程序：

（一）审判组织的组成不合法的；

（二）应当回避的审判人员未回避的；

（三）无诉讼行为能力人未经法定代理人代为诉讼的；

（四）违法剥夺当事人辩论权利的。

第324条 对当事人在第一审程序中已经提出的诉讼请求，原审人民法院未作审理、判决的，第二审人民法院可以根据当事人自愿的原则进行调解；调解不成的，发回重审。

第325条 必须参加诉讼的当事人或者有独立请求权的第三人，在第一审程序中未参加诉讼，第二审人民法院可以根据当事人自愿的原则予以调解；调解不成的，发回重审。

第326条 在第二审程序中，原审原告增加独立的诉讼请求或者原审被告提出反诉的，第二审人民法院可以根据当事人自愿的原则就新增加的诉讼请求或者反诉进行调解；调解不成的，告知当事人另行起诉。

双方当事人同意由第二审人民法院一并审理的，第二审人民法院可以一并裁判。

第327条 一审判决不准离婚的案件，上诉后，第二审人民法院认为应当判决离婚的，可以根据当事人自愿的原则，与子女抚养、财产问题一并调解；调解不成的，发回重审。

双方当事人同意由第二审人民法院一并审理的，第二审人民法院可以一并裁判。

第328条 人民法院依照第二审程序审理案件，认为依法不应由人民法院受理的，可以由第二审人民法院直接裁定撤销原裁判，驳回起诉。

第329条 人民法院依照第二审程序审理案件，认为第一审人民法院受理案件违反专属管辖规定的，应当裁定撤销原裁判并移送有管辖权的人民法院。

第330条 第二审人民法院查明第一审人民法院作出的不予受理裁定有错误的，应当在撤销原裁定的同时，指令第一审人民法院立案受理；查明第一审人民法院作出的驳回起诉裁定有错误的，应当在撤销原裁定的同时，指令第一审人民法院审理。

第331条 第二审人民法院对下列上诉案件，依照民事诉讼法第一百七十六条规定可以不开庭审理：

（一）不服不予受理、管辖权异议和驳回起诉裁定的；

（二）当事人提出的上诉请求明显不能成立的；

（三）原判决、裁定认定事实清楚，但适用法律错误的；

（四）原判决严重违反法定程序，需要发回重审的。

第332条 原判决、裁定认定事实或者适用法律虽有瑕疵，但裁判结果正确的，第二审人民法院可以在判决、裁定中纠正瑕疵后，依照民事诉讼法第一百七十七条第一款第一项规定予以维持。

第333条 民事诉讼法第一百七十七条第一款第三项规定的基本事实，是指用以确定当事人主体资格、案件性质、民事权利义务等对原判决、裁定的结果有实质性影响的事实。

第334条 在第二审程序中，作为当事人的法人或者其他组织分立的，人民法院可以直接将分立后的法人或者其他组织列为共同诉讼人；合并的，将合并后的法人或者其他组织列为当事人。

第335条 在第二审程序中，当事人申请撤回上诉，人民法院经审查认为一审判决确有错误，或者当事人之间恶意串通损害国家利益、社会公共利益、他人合法权益的，不应准许。

第336条 在第二审程序中，原审原告申请撤回起诉，经其他当事人同意，且不损害国家利益、社会公共利益、他人合法权益的，人民法院可以准许。准许撤诉的，应当一并裁定撤销一审裁判。

原审原告在第二审程序中撤回起诉后重复起诉的，人民法院不予受理。

第337条 当事人在第二审程序中达成和解协议的，人民法院可以根据当事人的请求，对双方达成的和解协议进行审查并制作调解书送达当事人；因和解而申请撤诉，经审查符合撤诉条件的，人民法院应予准许。

第338条　第二审人民法院宣告判决可以自行宣判，也可以委托原审人民法院或者当事人所在地人民法院代行宣判。

第339条　人民法院审理对裁定的上诉案件，应当在第二审立案之日起三十日内作出终审裁定。有特殊情况需要延长审限的，由本院院长批准。

第340条　当事人在第一审程序中实施的诉讼行为，在第二审程序中对该当事人仍具有拘束力。

当事人推翻其在第一审程序中实施的诉讼行为时，人民法院应当责令其说明理由。理由不成立的，不予支持。

十七、特别程序

第341条　宣告失踪或者宣告死亡案件，人民法院可以根据申请人的请求，清理下落不明人的财产，并指定案件审理期间的财产管理人。公告期满后，人民法院判决宣告失踪的，应当同时依照民法典第四十二条的规定指定失踪人的财产代管人。

第342条　失踪人的财产代管人经人民法院指定后，代管人申请变更代管的，比照民事诉讼法特别程序的有关规定进行审理。申请理由成立的，裁定撤销申请人的代管人身份，同时另行指定财产代管人；申请理由不成立的，裁定驳回申请。

失踪人的其他利害关系人申请变更代管的，人民法院应当告知其以原指定的代管人为被告起诉，并按普通程序进行审理。

第343条　人民法院判决宣告公民失踪后，利害关系人向人民法院申请宣告失踪人死亡，自失踪之日起满四年的，人民法院应当受理，宣告失踪的判决即是该公民失踪的证明，审理中仍应依照民事诉讼法第一百九十二条规定进行公告。

第344条　符合法律规定的多个利害关系人提出宣告失踪、宣告死亡申请的，列为共同申请人。

第345条 寻找下落不明人的公告应当记载下列内容：

（一）被申请人应当在规定期间内向受理法院申报其具体地址及其联系方式。否则，被申请人将被宣告失踪、宣告死亡；

（二）凡知悉被申请人生存现状的人，应当在公告期间内将其所知道情况向受理法院报告。

第346条 人民法院受理宣告失踪、宣告死亡案件后，作出判决前，申请人撤回申请的，人民法院应当裁定终结案件，但其他符合法律规定的利害关系人加入程序要求继续审理的除外。

第347条 在诉讼中，当事人的利害关系人或者有关组织提出该当事人不能辨认或者不能完全辨认自己的行为，要求宣告该当事人无民事行为能力或者限制民事行为能力的，应由利害关系人或者有关组织向人民法院提出申请，由受诉人民法院按照特别程序立案审理，原诉讼中止。

第348条 认定财产无主案件，公告期间有人对财产提出请求的，人民法院应当裁定终结特别程序，告知申请人另行起诉，适用普通程序审理。

第349条 被指定的监护人不服居民委员会、村民委员会或者民政部门指定，应当自接到通知之日起三十日内向人民法院提出异议。经审理，认为指定并无不当的，裁定驳回异议；指定不当的，判决撤销指定，同时另行指定监护人。判决书应当送达异议人、原指定单位及判决指定的监护人。

有关当事人依照民法典第三十一条第一款规定直接向人民法院申请指定监护人的，适用特别程序审理，判决指定监护人。判决书应当送达申请人、判决指定的监护人。

第350条 申请认定公民无民事行为能力或者限制民事行为能力的案件，被申请人没有近亲属的，人民法院可以指定经被申请人住所地的居民委员会、村民委员会或者民政部门同意，且愿意担任代理人的个人或者组织为代理人。

没有前款规定的代理人的，由被申请人住所地的居民委员会、村民委员会或者民政部门担任代理人。

代理人可以是一人，也可以是同一顺序中的两人。

第351条　申请司法确认调解协议的，双方当事人应当本人或者由符合民事诉讼法第六十一条规定的代理人依照民事诉讼法第二百零一条的规定提出申请。

第352条　调解组织自行开展的调解，有两个以上调解组织参与的，符合民事诉讼法第二百零一条规定的各调解组织所在地人民法院均有管辖权。

双方当事人可以共同向符合民事诉讼法第二百零一条规定的其中一个有管辖权的人民法院提出申请；双方当事人共同向两个以上有管辖权的人民法院提出申请的，由最先立案的人民法院管辖。

第353条　当事人申请司法确认调解协议，可以采用书面形式或者口头形式。当事人口头申请的，人民法院应当记入笔录，并由当事人签名、捺印或者盖章。

第354条　当事人申请司法确认调解协议，应当向人民法院提交调解协议、调解组织主持调解的证明，以及与调解协议相关的财产权利证明等材料，并提供双方当事人的身份、住所、联系方式等基本信息。

当事人未提交上述材料的，人民法院应当要求当事人限期补交。

第355条　当事人申请司法确认调解协议，有下列情形之一的，人民法院裁定不予受理：

（一）不属于人民法院受理范围的；

（二）不属于收到申请的人民法院管辖的；

（三）申请确认婚姻关系、亲子关系、收养关系等身份关系无效、有效或者解除的；

（四）涉及适用其他特别程序、公示催告程序、破产程序审理的；

（五）调解协议内容涉及物权、知识产权确权的。

人民法院受理申请后，发现有上述不予受理情形的，应当裁定驳回当事人的申请。

第356条 人民法院审查相关情况时，应当通知双方当事人共同到场对案件进行核实。

人民法院经审查，认为当事人的陈述或者提供的证明材料不充分、不完备或者有疑义的，可以要求当事人限期补充陈述或者补充证明材料。必要时，人民法院可以向调解组织核实有关情况。

第357条 确认调解协议的裁定作出前，当事人撤回申请的，人民法院可以裁定准许。

当事人无正当理由未在限期内补充陈述、补充证明材料或者拒不接受询问的，人民法院可以按撤回申请处理。

第358条 经审查，调解协议有下列情形之一的，人民法院应当裁定驳回申请：

（一）违反法律强制性规定的；

（二）损害国家利益、社会公共利益、他人合法权益的；

（三）违背公序良俗的；

（四）违反自愿原则的；

（五）内容不明确的；

（六）其他不能进行司法确认的情形。

第359条 民事诉讼法第二百零三条规定的担保物权人，包括抵押权人、质权人、留置权人；其他有权请求实现担保物权的人，包括抵押人、出质人、财产被留置的债务人或者所有权人等。

第360条 实现票据、仓单、提单等有权利凭证的权利质权案件，可以由权利凭证持有人住所地人民法院管辖；无权利凭证的权利质权，由出质登记地人民法院管辖。

第361条　实现担保物权案件属于海事法院等专门人民法院管辖的，由专门人民法院管辖。

第362条　同一债权的担保物有多个且所在地不同，申请人分别向有管辖权的人民法院申请实现担保物权的，人民法院应当依法受理。

第363条　依照民法典第三百九十二条的规定，被担保的债权既有物的担保又有人的担保，当事人对实现担保物权的顺序有约定，实现担保物权的申请违反该约定的，人民法院裁定不予受理；没有约定或者约定不明的，人民法院应当受理。

3.《最高人民法院关于人民法院办理执行异议和复议案件若干问题的规定》（2020年12月29日）

第1条　异议人提出执行异议或者复议申请人申请复议，应当向人民法院提交申请书。申请书应当载明具体的异议或者复议请求、事实、理由等内容，并附下列材料：

（一）异议人或者复议申请人的身份证明；

（二）相关证据材料；

（三）送达地址和联系方式。

第2条　执行异议符合民事诉讼法第二百二十五条或者第二百二十七条规定条件的，人民法院应当在三日内立案，并在立案后三日内通知异议人和相关当事人。不符合受理条件的，裁定不予受理；立案后发现不符合受理条件的，裁定驳回申请。

执行异议申请材料不齐备的，人民法院应当一次性告知异议人在三日内补足，逾期未补足的，不予受理。

异议人对不予受理或者驳回申请裁定不服的，可以自裁定送达之日起十日内向上一级人民法院申请复议。上一级人民法院审查后认为符合受理条件的，应当裁定撤销原裁定，指令执行法院立案或者对执行异议进行审查。

第3条 执行法院收到执行异议后三日内既不立案又不作出不予受理裁定，或者受理后无正当理由超过法定期限不作出异议裁定的，异议人可以向上一级人民法院提出异议。上一级人民法院审查后认为理由成立的，应当指令执行法院在三日内立案或者在十五日内作出异议裁定。

第4条 执行案件被指定执行、提级执行、委托执行后，当事人、利害关系人对原执行法院的执行行为提出异议的，由提出异议时负责该案件执行的人民法院审查处理；受指定或者受委托的人民法院是原执行法院的下级人民法院的，仍由原执行法院审查处理。

执行案件被指定执行、提级执行、委托执行后，案外人对原执行法院的执行标的提出异议的，参照前款规定处理。

第5条 有下列情形之一的，当事人以外的自然人、法人和非法人组织，可以作为利害关系人提出执行行为异议：

（一）认为人民法院的执行行为违法，妨碍其轮候查封、扣押、冻结的债权受偿的；

（二）认为人民法院的拍卖措施违法，妨碍其参与公平竞价的；

（三）认为人民法院的拍卖、变卖或者以物抵债措施违法，侵害其对执行标的的优先购买权的；

（四）认为人民法院要求协助执行的事项超出其协助范围或者违反法律规定的；

（五）认为其他合法权益受到人民法院违法执行行为侵害的。

第6条 当事人、利害关系人依照民事诉讼法第二百二十五条规定提出异议的，应当在执行程序终结之前提出，但对终结执行措施提出异议的除外。

案外人依照民事诉讼法第二百二十七条规定提出异议的，应当在异议指向的执行标的执行终结之前提出；执行标的由当事人受让的，应当在执行程序终结之前提出。

第7条 当事人、利害关系人认为执行过程中或者执行保全、先予执行裁定过程中的下列行为违法提出异议的，人民法院应当依照民事诉讼法第二百二十五条规定进行审查：

（一）查封、扣押、冻结、拍卖、变卖、以物抵债、暂缓执行、中止执行、终结执行等执行措施；

（二）执行的期间、顺序等应当遵守的法定程序；

（三）人民法院作出的侵害当事人、利害关系人合法权益的其他行为。

被执行人以债权消灭、丧失强制执行效力等执行依据生效之后的实体事由提出排除执行异议的，人民法院应当参照民事诉讼法第二百二十五条规定进行审查。

除本规定第十九条规定的情形外，被执行人以执行依据生效之前的实体事由提出排除执行异议的，人民法院应当告知其依法申请再审或者通过其他程序解决。

第8条 案外人基于实体权利既对执行标的提出排除执行异议又作为利害关系人提出执行行为异议的，人民法院应当依照民事诉讼法第二百二十七条规定进行审查。

案外人既基于实体权利对执行标的提出排除执行异议又作为利害关系人提出与实体权利无关的执行行为异议的，人民法院应当分别依照民事诉讼法第二百二十七条和第二百二十五条规定进行审查。

第9条 被限制出境的人认为对其限制出境错误的，可以自收到限制出境决定之日起十日内向上一级人民法院申请复议。上一级人民法院应当自收到复议申请之日起十五日内作出决定。复议期间，不停止原决定的执行。

第10条 当事人不服驳回不予执行公证债权文书申请的裁

定的，可以自收到裁定之日起十日内向上一级人民法院申请复议。上一级人民法院应当自收到复议申请之日起三十日内审查，理由成立的，裁定撤销原裁定，不予执行该公证债权文书；理由不成立的，裁定驳回复议申请。复议期间，不停止执行。

第11条 人民法院审查执行异议或者复议案件，应当依法组成合议庭。

指令重新审查的执行异议案件，应当另行组成合议庭。

办理执行实施案件的人员不得参与相关执行异议和复议案件的审查。

第12条 人民法院对执行异议和复议案件实行书面审查。案情复杂、争议较大的，应当进行听证。

第13条 执行异议、复议案件审查期间，异议人、复议申请人申请撤回异议、复议申请的，是否准许由人民法院裁定。

第14条 异议人或者复议申请人经合法传唤，无正当理由拒不参加听证，或者未经法庭许可中途退出听证，致使人民法院无法查清相关事实的，由其自行承担不利后果。

第15条 当事人、利害关系人对同一执行行为有多个异议事由，但未在异议审查过程中一并提出，撤回异议或者被裁定驳回异议后，再次就该执行行为提出异议的，人民法院不予受理。

案外人撤回异议或者被裁定驳回异议后，再次就同一执行标的提出异议的，人民法院不予受理。

第16条 人民法院依照民事诉讼法第二百二十五条规定作出裁定时，应当告知相关权利人申请复议的权利和期限。

人民法院依照民事诉讼法第二百二十七条规定作出裁定时，应当告知相关权利人提起执行异议之诉的权利和期限。

人民法院作出其他裁定和决定时，法律、司法解释规定了相关权利人申请复议的权利和期限的，应当进行告知。

第 17 条　人民法院对执行行为异议，应当按照下列情形，分别处理：

（一）异议不成立的，裁定驳回异议；

（二）异议成立的，裁定撤销相关执行行为；

（三）异议部分成立的，裁定变更相关执行行为；

（四）异议成立或者部分成立，但执行行为无撤销、变更内容的，裁定异议成立或者相应部分异议成立。

第二百三十九条　执行员与执行机构

> 执行工作由执行员进行。
>
> 采取强制执行措施时，执行员应当出示证件。执行完毕后，应当将执行情况制作笔录，由在场的有关人员签名或者盖章。
>
> 人民法院根据需要可以设立执行机构。

● 司法解释及文件

《最高人民法院关于人民法院执行工作若干问题的规定（试行）》（2020 年 12 月 29 日）

1. 人民法院根据需要，依据有关法律的规定，设立执行机构，专门负责执行工作。

2. 执行机构负责执行下列生效法律文书：

（1）人民法院民事、行政判决、裁定、调解书，民事制裁决定、支付令，以及刑事附带民事判决、裁定、调解书，刑事裁判涉财产部分；

（2）依法应由人民法院执行的行政处罚决定、行政处理决定；

（3）我国仲裁机构作出的仲裁裁决和调解书，人民法院依据《中华人民共和国仲裁法》有关规定作出的财产保全和证据保全裁定；

（4）公证机关依法赋予强制执行效力的债权文书；

（5）经人民法院裁定承认其效力的外国法院作出的判决、裁定，以及国外仲裁机构作出的仲裁裁决；

（6）法律规定由人民法院执行的其他法律文书。

3. 人民法院在审理民事、行政案件中作出的财产保全和先予执行裁定，一般应当移送执行机构实施。

4. 人民法庭审结的案件，由人民法庭负责执行。其中复杂、疑难或被执行人不在本法院辖区的案件，由执行机构负责执行。

5. 执行程序中重大事项的办理，应由三名以上执行员讨论，并报经院长批准。

6. 执行机构应配备必要的交通工具、通讯设备、音像设备和警械用具等，以保障及时有效地履行职责。

7. 执行人员执行公务时，应向有关人员出示工作证件，并按规定着装。必要时应由司法警察参加。

8. 上级人民法院执行机构负责本院对下级人民法院执行工作的监督、指导和协调。

第二百四十条　委托执行

被执行人或者被执行的财产在外地的，可以委托当地人民法院代为执行。受委托人民法院收到委托函件后，必须在十五日内开始执行，不得拒绝。执行完毕后，应当将执行结果及时函复委托人民法院；在三十日内如果还未执行完毕，也应当将执行情况函告委托人民法院。

受委托人民法院自收到委托函件之日起十五日内不执行的，委托人民法院可以请求受委托人民法院的上级人民法院指令受委托人民法院执行。

● 司法解释及文件

《最高人民法院关于委托执行若干问题的规定》（2020年12月29日）

为了规范委托执行工作，维护当事人的合法权益，根据《中华人民共和国民事诉讼法》的规定，结合司法实践，制定本规定。

第1条 执行法院经调查发现被执行人在本辖区内已无财产可供执行，且在其他省、自治区、直辖市内有可供执行财产的，可以将案件委托异地的同级人民法院执行。

执行法院确需赴异地执行案件的，应当经其所在辖区高级人民法院批准。

第2条 案件委托执行后，受托法院应当依法立案，委托法院应当在收到受托法院的立案通知书后作销案处理。

委托异地法院协助查询、冻结、查封、调查或者送达法律文书等有关事项的，受托法院不作为委托执行案件立案办理，但应当积极予以协助。

第3条 委托执行应当以执行标的物所在地或者执行行为实施地的同级人民法院为受托执行法院。有两处以上财产在异地的，可以委托主要财产所在地的人民法院执行。

被执行人是现役军人或者军事单位的，可以委托对其有管辖权的军事法院执行。

执行标的物是船舶的，可以委托有管辖权的海事法院执行。

第4条 委托执行案件应当由委托法院直接向受托法院办理委托手续，并层报各自所在的高级人民法院备案。

事项委托应当通过人民法院执行指挥中心综合管理平台办理委托事项的相关手续。

第5条 案件委托执行时，委托法院应当提供下列材料：

（一）委托执行函；

（二）申请执行书和委托执行案件审批表；

（三）据以执行的生效法律文书副本；

（四）有关案件情况的材料或者说明，包括本辖区无财产的调查材料、财产保全情况、被执行人财产状况、生效法律文书的履行情况等；

（五）申请执行人地址、联系电话；

（六）被执行人身份证件或者营业执照复印件、地址、联系电话；

（七）委托法院执行员和联系电话；

（八）其他必要的案件材料等。

第6条 委托执行时，委托法院应当将已经查封、扣押、冻结的被执行人的异地财产，一并移交受托法院处理，并在委托执行函中说明。

委托执行后，委托法院对被执行人财产已经采取查封、扣押、冻结等措施的，视为受托法院的查封、扣押、冻结措施。受托法院需要继续查封、扣押、冻结，持委托执行函和立案通知书办理相关手续。续封续冻时，仍为原委托法院的查封冻结顺序。

查封、扣押、冻结等措施的有效期限在移交受托法院时不足1个月的，委托法院应当先行续封或者续冻，再移交受托法院。

第7条 受托法院收到委托执行函后，应当在7日内予以立案，并及时将立案通知书通过委托法院送达申请执行人，同时将指定的承办人、联系电话等书面告知委托法院。

委托法院收到上述通知书后，应当在7日内书面通知申请执行人案件已经委托执行，并告知申请执行人可以直接与受托法院联系执行相关事宜。

第8条 受托法院如发现委托执行的手续、材料不全，可以要求委托法院补办。委托法院应当在30日内完成补办事项，在上述期限内未完成的，应当作出书面说明。委托法院既不补办又不说明原因的，视为撤回委托，受托法院可以将委托材料退回委托法院。

第9条 受托法院退回委托的，应当层报所在辖区高级人民法院审批。高级人民法院同意退回后，受托法院应当在15日内将有关委托手续和案卷材料退回委托法院，并作出书面说明。

委托执行案件退回后，受托法院已立案的，应当作销案处理。委托法院在案件退回原因消除之后可以再行委托。确因委托不当被退回的，委托法院应当决定撤销委托并恢复案件执行，报所在的高级人民法院备案。

第10条 委托法院在案件委托执行后又发现有可供执行财产的，应当及时告知受托法院。受托法院发现被执行人在受托法院辖区外另有可供执行财产的，可以直接异地执行，一般不再行委托执行。根据情况确需再行委托的，应当按照委托执行案件的程序办理，并通知案件当事人。

第11条 受托法院未能在6个月内将受托案件执结的，申请执行人有权请求受托法院的上一级人民法院提级执行或者指定执行，上一级人民法院应当立案审查，发现受托法院无正当理由不予执行的，应当限期执行或者作出裁定提级执行或者指定执行。

第12条 异地执行时，可以根据案件具体情况，请求当地法院协助执行，当地法院应当积极配合，保证执行人员的人身安全和执行装备、执行标的物不受侵害。

第13条 高级人民法院应当对辖区内委托执行和异地执行工作实行统一管理和协调，履行以下职责：

（一）统一管理跨省、自治区、直辖市辖区的委托和受托执行案件；

（二）指导、检查、监督本辖区内的受托案件的执行情况；

（三）协调本辖区内跨省、自治区、直辖市辖区的委托和受托执行争议案件；

（四）承办需异地执行的有关案件的审批事项；

（五）对下级法院报送的有关委托和受托执行案件中的相关问题提出指导性处理意见；

（六）办理其他涉及委托执行工作的事项。

第14条　本规定所称的异地是指本省、自治区、直辖市以外的区域。各省、自治区、直辖市内的委托执行，由各高级人民法院参照本规定，结合实际情况，制定具体办法。

第15条　本规定施行之后，其他有关委托执行的司法解释不再适用。

第二百四十一条　执行和解

在执行中，双方当事人自行和解达成协议的，执行员应当将协议内容记入笔录，由双方当事人签名或者盖章。

申请执行人因受欺诈、胁迫与被执行人达成和解协议，或者当事人不履行和解协议的，人民法院可以根据当事人的申请，恢复对原生效法律文书的执行。

● 司法解释及文件

《最高人民法院关于适用〈中华人民共和国民事诉讼法〉的解释》（2022年4月1日）

第464条　申请执行人与被执行人达成和解协议后请求中止执行或者撤回执行申请的，人民法院可以裁定中止执行或者终结执行。

第465条　一方当事人不履行或者不完全履行在执行中双方自愿达成的和解协议，对方当事人申请执行原生效法律文书的，人民法院应当恢复执行，但和解协议已履行的部分应当扣除。和解协议已经履行完毕的，人民法院不予恢复执行。

第466条　申请恢复执行原生效法律文书，适用民事诉讼法第二百四十六条申请执行期间的规定。申请执行期间因达成执行中的和解协议而中断，其期间自和解协议约定履行期限的最后一日起重新计算。

● 案例指引

吴某与某纸业公司买卖合同纠纷案（最高人民法院指导案例 2 号）

裁判要旨：民事案件二审期间，双方当事人达成和解协议，人民法院准许撤回上诉的，该和解协议未经人民法院依法制作调解书，属于诉讼外达成的协议。一方当事人不履行和解协议，另一方当事人申请执行一审判决的，人民法院应予支持。

第二百四十二条　执行担保

在执行中，被执行人向人民法院提供担保，并经申请执行人同意的，人民法院可以决定暂缓执行及暂缓执行的期限。被执行人逾期仍不履行的，人民法院有权执行被执行人的担保财产或者担保人的财产。

● 司法解释及文件

1. 《最高人民法院关于适用〈中华人民共和国民事诉讼法〉的解释》（2022 年 4 月 1 日）

第 467 条　人民法院依照民事诉讼法第二百三十八条规定决定暂缓执行的，如果担保是有期限的，暂缓执行的期限应当与担保期限一致，但最长不得超过一年。被执行人或者担保人对担保的财产在暂缓执行期间有转移、隐藏、变卖、毁损等行为的，人民法院可以恢复强制执行。

第 468 条　根据民事诉讼法第二百三十八条规定向人民法院提供执行担保的，可以由被执行人或者他人提供财产担保，也可以由他人提供保证。担保人应当具有代为履行或者代为承担赔偿责任的能力。

他人提供执行保证的，应当向执行法院出具保证书，并将保证书副本送交申请执行人。被执行人或者他人提供财产担保的，应当参照民法典的有关规定办理相应手续。

第469条　被执行人在人民法院决定暂缓执行的期限届满后仍不履行义务的，人民法院可以直接执行担保财产，或者裁定执行担保人的财产，但执行担保人的财产以担保人应当履行义务部分的财产为限。

2.《最高人民法院关于如何处理人民检察院提出的暂缓执行建议问题的批复》（2000年7月10日）

根据《中华人民共和国民事诉讼法》的规定，人民检察院对人民法院生效民事判决提出暂缓执行的建议没有法律依据。

第二百四十三条　被执行主体的变更

> 作为被执行人的公民死亡的，以其遗产偿还债务。作为被执行人的法人或者其他组织终止的，由其权利义务承受人履行义务。

● 司法解释及文件

《最高人民法院关于适用〈中华人民共和国民事诉讼法〉的解释》（2022年4月1日）

第470条　依照民事诉讼法第二百三十九条规定，执行中作为被执行人的法人或者其他组织分立、合并的，人民法院可以裁定变更后的法人或者其他组织为被执行人；被注销的，如果依照有关实体法的规定有权利义务承受人的，可以裁定该权利义务承受人为被执行人。

第471条　其他组织在执行中不能履行法律文书确定的义务的，人民法院可以裁定执行对该其他组织依法承担义务的法人或者公民个人的财产。

第472条　在执行中，作为被执行人的法人或者其他组织名称变更的，人民法院可以裁定变更后的法人或者其他组织为被执行人。

第473条　作为被执行人的公民死亡，其遗产继承人没有放弃继承的，人民法院可以裁定变更被执行人，由该继承人在遗产的范围内偿还债务。继承人放弃继承的，人民法院可以直接执行被执行人的遗产。

第二百四十四条　执行回转

执行完毕后，据以执行的判决、裁定和其他法律文书确有错误，被人民法院撤销的，对已被执行的财产，人民法院应当作出裁定，责令取得财产的人返还；拒不返还的，强制执行。

● 司法解释及文件

《最高人民法院关于适用〈中华人民共和国民事诉讼法〉的解释》（2022年4月1日）

第474条　法律规定由人民法院执行的其他法律文书执行完毕后，该法律文书被有关机关或者组织依法撤销的，经当事人申请，适用民事诉讼法第二百四十条规定。

第二百四十五条　法院调解书的执行

人民法院制作的调解书的执行，适用本编的规定。

第二百四十六条　对执行的法律监督

人民检察院有权对民事执行活动实行法律监督。

第二十章　执行的申请和移送

第二百四十七条　申请执行与移送执行

发生法律效力的民事判决、裁定，当事人必须履行。一方拒绝履行的，对方当事人可以向人民法院申请执行，也可以由审判员移送执行员执行。

> 调解书和其他应当由人民法院执行的法律文书，当事人必须履行。一方拒绝履行的，对方当事人可以向人民法院申请执行。

● 司法解释及文件

1. 《最高人民法院关于适用〈中华人民共和国民事诉讼法〉的解释》（2022年4月1日）

第511条　在执行中，作为被执行人的企业法人符合企业破产法第二条第一款规定情形的，执行法院经申请执行人之一或者被执行人同意，应当裁定中止对该被执行人的执行，将执行案件相关材料移送被执行人住所地人民法院。

第512条　被执行人住所地人民法院应当自收到执行案件相关材料之日起三十日内，将是否受理破产案件的裁定告知执行法院。不予受理的，应当将相关案件材料退回执行法院。

第513条　被执行人住所地人民法院裁定受理破产案件的，执行法院应当解除对被执行人财产的保全措施。被执行人住所地人民法院裁定宣告被执行人破产的，执行法院应当裁定终结对该被执行人的执行。

被执行人住所地人民法院不受理破产案件的，执行法院应当恢复执行。

第514条　当事人不同意移送破产或者被执行人住所地人民法院不受理破产案件的，执行法院就执行变价所得财产，在扣除执行费用及清偿优先受偿的债权后，对于普通债权，按照财产保全和执行中查封、扣押、冻结财产的先后顺序清偿。

2. 《最高人民法院关于人民法院执行工作若干问题的规定（试行）》（2020年12月29日）

16. 人民法院受理执行案件应当符合下列条件：

（1）申请或移送执行的法律文书已经生效；

（2）申请执行人是生效法律文书确定的权利人或其继承人、权利承受人；

（3）申请执行的法律文书有给付内容，且执行标的和被执行人明确；

（4）义务人在生效法律文书确定的期限内未履行义务；

（5）属于受申请执行的人民法院管辖。

人民法院对符合上述条件的申请，应当在七日内予以立案；不符合上述条件之一的，应当在七日内裁定不予受理。

17. 生效法律文书的执行，一般应当由当事人依法提出申请。

发生法律效力的具有给付赡养费、扶养费、抚育费内容的法律文书、民事制裁决定书，以及刑事附带民事判决、裁定、调解书，由审判庭移送执行机构执行。

18. 申请执行，应向人民法院提交下列文件和证件：

（1）申请执行书。申请执行书中应当写明申请执行的理由、事项、执行标的，以及申请执行人所了解的被执行人的财产状况。

申请执行人书写申请执行书确有困难的，可以口头提出申请。人民法院接待人员对口头申请应当制作笔录，由申请执行人签字或盖章。

外国一方当事人申请执行的，应当提交中文申请执行书。当事人所在国与我国缔结或共同参加的司法协助条约有特别规定的，按照条约规定办理。

（2）生效法律文书副本。

（3）申请执行人的身份证明。自然人申请的，应当出示居民身份证；法人申请的，应当提交法人营业执照副本和法定代表人身份证明；非法人组织申请的，应当提交营业执照副本和主要负责人身份证明。

（4）继承人或权利承受人申请执行的，应当提交继承或承受权利的证明文件。

（5）其他应当提交的文件或证件。

19.申请执行仲裁机构的仲裁裁决，应当向人民法院提交有仲裁条款的合同书或仲裁协议书。

申请执行国外仲裁机构的仲裁裁决的，应当提交经我国驻外使领馆认证或我国公证机关公证的仲裁裁决书中文本。

20.申请执行人可以委托代理人代为申请执行。委托代理的，应当向人民法院提交经委托人签字或盖章的授权委托书，写明代理人的姓名或者名称、代理事项、权限和期限。

委托代理人代为放弃、变更民事权利，或代为进行执行和解，或代为收取执行款项的，应当有委托人的特别授权。

21.执行申请费的收取按照《诉讼费用交纳办法》办理。

● 案例指引

李某玲、李某裕申请执行某洋公司、某洋总公司执行复议案（最高人民法院指导案例34号）

裁判要旨：生效法律文书确定的权利人在进入执行程序前合法转让债权的，债权受让人即权利承受人可以作为申请执行人直接申请执行，无需执行法院作出变更申请执行人的裁定。

第二百四十八条　仲裁裁决的申请执行

对依法设立的仲裁机构的裁决，一方当事人不履行的，对方当事人可以向有管辖权的人民法院申请执行。受申请的人民法院应当执行。

被申请人提出证据证明仲裁裁决有下列情形之一的，经人民法院组成合议庭审查核实，裁定不予执行：

（一）当事人在合同中没有订有仲裁条款或者事后没有达成书面仲裁协议的；

（二）裁决的事项不属于仲裁协议的范围或者仲裁机构无权仲裁的；

（三）仲裁庭的组成或者仲裁的程序违反法定程序的；

（四）裁决所根据的证据是伪造的；

（五）对方当事人向仲裁机构隐瞒了足以影响公正裁决的证据的；

（六）仲裁员在仲裁该案时有贪污受贿，徇私舞弊，枉法裁决行为的。

人民法院认定执行该裁决违背社会公共利益的，裁定不予执行。

裁定书应当送达双方当事人和仲裁机构。

仲裁裁决被人民法院裁定不予执行的，当事人可以根据双方达成的书面仲裁协议重新申请仲裁，也可以向人民法院起诉。

● 法　律

1.《仲裁法》（2017 年 9 月 1 日）

第 62 条　当事人应当履行裁决。一方当事人不履行的，另一方当事人可以依照民事诉讼法的有关规定向人民法院申请执行。受申请的人民法院应当执行。

第 63 条　被申请人提出证据证明裁决有民事诉讼法[①]第二百一十七条第二款规定的情形之一的，经人民法院组成合议庭审查核实，裁定不予执行。

第 64 条　一方当事人申请执行裁决，另一方当事人申请撤销裁决的，人民法院应当裁定中止执行。

人民法院裁定撤销裁决的，应当裁定终结执行。撤销裁决的申请被裁定驳回的，人民法院应当裁定恢复执行。

---

① 对应 2023 年修正的《民事诉讼法》第 241 条。

● **司法解释及文件**

2.《最高人民法院关于人民法院执行工作若干问题的规定（试行）》（2020年12月29日）

19. 申请执行仲裁机构的仲裁裁决，应当向人民法院提交有仲裁条款的合同书或仲裁协议书。

申请执行国外仲裁机构的仲裁裁决的，应当提交经我国驻外使领馆认证或我国公证机关公证的仲裁裁决书中文本。

3.《最高人民法院关于适用〈中华人民共和国仲裁法〉若干问题的解释》（2008年12月16日）

第25条 人民法院受理当事人撤销仲裁裁决的申请后，另一方当事人申请执行同一仲裁裁决的，受理执行申请的人民法院应当在受理后裁定中止执行。

第26条 当事人向人民法院申请撤销仲裁裁决被驳回后，又在执行程序中以相同理由提出不予执行抗辩的，人民法院不予支持。

第27条 当事人在仲裁程序中未对仲裁协议的效力提出异议，在仲裁裁决作出后以仲裁协议无效为由主张撤销仲裁裁决或者提出不予执行抗辩的，人民法院不予支持。

当事人在仲裁程序中对仲裁协议的效力提出异议，在仲裁裁决作出后又以此为由主张撤销仲裁裁决或者提出不予执行抗辩，经审查符合仲裁法第五十八条或者民事诉讼法[①]第二百一十三条、第二百五十八条规定的，人民法院应予支持。

第28条 当事人请求不予执行仲裁调解书或者根据当事人之间的和解协议作出的仲裁裁决书的，人民法院不予支持。

第29条 当事人申请执行仲裁裁决案件，由被执行人住所地或者被执行的财产所在地的中级人民法院管辖。

---

① 对应2023年修正的《民事诉讼法》第248条、291条。

4.《最高人民法院关于适用〈中华人民共和国民事诉讼法〉的解释》（2022年4月1日）

第475条 仲裁机构裁决的事项，部分有民事诉讼法第二百四十四条第二款、第三款规定情形的，人民法院应当裁定对该部分不予执行。

应当不予执行部分与其他部分不可分的，人民法院应当裁定不予执行仲裁裁决。

第476条 依照民事诉讼法第二百四十四条第二款、第三款规定，人民法院裁定不予执行仲裁裁决后，当事人对该裁定提出执行异议或者复议的，人民法院不予受理。当事人可以就该民事纠纷重新达成书面仲裁协议申请仲裁，也可以向人民法院起诉。

第477条 在执行中，被执行人通过仲裁程序将人民法院查封、扣押、冻结的财产确权或者分割给案外人的，不影响人民法院执行程序的进行。

案外人不服的，可以根据民事诉讼法第二百三十四条规定提出异议。

5.《最高人民法院关于人民法院办理仲裁裁决执行案件若干问题的规定》（2018年2月22日）

第1条 本规定所称的仲裁裁决执行案件，是指当事人申请人民法院执行仲裁机构依据仲裁法作出的仲裁裁决或者仲裁调解书的案件。

第2条 当事人对仲裁机构作出的仲裁裁决或者仲裁调解书申请执行的，由被执行人住所地或者被执行的财产所在地的中级人民法院管辖。

符合下列条件的，经上级人民法院批准，中级人民法院可以参照民事诉讼法第三十八条的规定指定基层人民法院管辖：

（一）执行标的额符合基层人民法院一审民商事案件级别管辖受理范围；

（二）被执行人住所地或者被执行的财产所在地在被指定的基层人民法院辖区内。

被执行人、案外人对仲裁裁决执行案件申请不予执行的，负责执行的中级人民法院应当另行立案审查处理；执行案件已指定基层人民法院管辖的，应当于收到不予执行申请后三日内移送原执行法院另行立案审查处理。

第3条　仲裁裁决或者仲裁调解书执行内容具有下列情形之一导致无法执行的，人民法院可以裁定驳回执行申请；导致部分无法执行的，可以裁定驳回该部分的执行申请；导致部分无法执行且该部分与其他部分不可分的，可以裁定驳回执行申请。

（一）权利义务主体不明确；

（二）金钱给付具体数额不明确或者计算方法不明确导致无法计算出具体数额；

（三）交付的特定物不明确或者无法确定；

（四）行为履行的标准、对象、范围不明确；

仲裁裁决或者仲裁调解书仅确定继续履行合同，但对继续履行的权利义务，以及履行的方式、期限等具体内容不明确，导致无法执行的，依照前款规定处理。

第4条　对仲裁裁决主文或者仲裁调解书中的文字、计算错误以及仲裁庭已经认定但在裁决主文中遗漏的事项，可以补正或说明的，人民法院应当书面告知仲裁庭补正或说明，或者向仲裁机构调阅仲裁案卷查明。仲裁庭不补正也不说明，且人民法院调阅仲裁案卷后执行内容仍然不明确具体无法执行的，可以裁定驳回执行申请。

第5条　申请执行人对人民法院依照本规定第三条、第四条作出的驳回执行申请裁定不服的，可以自裁定送达之日起十日内向上一级人民法院申请复议。

第6条　仲裁裁决或者仲裁调解书确定交付的特定物确已毁

损或者灭失的，依照《最高人民法院关于适用〈中华人民共和国民事诉讼法〉的解释》第四百九十四条的规定处理。

第7条 被执行人申请撤销仲裁裁决并已由人民法院受理的，或者被执行人、案外人对仲裁裁决执行案件提出不予执行申请并提供适当担保的，执行法院应当裁定中止执行。中止执行期间，人民法院应当停止处分性措施，但申请执行人提供充分、有效的担保请求继续执行的除外；执行标的查封、扣押、冻结期限届满前，人民法院可以根据当事人申请或者依职权办理续行查封、扣押、冻结手续。

申请撤销仲裁裁决、不予执行仲裁裁决案件司法审查期间，当事人、案外人申请对已查封、扣押、冻结之外的财产采取保全措施的，负责审查的人民法院参照民事诉讼法第一百条的规定处理。司法审查后仍需继续执行的，保全措施自动转为执行中的查封、扣押、冻结措施；采取保全措施的人民法院与执行法院不一致的，应当将保全手续移送执行法院，保全裁定视为执行法院作出的裁定。

第8条 被执行人向人民法院申请不予执行仲裁裁决的，应当在执行通知书送达之日起十五日内提出书面申请；有民事诉讼法第二百三十七条第二款第四、六项规定情形且执行程序尚未终结的，应当自知道或者应当知道有关事实或案件之日起十五日内提出书面申请。

本条前款规定期限届满前，被执行人已向有管辖权的人民法院申请撤销仲裁裁决且已被受理的，自人民法院驳回撤销仲裁裁决申请的裁判文书生效之日起重新计算期限。

第9条 案外人向人民法院申请不予执行仲裁裁决或者仲裁调解书的，应当提交申请书以及证明其请求成立的证据材料，并符合下列条件：

（一）有证据证明仲裁案件当事人恶意申请仲裁或者虚假仲

裁,损害其合法权益;

(二)案外人主张的合法权益所涉及的执行标的尚未执行终结;

(三)自知道或者应当知道人民法院对该标的采取执行措施之日起三十日内提出。

第10条 被执行人申请不予执行仲裁裁决,对同一仲裁裁决的多个不予执行事由应当一并提出。不予执行仲裁裁决申请被裁定驳回后,再次提出申请的,人民法院不予审查,但有新证据证明存在民事诉讼法第二百三十七条第二款第四、六项规定情形的除外。

第11条 人民法院对不予执行仲裁裁决案件应当组成合议庭围绕被执行人申请的事由、案外人的申请进行审查;对被执行人没有申请的事由不予审查,但仲裁裁决可能违背社会公共利益的除外。

被执行人、案外人对仲裁裁决执行案件申请不予执行的,人民法院应当进行询问;被执行人在询问终结前提出其他不予执行事由的,应当一并审查。人民法院审查时,认为必要的,可以要求仲裁庭作出说明,或者向仲裁机构调阅仲裁案卷。

第12条 人民法院对不予执行仲裁裁决案件的审查,应当在立案之日起两个月内审查完毕并作出裁定;有特殊情况需要延长的,经本院院长批准,可以延长一个月。

第13条 下列情形经人民法院审查属实的,应当认定为民事诉讼法第二百三十七条第二款第二项规定的"裁决的事项不属于仲裁协议的范围或者仲裁机构无权仲裁的"情形:

(一)裁决的事项超出仲裁协议约定的范围;

(二)裁决的事项属于依照法律规定或者当事人选择的仲裁规则规定的不可仲裁事项;

(三)裁决内容超出当事人仲裁请求的范围;

（四）作出裁决的仲裁机构非仲裁协议所约定。

第14条 违反仲裁法规定的仲裁程序、当事人选择的仲裁规则或者当事人对仲裁程序的特别约定，可能影响案件公正裁决，经人民法院审查属实的，应当认定为民事诉讼法第二百三十七条第二款第三项规定的"仲裁庭的组成或者仲裁的程序违反法定程序的"情形。

当事人主张未按照仲裁法或仲裁规则规定的方式送达法律文书导致其未能参与仲裁，或者仲裁员根据仲裁法或仲裁规则的规定应当回避而未回避，可能影响公正裁决，经审查属实的，人民法院应当支持；仲裁庭按照仲裁法或仲裁规则以及当事人约定的方式送达仲裁法律文书，当事人主张不符合民事诉讼法有关送达规定的，人民法院不予支持。

适用的仲裁程序或仲裁规则经特别提示，当事人知道或者应当知道法定仲裁程序或选择的仲裁规则未被遵守，但仍然参加或者继续参加仲裁程序且未提出异议，在仲裁裁决作出之后以违反法定程序为由申请不予执行仲裁裁决的，人民法院不予支持。

第15条 符合下列条件的，人民法院应当认定为民事诉讼法第二百三十七条第二款第四项规定的"裁决所根据的证据是伪造的"情形：

（一）该证据已被仲裁裁决采信；

（二）该证据属于认定案件基本事实的主要证据；

（三）该证据经查明确属通过捏造、变造、提供虚假证明等非法方式形成或者获取，违反证据的客观性、关联性、合法性要求。

第16条 符合下列条件的，人民法院应当认定为民事诉讼法第二百三十七条第二款第五项规定的"对方当事人向仲裁机构隐瞒了足以影响公正裁决的证据的"情形：

（一）该证据属于认定案件基本事实的主要证据；

（二）该证据仅为对方当事人掌握，但未向仲裁庭提交；

（三）仲裁过程中知悉存在该证据，且要求对方当事人出示或者请求仲裁庭责令其提交，但对方当事人无正当理由未予出示或者提交。

当事人一方在仲裁过程中隐瞒己方掌握的证据，仲裁裁决作出后以己方所隐瞒的证据足以影响公正裁决为由申请不予执行仲裁裁决的，人民法院不予支持。

第17条　被执行人申请不予执行仲裁调解书或者根据当事人之间的和解协议、调解协议作出的仲裁裁决，人民法院不予支持，但该仲裁调解书或者仲裁裁决违背社会公共利益的除外。

第18条　案外人根据本规定第九条申请不予执行仲裁裁决或者仲裁调解书，符合下列条件的，人民法院应当支持：

（一）案外人系权利或者利益的主体；

（二）案外人主张的权利或者利益合法、真实；

（三）仲裁案件当事人之间存在虚构法律关系，捏造案件事实的情形；

（四）仲裁裁决主文或者仲裁调解书处理当事人民事权利义务的结果部分或者全部错误，损害案外人合法权益。

第19条　被执行人、案外人对仲裁裁决执行案件逾期申请不予执行的，人民法院应当裁定不予受理；已经受理的，应当裁定驳回不予执行申请。

被执行人、案外人对仲裁裁决执行案件申请不予执行，经审查理由成立的，人民法院应当裁定不予执行；理由不成立的，应当裁定驳回不予执行申请。

第20条　当事人向人民法院申请撤销仲裁裁决被驳回后，又在执行程序中以相同事由提出不予执行申请的，人民法院不予支持；当事人向人民法院申请不予执行被驳回后，又以相同事由申请撤销仲裁裁决的，人民法院不予支持。

在不予执行仲裁裁决案件审查期间,当事人向有管辖权的人民法院提出撤销仲裁裁决申请并被受理的,人民法院应当裁定中止对不予执行申请的审查;仲裁裁决被撤销或者决定重新仲裁的,人民法院应当裁定终结执行,并终结对不予执行申请的审查;撤销仲裁裁决申请被驳回或者申请执行人撤回撤销仲裁裁决申请的,人民法院应当恢复对不予执行申请的审查;被执行人撤回撤销仲裁裁决申请的,人民法院应当裁定终结对不予执行申请的审查,但案外人申请不予执行仲裁裁决的除外。

第21条 人民法院裁定驳回撤销仲裁裁决申请或者驳回不予执行仲裁裁决、仲裁调解书申请的,执行法院应当恢复执行。

人民法院裁定撤销仲裁裁决或者基于被执行人申请裁定不予执行仲裁裁决,原被执行人申请执行回转或者解除强制执行措施的,人民法院应当支持。原申请执行人对已履行或者被人民法院强制执行的款物申请保全的,人民法院应当依法准许;原申请执行人在人民法院采取保全措施之日起三十日内,未根据双方达成的书面仲裁协议重新申请仲裁或者向人民法院起诉的,人民法院应当裁定解除保全。

人民法院基于案外人申请裁定不予执行仲裁裁决或者仲裁调解书,案外人申请执行回转或者解除强制执行措施的,人民法院应当支持。

第22条 人民法院裁定不予执行仲裁裁决、驳回或者不予受理不予执行仲裁裁决申请后,当事人对该裁定提出执行异议或者申请复议的,人民法院不予受理。

人民法院裁定不予执行仲裁裁决的,当事人可以根据双方达成的书面仲裁协议重新申请仲裁,也可以向人民法院起诉。

人民法院基于案外人申请裁定不予执行仲裁裁决或者仲裁调解书,当事人不服的,可以自裁定送达之日起十日内向上一级人民法院申请复议;人民法院裁定驳回或者不予受理案外人提出的不予执行仲裁裁决、仲裁调解书申请，案外人不服的，可以自裁定送达之日起十日内向上一级人民法院申请复议。

第 23 条　本规定第八条、第九条关于对仲裁裁决执行案件申请不予执行的期限自本规定施行之日起重新计算。

第 24 条　本规定自 2018 年 3 月 1 日起施行，本院以前发布的司法解释与本规定不一致的，以本规定为准。

本规定施行前已经执行终结的执行案件，不适用本规定；本规定施行后尚未执行终结的执行案件，适用本规定。

第二百四十九条　公证债权文书的申请执行

对公证机关依法赋予强制执行效力的债权文书，一方当事人不履行的，对方当事人可以向有管辖权的人民法院申请执行，受申请的人民法院应当执行。

公证债权文书确有错误的，人民法院裁定不予执行，并将裁定书送达双方当事人和公证机关。

● 司法解释及文件

1.《最高人民法院、司法部关于公证机关赋予强制执行效力的债权文书执行有关问题的联合通知》（2000 年 9 月 1 日）

为了贯彻《中华人民共和国民事诉讼法》、《中华人民共和国公证暂行条例》的有关规定，规范赋予强制执行效力债权文书的公证和执行行为，现就有关问题通知如下：

一、公证机关赋予强制执行效力的债权文书应当具备以下条件：

（一）债权文书具有给付货币、物品、有价证券的内容；

（二）债权债务关系明确，债权人和债务人对债权文书有关给付内容无疑义；

（三）债权文书中载明债务人不履行义务或不完全履行义务

时，债务人愿意接受依法强制执行的承诺。

二、公证机关赋予强制执行效力的债权文书的范围：

（一）借款合同、借用合同、无财产担保的租赁合同；

（二）赊欠货物的债权文书；

（三）各种借据、欠单；

（四）还款（物）协议；

（五）以给付赡养费、扶养费、抚育费、学费、赔（补）偿金为内容的协议；

（六）符合赋予强制执行效力条件的其他债权文书。

三、公证机关在办理符合赋予强制执行的条件和范围的合同、协议、借据、欠单等债权文书公证时，应当依法赋予该债权文书具有强制执行效力。

未经公证的符合本通知第二条规定的合同、协议、借据、欠单等债权文书，在履行过程中，债权人申请公证机关赋予强制执行效力的，公证机关必须征求债务人的意见；如债务人同意公证并愿意接受强制执行的，公证机关可以依法赋予该债权文书强制执行效力。

四、债务人不履行或不完全履行公证机关赋予强制执行效力的债权文书的，债权人可以向原公证机关申请执行证书。

五、公证机关签发执行证书应当注意审查以下内容：

（一）不履行或不完全履行的事实确实发生；

（二）债权人履行合同义务的事实和证据，债务人依照债权文书已经部分履行的事实；

（三）债务人对债权文书规定的履行义务有无疑义。

六、公证机关签发执行证书应当注明被执行人、执行标的和申请执行的期限。债务人已经履行的部分，在执行证书中予以扣除。因债务人不履行或不完全履行而发生的违约金、利息、滞纳金等，可以列入执行标的。

七、债权人凭原公证书及执行证书可以向有管辖权的人民法院申请执行。

八、人民法院接到申请执行书，应当依法按规定程序办理。必要时，可以向公证机关调阅公证卷宗，公证机关应当提供。案件执行完毕后，由人民法院在十五日内将公证卷宗附结案通知退回公证机关。

九、最高人民法院、司法部《关于执行〈民事诉讼法（试行）〉中涉及公证条款的几个问题的通知》和《关于已公证的债权文书依法强制执行问题的答复》自本联合通知发布之日起废止。

2.《最高人民法院关于适用〈中华人民共和国民事诉讼法〉的解释》（2022年4月1日）

第478条 有下列情形之一的，可以认定为民事诉讼法第二百四十五条第二款规定的公证债权文书确有错误：

（一）公证债权文书属于不得赋予强制执行效力的债权文书的；

（二）被执行人一方未亲自或者未委托代理人到场公证等严重违反法律规定的公证程序的；

（三）公证债权文书的内容与事实不符或者违反法律强制性规定的；

（四）公证债权文书未载明被执行人不履行义务或者不完全履行义务时同意接受强制执行的。

人民法院认定执行该公证债权文书违背社会公共利益的，裁定不予执行。

公证债权文书被裁定不予执行后，当事人、公证事项的利害关系人可以就债权争议提起诉讼。

第479条 当事人请求不予执行仲裁裁决或者公证债权文书的，应当在执行终结前向执行法院提出。

3.《最高人民法院关于公证债权文书执行若干问题的规定》（2018年9月30日）

为了进一步规范人民法院办理公证债权文书执行案件，确保公证债权文书依法执行，维护当事人、利害关系人的合法权益，根据《中华人民共和国民事诉讼法》《中华人民共和国公证法》等法律规定，结合执行实践，制定本规定。

第1条 本规定所称公证债权文书，是指根据公证法第三十七条第一款规定经公证赋予强制执行效力的债权文书。

第2条 公证债权文书执行案件，由被执行人住所地或者被执行的财产所在地人民法院管辖。

前款规定案件的级别管辖，参照人民法院受理第一审民商事案件级别管辖的规定确定。

第3条 债权人申请执行公证债权文书，除应当提交作为执行依据的公证债权文书等申请执行所需的材料外，还应当提交证明履行情况等内容的执行证书。

第4条 债权人申请执行的公证债权文书应当包括公证证词、被证明的债权文书等内容。权利义务主体、给付内容应当在公证证词中列明。

第5条 债权人申请执行公证债权文书，有下列情形之一的，人民法院应当裁定不予受理；已经受理的，裁定驳回执行申请：

（一）债权文书属于不得经公证赋予强制执行效力的文书；

（二）公证债权文书未载明债务人接受强制执行的承诺；

（三）公证证词载明的权利义务主体或者给付内容不明确；

（四）债权人未提交执行证书；

（五）其他不符合受理条件的情形。

第6条 公证债权文书赋予强制执行效力的范围同时包含主债务和担保债务的，人民法院应当依法予以执行；仅包含主债务的，对担保债务部分的执行申请不予受理；仅包含担保债务的，对主债务部分的执行申请不予受理。

第7条 债权人对不予受理、驳回执行申请裁定不服的，可以自裁定送达之日起十日内向上一级人民法院申请复议。

申请复议期满未申请复议，或者复议申请被驳回的，当事人可以就公证债权文书涉及的民事权利义务争议向人民法院提起诉讼。

第8条 公证机构决定不予出具执行证书的，当事人可以就公证债权文书涉及的民事权利义务争议直接向人民法院提起诉讼。

第9条 申请执行公证债权文书的期间自公证债权文书确定的履行期间的最后一日起计算；分期履行的，自公证债权文书确定的每次履行期间的最后一日起计算。

债权人向公证机构申请出具执行证书的，申请执行时效自债权人提出申请之日起中断。

第10条 人民法院在执行实施中，根据公证债权文书并结合申请执行人的申请依法确定给付内容。

第11条 因民间借贷形成的公证债权文书，文书中载明的利率超过人民法院依照法律、司法解释规定应予支持的上限的，对超过的利息部分不纳入执行范围；载明的利率未超过人民法院依照法律、司法解释规定应予支持的上限，被执行人主张实际超过的，可以依照本规定第二十二条第一款规定提起诉讼。

第12条 有下列情形之一的，被执行人可以依照民事诉讼法第二百三十八条第二款规定申请不予执行公证债权文书：

（一）被执行人未到场且未委托代理人到场办理公证的；

（二）无民事行为能力人或者限制民事行为能力人没有监护人代为办理公证的；

（三）公证员为本人、近亲属办理公证，或者办理与本人、近亲属有利害关系的公证的；

（四）公证员办理该项公证有贪污受贿、徇私舞弊行为，已经由生效刑事法律文书等确认的；

（五）其他严重违反法定公证程序的情形。

被执行人以公证债权文书的内容与事实不符或者违反法律强制性规定等实体事由申请不予执行的，人民法院应当告知其依照本规定第二十二条第一款规定提起诉讼。

第13条 被执行人申请不予执行公证债权文书，应当在执行通知书送达之日起十五日内向执行法院提出书面申请，并提交相关证据材料；有本规定第十二条第一款第三项、第四项规定情形且执行程序尚未终结的，应当自知道或者应当知道有关事实之日起十五日内提出。

公证债权文书执行案件被指定执行、提级执行、委托执行后，被执行人申请不予执行的，由提出申请时负责该案件执行的人民法院审查。

第14条 被执行人认为公证债权文书存在本规定第十二条第一款规定的多个不予执行事由的，应当在不予执行案件审查期间一并提出。

不予执行申请被裁定驳回后，同一被执行人再次提出申请的，人民法院不予受理。但有证据证明不予执行事由在不予执行申请被裁定驳回后知道的，可以在执行程序终结前提出。

第15条 人民法院审查不予执行公证债权文书案件，案情复杂、争议较大的，应当进行听证。必要时可以向公证机构调阅公证案卷，要求公证机构作出书面说明，或者通知公证员到庭说明情况。

第16条 人民法院审查不予执行公证债权文书案件，应当在受理之日起六十日内审查完毕并作出裁定；有特殊情况需要延长的，经本院院长批准，可以延长三十日。

第17条 人民法院审查不予执行公证债权文书案件期间，不停止执行。

被执行人提供充分、有效的担保，请求停止相应处分措施的，人民法院可以准许；申请执行人提供充分、有效的担保，请求继续执行的，应当继续执行。

第18条 被执行人依照本规定第十二条第一款规定申请不予执行，人民法院经审查认为理由成立的，裁定不予执行；理由不成立的，裁定驳回不予执行申请。

公证债权文书部分内容具有本规定第十二条第一款规定情形的，人民法院应当裁定对该部分不予执行；应当不予执行部分与其他部分不可分的，裁定对该公证债权文书不予执行。

第19条 人民法院认定执行公证债权文书违背公序良俗的，裁定不予执行。

第20条 公证债权文书被裁定不予执行的，当事人可以就该公证债权文书涉及的民事权利义务争议向人民法院提起诉讼；公证债权文书被裁定部分不予执行的，当事人可以就该部分争议提起诉讼。

当事人对不予执行裁定提出执行异议或者申请复议的，人民法院不予受理。

第21条 当事人不服驳回不予执行申请裁定的，可以自裁定送达之日起十日内向上一级人民法院申请复议。上一级人民法院应当自收到复议申请之日起三十日内审查。经审查，理由成立的，裁定撤销原裁定，不予执行该公证债权文书；理由不成立的，裁定驳回复议申请。复议期间，不停止执行。

第22条 有下列情形之一的，债务人可以在执行程序终结前，以债权人为被告，向执行法院提起诉讼，请求不予执行公证债权文书：

（一）公证债权文书载明的民事权利义务关系与事实不符；

（二）经公证的债权文书具有法律规定的无效、可撤销等情形；

（三）公证债权文书载明的债权因清偿、提存、抵销、免除等原因全部或者部分消灭。

债务人提起诉讼，不影响人民法院对公证债权文书的执行。债务人提供充分、有效的担保，请求停止相应处分措施的，人民法院可以准许；债权人提供充分、有效的担保，请求继续执行的，应当继续执行。

第23条　对债务人依照本规定第二十二条第一款规定提起的诉讼，人民法院经审理认为理由成立的，判决不予执行或者部分不予执行；理由不成立的，判决驳回诉讼请求。

当事人同时就公证债权文书涉及的民事权利义务争议提出诉讼请求的，人民法院可以在判决中一并作出裁判。

第24条　有下列情形之一的，债权人、利害关系人可以就公证债权文书涉及的民事权利义务争议直接向有管辖权的人民法院提起诉讼：

（一）公证债权文书载明的民事权利义务关系与事实不符；

（二）经公证的债权文书具有法律规定的无效、可撤销等情形。

债权人提起诉讼，诉讼案件受理后又申请执行公证债权文书的，人民法院不予受理。进入执行程序后债权人又提起诉讼的，诉讼案件受理后，人民法院可以裁定终结公证债权文书的执行；债权人请求继续执行其未提出争议部分的，人民法院可以准许。

利害关系人提起诉讼，不影响人民法院对公证债权文书的执行。利害关系人提供充分、有效的担保，请求停止相应处分措施的，人民法院可以准许；债权人提供充分、有效的担保，请求继续执行的，应当继续执行。

第 25 条　本规定自 2018 年 10 月 1 日起施行。

本规定施行前最高人民法院公布的司法解释与本规定不一致的，以本规定为准。

第二百五十条　申请执行期间

> 申请执行的期间为二年。申请执行时效的中止、中断，适用法律有关诉讼时效中止、中断的规定。
>
> 前款规定的期间，从法律文书规定履行期间的最后一日起计算；法律文书规定分期履行的，从最后一期履行期限届满之日起计算；法律文书未规定履行期间的，从法律文书生效之日起计算。

● 司法解释及文件

1.《最高人民法院关于适用〈中华人民共和国民事诉讼法〉执行程序若干问题的解释》（2020 年 12 月 29 日）

第 19 条　在申请执行时效期间的最后六个月内，因不可抗力或者其他障碍不能行使请求权的，申请执行时效中止。从中止时效的原因消除之日起，申请执行时效期间继续计算。

第 20 条　申请执行时效因申请执行、当事人双方达成和解协议、当事人一方提出履行要求或者同意履行义务而中断。从中断时起，申请执行时效期间重新计算。

第 21 条　生效法律文书规定债务人负有不作为义务的，申请执行时效期间从债务人违反不作为义务之日起计算。

2.《最高人民法院关于适用〈中华人民共和国民事诉讼法〉的解释》（2022 年 4 月 1 日）

第 481 条　申请执行人超过申请执行时效期间向人民法院申请强制执行的，人民法院应予受理。被执行人对申请执行时效期间提出异议，人民法院经审查异议成立的，裁定不予执行。

被执行人履行全部或者部分义务后，又以不知道申请执行时效期间届满为由请求执行回转的，人民法院不予支持。

● 案例指引

某机械制造公司与某克公司仲裁裁决执行复议案（最高人民法院指导案例 37 号）

裁判要旨：当事人向我国法院申请执行发生法律效力的涉外仲裁裁决，发现被申请执行人或者其财产在我国领域内的，我国法院即对该案具有执行管辖权。当事人申请法院强制执行的时效期间，应当自发现被申请执行人或者其财产在我国领域内之日起算。

第二百五十一条 执行通知

执行员接到申请执行书或者移交执行书，应当向被执行人发出执行通知，并可以立即采取强制执行措施。

● 司法解释及文件

1.《最高人民法院关于适用〈中华人民共和国民事诉讼法〉执行程序若干问题的解释》（2020 年 12 月 29 日）

第 22 条 执行员依照民事诉讼法第二百四十条规定立即采取强制执行措施的，可以同时或者自采取强制执行措施之日起三日内发送执行通知书。

2.《最高人民法院关于人民法院执行工作若干问题的规定（试行）》（2020 年 12 月 29 日）

22. 人民法院应当在收到申请执行书或者移交执行书后十日内发出执行通知。

执行通知中除应责令被执行人履行法律文书确定的义务外，还应通知其承担民事诉讼法第二百五十三条规定的迟延履行利息或者迟延履行金。

23. 执行通知书的送达，适用民事诉讼法关于送达的规定。

24. 被执行人未按执行通知书履行生效法律文书确定的义务的，应当及时采取执行措施。

人民法院采取执行措施，应当制作相应法律文书，送达被执行人。

3.《最高人民法院关于适用〈中华人民共和国民事诉讼法〉的解释》（2022年4月1日）

第480条 人民法院应当在收到申请执行书或者移交执行书后十日内发出执行通知。

执行通知中除应责令被执行人履行法律文书确定的义务外，还应通知其承担民事诉讼法第二百六十条规定的迟延履行利息或者迟延履行金。

第二十一章 执行措施

第二百五十二条 被执行人报告财产情况

被执行人未按执行通知履行法律文书确定的义务，应当报告当前以及收到执行通知之日前一年的财产情况。被执行人拒绝报告或者虚假报告的，人民法院可以根据情节轻重对被执行人或者其法定代理人、有关单位的主要负责人或者直接责任人员予以罚款、拘留。

● 司法解释及文件

《最高人民法院关于适用〈中华人民共和国民事诉讼法〉的解释》（2022年4月1日）

第482条 对必须接受调查询问的被执行人、被执行人的法定代表人、负责人或者实际控制人，经依法传唤无正当理由拒不到场的，人民法院可以拘传其到场。

人民法院应当及时对被拘传人进行调查询问，调查询问的时间不得超过八小时；情况复杂，依法可能采取拘留措施的，调查询问的时间不得超过二十四小时。

人民法院在本辖区以外采取拘传措施时，可以将被拘传人拘传到当地人民法院，当地人民法院应予协助。

第二百五十三条　被执行人存款等财产的执行

被执行人未按执行通知履行法律文书确定的义务，人民法院有权向有关单位查询被执行人的存款、债券、股票、基金份额等财产情况。人民法院有权根据不同情形扣押、冻结、划拨、变价被执行人的财产。人民法院查询、扣押、冻结、划拨、变价的财产不得超出被执行人应当履行义务的范围。

人民法院决定扣押、冻结、划拨、变价财产，应当作出裁定，并发出协助执行通知书，有关单位必须办理。

● 司法解释及文件

1.《最高人民法院、最高人民检察院、公安部、中国证券监督管理委员会关于查询、冻结、扣划证券和证券交易结算资金有关问题的通知》（2008年1月10日）

一、人民法院、人民检察院、公安机关在办理案件过程中，按照法定权限需要通过证券登记结算机构或者证券公司查询、冻结、扣划证券和证券交易结算资金的，证券登记结算机构或者证券公司应当依法予以协助。

二、人民法院要求证券登记结算机构或者证券公司协助查询、冻结、扣划证券和证券交易结算资金，人民检察院、公安机关要求证券登记结算机构或者证券公司协助查询、冻结证券和证券交易结算资金时，有关执法人员应当依法出具相关证件和有效法律文书。

执法人员证件齐全、手续完备的，证券登记结算机构或者证券公司应当签收有关法律文书并协助办理有关事项。

拒绝签收人民法院生效法律文书的，可以留置送达。

三、人民法院、人民检察院、公安机关可以依法向证券登记结算机构查询客户和证券公司的证券账户、证券交收账户和资金交收账户内已完成清算交收程序的余额、余额变动、开户资料等内容。

人民法院、人民检察院、公安机关可依法向证券公司查询客户的证券账户和资金账户、证券交收账户和资金交收账户内的余额、余额变动、证券及资金流向、开户资料等内容。

查询自然人账户的，应当提供自然人姓名和身份证件号码；查询法人账户的，应当提供法人名称和营业执照或者法人注册登记证书号码。

证券登记结算机构或者证券公司应当出具书面查询结果并加盖业务专用章。查询机关对查询结果有疑问时，证券登记结算机构、证券公司在必要时应当进行书面解释并加盖业务专用章。

四、人民法院、人民检察院、公安机关按照法定权限冻结、扣划相关证券、资金时，应当明确冻结、扣划证券、资金所在的账户名称、账户号码、冻结期限，所冻结、扣划证券的名称、数量或者资金的数额。扣划时，还应当明确拟划入的账户名称、账号。

冻结证券和交易结算资金时，应当明确冻结的范围是否及于孳息。

本通知规定的以证券登记结算机构名义建立的各类专门清算交收账户不得整体冻结。

五、证券登记结算机构依法按照业务规则收取并存放于专门清算交收账户内的下列证券，不得冻结、扣划：

（一）证券登记结算机构设立的证券集中交收账户、专用清偿账户、专用处置账户内的证券。

（二）证券公司按照业务规则在证券登记结算机构开设的客户证券交收账户、自营证券交收账户和证券处置账户内的证券。

六、证券登记结算机构依法按照业务规则收取并存放于专门清算交收账户内的下列资金，不得冻结、扣划：

（一）证券登记结算机构设立的资金集中交收账户、专用清偿账户内的资金。

（二）证券登记结算机构依法收取的证券结算风险基金和结算互保金。

（三）证券登记结算机构在银行开设的结算备付金专用存款账户和新股发行验资专户内的资金，以及证券登记结算机构为新股发行网下申购配售对象开立的网下申购资金账户内的资金；

（四）证券公司在证券登记结算机构开设的客户资金交收账户内的资金。

（五）证券公司在证券登记结算机构开设的自营资金交收账户内最低限额自营结算备付金及根据成交结果确定的应付资金。

七、证券登记结算机构依法按照业务规则要求证券公司等结算参与人、投资者或者发行人提供的回购质押券、价差担保物、行权担保物、履约担保物，在交收完成之前，不得冻结、扣划。

八、证券公司在银行开立的自营资金账户内的资金可以冻结、扣划。

九、在证券公司托管的证券的冻结、扣划，既可以在托管的证券公司办理，也可以在证券登记结算机构办理。不同的执法机关同一交易日分别在证券公司、证券登记结算机构对同一笔证券办理冻结、扣划手续的，证券公司协助办理的为在先冻结、扣划。

冻结、扣划未在证券公司或者其他托管机构托管的证券或者证券公司自营证券的，由证券登记结算机构协助办理。

十、证券登记结算机构受理冻结、扣划要求后，应当在受理日对应的交收日交收程序完成后根据交收结果协助冻结、扣划。

证券公司受理冻结、扣划要求后,应当立即停止证券交易,冻结时已经下单但尚未撮合成功的应当采取撤单措施。冻结后,根据成交结果确定的用于交收的应付证券和应付资金可以进行正常交收。在交收程序完成后,对于剩余部分可以扣划。同时,证券公司应当根据成交结果计算出等额的应收资金或者应收证券交由执法机关冻结或者扣划。

十一、已被人民法院、人民检察院、公安机关冻结的证券或证券交易结算资金,其他人民法院、人民检察院、公安机关或者同一机关因不同案件可以进行轮候冻结。冻结解除的,登记在先的轮候冻结自动生效。

轮候冻结生效后,协助冻结的证券登记结算机构或者证券公司应当书面通知做出该轮候冻结的机关。

十二、冻结证券的期限不得超过二年,冻结交易结算资金的期限不得超过六个月。

需要延长冻结期限的,应当在冻结期限届满前办理续行冻结手续,每次续行冻结的期限不得超过前款规定的期限。

十三、不同的人民法院、人民检察院、公安机关对同一笔证券或者交易结算资金要求冻结、扣划或者轮候冻结时,证券登记结算机构或者证券公司应当按照送达协助冻结、扣划通知书的先后顺序办理协助事项。

十四、要求冻结、扣划的人民法院、人民检察院、公安机关之间,因冻结、扣划事项发生争议的,要求冻结、扣划的机关应当自行协商解决。协商不成的,由其共同上级机关决定;没有共同上级机关的,由其各自的上级机关协商解决。

在争议解决之前,协助冻结的证券登记结算机构或者证券公司应当按照争议机关所送达法律文书载明的最大标的范围对争议标的进行控制。

十五、依法应当予以协助而拒绝协助，或者向当事人通风报信，或者与当事人通谋转移、隐匿财产的，对有关的证券登记结算机构或者证券公司和直接责任人应当依法进行制裁。

十六、以前规定与本通知规定内容不一致的，以本通知为准。

十七、本通知中所规定的证券登记结算机构，是指中国证券登记结算有限责任公司及其分公司。

2.《最高人民法院关于人民法院执行工作若干问题的规定（试行）》（2020年12月29日）

26. 金融机构擅自解冻被人民法院冻结的款项，致冻结款项被转移的，人民法院有权责令其限期追回已转移的款项。在限期内未能追回的，应当裁定该金融机构在转移的款项范围内以自己的财产向申请执行人承担责任。

27. 被执行人为金融机构的，对其交存在人民银行的存款准备金和备付金不得冻结和扣划，但对其在本机构、其他金融机构的存款，及其在人民银行的其他存款可以冻结、划拨，并可对被执行人的其他财产采取执行措施，但不得查封其营业场所。

3.《最高人民法院关于适用〈中华人民共和国民事诉讼法〉的解释》（2022年4月1日）

第483条 人民法院有权查询被执行人的身份信息与财产信息，掌握相关信息的单位和个人必须按照协助执行通知书办理。

第484条 对被执行的财产，人民法院非经查封、扣押、冻结不得处分。对银行存款等各类可以直接扣划的财产，人民法院的扣划裁定同时具有冻结的法律效力。

第485条 人民法院冻结被执行人的银行存款的期限不得超过一年，查封、扣押动产的期限不得超过两年，查封不动产、冻结其他财产权的期限不得超过三年。

申请执行人申请延长期限的，人民法院应当在查封、扣押、冻结期限届满前办理续行查封、扣押、冻结手续，续行期限不得超过前款规定的期限。

人民法院也可以依职权办理续行查封、扣押、冻结手续。

4. 《最高人民法院关于冻结单位银行存款六个月期限如何计算起止时间的复函》（1995年1月16日）

根据《中华人民共和国民事诉讼法》① 第七十五条第二款的规定，期间开始的时和日，不计算在期间内。宜春地区中级人民法院1994年4月18日冻结某企业的银行存款，冻结期限6个月应从1994年4月19日起算，到同年10月18日当天银行停止营业时止。冻结的效力则应从1994年4月18日冻结手续办结之时开始。

5. 《最高人民法院关于法院冻结财产的户名与账号不符银行能否自行解冻的请示的答复》（2020年12月29日）

江西省高级人民法院：

你院赣高法研〔1996〕6号请示收悉，经研究，答复如下：

人民法院根据当事人申请，对财产采取冻结措施，是我国民事诉讼法赋予人民法院的职权，任何组织或者个人不得加以妨碍。人民法院在完成对财产冻结手续后，银行如发现被冻结的户名与账号不符时，应主动向法院提出存在的问题，由法院更正，而不能自行解冻；如因自行解冻不当造成损失，应视其过错程度承担相应的法律责任。

此复

6. 《最高人民法院关于产业工会、基层工会是否具备社会团体法人资格和工会经费集中户可否冻结划拨问题的批复》（2020年12月29日）

各省、自治区、直辖市高级人民法院，解放军军事法院：

---

① 对应2023年修正的《民事诉讼法》第85条。

山东等省高级人民法院就审判工作中如何认定产业工会、基层工会的社会团体法人资格和对工会财产、经费查封、扣押、冻结、划拨的问题,向我院请示。经研究,批复如下:

一、根据《中华人民共和国工会法》(以下简称工会法)的规定,产业工会社会团体法人资格的取得是由工会法直接规定的,依法不需要办理法人登记。基层工会只要符合《中华人民共和国民法典》、工会法和《中国工会章程》规定的条件,报上一级工会批准成立,即具有社会团体法人资格。人民法院在审理案件中,应当严格按照法律规定的社会团体法人条件,审查基层工会社会团体法人的法律地位。产业工会、具有社会团体法人资格的基层工会与建立工会的营利法人是各自独立的法人主体。企业或企业工会对外发生的经济纠纷,各自承担民事责任。上级工会对基层工会是否具备法律规定的社会团体法人的条件审查不严或不实,应当承担与其过错相应的民事责任。

二、确定产业工会或者基层工会兴办企业的法人资格,原则上以工商登记为准;其上级工会依据有关规定进行审批是必经程序,人民法院不应以此为由冻结、划拨上级工会的经费并替欠债企业清偿债务。产业工会或基层工会投资兴办的具备法人资格的企业,如果投资不足或者抽逃资金的,应当补足投资或者在注册资金不实的范围内承担责任;如果投资全部到位,又无抽逃资金的行为,当企业负债时,应当以企业所有的或者经营管理的财产承担有限责任。

三、根据工会法的规定,工会经费包括工会会员缴纳的会费,建立工会组织的企业事业单位、机关按每月全部职工工资总额的百分之二的比例向工会拨交的经费,以及工会所属的企业、事业单位上缴的收入和人民政府的补助等。工会经费要按比例逐月向地方各级总工会和全国总工会拨交。工会的经费一经拨交,所有权随之转移。在银行独立开列的"工会经费集中户",与企业经营资金无关,专门用于工会经费的集中与分配,不能在此账户开支费用或挪用、转移资金。因此,人民法院在审理案件中,不应将工会经费视为所在企业的财产,在企业欠债的情况下,不应冻结、划拨工会经费及"工会经费集中户"的款项。

此复

7.《最高人民法院关于对被执行人存在银行的凭证式国库券可否采取执行措施问题的批复》(2020年12月29日)

北京市高级人民法院:

你院《关于对被执行人在银行的凭证式记名国库券可否采取冻结、扣划强制措施的请示》(京高法〔1997〕194号)收悉。经研究,答复如下:

被执行人存在银行的凭证式国库券是由被执行人交银行管理的到期偿还本息的有价证券,在性质上与银行的定期储蓄存款相似,属于被执行人的财产。依照《中华人民共和国民事诉讼法》第二百四十二条规定的精神,人民法院有权冻结、划拨被执行人存在银行的凭证式国库券。有关银行应当按照人民法院的协助执行通知书将本息划归申请执行人。

第二百五十四条 被执行人收入的执行

被执行人未按执行通知履行法律文书确定的义务,人民法院有权扣留、提取被执行人应当履行义务部分的收入。但应当保留被执行人及其所扶养家属的生活必需费用。

人民法院扣留、提取收入时,应当作出裁定,并发出协助执行通知书,被执行人所在单位、银行、信用合作社和其他有储蓄业务的单位必须办理。

● 司法解释及文件

《最高人民法院关于人民法院执行工作若干问题的规定（试行）》
（2020年12月29日）

28. 作为被执行人的自然人，其收入转为储蓄存款的，应当责令其交出存单。拒不交出的，人民法院应当作出提取其存款的裁定，向金融机构发出协助执行通知书，由金融机构提取被执行人的存款交人民法院或存入人民法院指定的账户。

29. 被执行人在有关单位的收入尚未支取的，人民法院应当作出裁定，向该单位发出协助执行通知书，由其协助扣留或提取。

30. 有关单位收到人民法院协助执行被执行人收入的通知后，擅自向被执行人或其他人支付的，人民法院有权责令其限期追回；逾期未追回的，应当裁定其在支付的数额内向申请执行人承担责任。

36. 对被执行人从有关企业中应得的已到期的股息或红利等收益，人民法院有权裁定禁止被执行人提取和有关企业向被执行人支付，并要求有关企业直接向申请执行人支付。

对被执行人预期从有关企业中应得的股息或红利等收益，人民法院可以采取冻结措施，禁止到期后被执行人提取和有关企业向被执行人支付。到期后人民法院可从有关企业中提取，并出具提取收据。

37. 对被执行人在其他股份有限公司中持有的股份凭证（股票），人民法院可以扣押，并强制被执行人按照公司法的有关规定转让，也可以直接采取拍卖、变卖的方式进行处分，或直接将股票抵偿给债权人，用于清偿被执行人的债务。

38. 对被执行人在有限责任公司、其他法人企业中的投资权益或股权，人民法院可以采取冻结措施。

冻结投资权益或股权的，应当通知有关企业不得办理被冻结投资权益或股权的转移手续，不得向被执行人支付股息或红利。被冻结的投资权益或股权，被执行人不得自行转让。

39. 被执行人在其独资开办的法人企业中拥有的投资权益被冻结后，人民法院可以直接裁定予以转让，以转让所得清偿其对申请执行人的债务。

对被执行人在有限责任公司中被冻结的投资权益或股权，人民法院可以依据《中华人民共和国公司法》第七十一条、第七十二条、第七十三条的规定，征得全体股东过半数同意后，予以拍卖、变卖或以其他方式转让。不同意转让的股东，应当购买该转让的投资权益或股权，不购买的，视为同意转让，不影响执行。

人民法院也可允许并监督被执行人自行转让其投资权益或股权，将转让所得收益用于清偿对申请执行人的债务。

40. 有关企业收到人民法院发出的协助冻结通知后，擅自向被执行人支付股息或红利，或擅自为被执行人办理已冻结股权的转移手续，造成已转移的财产无法追回的，应当在所支付的股息或红利或转移的股权价值范围内向申请执行人承担责任。

第二百五十五条　被执行人其他财产的执行

被执行人未按执行通知履行法律文书确定的义务，人民法院有权查封、扣押、冻结、拍卖、变卖被执行人应当履行义务部分的财产。但应当保留被执行人及其所扶养家属的生活必需品。

采取前款措施，人民法院应当作出裁定。

● 司法解释及文件

1. 《最高人民法院关于不得对中国人民银行及其分支机构的办公楼、运钞车、营业场所等进行查封的通知》（1999年3月4日）

中国人民银行是依法行使国家金融行政管理职权的国家机

关，根据《中国人民银行法》和《非法金融机构和非法金融活动取缔办法》的规定，对金融业实施监督管理，行使撤销、关闭金融机构，取缔非法金融机构等行政职权。因此，被撤销、关闭的金融机构或被取缔的非法金融机构自身所负的民事责任不应当由行使监督管理职权的中国人民银行承担，更不应以此为由查封中国人民银行及其分支机构的办公楼、运钞车和营业场所。各级人民法院在审理、执行当事人一方为被撤销、关闭的金融机构或被取缔的非法金融机构的经济纠纷案件中，如发现上述问题，应当及进依法予以纠正。

对确应由中国人民银行及其分支机构承担民事责任的案件，人民法院亦不宜采取查封其办公楼、运钞车、营业场所的措施。中国人民银行及其分支机构应当自觉履行已生效的法律文书，逾期不履行的，人民法院在查明事实的基础上，可以依法执行其其他财产。

2.《最高人民法院关于严禁冻结或划拨国有企业下岗职工基本生活保障资金的通知》(1999年11月24日)

国有企业下岗职工基本生活保障资金是采取企业、社会、财政各承担三分之一的办法筹集的，由企业再就业服务中心设立专户管理，专项用于保障下岗职工基本生活，具有专项资金的性质，不得挪作他用，不能与企业的其他财产等同对待。各地人民法院在审理和执行经济纠纷案件时，不得将该项存于企业再就业服务中心的专项资金作为企业财产处置，不得冻结或划拨该项资金用以抵偿企业债务。

各地人民法院应对已审结和执行完毕的经济纠纷案件做一下清理，凡发现违反上述规定的，应当及时依法予以纠正。

3.《最高人民法院关于执行旅行社质量保证金问题的通知》(2001年1月8日)

人民法院在执行涉及旅行社的案件时，遇有下列情形而旅行

社不承担或无力承担赔偿责任的,可以执行旅行社质量保证金:

(1) 旅行社因自身过错未达到合同约定的服务质量标准而造成旅游者的经济权益损失;

(2) 旅行社的服务未达到国家或行业规定的标准而造成旅游者的经济权益损失;

(3) 旅行社破产后造成旅游者预交旅行费损失;

(4) 人民法院判决、裁定及其他生效法律文书认定的旅行社损害旅游者合法权益的情形。

除上述情形之外,不得执行旅行社质量保证金。同时,执行涉及旅行社的经济赔偿案件时,不得从旅游行政管理部门行政经费账户上划转行政经费资金。

4.《最高人民法院关于冻结、拍卖上市公司国有股和社会法人股若干问题的规定》(2001年9月21日)

第1条 人民法院在审理民事纠纷案件过程中,对股权采取冻结、评估、拍卖和办理股权过户等财产保全和执行措施,适用本规定。

第2条 本规定所指上市公司国有股、包括国家股和国有法人股。国家股指有权代表国家投资的机构或部门向股份有限公司出资或依据法定程序取得的股份;国有法人股指国有法人单位,包括国有资产比例超过50%的国有控股企业,以其依法占有的法人资产向股份有限公司出资形成或者依据法定程序取得的股份。

本规定所指社会法人股是指非国有法人资产投资于上市公司形成的股份。

第3条 人民法院对股权采取冻结、拍卖措施时,被保全人和被执行人应当是股权的持有人或者所有权人。被冻结、拍卖股权的上市公司非依据法定程序确定为案件当事人或者被执行人,人民法院不得对其采取保全或执行措施。

第4条 人民法院在审理案件过程中,股权持有人或者所有权人作为债务人,如有偿还能力的,人民法院一般不应对其股权采取冻结保全措施。

人民法院已对股权采取冻结保全措施的,股权持有人、所有权人或者第三人提供了有效担保,人民法院经审查符合法律规定的,可以解除对股权的冻结。

第5条 人民法院裁定冻结或者解除冻结股权,除应当将法律文书送达负有协助执行义务的单位以外,还应当在作出冻结或者解除冻结裁定后7日内,将法律文书送达股权持有人或者所有权人并书面通知上市公司。

人民法院裁定拍卖上市公司股权,应当于委托拍卖之前将法律文书送达股权持有人或者所有权人并书面通知上市公司。

被冻结或者拍卖股权的当事人是国有股份持有人的,人民法院在向该国有股份持有人送达冻结或者拍卖裁定时,应当告其于5日内报主管财政部门备案。

第6条 冻结股权的期限不超过一年。如申请人需要延长期限的,人民法院应当根据申请,在冻结期限届满前办理续冻手续,每次续冻期限不超过6个月。逾期不办理续冻手续的,视为自动撤销冻结。

第7条 人民法院采取保全措施,所冻结的股权价值不得超过股权持有人或者所有权人的债务总额。股权价值应当按照上市公司最近期报表每股资产净值计算。

股权冻结的效力及于股权产生的股息以及红利、红股等孳息,但股权持有人或者所有权人仍可享有因上市公司增发、配售新股而产生的权利。

第8条 人民法院采取强制执行措施时,如果股权持有人或者所有权人在限期内提供了方便执行的其他财产,应当首先执行其他财产。其他财产不足以清偿债务的,方可执行股权。

本规定所称可供方便执行的其他财产,是指存款、现金、成品和半成品、原材料、交通工具等。

人民法院执行股权，必须进行拍卖。

股权的持有人或者所有权人以股权向债权人质押的，人民法院执行时也应当通过拍卖方式进行，不得直接将股权执行给债权人。

第9条　拍卖股权之前，人民法院应当委托具有证券从业资格的资产评估机构对股权价值进行评估。资产评估机构由债权人和债务人协商选定。不能达成一致意见的，由人民法院召集债权人和债务人提出候选评估机构，以抽签方式决定。

第10条　人民法院委托资产评估机构评估时，应当要求资产评估机构严格依照国家规定的标准、程序和方法对股权价值进行评估，并说明其应当对所作出的评估报告依法承担相应责任。

人民法院还应当要求上市公司向接受人民法院委托的资产评估机构如实提供有关情况和资料；要求资产评估机构对上市公司提供的情况和资料保守秘密。

第11条　人民法院收到资产评估机构作出的评估报告后，须将评估报告分别送达债权人和债务人以及上市公司。债权人和债务人以及上市公司对评估报告有异议的，应当在收到评估报告后7日内书面提出。人民法院应当将异议书交资产评估机构，要求该机构在10日之内作出说明或者补正。

第12条　对股权拍卖，人民法院应当委托依法成立的拍卖机构进行。拍卖机构的选定，参照本规定第九条规定的方法进行。

第13条　股权拍卖保留价，应当按照评估值确定。

第一次拍卖最高应价未达到保留价时，应当继续进行拍卖，每次拍卖的保留价应当不低于前次保留价的90%。经三次拍卖仍不能成交时，人民法院应当将所拍卖的股权按第三次拍卖的保留价折价抵偿给债权人。

人民法院可以在每次拍卖未成交后主持调解,将所拍卖的股权参照该次拍卖保留价折价抵偿给债权人。

第 14 条 拍卖股权,人民法院应当委托拍卖机构于拍卖日前 10 天,在《中国证券报》、《证券时报》或者《上海证券报》上进行公告。

第 15 条 国有股权竞买人应当具备依法受让国有股权的条件。

第 16 条 股权拍卖过程中,竞买人已经持有的该上市公司股份数额和其竞买的股份数额累计不得超过该上市公司已经发行股份数额的 30%。如竞买人累计持有该上市公司股份数额已达到 30%仍参与竞买的,须依照《中华人民共和国证券法》的相关规定办理,在此期间应当中止拍卖程序。

第 17 条 拍卖成交后,人民法院应当向证券交易市场和证券登记结算公司出具协助执行通知书,由买受人持拍卖机构出具的成交证明和财政主管部门对股权性质的界定等有关文件,向证券交易市场和证券登记结算公司办理股权变更登记。

5.《最高人民法院关于人民法院执行工作若干问题的规定(试行)》(2020 年 12 月 29 日)

31. 人民法院对被执行人所有的其他人享有抵押权、质押权或留置权的财产,可以采取查封、扣押措施。财产拍卖、变卖后所得价款,应当在抵押权人、质押权人或留置权人优先受偿后,其余额部分用于清偿申请执行人的债权。

32. 被执行人或其他人擅自处分已被查封、扣押、冻结财产的,人民法院有权责令责任人限期追回财产或承担相应的赔偿责任。

33. 被执行人申请对人民法院查封的财产自行变卖的,人民法院可以准许,但应当监督其按照合理价格在指定的期限内进行,并控制变卖的价款。

34. 拍卖、变卖被执行人的财产成交后，必须即时钱物两清。

委托拍卖、组织变卖被执行人财产所发生的实际费用，从所得价款中优先扣除。所得价款超出执行标的数额和执行费用的部分，应当退还被执行人。

35. 被执行人不履行生效法律文书确定的义务，人民法院有权裁定禁止被执行人转让其专利权、注册商标专用权、著作权（财产权部分）等知识产权。上述权利有登记主管部门的，应当同时向有关部门发出协助执行通知书，要求其不得办理财产权转移手续，必要时可以责令被执行人将产权或使用权证照交人民法院保存。

对前款财产权，可以采取拍卖、变卖等执行措施。

6.《最高人民法院关于人民法院民事执行中查封、扣押、冻结财产的规定》（2020年12月29日）

第3条　人民法院对被执行人下列的财产不得查封、扣押、冻结：

（一）被执行人及其所扶养家属生活所必需的衣服、家具、炊具、餐具及其他家庭生活必需的物品；

（二）被执行人及其所扶养家属所必需的生活费用。当地有最低生活保障标准的，必需的生活费用依照该标准确定；

（三）被执行人及其所扶养家属完成义务教育所必需的物品；

（四）未公开的发明或者未发表的著作；

（五）被执行人及其所扶养家属用于身体缺陷所必需的辅助工具、医疗物品；

（六）被执行人所得的勋章及其他荣誉表彰的物品；

（七）根据《中华人民共和国缔结条约程序法》，以中华人民共和国、中华人民共和国政府或者中华人民共和国政府部门名义同外国、国际组织缔结的条约、协定和其他具有条约、协定性质的文件中规定免于查封、扣押、冻结的财产；

（八）法律或者司法解释规定的其他不得查封、扣押、冻结的财产。

第5条　对于超过被执行人及其所扶养家属生活所必需的房屋和生活用品，人民法院根据申请执行人的申请，在保障被执行人及其所扶养家属最低生活标准所必需的居住房屋和普通生活必需品后，可予以执行。

第二百五十六条　查封、扣押

人民法院查封、扣押财产时，被执行人是公民的，应当通知被执行人或者他的成年家属到场；被执行人是法人或者其他组织的，应当通知其法定代表人或者主要负责人到场。拒不到场的，不影响执行。被执行人是公民的，其工作单位或者财产所在地的基层组织应当派人参加。

对被查封、扣押的财产，执行员必须造具清单，由在场人签名或者盖章后，交被执行人一份。被执行人是公民的，也可以交他的成年家属一份。

● 行政法规

《最高人民法院关于人民法院民事执行中查封、扣押、冻结财产的规定》（2020年12月29日）

为了进一步规范民事执行中的查封、扣押、冻结措施，维护当事人的合法权益，根据《中华人民共和国民事诉讼法》等法律的规定，结合人民法院民事执行工作的实践经验，制定本规定。

第1条　人民法院查封、扣押、冻结被执行人的动产、不动产及其他财产权，应当作出裁定，并送达被执行人和申请执行人。

采取查封、扣押、冻结措施需要有关单位或者个人协助的，人民法院应当制作协助执行通知书，连同裁定书副本一并送达协助执行人。查封、扣押、冻结裁定书和协助执行通知书送达时发生法律效力。

第2条 人民法院可以查封、扣押、冻结被执行人占有的动产、登记在被执行人名下的不动产、特定动产及其他财产权。

未登记的建筑物和土地使用权，依据土地使用权的审批文件和其他相关证据确定权属。

对于第三人占有的动产或者登记在第三人名下的不动产、特定动产及其他财产权，第三人书面确认该财产属于被执行人的，人民法院可以查封、扣押、冻结。

第3条 人民法院对被执行人下列的财产不得查封、扣押、冻结：

（一）被执行人及其所扶养家属生活所必需的衣服、家具、炊具、餐具及其他家庭生活必需的物品；

（二）被执行人及其所扶养家属所必需的生活费用。当地有最低生活保障标准的，必需的生活费用依照该标准确定；

（三）被执行人及其所扶养家属完成义务教育所必需的物品；

（四）未公开的发明或者未发表的著作；

（五）被执行人及其所扶养家属用于身体缺陷所必需的辅助工具、医疗物品；

（六）被执行人所得的勋章及其他荣誉表彰的物品；

（七）根据《中华人民共和国缔结条约程序法》，以中华人民共和国、中华人民共和国政府或者中华人民共和国政府部门名义同外国、国际组织缔结的条约、协定和其他具有条约、协定性质的文件中规定免于查封、扣押、冻结的财产；

（八）法律或者司法解释规定的其他不得查封、扣押、冻结的财产。

第4条 对被执行人及其所扶养家属生活所必需的居住房屋，人民法院可以查封，但不得拍卖、变卖或者抵债。

第5条　对于超过被执行人及其所扶养家属生活所必需的房屋和生活用品，人民法院根据申请执行人的申请，在保障被执行人及其所扶养家属最低生活标准所必需的居住房屋和普通生活必需品后，可予以执行。

第6条　查封、扣押动产的，人民法院可以直接控制该项财产。人民法院将查封、扣押的动产交付其他人控制的，应当在该动产上加贴封条或者采取其他足以公示查封、扣押的适当方式。

第7条　查封不动产的，人民法院应当张贴封条或者公告，并可以提取保存有关财产权证照。

查封、扣押、冻结已登记的不动产、特定动产及其他财产权，应当通知有关登记机关办理登记手续。未办理登记手续的，不得对抗其他已经办理了登记手续的查封、扣押、冻结行为。

第8条　查封尚未进行权属登记的建筑物时，人民法院应当通知其管理人或者该建筑物的实际占有人，并在显著位置张贴公告。

第9条　扣押尚未进行权属登记的机动车辆时，人民法院应当在扣押清单上记载该机动车辆的发动机编号。该车辆在扣押期间权利人要求办理权属登记手续的，人民法院应当准许并及时办理相应的扣押登记手续。

第10条　查封、扣押的财产不宜由人民法院保管的，人民法院可以指定被执行人负责保管；不宜由被执行人保管的，可以委托第三人或者申请执行人保管。

由人民法院指定被执行人保管的财产，如果继续使用对该财产的价值无重大影响，可以允许被执行人继续使用；由人民法院保管或者委托第三人、申请执行人保管的，保管人不得使用。

第11条　查封、扣押、冻结担保物权人占有的担保财产，一般应当指定该担保物权人作为保管人；该财产由人民法院保管的，质权、留置权不因转移占有而消灭。

第12条　对被执行人与其他人共有的财产，人民法院可以查封、扣押、冻结，并及时通知共有人。

共有人协议分割共有财产，并经债权人认可的，人民法院可以认定有效。查封、扣押、冻结的效力及于协议分割后被执行人享有份额内的财产；对其他共有人享有份额内的财产的查封、扣押、冻结，人民法院应当裁定予以解除。

共有人提起析产诉讼或者申请执行人代位提起析产诉讼的，人民法院应当准许。诉讼期间中止对该财产的执行。

第13条　对第三人为被执行人的利益占有的被执行人的财产，人民法院可以查封、扣押、冻结；该财产被指定给第三人继续保管的，第三人不得将其交付给被执行人。

对第三人为自己的利益依法占有的被执行人的财产，人民法院可以查封、扣押、冻结，第三人可以继续占有和使用该财产，但不得将其交付给被执行人。

第三人无偿借用被执行人的财产的，不受前款规定的限制。

第14条　被执行人将其财产出卖给第三人，第三人已经支付部分价款并实际占有该财产，但根据合同约定被执行人保留所有权的，人民法院可以查封、扣押、冻结；第三人要求继续履行合同的，向人民法院交付全部余款后，裁定解除查封、扣押、冻结。

第15条　被执行人将其所有的需要办理过户登记的财产出卖给第三人，第三人已经支付部分或者全部价款并实际占有该财产，但尚未办理产权过户登记手续的，人民法院可以查封、扣押、冻结；第三人已经支付全部价款并实际占有，但未办理过户登记手续的，如果第三人对此没有过错，人民法院不得查封、扣押、冻结。

第16条　被执行人购买第三人的财产，已经支付部分价款并实际占有该财产，第三人依合同约定保留所有权的，人民法院可以查封、扣押、冻结。保留所有权已办理登记的，第三人的剩余价款从该财产变价款中优先支付；第三人主张取回该财产的，可以依据民事诉讼法第二百二十七条规定提出异议。

第17条　被执行人购买需要办理过户登记的第三人的财产，已经支付部分或者全部价款并实际占有该财产，虽未办理产权过户登记手续，但申请执行人已向第三人支付剩余价款或者第三人同意剩余价款从该财产变价款中优先支付的，人民法院可以查封、扣押、冻结。

第18条　查封、扣押、冻结被执行人的财产时，执行人员应当制作笔录，载明下列内容：

（一）执行措施开始及完成的时间；

（二）财产的所在地、种类、数量；

（三）财产的保管人；

（四）其他应当记明的事项。

执行人员及保管人应当在笔录上签名，有民事诉讼法第二百四十五条规定的人员到场的，到场人员也应当在笔录上签名。

第19条　查封、扣押、冻结被执行人的财产，以其价额足以清偿法律文书确定的债权额及执行费用为限，不得明显超标的额查封、扣押、冻结。

发现超标的额查封、扣押、冻结的，人民法院应当根据被执行人的申请或者依职权，及时解除对超标的额部分财产的查封、扣押、冻结，但该财产为不可分物且被执行人无其他可供执行的财产或者其他财产不足以清偿债务的除外。

第20条　查封、扣押的效力及于查封、扣押物的从物和天然孳息。

第21条　查封地上建筑物的效力及于该地上建筑物使用范围内的土地使用权，查封土地使用权的效力及于地上建筑物，但土地使用权与地上建筑物的所有权分属被执行人与他人的除外。

地上建筑物和土地使用权的登记机关不是同一机关的,应当分别办理查封登记。

第22条 查封、扣押、冻结的财产灭失或者毁损的,查封、扣押、冻结的效力及于该财产的替代物、赔偿款。人民法院应当及时作出查封、扣押、冻结该替代物、赔偿款的裁定。

第23条 查封、扣押、冻结协助执行通知书在送达登记机关时,登记机关已经受理被执行人转让不动产、特定动产及其他财产的过户登记申请,尚未完成登记的,应当协助人民法院执行。人民法院不得对登记机关已经完成登记的被执行人已转让的财产实施查封、扣押、冻结措施。

查封、扣押、冻结协助执行通知书在送达登记机关时,其他人民法院已向该登记机关送达了过户登记协助执行通知书的,应当优先办理过户登记。

第24条 被执行人就已经查封、扣押、冻结的财产所作的移转、设定权利负担或者其他有碍执行的行为,不得对抗申请执行人。

第三人未经人民法院准许占有查封、扣押、冻结的财产或者实施其他有碍执行的行为的,人民法院可以依据申请执行人的申请或者依职权解除其占有或者排除其妨害。

人民法院的查封、扣押、冻结没有公示的,其效力不得对抗善意第三人。

第25条 人民法院查封、扣押被执行人设定最高额抵押权的抵押物的,应当通知抵押权人。抵押权人受抵押担保的债权数额自收到人民法院通知时起不再增加。

人民法院虽然没有通知抵押权人,但有证据证明抵押权人知道或者应当知道查封、扣押事实的,受抵押担保的债权数额从其知道或者应当知道该事实时起不再增加。

第26条 对已被人民法院查封、扣押、冻结的财产,其他人民法院可以进行轮候查封、扣押、冻结。查封、扣押、冻结解除的,登记在先的轮候查封、扣押、冻结即自动生效。

其他人民法院对已登记的财产进行轮候查封、扣押、冻结的,应当通知有关登记机关协助进行轮候登记,实施查封、扣押、冻结的人民法院应当允许其他人民法院查阅有关文书和记录。

其他人民法院对没有登记的财产进行轮候查封、扣押、冻结的,应当制作笔录,并经实施查封、扣押、冻结的人民法院执行人员及被执行人签字,或者书面通知实施查封、扣押、冻结的人民法院。

第27条 查封、扣押、冻结期限届满,人民法院未办理延期手续的,查封、扣押、冻结的效力消灭。

查封、扣押、冻结的财产已经被执行拍卖、变卖或者抵债的,查封、扣押、冻结的效力消灭。

第28条 有下列情形之一的,人民法院应当作出解除查封、扣押、冻结裁定,并送达申请执行人、被执行人或者案外人:

(一)查封、扣押、冻结案外人财产的;

(二)申请执行人撤回执行申请或者放弃债权的;

(三)查封、扣押、冻结的财产流拍或者变卖不成,申请执行人和其他执行债权人又不同意接受抵债,且对该财产又无法采取其他执行措施的;

(四)债务已经清偿的;

(五)被执行人提供担保且申请执行人同意解除查封、扣押、冻结的;

(六)人民法院认为应当解除查封、扣押、冻结的其他情形。

解除以登记方式实施的查封、扣押、冻结的,应当向登记机关发出协助执行通知书。

第29条 财产保全裁定和先予执行裁定的执行适用本规定。

第 30 条　本规定自 2005 年 1 月 1 日起施行。施行前本院公布的司法解释与本规定不一致的，以本规定为准。

第二百五十七条　被查封财产的保管

被查封的财产，执行员可以指定被执行人负责保管。因被执行人的过错造成的损失，由被执行人承担。

第二百五十八条　拍卖、变卖

财产被查封、扣押后，执行员应当责令被执行人在指定期间履行法律文书确定的义务。被执行人逾期不履行的，人民法院应当拍卖被查封、扣押的财产；不适于拍卖或者当事人双方同意不进行拍卖的，人民法院可以委托有关单位变卖或者自行变卖。国家禁止自由买卖的物品，交有关单位按照国家规定的价格收购。

● 司法解释及文件

1.《最高人民法院关于人民法院民事执行中拍卖、变卖财产的规定》（2020 年 12 月 29 日）

为了进一步规范民事执行中的拍卖、变卖措施，维护当事人的合法权益，根据《中华人民共和国民事诉讼法》等法律的规定，结合人民法院民事执行工作的实践经验，制定本规定。

第 1 条　在执行程序中，被执行人的财产被查封、扣押、冻结后，人民法院应当及时进行拍卖、变卖或者采取其他执行措施。

第 2 条　人民法院对查封、扣押、冻结的财产进行变价处理时，应当首先采取拍卖的方式，但法律、司法解释另有规定的除外。

第 3 条　人民法院拍卖被执行人财产，应当委托具有相应资质的拍卖机构进行，并对拍卖机构的拍卖进行监督，但法律、司法解释另有规定的除外。

第4条 对拟拍卖的财产，人民法院可以委托具有相应资质的评估机构进行价格评估。对于财产价值较低或者价格依照通常方法容易确定的，可以不进行评估。

当事人双方及其他执行债权人申请不进行评估的，人民法院应当准许。

对被执行人的股权进行评估时，人民法院可以责令有关企业提供会计报表等资料；有关企业拒不提供的，可以强制提取。

第5条 拍卖应当确定保留价。

拍卖财产经过评估的，评估价即为第一次拍卖的保留价；未作评估的，保留价由人民法院参照市价确定，并应当征询有关当事人的意见。

如果出现流拍，再行拍卖时，可以酌情降低保留价，但每次降低的数额不得超过前次保留价的百分之二十。

第6条 保留价确定后，依据本次拍卖保留价计算，拍卖所得价款在清偿优先债权和强制执行费用后无剩余可能的，应当在实施拍卖前将有关情况通知申请执行人。申请执行人于收到通知后五日内申请继续拍卖的，人民法院应当准许，但应当重新确定保留价；重新确定的保留价应当大于该优先债权及强制执行费用的总额。

依照前款规定流拍的，拍卖费用由申请执行人负担。

第7条 执行人员应当对拍卖财产的权属状况、占有使用情况等进行必要的调查，制作拍卖财产现状的调查笔录或者收集其他有关资料。

第8条 拍卖应当先期公告。

拍卖动产的，应当在拍卖七日前公告；拍卖不动产或者其他财产权的，应当在拍卖十五日前公告。

第9条　拍卖公告的范围及媒体由当事人双方协商确定；协商不成的，由人民法院确定。拍卖财产具有专业属性的，应当同时在专业性报纸上进行公告。

当事人申请在其他新闻媒体上公告或者要求扩大公告范围的，应当准许，但该部分的公告费用由其自行承担。

第10条　拍卖不动产、其他财产权或者价值较高的动产的，竞买人应当于拍卖前向人民法院预交保证金。申请执行人参加竞买的，可以不预交保证金。保证金的数额由人民法院确定，但不得低于评估价或者市价的百分之五。

应当预交保证金而未交纳的，不得参加竞买。拍卖成交后，买受人预交的保证金充抵价款，其他竞买人预交的保证金应当在三日内退还；拍卖未成交的，保证金应当于三日内退还竞买人。

第11条　人民法院应当在拍卖五日前以书面或者其他能够确认收悉的适当方式，通知当事人和已知的担保物权人、优先购买权人或者其他优先权人于拍卖日到场。

优先购买权人经通知未到场的，视为放弃优先购买权。

第12条　法律、行政法规对买受人的资格或者条件有特殊规定的，竞买人应当具备规定的资格或者条件。

申请执行人、被执行人可以参加竞买。

第13条　拍卖过程中，有最高应价时，优先购买权人可以表示以该最高价买受，如无更高应价，则拍归优先购买权人；如有更高应价，而优先购买权人不作表示的，则拍归该应价最高的竞买人。

顺序相同的多个优先购买权人同时表示买受的，以抽签方式决定买受人。

第14条　拍卖多项财产时，其中部分财产卖得的价款足以清偿债务和支付被执行人应当负担的费用的，对剩余的财产应当停止拍卖，但被执行人同意全部拍卖的除外。

第15条　拍卖的多项财产在使用上不可分，或者分别拍卖可能严重减损其价值的，应当合并拍卖。

第16条　拍卖时无人竞买或者竞买人的最高应价低于保留价，到场的申请执行人或者其他执行债权人申请或者同意以该次拍卖所定的保留价接受拍卖财产的，应当将该财产交其抵债。

有两个以上执行债权人申请以拍卖财产抵债的，由法定受偿顺位在先的债权人优先承受；受偿顺位相同的，以抽签方式决定承受人。承受人应受清偿的债权额低于抵债财产的价额的，人民法院应当责令其在指定的期间内补交差额。

第17条　在拍卖开始前，有下列情形之一的，人民法院应当撤回拍卖委托：

（一）据以执行的生效法律文书被撤销的；

（二）申请执行人及其他执行债权人撤回执行申请的；

（三）被执行人全部履行了法律文书确定的金钱债务的；

（四）当事人达成了执行和解协议，不需要拍卖财产的；

（五）案外人对拍卖财产提出确有理由的异议的；

（六）拍卖机构与竞买人恶意串通的；

（七）其他应当撤回拍卖委托的情形。

第18条　人民法院委托拍卖后，遇有依法应当暂缓执行或者中止执行的情形的，应当决定暂缓执行或者裁定中止执行，并及时通知拍卖机构和当事人。拍卖机构收到通知后，应当立即停止拍卖，并通知竞买人。

暂缓执行期限届满或者中止执行的事由消失后，需要继续拍卖的，人民法院应当在十五日内通知拍卖机构恢复拍卖。

第19条　被执行人在拍卖日之前向人民法院提交足额金钱清偿债务，要求停止拍卖的，人民法院应当准许，但被执行人应当负担因拍卖支出的必要费用。

第20条　拍卖成交或者以流拍的财产抵债的，人民法院应当作出裁定,并于价款或者需要补交的差价全额交付后十日内,送达买受人或者承受人。

第21条 拍卖成交后,买受人应当在拍卖公告确定的期限或者人民法院指定的期限内将价款交付到人民法院或者汇入人民法院指定的账户。

第22条 拍卖成交或者以流拍的财产抵债后,买受人逾期未支付价款或者承受人逾期未补交差价而使拍卖、抵债的目的难以实现的,人民法院可以裁定重新拍卖。重新拍卖时,原买受人不得参加竞买。

重新拍卖的价款低于原拍卖价款造成的差价、费用损失及原拍卖中的佣金,由原买受人承担。人民法院可以直接从其预交的保证金中扣除。扣除后保证金有剩余的,应当退还原买受人;保证金数额不足的,可以责令原买受人补交;拒不补交的,强制执行。

第23条 拍卖时无人竞买或者竞买人的最高应价低于保留价,到场的申请执行人或者其他执行债权人不申请以该次拍卖所定的保留价抵债的,应当在六十日内再行拍卖。

第24条 对于第二次拍卖仍流拍的动产,人民法院可以依照本规定第十六条的规定将其作价交申请执行人或者其他执行债权人抵债。申请执行人或者其他执行债权人拒绝接受或者依法不能交付其抵债的,人民法院应当解除查封、扣押,并将该动产退还被执行人。

第25条 对于第二次拍卖仍流拍的不动产或者其他财产权,人民法院可以依照本规定第十六条的规定将其作价交申请执行人或者其他执行债权人抵债。申请执行人或者其他执行债权人拒绝接受或者依法不能交付其抵债的,应当在六十日内进行第三次拍卖。

第三次拍卖流拍且申请执行人或者其他执行债权人拒绝接受

或者依法不能接受该不动产或者其他财产权抵债的,人民法院应当于第三次拍卖终结之日起七日内发出变卖公告。自公告之日起六十日内没有买受人愿意以第三次拍卖的保留价买受该财产,且申请执行人、其他执行债权人仍不表示接受该财产抵债的,应当解除查封、冻结,将该财产退还被执行人,但对该财产可以采取其他执行措施的除外。

第26条 不动产、动产或者其他财产权拍卖成交或者抵债后,该不动产、动产的所有权、其他财产权自拍卖成交或者抵债裁定送达买受人或者承受人时起转移。

第27条 人民法院裁定拍卖成交或者以流拍的财产抵债后,除有依法不能移交的情形外,应当于裁定送达后十五日内,将拍卖的财产移交买受人或者承受人。被执行人或者第三人占有拍卖财产应当移交而拒不移交的,强制执行。

第28条 拍卖财产上原有的担保物权及其他优先受偿权,因拍卖而消灭,拍卖所得价款,应当优先清偿担保物权人及其他优先受偿权人的债权,但当事人另有约定的除外。

拍卖财产上原有的租赁权及其他用益物权,不因拍卖而消灭,但该权利继续存在于拍卖财产上,对在先的担保物权或者其他优先受偿权的实现有影响的,人民法院应当依法将其除去后进行拍卖。

第29条 拍卖成交的,拍卖机构可以按照下列比例向买受人收取佣金:

拍卖成交价200万元以下的,收取佣金的比例不得超过5%;超过200万元至1000万元的部分,不得超过3%;超过1000万元至5000万元的部分,不得超过2%;超过5000万元至1亿元的部分,不得超过1%;超过1亿元的部分,不得超过0.5%。

采取公开招标方式确定拍卖机构的,按照中标方案确定的数额收取佣金。

拍卖未成交或者非因拍卖机构的原因撤回拍卖委托的，拍卖机构为本次拍卖已经支出的合理费用，应当由被执行人负担。

第30条　在执行程序中拍卖上市公司国有股和社会法人股的，适用最高人民法院《关于冻结、拍卖上市公司国有股和社会法人股若干问题的规定》。

第31条　对查封、扣押、冻结的财产，当事人双方及有关权利人同意变卖的，可以变卖。

金银及其制品、当地市场有公开交易价格的动产、易腐烂变质的物品、季节性商品、保管困难或者保管费用过高的物品，人民法院可以决定变卖。

第32条　当事人双方及有关权利人对变卖财产的价格有约定的，按照其约定价格变卖；无约定价格但有市价的，变卖价格不得低于市价；无市价但价值较大、价格不易确定的，应当委托评估机构进行评估，并按照评估价格进行变卖。

按照评估价格变卖不成的，可以降低价格变卖，但最低的变卖价不得低于评估价的二分之一。

变卖的财产无人应买的，适用本规定第十六条的规定将该财产交申请执行人或者其他执行债权人抵债；申请执行人或者其他执行债权人拒绝接受或者依法不能交付其抵债的，人民法院应当解除查封、扣押，并将该财产退还被执行人。

第33条　本规定自2005年1月1日起施行。施行前本院公布的司法解释与本规定不一致的，以本规定为准。

2.《最高人民法院关于人民法院执行公开的若干规定》（2006年12月23日）

第10条　人民法院拟委托评估、拍卖或者变卖被执行人财产的，应当及时告知双方当事人及其他利害关系人，并严格按照《中华人民共和国民事诉讼法》和最高人民法院《关于人民法院民事执行中拍卖、变卖财产的规定》等有关规定，采取公开的方式选定评估机构和拍卖机构,并依法公开进行拍卖、变卖。

评估结束后,人民法院应当及时向双方当事人及其他利害关系人送达评估报告;拍卖、变卖结束后,应当及时将结果告知双方当事人及其他利害关系人。

3.《最高人民法院关于适用〈中华人民共和国民事诉讼法〉的解释》(2022年4月1日)

第486条 依照民事诉讼法第二百五十四条规定,人民法院在执行中需要拍卖被执行人财产的,可以由人民法院自行组织拍卖,也可以交由具备相应资质的拍卖机构拍卖。

交拍卖机构拍卖的,人民法院应当对拍卖活动进行监督。

第487条 拍卖评估需要对现场进行检查、勘验的,人民法院应当责令被执行人、协助义务人予以配合。被执行人、协助义务人不予配合的,人民法院可以强制进行。

第488条 人民法院在执行中需要变卖被执行人财产的,可以交有关单位变卖,也可以由人民法院直接变卖。

对变卖的财产,人民法院或者其工作人员不得买受。

第489条 经申请执行人和被执行人同意,且不损害其他债权人合法权益和社会公共利益的,人民法院可以不经拍卖、变卖,直接将被执行人的财产作价交申请执行人抵偿债务。对剩余债务,被执行人应当继续清偿。

第490条 被执行人的财产无法拍卖或者变卖的,经申请执行人同意,且不损害其他债权人合法权益和社会公共利益的,人民法院可以将该项财产作价后交付申请执行人抵偿债务,或者交付申请执行人管理;申请执行人拒绝接收或者管理的,退回被执行人。

第491条 拍卖成交或者依法定程序裁定以物抵债的,标的物所有权自拍卖成交裁定或者抵债裁定送达买受人或者接受抵债物的债权人时转移。

4.《最高人民法院关于人民法院网络司法拍卖若干问题的规定》
（2016年8月2日）

为了规范网络司法拍卖行为，保障网络司法拍卖公开、公平、公正、安全、高效，维护当事人的合法权益，根据《中华人民共和国民事诉讼法》等法律的规定，结合人民法院执行工作的实际，制定本规定。

第1条 本规定所称的网络司法拍卖，是指人民法院依法通过互联网拍卖平台，以网络电子竞价方式公开处置财产的行为。

第2条 人民法院以拍卖方式处置财产的，应当采取网络司法拍卖方式，但法律、行政法规和司法解释规定必须通过其他途径处置，或者不宜采用网络拍卖方式处置的除外。

第3条 网络司法拍卖应当在互联网拍卖平台上向社会全程公开，接受社会监督。

第4条 最高人民法院建立全国性网络服务提供者名单库。网络服务提供者申请纳入名单库的，其提供的网络司法拍卖平台应当符合下列条件：

（一）具备全面展示司法拍卖信息的界面；

（二）具备本规定要求的信息公示、网上报名、竞价、结算等功能；

（三）具有信息共享、功能齐全、技术拓展等功能的独立系统；

（四）程序运作规范、系统安全高效、服务优质价廉；

（五）在全国具有较高的知名度和广泛的社会参与度。

最高人民法院组成专门的评审委员会，负责网络服务提供者的选定、评审和除名。最高人民法院每年引入第三方评估机构对已纳入和新申请纳入名单库的网络服务提供者予以评审并公布结果。

第5条 网络服务提供者由申请执行人从名单库中选择；未

选择或者多个申请执行人的选择不一致的，由人民法院指定。

第6条　实施网络司法拍卖的，人民法院应当履行下列职责：

（一）制作、发布拍卖公告；

（二）查明拍卖财产现状、权利负担等内容，并予以说明；

（三）确定拍卖保留价、保证金的数额、税费负担等；

（四）确定保证金、拍卖款项等支付方式；

（五）通知当事人和优先购买权人；

（六）制作拍卖成交裁定；

（七）办理财产交付和出具财产权证照转移协助执行通知书；

（八）开设网络司法拍卖专用账户；

（九）其他依法由人民法院履行的职责。

第7条　实施网络司法拍卖的，人民法院可以将下列拍卖辅助工作委托社会机构或者组织承担：

（一）制作拍卖财产的文字说明及视频或者照片等资料；

（二）展示拍卖财产，接受咨询，引领查看，封存样品等；

（三）拍卖财产的鉴定、检验、评估、审计、仓储、保管、运输等；

（四）其他可以委托的拍卖辅助工作。

社会机构或者组织承担网络司法拍卖辅助工作所支出的必要费用由被执行人承担。

第8条　实施网络司法拍卖的，下列事项应当由网络服务提供者承担：

（一）提供符合法律、行政法规和司法解释规定的网络司法拍卖平台，并保障安全正常运行；

（二）提供安全便捷配套的电子支付对接系统；

（三）全面、及时展示人民法院及其委托的社会机构或者组织提供的拍卖信息；

（四）保证拍卖全程的信息数据真实、准确、完整和安全；

（五）其他应当由网络服务提供者承担的工作。

网络服务提供者不得在拍卖程序中设置阻碍适格竞买人报名、参拍、竞价以及监视竞买人信息等后台操控功能。

网络服务提供者提供的服务无正当理由不得中断。

第9条 网络司法拍卖服务提供者从事与网络司法拍卖相关的行为，应当接受人民法院的管理、监督和指导。

第10条 网络司法拍卖应当确定保留价，拍卖保留价即为起拍价。

起拍价由人民法院参照评估价确定；未作评估的，参照市价确定，并征询当事人意见。起拍价不得低于评估价或者市价的百分之七十。

第11条 网络司法拍卖不限制竞买人数量。一人参与竞拍，出价不低于起拍价的，拍卖成交。

第12条 网络司法拍卖应当先期公告，拍卖公告除通过法定途径发布外，还应同时在网络司法拍卖平台发布。拍卖动产的，应当在拍卖十五日前公告；拍卖不动产或者其他财产权的，应当在拍卖三十日前公告。

拍卖公告应当包括拍卖财产、价格、保证金、竞买人条件、拍卖财产已知瑕疵、相关权利义务、法律责任、拍卖时间、网络平台和拍卖法院等信息。

第13条 实施网络司法拍卖的，人民法院应当在拍卖公告发布当日通过网络司法拍卖平台公示下列信息：

（一）拍卖公告；

（二）执行所依据的法律文书，但法律规定不得公开的除外；

（三）评估报告副本，或者未经评估的定价依据；

（四）拍卖时间、起拍价以及竞价规则；

（五）拍卖财产权属、占有使用、附随义务等现状的文字说明、视频或者照片等；

（六）优先购买权主体以及权利性质；

（七）通知或者无法通知当事人、已知优先购买权人的情况；

（八）拍卖保证金、拍卖款项支付方式和账户；

（九）拍卖财产产权转移可能产生的税费及承担方式；

（十）执行法院名称，联系、监督方式等；

（十一）其他应当公示的信息。

第14条　实施网络司法拍卖的，人民法院应当在拍卖公告发布当日通过网络司法拍卖平台对下列事项予以特别提示：

（一）竞买人应当具备完全民事行为能力，法律、行政法规和司法解释对买受人资格或者条件有特殊规定的，竞买人应当具备规定的资格或者条件；

（二）委托他人代为竞买的，应当在竞价程序开始前经人民法院确认，并通知网络服务提供者；

（三）拍卖财产已知瑕疵和权利负担；

（四）拍卖财产以实物现状为准，竞买人可以申请实地看样；

（五）竞买人决定参与竞买的，视为对拍卖财产完全了解，并接受拍卖财产一切已知和未知瑕疵；

（六）载明买受人真实身份的拍卖成交确认书在网络司法拍卖平台上公示；

（七）买受人悔拍后保证金不予退还。

第15条　被执行人应当提供拍卖财产品质的有关资料和说明。

人民法院已按本规定第十三条、第十四条的要求予以公示和特别提示，且在拍卖公告中声明不能保证拍卖财产真伪或者品质的，不承担瑕疵担保责任。

第16条　网络司法拍卖的事项应当在拍卖公告发布三日前以书面或者其他能够确认收悉的合理方式，通知当事人、已知优先购买权人。权利人书面明确放弃权利的，可以不通知。无法通知的，应当在网络司法拍卖平台公示并说明无法通知的理由，公示满五日视为已经通知。

优先购买权人经通知未参与竞买的，视为放弃优先购买权。

第17条　保证金数额由人民法院在起拍价的百分之五至百分之二十范围内确定。

竞买人应当在参加拍卖前以实名交纳保证金，未交纳的，不得参加竞买。申请执行人参加竞买的，可以不交保证金；但债权数额小于保证金数额的按差额部分交纳。

交纳保证金，竞买人可以向人民法院指定的账户交纳，也可以由网络服务提供者在其提供的支付系统中对竞买人的相应款项予以冻结。

第18条　竞买人在拍卖竞价程序结束前交纳保证金经人民法院或者网络服务提供者确认后，取得竞买资格。网络服务提供者应当向取得资格的竞买人赋予竞买代码、参拍密码；竞买人以该代码参与竞买。

网络司法拍卖竞价程序结束前，人民法院及网络服务提供者对竞买人以及其他能够确认竞买人真实身份的信息、密码等，应当予以保密。

第19条　优先购买权人经人民法院确认后，取得优先竞买资格以及优先竞买代码、参拍密码，并以优先竞买代码参与竞买；未经确认的，不得以优先购买权人身份参与竞买。

顺序不同的优先购买权人申请参与竞买的，人民法院应当确认其顺序，赋予不同顺序的优先竞买代码。

第20条　网络司法拍卖从起拍价开始以递增出价方式竞价，增价幅度由人民法院确定。竞买人以低于起拍价出价的无效。

网络司法拍卖的竞价时间应当不少于二十四小时。竞价程序结束前五分钟内无人出价的，最后出价即为成交价；有出价的，竞价时间自该出价时点顺延五分钟。竞买人的出价时间以进入网络司法拍卖平台服务系统的时间为准。

竞买代码及其出价信息应当在网络竞买页面实时显示，并储存、显示竞价全程。

第21条 优先购买权人参与竞买的，可以与其他竞买人以相同的价格出价，没有更高出价的，拍卖财产由优先购买权人竞得。

顺序不同的优先购买权人以相同价格出价的，拍卖财产由顺序在先的优先购买权人竞得。

顺序相同的优先购买权人以相同价格出价的，拍卖财产由出价在先的优先购买权人竞得。

第22条 网络司法拍卖成交的，由网络司法拍卖平台以买受人的真实身份自动生成确认书并公示。

拍卖财产所有权自拍卖成交裁定送达买受人时转移。

第23条 拍卖成交后，买受人交纳的保证金可以充抵价款；其他竞买人交纳的保证金应当在竞价程序结束后二十四小时内退还或者解冻。拍卖未成交的，竞买人交纳的保证金应当在竞价程序结束后二十四小时内退还或者解冻。

第24条 拍卖成交后买受人悔拍的，交纳的保证金不予退还，依次用于支付拍卖产生的费用损失、弥补重新拍卖价款低于原拍卖价款的差价、冲抵本案被执行人的债务以及与拍卖财产相关的被执行人的债务。

悔拍后重新拍卖的，原买受人不得参加竞买。

第25条 拍卖成交后，买受人应当在拍卖公告确定的期限内将剩余价款交付人民法院指定账户。拍卖成交后二十四小时内，网络服务提供者应当将冻结的买受人交纳的保证金划入人民法院指定账户。

第26条 网络司法拍卖竞价期间无人出价的，本次拍卖流拍。流拍后应当在三十日内在同一网络司法拍卖平台再次拍卖，拍卖动产的应当在拍卖七日前公告；拍卖不动产或者其他财产权的应当在拍卖十五日前公告。再次拍卖的起拍价降价幅度不得超过前次起拍价的百分之二十。

再次拍卖流拍的，可以依法在同一网络司法拍卖平台变卖。

第27条　起拍价及其降价幅度、竞价增价幅度、保证金数额和优先购买权人竞买资格及其顺序等事项，应当由人民法院依法组成合议庭评议确定。

第28条　网络司法拍卖竞价程序中，有依法应当暂缓、中止执行等情形的，人民法院应当决定暂缓或者裁定中止拍卖；人民法院可以自行或者通知网络服务提供者停止拍卖。

网络服务提供者发现系统故障、安全隐患等紧急情况的，可以先行暂缓拍卖，并立即报告人民法院。

暂缓或者中止拍卖的，应当及时在网络司法拍卖平台公告原因或者理由。

暂缓拍卖期限届满或者中止拍卖的事由消失后，需要继续拍卖的，应当在五日内恢复拍卖。

第29条　网络服务提供者对拍卖形成的电子数据，应当完整保存不少于十年，但法律、行政法规另有规定的除外。

第30条　因网络司法拍卖本身形成的税费，应当依照相关法律、行政法规的规定，由相应主体承担；没有规定或者规定不明的，人民法院可以根据法律原则和案件实际情况确定税费承担的相关主体、数额。

第31条　当事人、利害关系人提出异议请求撤销网络司法拍卖，符合下列情形之一的，人民法院应当支持：

（一）由于拍卖财产的文字说明、视频或者照片展示以及瑕疵说明严重失实，致使买受人产生重大误解，购买目的无法实现的，但拍卖时的技术水平不能发现或者已经就相关瑕疵以及责任承担予以公示说明的除外；

（二）由于系统故障、病毒入侵、黑客攻击、数据错误等原因致使拍卖结果错误，严重损害当事人或者其他竞买人利益的；

（三）竞买人之间，竞买人与网络司法拍卖服务提供者之间恶意串通，损害当事人或者其他竞买人利益的；

（四）买受人不具备法律、行政法规和司法解释规定的竞买资格的；

（五）违法限制竞买人参加竞买或者对享有同等权利的竞买人规定不同竞买条件的；

（六）其他严重违反网络司法拍卖程序且损害当事人或者竞买人利益的情形。

第32条 网络司法拍卖被人民法院撤销，当事人、利害关系人、案外人认为人民法院的拍卖行为违法致使其合法权益遭受损害的，可以依法申请国家赔偿；认为其他主体的行为违法致使其合法权益遭受损害的，可以另行提起诉讼。

第33条 当事人、利害关系人、案外人认为网络司法拍卖服务提供者的行为违法致使其合法权益遭受损害的，可以另行提起诉讼；理由成立的，人民法院应当支持，但具有法定免责事由的除外。

第34条 实施网络司法拍卖的，下列机构和人员不得竞买并不得委托他人代为竞买与其行为相关的拍卖财产：

（一）负责执行的人民法院；

（二）网络服务提供者；

（三）承担拍卖辅助工作的社会机构或者组织；

（四）第（一）至（三）项规定主体的工作人员及其近亲属。

第35条 网络服务提供者有下列情形之一的，应当将其从名单库中除名：

（一）存在违反本规定第八条第二款规定操控拍卖程序、修改拍卖信息等行为的；

(二)存在恶意串通、弄虚作假、泄漏保密信息等行为的;

(三)因违反法律、行政法规和司法解释等规定受到处罚,不适于继续从事网络司法拍卖的;

(四)存在违反本规定第三十四条规定行为的;

(五)其他应当除名的情形。

网络服务提供者有前款规定情形之一,人民法院可以依照《中华人民共和国民事诉讼法》的相关规定予以处理。

第36条 当事人、利害关系人认为网络司法拍卖行为违法侵害其合法权益的,可以提出执行异议。异议、复议期间,人民法院可以决定暂缓或者裁定中止拍卖。

案外人对网络司法拍卖的标的提出异议的,人民法院应当依据《中华人民共和国民事诉讼法》第二百二十七条及相关司法解释的规定处理,并决定暂缓或者裁定中止拍卖。

第37条 人民法院通过互联网平台以变卖方式处置财产的,参照本规定执行。

执行程序中委托拍卖机构通过互联网平台实施网络拍卖的,参照本规定执行。

本规定对网络司法拍卖行为没有规定的,适用其他有关司法拍卖的规定。

第38条 本规定自2017年1月1日起施行。施行前最高人民法院公布的司法解释和规范性文件与本规定不一致的,以本规定为准。

第二百五十九条 搜查

被执行人不履行法律文书确定的义务,并隐匿财产的,人民法院有权发出搜查令,对被执行人及其住所或者财产隐匿地进行搜查。

采取前款措施,由院长签发搜查令。

● 司法解释及文件

《最高人民法院关于适用〈中华人民共和国民事诉讼法〉的解释》（2022年4月1日）

第494条 在执行中，被执行人隐匿财产、会计账簿等资料的，人民法院除可依照民事诉讼法第一百一十四条第一款第六项规定对其处理外，还应责令被执行人交出隐匿的财产、会计账簿等资料。被执行人拒不交出的，人民法院可以采取搜查措施。

第495条 搜查人员应当按规定着装并出示搜查令和工作证件。

第496条 人民法院搜查时禁止无关人员进入搜查现场；搜查对象是公民的，应当通知被执行人或者他的成年家属以及基层组织派员到场；搜查对象是法人或者其他组织的，应当通知法定代表人或者主要负责人到场。拒不到场的，不影响搜查。

搜查妇女身体，应当由女执行人员进行。

第497条 搜查中发现应当依法采取查封、扣押措施的财产，依照民事诉讼法第二百五十二条第二款和第二百五十四条规定办理。

第498条 搜查应当制作搜查笔录，由搜查人员、被搜查人及其他在场人签名、捺印或者盖章。拒绝签名、捺印或者盖章的，应当记入搜查笔录。

第二百六十条　指定交付

法律文书指定交付的财物或者票证，由执行员传唤双方当事人当面交付，或者由执行员转交，并由被交付人签收。

有关单位持有该项财物或者票证的，应当根据人民法院的协助执行通知书转交，并由被交付人签收。

有关公民持有该项财物或者票证的，人民法院通知其交出。拒不交出的，强制执行。

● 司法解释及文件

1.《最高人民法院关于人民法院执行工作若干问题的规定（试行）》（2020年12月29日）

41. 生效法律文书确定被执行人交付特定标的物的，应当执行原物。原物被隐匿或非法转移的，人民法院有权责令其交出。原物确已毁损或灭失的，经双方当事人同意，可以折价赔偿。

双方当事人对折价赔偿不能协商一致的，人民法院应当终结执行程序。申请执行人可以另行起诉。

42. 有关组织或者个人持有法律文书指定交付的财物或票证，在接到人民法院协助执行通知书或通知书后，协同被执行人转移财物或票证的，人民法院有权责令其限期追回；逾期未追回的，应当裁定其承担赔偿责任。

43. 被执行人的财产经拍卖、变卖或裁定以物抵债后，需从现占有人处交付给买受人或申请执行人的，适用民事诉讼法第二百四十九条、第二百五十条和本规定第41条、第42条的规定。

2.《最高人民法院关于适用〈中华人民共和国民事诉讼法〉的解释》（2022年4月1日）

第492条　执行标的物为特定物的，应当执行原物。原物确已毁损或者灭失的，经双方当事人同意，可以折价赔偿。

双方当事人对折价赔偿不能协商一致的，人民法院应当终结执行程序。申请执行人可以另行起诉。

第493条　他人持有法律文书指定交付的财物或者票证，人民法院依照民事诉讼法第二百五十六条第二款、第三款规定发出协助执行通知后，拒不转交的，可以强制执行，并可依照民事诉讼法第一百一十七条、第一百一十八条规定处理。

他人持有期间财物或者票证毁损、灭失的，参照本解释第四百九十二条规定处理。

他人主张合法持有财物或者票证的，可以根据民事诉讼法第二百三十四条规定提出执行异议。

第二百六十一条　强制迁出

强制迁出房屋或者强制退出土地，由院长签发公告，责令被执行人在指定期间履行。被执行人逾期不履行的，由执行员强制执行。

强制执行时，被执行人是公民的，应当通知被执行人或者他的成年家属到场；被执行人是法人或者其他组织的，应当通知其法定代表人或者主要负责人到场。拒不到场的，不影响执行。被执行人是公民的，其工作单位或者房屋、土地所在地的基层组织应当派人参加。执行员应当将强制执行情况记入笔录，由在场人签名或者盖章。

强制迁出房屋被搬出的财物，由人民法院派人运至指定处所，交给被执行人。被执行人是公民的，也可以交给他的成年家属。因拒绝接收而造成的损失，由被执行人承担。

第二百六十二条　财产权证照转移

在执行中，需要办理有关财产权证照转移手续的，人民法院可以向有关单位发出协助执行通知书，有关单位必须办理。

● 司法解释及文件

《最高人民法院关于适用〈中华人民共和国民事诉讼法〉的解释》（2022年4月1日）

第500条　人民法院在执行中需要办理房产证、土地证、林权证、专利证书、商标证书、车船执照等有关财产权证照转移手续的，可以依照民事诉讼法第二百五十八条规定办理。

第二百六十三条　行为的执行

> 对判决、裁定和其他法律文书指定的行为，被执行人未按执行通知履行的，人民法院可以强制执行或者委托有关单位或者其他人完成，费用由被执行人承担。

● 司法解释及文件

《最高人民法院关于适用〈中华人民共和国民事诉讼法〉的解释》（2022年4月1日）

第501条　被执行人不履行生效法律文书确定的行为义务，该义务可由他人完成的，人民法院可以选定代履行人；法律、行政法规对履行该行为义务有资格限制的，应当从有资格的人中选定。必要时，可以通过招标的方式确定代履行人。

申请执行人可以在符合条件的人中推荐代履行人，也可以申请自己代为履行，是否准许，由人民法院决定。

第502条　代履行费用的数额由人民法院根据案件具体情况确定，并由被执行人在指定期限内预先支付。被执行人未预付的，人民法院可以对该费用强制执行。

代履行结束后，被执行人可以查阅、复制费用清单以及主要凭证。

第503条　被执行人不履行法律文书指定的行为，且该项行为只能由被执行人完成的，人民法院可以依照民事诉讼法第一百一十四条第一款第六项规定处理。

被执行人在人民法院确定的履行期间内仍不履行的，人民法院可以依照民事诉讼法第一百一十四条第一款第六项规定再次处理。

第二百六十四条　迟延履行的责任

被执行人未按判决、裁定和其他法律文书指定的期间履行给付金钱义务的，应当加倍支付迟延履行期间的债务利息。被执行人未按判决、裁定和其他法律文书指定的期间履行其他义务的，应当支付迟延履行金。

● 司法解释及文件

1.《最高人民法院关于执行程序中计算迟延履行期间的债务利息适用法律若干问题的解释》（2014年7月7日）

第1条　根据民事诉讼法[①]第二百五十三条规定加倍计算之后的迟延履行期间的债务利息，包括迟延履行期间的一般债务利息和加倍部分债务利息。

迟延履行期间的一般债务利息，根据生效法律文书确定的方法计算；生效法律文书未确定给付该利息的，不予计算。

加倍部分债务利息的计算方法为：加倍部分债务利息＝债务人尚未清偿的生效法律文书确定的除一般债务利息之外的金钱债务×日万分之一点七五×迟延履行期间。

第2条　加倍部分债务利息自生效法律文书确定的履行期间届满之日起计算；生效法律文书确定分期履行的，自每次履行期间届满之日起计算；生效法律文书未确定履行期间的，自法律文书生效之日起计算。

第3条　加倍部分债务利息计算至被执行人履行完毕之日；被执行人分次履行的，相应部分的加倍部分债务利息计算至每次履行完毕之日。

人民法院划拨、提取被执行人的存款、收入、股息、红利等财产的，相应部分的加倍部分债务利息计算至划拨、提取之日；

[①] 对应2023年修正的《民事诉讼法》第264条。

人民法院对被执行人财产拍卖、变卖或者以物抵债的，计算至成交裁定或者抵债裁定生效之日；人民法院对被执行人财产通过其他方式变价的，计算至财产变价完成之日。

非因被执行人的申请，对生效法律文书审查而中止或者暂缓执行的期间及再审中止执行的期间，不计算加倍部分债务利息。

第4条　被执行人的财产不足以清偿全部债务的，应当先清偿生效法律文书确定的金钱债务，再清偿加倍部分债务利息，但当事人对清偿顺序另有约定的除外。

第5条　生效法律文书确定给付外币的，执行时以该种外币按日万分之一点七五计算加倍部分债务利息，但申请执行人主张以人民币计算的，人民法院应予准许。

以人民币计算加倍部分债务利息的，应当先将生效法律文书确定的外币折算或者套算为人民币后再进行计算。

外币折算或者套算为人民币的，按照加倍部分债务利息起算之日的中国外汇交易中心或者中国人民银行授权机构公布的人民币对该外币的中间价折合成人民币计算；中国外汇交易中心或者中国人民银行授权机构未公布汇率中间价的外币，按照该日境内银行人民币对该外币的中间价折算成人民币，或者该外币在境内银行、国际外汇市场对美元汇率，与人民币对美元汇率中间价进行套算。

第6条　执行回转程序中，原申请执行人迟延履行金钱给付义务的，应当按照本解释的规定承担加倍部分债务利息。

2.《最高人民法院关于适用〈中华人民共和国民事诉讼法〉的解释》（2022年4月1日）

第504条　被执行人迟延履行的，迟延履行期间的利息或者迟延履行金自判决、裁定和其他法律文书指定的履行期间届满之日起计算。

第505条　被执行人未按判决、裁定和其他法律文书指定的期间履行非金钱给付义务的，无论是否已给申请执行人造成损失，都应当支付迟延履行金。已经造成损失的，双倍补偿申请执行人已经受到的损失；没有造成损失的，迟延履行金可以由人民法院根据具体案件情况决定。

3.《最高人民法院关于在执行工作中如何计算迟延履行期间的债务利息等问题的批复》（2009年5月11日）

一、人民法院根据《中华人民共和国民事诉讼法》① 第二百二十九条计算"迟延履行期间的债务利息"时，应当按照中国人民银行规定的同期贷款基准利率计算。

二、执行款不足以偿付全部债务的，应当根据并还原则按比例清偿法律文书确定的金钱债务与迟延履行期间的债务利息，但当事人在执行和解中对清偿顺序另有约定的除外。

第二百六十五条　继续执行

人民法院采取本法第二百五十三条、第二百五十四条、第二百五十五条规定的执行措施后，被执行人仍不能偿还债务的，应当继续履行义务。债权人发现被执行人有其他财产的，可以随时请求人民法院执行。

● 司法解释及文件

《最高人民法院关于适用〈中华人民共和国民事诉讼法〉的解释》（2022年4月1日）

第489条　经申请执行人和被执行人同意，且不损害其他债权人合法权益和社会公共利益的，人民法院可以不经拍卖、变卖，直接将被执行人的财产作价交申请执行人抵偿债务。对剩余债务，被执行人应当继续清偿。

---

① 对应2023年修正的《民事诉讼法》第264条。

第490条　被执行人的财产无法拍卖或者变卖的，经申请执行人同意，且不损害其他债权人合法权益和社会公共利益的，人民法院可以将该项财产作价后交付申请执行人抵偿债务，或者交付申请执行人管理；申请执行人拒绝接收或者管理的，退回被执行人。

第491条　拍卖成交或者依法定程序裁定以物抵债的，标的物所有权自拍卖成交裁定或者抵债裁定送达买受人或者接受抵债物的债权人时转移。

第492条　执行标的物为特定物的，应当执行原物。原物确已毁损或者灭失的，经双方当事人同意，可以折价赔偿。

双方当事人对折价赔偿不能协商一致的，人民法院应当终结执行程序。申请执行人可以另行起诉。

第493条　他人持有法律文书指定交付的财物或者票证，人民法院依照民事诉讼法第二百五十六条第二款、第三款规定发出协助执行通知后，拒不转交的，可以强制执行，并可依照民事诉讼法第一百一十七条、第一百一十八条规定处理。

他人持有期间财物或者票证毁损、灭失的，参照本解释第四百九十二条规定处理。

他人主张合法持有财物或者票证的，可以根据民事诉讼法第二百三十四条规定提出执行异议。

第494条　在执行中，被执行人隐匿财产、会计账簿等资料的，人民法院除可依照民事诉讼法第一百一十四条第一款第六项规定对其处理外，还应责令被执行人交出隐匿的财产、会计账簿等资料。被执行人拒不交出的，人民法院可以采取搜查措施。

第495条　搜查人员应当按规定着装并出示搜查令和工作证件。

第496条　人民法院搜查时禁止无关人员进入搜查现场；搜查对象是公民的，应当通知被执行人或者他的成年家属以及基层组织派员到场；搜查对象是法人或者其他组织的，应当通知法定代表人或者主要负责人到场。拒不到场的，不影响搜查。

搜查妇女身体，应当由女执行人员进行。

第497条　搜查中发现应当依法采取查封、扣押措施的财产，依照民事诉讼法第二百五十二条第二款和第二百五十四条规定办理。

第498条　搜查应当制作搜查笔录，由搜查人员、被搜查人及其他在场人签名、捺印或者盖章。拒绝签名、捺印或者盖章的，应当记入搜查笔录。

第499条　人民法院执行被执行人对他人的到期债权，可以作出冻结债权的裁定，并通知该他人向申请执行人履行。

该他人对到期债权有异议，申请执行人请求对异议部分强制执行的，人民法院不予支持。利害关系人对到期债权有异议的，人民法院应当按照民事诉讼法第二百三十四条规定处理。

对生效法律文书确定的到期债权，该他人予以否认的，人民法院不予支持。

第500条　人民法院在执行中需要办理房产证、土地证、林权证、专利证书、商标证书、车船执照等有关财产权证照转移手续的，可以依照民事诉讼法第二百五十八条规定办理。

第501条　被执行人不履行生效法律文书确定的行为义务，该义务可由他人完成的，人民法院可以选定代履行人；法律、行政法规对履行该行为义务有资格限制的，应当从有资格的人中选定。必要时，可以通过招标的方式确定代履行人。

申请执行人可以在符合条件的人中推荐代履行人，也可以申请自己代为履行，是否准许，由人民法院决定。

第502条　代履行费用的数额由人民法院根据案件具体情况确定，并由被执行人在指定期限内预先支付。被执行人未预付的，人民法院可以对该费用强制执行。

代履行结束后,被执行人可以查阅、复制费用清单以及主要凭证。

第503条 被执行人不履行法律文书指定的行为,且该项行为只能由被执行人完成的,人民法院可以依照民事诉讼法第一百一十四条第一款第六项规定处理。

被执行人在人民法院确定的履行期间内仍不履行的,人民法院可以依照民事诉讼法第一百一十四条第一款第六项规定再次处理。

第504条 被执行人迟延履行的,迟延履行期间的利息或者迟延履行金自判决、裁定和其他法律文书指定的履行期间届满之日起计算。

第505条 被执行人未按判决、裁定和其他法律文书指定的期间履行非金钱给付义务的,无论是否已给申请执行人造成损失,都应当支付迟延履行金。已经造成损失的,双倍补偿申请执行人已经受到的损失;没有造成损失的,迟延履行金可以由人民法院根据具体案件情况决定。

第506条 被执行人为公民或者其他组织,在执行程序开始后,被执行人的其他已经取得执行依据的债权人发现被执行人的财产不能清偿所有债权的,可以向人民法院申请参与分配。

对人民法院查封、扣押、冻结的财产有优先权、担保物权的债权人,可以直接申请参与分配,主张优先受偿权。

第507条 申请参与分配,申请人应当提交申请书。申请书应当写明参与分配和被执行人不能清偿所有债权的事实、理由,并附有执行依据。

参与分配申请应当在执行程序开始后,被执行人的财产执行终结前提出。

第508条 参与分配执行中,执行所得价款扣除执行费用,并清偿应当优先受偿的债权后,对于普通债权,原则上按照其占全部申请参与分配债权数额的比例受偿。清偿后的剩余债务，被执行人应当继续清偿。债权人发现被执行人有其他财产的，可以随时请求人民法院执行。

第509条 多个债权人对执行财产申请参与分配的，执行法院应当制作财产分配方案，并送达各债权人和被执行人。债权人或者被执行人对分配方案有异议的，应当自收到分配方案之日起十五日内向执行法院提出书面异议。

第510条 债权人或者被执行人对分配方案提出书面异议的，执行法院应当通知未提出异议的债权人、被执行人。

未提出异议的债权人、被执行人自收到通知之日起十五日内未提出反对意见的，执行法院依异议人的意见对分配方案审查修正后进行分配；提出反对意见的，应当通知异议人。异议人可以自收到通知之日起十五日内，以提出反对意见的债权人、被执行人为被告，向执行法院提起诉讼；异议人逾期未提起诉讼的，执行法院按照原分配方案进行分配。

诉讼期间进行分配的，执行法院应当提存与争议债权数额相应的款项。

第511条 在执行中，作为被执行人的企业法人符合企业破产法第二条第一款规定情形的，执行法院经申请执行人之一或者被执行人同意，应当裁定中止对该被执行人的执行，将执行案件相关材料移送被执行人住所地人民法院。

第512条 被执行人住所地人民法院应当自收到执行案件相关材料之日起三十日内，将是否受理破产案件的裁定告知执行法院。不予受理的，应当将相关案件材料退回执行法院。

第513条 被执行人住所地人民法院裁定受理破产案件的，执行法院应当解除对被执行人财产的保全措施。被执行人住所地人民法院裁定宣告被执行人破产的，执行法院应当裁定终结对该被执行人的执行。

被执行人住所地人民法院不受理破产案件的，执行法院应当恢复执行。

第514条　当事人不同意移送破产或者被执行人住所地人民法院不受理破产案件的，执行法院就执行变价所得财产，在扣除执行费用及清偿优先受偿的债权后，对于普通债权，按照财产保全和执行中查封、扣押、冻结财产的先后顺序清偿。

第515条　债权人根据民事诉讼法第二百六十一条规定请求人民法院继续执行的，不受民事诉讼法第二百四十六条规定申请执行时效期间的限制。

第二百六十六条　对被执行人的限制措施

被执行人不履行法律文书确定的义务的，人民法院可以对其采取或者通知有关单位协助采取限制出境，在征信系统记录、通过媒体公布不履行义务信息以及法律规定的其他措施。

● 司法解释及文件

1.《最高人民法院关于适用〈中华人民共和国民事诉讼法〉执行程序若干问题的解释》（2020年12月29日）

第23条　依照民事诉讼法第二百五十五条规定对被执行人限制出境的，应当由申请执行人向执行法院提出书面申请；必要时，执行法院可以依职权决定。

第24条　被执行人为单位的，可以对其法定代表人、主要负责人或者影响债务履行的直接责任人员限制出境。

被执行人为无民事行为能力人或者限制民事行为能力人的，可以对其法定代理人限制出境。

第25条　在限制出境期间，被执行人履行法律文书确定的全部债务的，执行法院应当及时解除限制出境措施；被执行人提供充分、有效的担保或者申请执行人同意的，可以解除限制出境措施。

第26条 依照民事诉讼法第二百五十五条的规定，执行法院可以依职权或者依申请执行人的申请，将被执行人不履行法律文书确定义务的信息，通过报纸、广播、电视、互联网等媒体公布。

媒体公布的有关费用，由被执行人负担；申请执行人申请在媒体公布的，应当垫付有关费用。

2.《最高人民法院关于适用〈中华人民共和国民事诉讼法〉的解释》（2022年4月1日）

第516条 被执行人不履行法律文书确定的义务的，人民法院除对被执行人予以处罚外，还可以根据情节将其纳入失信被执行人名单，将被执行人不履行或者不完全履行义务的信息向其所在单位、征信机构以及其他相关机构通报。

3.《最高人民法院关于公布失信被执行人名单信息的若干规定》（2017年2月28日）

为促使被执行人自觉履行生效法律文书确定的义务，推进社会信用体系建设，根据《中华人民共和国民事诉讼法》的规定，结合人民法院工作实际，制定本规定。

第1条 被执行人未履行生效法律文书确定的义务，并具有下列情形之一的，人民法院应当将其纳入失信被执行人名单，依法对其进行信用惩戒：

（一）有履行能力而拒不履行生效法律文书确定义务的；

（二）以伪造证据、暴力、威胁等方法妨碍、抗拒执行的；

（三）以虚假诉讼、虚假仲裁或者以隐匿、转移财产等方法规避执行的；

（四）违反财产报告制度的；

（五）违反限制消费令的；

（六）无正当理由拒不履行执行和解协议的。

第2条　被执行人具有本规定第一条第二项至第六项规定情形的，纳入失信被执行人名单的期限为二年。被执行人以暴力、威胁方法妨碍、抗拒执行情节严重或具有多项失信行为的，可以延长一至三年。

失信被执行人积极履行生效法律文书确定义务或主动纠正失信行为的，人民法院可以决定提前删除失信信息。

第3条　具有下列情形之一的，人民法院不得依据本规定第一条第一项的规定将被执行人纳入失信被执行人名单：

（一）提供了充分有效担保的；

（二）已被采取查封、扣押、冻结等措施的财产足以清偿生效法律文书确定债务的；

（三）被执行人履行顺序在后，对其依法不应强制执行的；

（四）其他不属于有履行能力而拒不履行生效法律文书确定义务的情形。

第4条　被执行人为未成年人的，人民法院不得将其纳入失信被执行人名单。

第5条　人民法院向被执行人发出的执行通知中，应当载明有关纳入失信被执行人名单的风险提示等内容。

申请执行人认为被执行人具有本规定第一条规定情形之一的，可以向人民法院申请将其纳入失信被执行人名单。人民法院应当自收到申请之日起十五日内审查并作出决定。人民法院认为被执行人具有本规定第一条规定情形之一的，也可以依职权决定将其纳入失信被执行人名单。

人民法院决定将被执行人纳入失信被执行人名单的，应当制作决定书，决定书应当写明纳入失信被执行人名单的理由，有纳入期限的，应当写明纳入期限。决定书由院长签发，自作出之日起生效。决定书应当按照民事诉讼法规定的法律文书送达方式送达当事人。

第6条 记载和公布的失信被执行人名单信息应当包括：

（一）作为被执行人的法人或者其他组织的名称、统一社会信用代码（或组织机构代码）、法定代表人或者负责人姓名；

（二）作为被执行人的自然人的姓名、性别、年龄、身份证号码；

（三）生效法律文书确定的义务和被执行人的履行情况；

（四）被执行人失信行为的具体情形；

（五）执行依据的制作单位和文号、执行案号、立案时间、执行法院；

（六）人民法院认为应当记载和公布的不涉及国家秘密、商业秘密、个人隐私的其他事项。

第7条 各级人民法院应当将失信被执行人名单信息录入最高人民法院失信被执行人名单库，并通过该名单库统一向社会公布。

各级人民法院可以根据各地实际情况，将失信被执行人名单通过报纸、广播、电视、网络、法院公告栏等其他方式予以公布，并可以采取新闻发布会或者其他方式对本院及辖区法院实施失信被执行人名单制度的情况定期向社会公布。

第8条 人民法院应当将失信被执行人名单信息，向政府相关部门、金融监管机构、金融机构、承担行政职能的事业单位及行业协会等通报，供相关单位依照法律、法规和有关规定，在政府采购、招标投标、行政审批、政府扶持、融资信贷、市场准入、资质认定等方面，对失信被执行人予以信用惩戒。

人民法院应当将失信被执行人名单信息向征信机构通报，并由征信机构在其征信系统中记录。

国家工作人员、人大代表、政协委员等被纳入失信被执行人名单的，人民法院应当将失信情况通报其所在单位和相关部门。

国家机关、事业单位、国有企业等被纳入失信被执行人名单的,人民法院应当将失信情况通报其上级单位、主管部门或者履行出资人职责的机构。

第9条 不应纳入失信被执行人名单的公民、法人或其他组织被纳入失信被执行人名单的,人民法院应当在三个工作日内撤销失信信息。

记载和公布的失信信息不准确的,人民法院应当在三个工作日内更正失信信息。

第10条 具有下列情形之一的,人民法院应当在三个工作日内删除失信信息:

(一)被执行人已履行生效法律文书确定的义务或人民法院已执行完毕的;

(二)当事人达成执行和解协议且已履行完毕的;

(三)申请执行人书面申请删除失信信息,人民法院审查同意的;

(四)终结本次执行程序后,通过网络执行查控系统查询被执行人财产两次以上,未发现有可供执行财产,且申请执行人或者其他人未提供有效财产线索的;

(五)因审判监督或破产程序,人民法院依法裁定对失信被执行人中止执行的;

(六)人民法院依法裁定不予执行的;

(七)人民法院依法裁定终结执行的。

有纳入期限的,不适用前款规定。纳入期限届满后三个工作日内,人民法院应当删除失信信息。

依照本条第一款规定删除失信信息后,被执行人具有本规定第一条规定情形之一的,人民法院可以重新将其纳入失信被执行人名单。

依照本条第一款第三项规定删除失信信息后六个月内,申请执行人申请将该被执行人纳入失信被执行人名单的，人民法院不予支持。

第11条　被纳入失信被执行人名单的公民、法人或其他组织认为有下列情形之一的，可以向执行法院申请纠正：

（一）不应将其纳入失信被执行人名单的；

（二）记载和公布的失信信息不准确的；

（三）失信信息应予删除的。

第12条　公民、法人或其他组织对被纳入失信被执行人名单申请纠正的，执行法院应当自收到书面纠正申请之日起十五日内审查，理由成立的，应当在三个工作日内纠正；理由不成立的，决定驳回。公民、法人或其他组织对驳回决定不服的，可以自决定书送达之日起十日内向上一级人民法院申请复议。上一级人民法院应当自收到复议申请之日起十五日内作出决定。

复议期间，不停止原决定的执行。

第13条　人民法院工作人员违反本规定公布、撤销、更正、删除失信信息的，参照有关规定追究责任。

第二十二章　执行中止和终结

第二百六十七条　中止执行

有下列情形之一的，人民法院应当裁定中止执行：

（一）申请人表示可以延期执行的；

（二）案外人对执行标的提出确有理由的异议的；

（三）作为一方当事人的公民死亡，需要等待继承人继承权利或者承担义务的；

（四）作为一方当事人的法人或者其他组织终止，尚未确定权利义务承受人的；

（五）人民法院认为应当中止执行的其他情形。

中止的情形消失后，恢复执行。

● 司法解释及文件

1.《最高人民法院关于适用〈中华人民共和国民事诉讼法〉的解释》（2022年4月1日）

第464条 申请执行人与被执行人达成和解协议后请求中止执行或者撤回执行申请的，人民法院可以裁定中止执行或者终结执行。

第511条 在执行中，作为被执行人的企业法人符合企业破产法第二条第一款规定情形的，执行法院经申请执行人之一或者被执行人同意，应当裁定中止对该被执行人的执行，将执行案件相关材料移送被执行人住所地人民法院。

第512条 被执行人住所地人民法院应当自收到执行案件相关材料之日起三十日内，将是否受理破产案件的裁定告知执行法院。不予受理的，应当将相关案件材料退回执行法院。

2.《最高人民法院关于如何处理人民检察院提出的暂缓执行建议问题的批复》（2000年7月10日）

根据《中华人民共和国民事诉讼法》的规定，人民检察院对人民法院生效民事判决提出暂缓执行的建议没有法律依据。

第二百六十八条　终结执行

有下列情形之一的，人民法院裁定终结执行：

（一）申请人撤销申请的；

（二）据以执行的法律文书被撤销的；

（三）作为被执行人的公民死亡，无遗产可供执行，又无义务承担人的；

（四）追索赡养费、扶养费、抚养费案件的权利人死亡的；

（五）作为被执行人的公民因生活困难无力偿还借款，无收入来源，又丧失劳动能力的；

（六）人民法院认为应当终结执行的其他情形。

● 司法解释及文件

1. 《最高人民法院关于人民法院执行公开的若干规定》（2006年12月23日）

第14条　人民法院依职权对据以执行的生效法律文书终结执行的，应当公开听证，但申请执行人没有异议的除外。

终结执行应当制作裁定书并送达双方当事人。裁定书应当充分说明终结执行的理由，并明确援引相应的法律依据。

2. 《最高人民法院关于适用〈中华人民共和国民事诉讼法〉的解释》（2022年4月1日）

第513条　被执行人住所地人民法院裁定受理破产案件的，执行法院应当解除对被执行人财产的保全措施。被执行人住所地人民法院裁定宣告被执行人破产的，执行法院应当裁定终结对该被执行人的执行。

被执行人住所地人民法院不受理破产案件的，执行法院应当恢复执行。

第514条　当事人不同意移送破产或者被执行人住所地人民法院不受理破产案件的，执行法院就执行变价所得财产，在扣除执行费用及清偿优先受偿的债权后，对于普通债权，按照财产保全和执行中查封、扣押、冻结财产的先后顺序清偿。

第515条　债权人根据民事诉讼法第二百六十一条规定请求人民法院继续执行的，不受民事诉讼法第二百四十六条规定申请执行时效期间的限制。

第 519 条　在执行终结六个月内，被执行人或者其他人对已执行的标的有妨害行为的，人民法院可以依申请排除妨害，并可以依照民事诉讼法第一百一十四条规定进行处罚。因妨害行为给执行债权人或者其他人造成损失的，受害人可以另行起诉。

第二百六十九条　执行中止、终结裁定的生效

中止和终结执行的裁定，送达当事人后立即生效。

● 司法解释及文件

《最高人民法院关于严格规范终结本次执行程序的规定（试行）》
（2016 年 10 月 29 日）

为严格规范终结本次执行程序，维护当事人的合法权益，根据《中华人民共和国民事诉讼法》及有关司法解释的规定，结合人民法院执行工作实际，制定本规定。

第 1 条　人民法院终结本次执行程序，应当同时符合下列条件：

（一）已向被执行人发出执行通知、责令被执行人报告财产；

（二）已向被执行人发出限制消费令，并将符合条件的被执行人纳入失信被执行人名单；

（三）已穷尽财产调查措施，未发现被执行人有可供执行的财产或者发现的财产不能处置；

（四）自执行案件立案之日起已超过三个月；

（五）被执行人下落不明的，已依法予以查找；被执行人或者其他人妨害执行的，已依法采取罚款、拘留等强制措施，构成犯罪的，已依法启动刑事责任追究程序。

第 2 条　本规定第一条第一项中的"责令被执行人报告财产"，是指应当完成下列事项：

（一）向被执行人发出报告财产令；

（二）对被执行人报告的财产情况予以核查；

（三）对逾期报告、拒绝报告或者虚假报告的被执行人或者相关人员，依法采取罚款、拘留等强制措施，构成犯罪的，依法启动刑事责任追究程序。

人民法院应当将财产报告、核实及处罚的情况记录入卷。

第3条　本规定第一条第三项中的"已穷尽财产调查措施"，是指应当完成下列调查事项：

（一）对申请执行人或者其他人提供的财产线索进行核查；

（二）通过网络执行查控系统对被执行人的存款、车辆及其他交通运输工具、不动产、有价证券等财产情况进行查询；

（三）无法通过网络执行查控系统查询本款第二项规定的财产情况的，在被执行人住所地或者可能隐匿、转移财产所在地进行必要调查；

（四）被执行人隐匿财产、会计账簿等资料且拒不交出的，依法采取搜查措施；

（五）经申请执行人申请，根据案件实际情况，依法采取审计调查、公告悬赏等调查措施；

（六）法律、司法解释规定的其他财产调查措施。

人民法院应当将财产调查情况记录入卷。

第4条　本规定第一条第三项中的"发现的财产不能处置"，包括下列情形：

（一）被执行人的财产经法定程序拍卖、变卖未成交，申请执行人不接受抵债或者依法不能交付其抵债，又不能对该财产采取强制管理等其他执行措施的；

（二）人民法院在登记机关查封的被执行人车辆、船舶等财产，未能实际扣押的。

第5条　终结本次执行程序前，人民法院应当将案件执行情况、采取的财产调查措施、被执行人的财产情况、终结本次执行程序的依据及法律后果等信息告知申请执行人,并听取其对终结本次执行程序的意见。

人民法院应当将申请执行人的意见记录入卷。

第6条 终结本次执行程序应当制作裁定书,载明下列内容:

(一)申请执行的债权情况;

(二)执行经过及采取的执行措施、强制措施;

(三)查明的被执行人财产情况;

(四)实现的债权情况;

(五)申请执行人享有要求被执行人继续履行债务及依法向人民法院申请恢复执行的权利,被执行人负有继续向申请执行人履行债务的义务。

终结本次执行程序裁定书送达申请执行人后,执行案件可以作结案处理。人民法院进行相关统计时,应当对以终结本次执行程序方式结案的案件与其他方式结案的案件予以区分。

终结本次执行程序裁定书应当依法在互联网上公开。

第7条 当事人、利害关系人认为终结本次执行程序违反法律规定的,可以提出执行异议。人民法院应当依照民事诉讼法第二百二十五条的规定进行审查。

第8条 终结本次执行程序后,被执行人应当继续履行生效法律文书确定的义务。被执行人自动履行完毕的,当事人应当及时告知执行法院。

第9条 终结本次执行程序后,申请执行人发现被执行人有可供执行财产的,可以向执行法院申请恢复执行。申请恢复执行不受申请执行时效期间的限制。执行法院核查属实的,应当恢复执行。

终结本次执行程序后的五年内,执行法院应当每六个月通过网络执行查控系统查询一次被执行人的财产,并将查询结果告知申请执行人。符合恢复执行条件的,执行法院应当及时恢复执行。

第10条 终结本次执行程序后,发现被执行人有可供执行财产,不立即采取执行措施可能导致财产被转移、隐匿、出卖或者毁损的,执行法院可以依申请执行人申请或依职权立即采取查封、扣押、冻结等控制性措施。

第11条 案件符合终结本次执行程序条件,又符合移送破产审查相关规定的,执行法院应当在作出终结本次执行程序裁定的同时,将执行案件相关材料移送被执行人住所地人民法院进行破产审查。

第12条 终结本次执行程序裁定书送达申请执行人以后,执行法院应当在七日内将相关案件信息录入最高人民法院建立的终结本次执行程序案件信息库,并通过该信息库统一向社会公布。

第13条 终结本次执行程序案件信息库记载的信息应当包括下列内容:

(一)作为被执行人的法人或者其他组织的名称、住所地、组织机构代码及其法定代表人或者负责人的姓名,作为被执行人的自然人的姓名、性别、年龄、身份证件号码和住址;

(二)生效法律文书的制作单位和文号,执行案号、立案时间、执行法院;

(三)生效法律文书确定的义务和被执行人的履行情况;

(四)人民法院认为应当记载的其他事项。

第14条 当事人、利害关系人认为公布的终结本次执行程序案件信息错误的,可以向执行法院申请更正。执行法院审查属实的,应当在三日内予以更正。

第15条 终结本次执行程序后,人民法院已对被执行人依法采取的执行措施和强制措施继续有效。

第16条 终结本次执行程序后,申请执行人申请延长查封、扣押、冻结期限的,人民法院应当依法办理续行查封、扣押、冻结手续。

终结本次执行程序后,当事人、利害关系人申请变更、追加执行当事人,符合法定情形的,人民法院应予支持。变更、追加被执行人后,申请执行人申请恢复执行的,人民法院应予支持。

第17条 终结本次执行程序后,被执行人或者其他人妨害执行的,人民法院可以依法予以罚款、拘留;构成犯罪的,依法追究刑事责任。

第18条 有下列情形之一的,人民法院应当在三日内将案件信息从终结本次执行程序案件信息库中屏蔽:

(一)生效法律文书确定的义务执行完毕的;

(二)依法裁定终结执行的;

(三)依法应予屏蔽的其他情形。

第19条 本规定自2016年12月1日起施行。

第四编 涉外民事诉讼程序的特别规定

第二十三章 一般原则

第二百七十条 适用本法原则

在中华人民共和国领域内进行涉外民事诉讼,适用本编规定。本编没有规定的,适用本法其他有关规定。

● 司法解释及文件

《最高人民法院关于适用〈中华人民共和国民事诉讼法〉的解释》(2022年4月1日)

第520条 有下列情形之一,人民法院可以认定为涉外民事案件:

（一）当事人一方或者双方是外国人、无国籍人、外国企业或者组织的；

（二）当事人一方或者双方的经常居所地在中华人民共和国领域外的；

（三）标的物在中华人民共和国领域外的；

（四）产生、变更或者消灭民事关系的法律事实发生在中华人民共和国领域外的；

（五）可以认定为涉外民事案件的其他情形。

第二百七十一条　信守国际条约原则

中华人民共和国缔结或者参加的国际条约同本法有不同规定的，适用该国际条约的规定，但中华人民共和国声明保留的条款除外。

第二百七十二条　司法豁免原则

对享有外交特权与豁免的外国人、外国组织或者国际组织提起的民事诉讼，应当依照中华人民共和国有关法律和中华人民共和国缔结或者参加的国际条约的规定办理。

● 法　律

1. **《外交特权与豁免条例》**（1986年9月5日）

第12条　外交代表人身不受侵犯，不受逮捕或者拘留。中国有关机关应当采取适当措施，防止外交代表的人身自由和尊严受到侵犯。

第13条　外交代表的寓所不受侵犯，并受保护。

外交代表的文书和信件不受侵犯。外交代表的财产不受侵犯，但第十四条另有规定的除外。

第14条　外交代表享有刑事管辖豁免。

外交代表享有民事管辖豁免和行政管辖豁免，但下列各项除外：

（一）外交代表以私人身份进行的遗产继承的诉讼；

（二）外交代表违反第二十五条第三项规定在中国境内从事公务范围以外的职业或者商业活动的诉讼。

外交代表免受强制执行，但对前款所列情况，强制执行对其人身和寓所不构成侵犯的，不在此限。

外交代表没有以证人身份作证的义务。

第15条　外交代表和第二十条规定享有豁免的人员的管辖豁免可以由派遣国政府明确表示放弃。

外交代表和第二十条规定享有豁免的人员如果主动提起诉讼，对与本诉直接有关的反诉，不得援用管辖豁免。

放弃民事管辖豁免或者行政管辖豁免，不包括对判决的执行也放弃豁免。放弃对判决执行的豁免须另作明确表示。

第20条　与外交代表共同生活的配偶及未成年子女，如果不是中国公民，享有第十二条至第十八条所规定的特权与豁免。

使馆行政技术人员和与其共同生活的配偶及未成年子女，如果不是中国公民并且不是在中国永久居留的，享有第十二条至第十七条所规定的特权与豁免，但民事管辖豁免和行政管辖豁免，仅限于执行公务的行为。使馆行政技术人员到任后半年内运进的安家物品享有第十八条第一款所规定的免税的特权。

使馆服务人员如果不是中国公民并且不是在中国永久居留的，其执行公务的行为享有豁免，其受雇所得报酬免纳所得税。其到任后半年内运进的安家物品享有第十八条第一款所规定的免税的特权。

使馆人员的私人服务员如果不是中国公民并且不是在中国永久居留的，其受雇所得的报酬免纳所得税。

2.《**领事特权与豁免条例**》（1990年10月30日）

第12条　领事官员人身不受侵犯。中国有关机关应当采取适当措施，防止领事官员的人身自由和尊严受到侵犯。

领事官员不受逮捕或者拘留,但有严重犯罪情形,依照法定程序予以逮捕或者拘留的不在此限。

领事官员不受监禁,但为执行已经发生法律效力的判决的不在此限。

第13条 领事官员的寓所不受侵犯。

领事官员的文书和信件不受侵犯。

领事官员的财产不受侵犯,但本条例第十四条另有规定的除外。

第14条 领事官员和领馆行政技术人员执行职务的行为享有司法和行政管辖豁免。领事官员执行职务以外的行为的管辖豁免,按照中国与外国签订的双边条约、协定或者根据对等原则办理。

领事官员和领馆行政技术人员享有的司法管辖豁免不适用于下列各项民事诉讼:

(一)涉及未明示以派遣国代表身份所订的契约的诉讼;

(二)涉及在中国境内的私有不动产的诉讼,但以派遣国代表身份所拥有的为领馆使用的不动产不在此限;

(三)以私人身份进行的遗产继承的诉讼;

(四)因车辆、船舶或者航空器在中国境内造成的事故涉及损害赔偿的诉讼。

第15条 领馆成员可以被要求在司法或者行政程序中到场作证,但没有义务就其执行职务所涉及事项作证。领馆成员有权拒绝以鉴定人身份就派遣国的法律提出证词。

领事官员拒绝作证,不得对其采取强制措施或者给予处罚。

领馆行政技术人员和领馆服务人员除执行职务所涉及事项外,不得拒绝作证。

第20条 领馆和领馆成员携带自用的枪支、子弹入出境,必须经中国政府批准,并且按照中国政府的有关规定办理。

第21条 与领事官员、领馆行政技术人员、领馆服务人员共同生活的配偶及未成年子女,分别享有领事官员、领馆行政技术人员、领馆服务人员根据本条例第七条、第十七条、第十八条、第十九条的规定所享有的特权与豁免，但身为中国公民或者在中国永久居留的外国人除外。

第二百七十三条　使用我国通用语言、文字原则

人民法院审理涉外民事案件，应当使用中华人民共和国通用的语言、文字。当事人要求提供翻译的，可以提供，费用由当事人承担。

● 司法解释及文件

《最高人民法院关于适用〈中华人民共和国民事诉讼法〉的解释》（2022年4月1日）

第525条　当事人向人民法院提交的书面材料是外文的，应当同时向人民法院提交中文翻译件。

当事人对中文翻译件有异议的，应当共同委托翻译机构提供翻译文本；当事人对翻译机构的选择不能达成一致的，由人民法院确定。

第二百七十四条　委托中国律师代理诉讼原则

外国人、无国籍人、外国企业和组织在人民法院起诉、应诉，需要委托律师代理诉讼的，必须委托中华人民共和国的律师。

● 司法解释及文件

《最高人民法院关于适用〈中华人民共和国民事诉讼法〉的解释》（2022年4月1日）

第526条　涉外民事诉讼中的外籍当事人，可以委托本国人为诉讼代理人，也可以委托本国律师以非律师身份担任诉讼代理人；外国驻华使领馆官员，受本国公民的委托，可以以个人名义

担任诉讼代理人,但在诉讼中不享有外交或者领事特权和豁免。

第 527 条　涉外民事诉讼中,外国驻华使领馆授权其本馆官员,在作为当事人的本国国民不在中华人民共和国领域内的情况下,可以以外交代表身份为其本国国民在中华人民共和国聘请中华人民共和国律师或者中华人民共和国公民代理民事诉讼。

第二百七十五条　委托授权书的公证与认证

> 在中华人民共和国领域内没有住所的外国人、无国籍人、外国企业和组织委托中华人民共和国律师或者其他人代理诉讼,从中华人民共和国领域外寄交或者托交的授权委托书,应当经所在国公证机关证明,并经中华人民共和国驻该国使领馆认证,或者履行中华人民共和国与该所在国订立的有关条约中规定的证明手续后,才具有效力。

● 司法解释及文件

《最高人民法院关于适用〈中华人民共和国民事诉讼法〉的解释》
(2022 年 4 月 1 日)

第 521 条　外国人参加诉讼,应当向人民法院提交护照等用以证明自己身份的证件。

外国企业或者组织参加诉讼,向人民法院提交的身份证明文件,应当经所在国公证机关公证,并经中华人民共和国驻该国使领馆认证,或者履行中华人民共和国与该所在国订立的有关条约中规定的证明手续。

代表外国企业或者组织参加诉讼的人,应当向人民法院提交其有权作为代表人参加诉讼的证明,该证明应当经所在国公证机关公证,并经中华人民共和国驻该国使领馆认证,或者履行中华人民共和国与该所在国订立的有关条约中规定的证明手续。

本条所称的"所在国",是指外国企业或者组织的设立登记地国,也可以是办理了营业登记手续的第三国。

第522条　依照民事诉讼法第二百七十一条以及本解释第五百二十一条规定，需要办理公证、认证手续，而外国当事人所在国与中华人民共和国没有建立外交关系的，可以经该国公证机关公证，经与中华人民共和国有外交关系的第三国驻该国使领馆认证，再转由中华人民共和国驻该第三国使领馆认证。

第523条　外国人、外国企业或者组织的代表人在人民法院法官的见证下签署授权委托书，委托代理人进行民事诉讼的，人民法院应予认可。

第524条　外国人、外国企业或者组织的代表人在中华人民共和国境内签署授权委托书，委托代理人进行民事诉讼，经中华人民共和国公证机构公证的，人民法院应予认可。

第二十四章　管　辖

第二百七十六条　特殊地域管辖

因合同纠纷或者其他财产权益纠纷，对在中华人民共和国领域内没有住所的被告提起的诉讼，如果合同在中华人民共和国领域内签订或者履行，或者诉讼标的物在中华人民共和国领域内，或者被告在中华人民共和国领域内有可供扣押的财产，或者被告在中华人民共和国领域内设有代表机构，可以由合同签订地、合同履行地、诉讼标的物所在地、可供扣押财产所在地、侵权行为地或者代表机构住所地人民法院管辖。

第二百七十七条　涉外民事纠纷的协议管辖

涉外民事纠纷的当事人书面协议选择人民法院管辖的，可以由人民法院管辖。

第二百七十八条　涉外民事纠纷的应诉管辖

当事人未提出管辖异议,并应诉答辩或者提出反诉的,视为人民法院有管辖权。

第二百七十九条　专属管辖

下列民事案件,由人民法院专属管辖:

(一)因在中华人民共和国领域内设立的法人或者其他组织的设立、解散、清算,以及该法人或者其他组织作出的决议的效力等纠纷提起的诉讼;

(二)因与在中华人民共和国领域内审查授予的知识产权的有效性有关的纠纷提起的诉讼;

(三)因在中华人民共和国领域内履行中外合资经营企业合同、中外合作经营企业合同、中外合作勘探开发自然资源合同发生纠纷提起的诉讼。

● 司法解释及文件

《最高人民法院关于涉外民商事案件诉讼管辖若干问题的规定》
(2020年12月29日)

第1条　第一审涉外民商事案件由下列人民法院管辖:

(一)国务院批准设立的经济技术开发区人民法院;

(二)省会、自治区首府、直辖市所在地的中级人民法院;

(三)经济特区、计划单列市中级人民法院;

(四)最高人民法院指定的其他中级人民法院;

(五)高级人民法院。

上述中级人民法院的区域管辖范围由所在地的高级人民法院确定。

第二百八十条　排他性管辖协议

当事人之间的同一纠纷，一方当事人向外国法院起诉，另一方当事人向人民法院起诉，或者一方当事人既向外国法院起诉，又向人民法院起诉，人民法院依照本法有管辖权的，可以受理。当事人订立排他性管辖协议选择外国法院管辖且不违反本法对专属管辖的规定，不涉及中华人民共和国主权、安全或者社会公共利益的，人民法院可以裁定不予受理；已经受理的，裁定驳回起诉。

第二百八十一条　平行诉讼的处理

人民法院依据前条规定受理案件后，当事人以外国法院已经先于人民法院受理为由，书面申请人民法院中止诉讼的，人民法院可以裁定中止诉讼，但是存在下列情形之一的除外：

（一）当事人协议选择人民法院管辖，或者纠纷属于人民法院专属管辖；

（二）由人民法院审理明显更为方便。

外国法院未采取必要措施审理案件，或者未在合理期限内审结的，依当事人的书面申请，人民法院应当恢复诉讼。

外国法院作出的发生法律效力的判决、裁定，已经被人民法院全部或者部分承认，当事人对已经获得承认的部分又向人民法院起诉的，裁定不予受理；已经受理的，裁定驳回起诉。

第二百八十二条　不方便法院原则

人民法院受理的涉外民事案件，被告提出管辖异议，且同时有下列情形的，可以裁定驳回起诉，告知原告向更为方便的外国法院提起诉讼：

（一）案件争议的基本事实不是发生在中华人民共和国领域内，人民法院审理案件和当事人参加诉讼均明显不方便；

（二）当事人之间不存在选择人民法院管辖的协议；

（三）案件不属于人民法院专属管辖；

（四）案件不涉及中华人民共和国主权、安全或者社会公共利益；

（五）外国法院审理案件更为方便。

裁定驳回起诉后，外国法院对纠纷拒绝行使管辖权，或者未采取必要措施审理案件，或者未在合理期限内审结，当事人又向人民法院起诉的，人民法院应当受理。

● **司法解释及文件**

《最高人民法院关于适用〈中华人民共和国民事诉讼法〉的解释》
（2022年4月1日）

第529条　涉外合同或者其他财产权益纠纷的当事人，可以书面协议选择被告住所地、合同履行地、合同签订地、原告住所地、标的物所在地、侵权行为地等与争议有实际联系地点的外国法院管辖。

根据民事诉讼法第三十四条和第二百七十三条规定，属于中华人民共和国法院专属管辖的案件，当事人不得协议选择外国法院管辖，但协议选择仲裁的除外。

第531条　中华人民共和国法院和外国法院都有管辖权的案件，一方当事人向外国法院起诉，而另一方当事人向中华人民共和国法院起诉的，人民法院可予受理。判决后，外国法院申请或者当事人请求人民法院承认和执行外国法院对本案作出的判决、裁定的，不予准许；但双方共同缔结或者参加的国际条约另有规定的除外。

外国法院判决、裁定已经被人民法院承认，当事人就同一争议向人民法院起诉的，人民法院不予受理。

第二十五章 送达、调查取证、期间

第二百八十三条 送达方式

人民法院对在中华人民共和国领域内没有住所的当事人送达诉讼文书，可以采用下列方式：

（一）依照受送达人所在国与中华人民共和国缔结或者共同参加的国际条约中规定的方式送达；

（二）通过外交途径送达；

（三）对具有中华人民共和国国籍的受送达人，可以委托中华人民共和国驻受送达人所在国的使领馆代为送达；

（四）向受送达人在本案中委托的诉讼代理人送达；

（五）向受送达人在中华人民共和国领域内设立的独资企业、代表机构、分支机构或者有权接受送达的业务代办人送达；

（六）受送达人为外国人、无国籍人，其在中华人民共和国领域内设立的法人或者其他组织担任法定代表人或者主要负责人，且与该法人或者其他组织为共同被告的，向该法人或者其他组织送达；

（七）受送达人为外国法人或者其他组织，其法定代表人或者主要负责人在中华人民共和国领域内的，向其法定代表人或者主要负责人送达；

（八）受送达人所在国的法律允许邮寄送达的，可以邮寄送达，自邮寄之日起满三个月，送达回证没有退回，但根据各种情况足以认定已经送达的，期间届满之日视为送达；

（九）采用能够确认受送达人收悉的电子方式送达，但是受送达人所在国法律禁止的除外；

（十）以受送达人同意的其他方式送达，但是受送达人所在国法律禁止的除外。

不能用上述方式送达的，公告送达，自发出公告之日起，经过六十日，即视为送达。

● 司法解释及文件

1. 《最高人民法院关于涉外民事或商事案件司法文书送达问题若干规定》（2020年12月29日）

为规范涉外民事或商事案件司法文书送达，根据《中华人民共和国民事诉讼法》（以下简称民事诉讼法）的规定，结合审判实践，制定本规定。

第1条 人民法院审理涉外民事或商事案件时，向在中华人民共和国领域内没有住所的受送达人送达司法文书，适用本规定。

第2条 本规定所称司法文书，是指起诉状副本、上诉状副本、反诉状副本、答辩状副本、传票、判决书、调解书、裁定书、支付令、决定书、通知书、证明书、送达回证以及其他司法文书。

第3条 作为受送达人的自然人或者企业、其他组织的法定代表人、主要负责人在中华人民共和国领域内的，人民法院可以向该自然人或者法定代表人、主要负责人送达。

第4条 除受送达人在授权委托书中明确表明其诉讼代理人无权代为接收有关司法文书外，其委托的诉讼代理人为民事诉讼法第二百六十七条第（四）项规定的有权代其接受送达的诉讼代理人，人民法院可以向该诉讼代理人送达。

第5条 人民法院向受送达人送达司法文书，可以送达给其在中华人民共和国领域内设立的代表机构。

受送达人在中华人民共和国领域内有分支机构或者业务代办

人的，经该受送达人授权，人民法院可以向其分支机构或者业务代办人送达。

第6条 人民法院向在中华人民共和国领域内没有住所的受送达人送达司法文书时，若该受送达人所在国与中华人民共和国签订有司法协助协定，可以依照司法协助协定规定的方式送达；若该受送达人所在国是《关于向国外送达民事或商事司法文书和司法外文书公约》的成员国，可以依照该公约规定的方式送达。

依照受送达人所在国与中华人民共和国缔结或者共同参加的国际条约中规定的方式送达的，根据《最高人民法院关于依据国际公约和双边司法协助条约办理民商事案件司法文书送达和调查取证司法协助请求的规定》办理。

第7条 按照司法协助协定、《关于向国外送达民事或商事司法文书和司法外文书公约》或者外交途径送达司法文书，自我国有关机关将司法文书转递受送达人所在国有关机关之日起满六个月，如果未能收到送达与否的证明文件，且根据各种情况不足以认定已经送达的，视为不能用该种方式送达。

第8条 受送达人所在国允许邮寄送达的，人民法院可以邮寄送达。

邮寄送达时应附有送达回证。受送达人未在送达回证上签收但在邮件回执上签收的，视为送达，签收日期为送达日期。

自邮寄之日起满三个月，如果未能收到送达与否的证明文件，且根据各种情况不足以认定已经送达的，视为不能用邮寄方式送达。

第9条 人民法院依照民事诉讼法第二百六十七条第（八）项规定的公告方式送达时，公告内容应在国内外公开发行的报刊上刊登。

第10条 除本规定上述送达方式外，人民法院可以通过传真、电子邮件等能够确认收悉的其他适当方式向受送达人送达。

第 11 条　除公告送达方式外，人民法院可以同时采取多种方式向受送达人进行送达，但应根据最先实现送达的方式确定送达日期。

第 12 条　人民法院向受送达人在中华人民共和国领域内的法定代表人、主要负责人、诉讼代理人、代表机构以及有权接受送达的分支机构、业务代办人送达司法文书，可以适用留置送达的方式。

第 13 条　受送达人未对人民法院送达的司法文书履行签收手续，但存在以下情形之一的，视为送达：

（一）受送达人书面向人民法院提及了所送达司法文书的内容；

（二）受送达人已经按照所送达司法文书的内容履行；

（三）其他可以视为已经送达的情形。

第 14 条　人民法院送达司法文书，根据有关规定需要通过上级人民法院转递的，应附申请转递函。

上级人民法院收到下级人民法院申请转递的司法文书，应在七个工作日内予以转递。

上级人民法院认为下级人民法院申请转递的司法文书不符合有关规定需要补正的，应在七个工作日内退回申请转递的人民法院。

第 15 条　人民法院送达司法文书，根据有关规定需要提供翻译件的，应由受理案件的人民法院委托中华人民共和国领域内的翻译机构进行翻译。

翻译件不加盖人民法院印章，但应由翻译机构或翻译人员签名或盖章证明译文与原文一致。

第 16 条　本规定自公布之日起施行。

2.《最高人民法院关于适用〈中华人民共和国民事诉讼法〉的解释》
（2022 年 4 月 1 日）

第 532 条　对在中华人民共和国领域内没有住所的当事人，

经用公告方式送达诉讼文书，公告期满不应诉，人民法院缺席判决后，仍应当将裁判文书依照民事诉讼法第二百七十四条第八项规定公告送达。自公告送达裁判文书满三个月之日起，经过三十日的上诉期当事人没有上诉的，一审判决即发生法律效力。

第533条 外国人或者外国企业、组织的代表人、主要负责人在中华人民共和国领域内的，人民法院可以向该自然人或者外国企业、组织的代表人、主要负责人送达。

外国企业、组织的主要负责人包括该企业、组织的董事、监事、高级管理人员等。

第534条 受送达人所在国允许邮寄送达的，人民法院可以邮寄送达。

邮寄送达时应当附有送达回证。受送达人未在送达回证上签收但在邮件回执上签收的，视为送达，签收日期为送达日期。

自邮寄之日起满三个月，如果未收到送达的证明文件，且根据各种情况不足以认定已经送达的，视为不能用邮寄方式送达。

第535条 人民法院一审时采取公告方式向当事人送达诉讼文书的，二审时可径行采取公告方式向其送达诉讼文书，但人民法院能够采取公告方式之外的其他方式送达的除外。

第二百八十四条　域外调查取证

当事人申请人民法院调查收集的证据位于中华人民共和国领域外，人民法院可以依照证据所在国与中华人民共和国缔结或者共同参加的国际条约中规定的方式，或者通过外交途径调查收集。

在所在国法律不禁止的情况下，人民法院可以采用下列方式调查收集：

（一）对具有中华人民共和国国籍的当事人、证人，可以委托中华人民共和国驻当事人、证人所在国的使领馆代为取证；

（二）经双方当事人同意，通过即时通讯工具取证；

（三）以双方当事人同意的其他方式取证。

第二百八十五条　答辩期间

被告在中华人民共和国领域内没有住所的，人民法院应当将起诉状副本送达被告，并通知被告在收到起诉状副本后三十日内提出答辩状。被告申请延期的，是否准许，由人民法院决定。

第二百八十六条　上诉期间

在中华人民共和国领域内没有住所的当事人，不服第一审人民法院判决、裁定的，有权在判决书、裁定书送达之日起三十日内提起上诉。被上诉人在收到上诉状副本后，应当在三十日内提出答辩状。当事人不能在法定期间提起上诉或者提出答辩状，申请延期的，是否准许，由人民法院决定。

● 司法解释及文件

《最高人民法院关于适用〈中华人民共和国民事诉讼法〉的解释》
（2022年4月1日）

第536条　不服第一审人民法院判决、裁定的上诉期，对在中华人民共和国领域内有住所的当事人，适用民事诉讼法第一百七十一条规定的期限；对在中华人民共和国领域内没有住所的当事人，适用民事诉讼法第二百七十六条规定的期限。当事人的上诉期均已届满没有上诉的，第一审人民法院的判决、裁定即发生法律效力。

第二百八十七条　审理期间

人民法院审理涉外民事案件的期间，不受本法第一百五十二条、第一百八十三条规定的限制。

● 司法解释及文件

《最高人民法院关于适用〈中华人民共和国民事诉讼法〉的解释》（2022年4月1日）

第537条　人民法院对涉外民事案件的当事人申请再审进行审查的期间，不受民事诉讼法第二百一十一条规定的限制。

第二十六章　仲　　裁

第二百八十八条　或裁或审原则

涉外经济贸易、运输和海事中发生的纠纷，当事人在合同中订有仲裁条款或者事后达成书面仲裁协议，提交中华人民共和国涉外仲裁机构或者其他仲裁机构仲裁的，当事人不得向人民法院起诉。

当事人在合同中没有订有仲裁条款或者事后没有达成书面仲裁协议的，可以向人民法院起诉。

● 法　律

《仲裁法》（2017年9月1日）

第9条　仲裁实行一裁终局的制度。裁决作出后，当事人就同一纠纷再申请仲裁或者向人民法院起诉的，仲裁委员会或者人民法院不予受理。

裁决被人民法院依法裁定撤销或者不予执行的，当事人就该纠纷可以根据双方重新达成的仲裁协议申请仲裁，也可以向人民法院起诉。

第二百八十九条　仲裁程序中的保全

当事人申请采取保全的，中华人民共和国的涉外仲裁机构应当将当事人的申请，提交被申请人住所地或者财产所在地的中级人民法院裁定。

● 司法解释及文件

《最高人民法院关于适用〈中华人民共和国民事诉讼法〉的解释》（2022年4月1日）

第540条　依照民事诉讼法第二百七十九条规定，中华人民共和国涉外仲裁机构将当事人的保全申请提交人民法院裁定的，人民法院可以进行审查，裁定是否进行保全。裁定保全的，应当责令申请人提供担保，申请人不提供担保的，裁定驳回申请。

当事人申请证据保全，人民法院经审查认为无需提供担保的，申请人可以不提供担保。

第二百九十条　仲裁裁决的执行

经中华人民共和国涉外仲裁机构裁决的，当事人不得向人民法院起诉。一方当事人不履行仲裁裁决的，对方当事人可以向被申请人住所地或者财产所在地的中级人民法院申请执行。

● 法　律

1.《仲裁法》（2017年9月1日）

第72条　涉外仲裁委员会作出的发生法律效力的仲裁裁决，当事人请求执行的，如果被执行人或者其财产不在中华人民共和国领域内，应当由当事人直接向有管辖权的外国法院申请承认和执行。

● 司法解释及文件

2.《最高人民法院关于适用〈中华人民共和国民事诉讼法〉的解释》（2022年4月1日）

第538条　申请人向人民法院申请执行中华人民共和国涉外仲裁机构的裁决，应当提出书面申请，并附裁决书正本。如申请人为外国当事人，其申请书应当用中文文本提出。

第二百九十一条　仲裁裁决不予执行的情形

对中华人民共和国涉外仲裁机构作出的裁决，被申请人提出证据证明仲裁裁决有下列情形之一的，经人民法院组成合议庭审查核实，裁定不予执行：

（一）当事人在合同中没有订有仲裁条款或者事后没有达成书面仲裁协议的；

（二）被申请人没有得到指定仲裁员或者进行仲裁程序的通知，或者由于其他不属于被申请人负责的原因未能陈述意见的；

（三）仲裁庭的组成或者仲裁的程序与仲裁规则不符的；

（四）裁决的事项不属于仲裁协议的范围或者仲裁机构无权仲裁的。

人民法院认定执行该裁决违背社会公共利益的，裁定不予执行。

● 法　律

1.《仲裁法》（2017年9月1日）

第71条　被申请人提出证据证明涉外仲裁裁决有民事诉讼法[①]第二百五十八条第一款规定的情形之一的，经人民法院组成合议庭审查核实，裁定不予执行。

---

① 对应2023年修正的《民事诉讼法》第248条。

● 司法解释及文件

2.《最高人民法院关于适用〈中华人民共和国民事诉讼法〉的解释》（2022年4月1日）

第539条 人民法院强制执行涉外仲裁机构的仲裁裁决时，被执行人以有民事诉讼法第二百八十一条第一款规定的情形为由提出抗辩的，人民法院应当对被执行人的抗辩进行审查，并根据审查结果裁定执行或者不予执行。

第二百九十二条　仲裁裁决不予执行的法律后果

仲裁裁决被人民法院裁定不予执行的，当事人可以根据双方达成的书面仲裁协议重新申请仲裁，也可以向人民法院起诉。

第二十七章　司法协助

第二百九十三条　司法协助的原则

根据中华人民共和国缔结或者参加的国际条约，或者按照互惠原则，人民法院和外国法院可以相互请求，代为送达文书、调查取证以及进行其他诉讼行为。

外国法院请求协助的事项有损于中华人民共和国的主权、安全或者社会公共利益的，人民法院不予执行。

第二百九十四条　司法协助的途径

请求和提供司法协助，应当依照中华人民共和国缔结或者参加的国际条约所规定的途径进行；没有条约关系的，通过外交途径进行。

> 外国驻中华人民共和国的使领馆可以向该国公民送达文书和调查取证，但不得违反中华人民共和国的法律，并不得采取强制措施。
>
> 除前款规定的情况外，未经中华人民共和国主管机关准许，任何外国机关或者个人不得在中华人民共和国领域内送达文书、调查取证。

● 司法解释及文件

《最高人民法院关于适用〈中华人民共和国民事诉讼法〉的解释》（2022年4月1日）

第547条　与中华人民共和国没有司法协助条约又无互惠关系的国家的法院，未通过外交途径，直接请求人民法院提供司法协助的，人民法院应予退回，并说明理由。

第二百九十五条　司法协助请求使用的文字

> 外国法院请求人民法院提供司法协助的请求书及其所附文件，应当附有中文译本或者国际条约规定的其他文字文本。
>
> 人民法院请求外国法院提供司法协助的请求书及其所附文件，应当附有该国文字译本或者国际条约规定的其他文字文本。

第二百九十六条　司法协助程序

> 人民法院提供司法协助，依照中华人民共和国法律规定的程序进行。外国法院请求采用特殊方式的，也可以按照其请求的特殊方式进行，但请求采用的特殊方式不得违反中华人民共和国法律。

第二百九十七条　申请外国承认和执行

人民法院作出的发生法律效力的判决、裁定，如果被执行人或者其财产不在中华人民共和国领域内，当事人请求执行的，可以由当事人直接向有管辖权的外国法院申请承认和执行，也可以由人民法院依照中华人民共和国缔结或者参加的国际条约的规定，或者按照互惠原则，请求外国法院承认和执行。

在中华人民共和国领域内依法作出的发生法律效力的仲裁裁决，当事人请求执行的，如果被执行人或者其财产不在中华人民共和国领域内，当事人可以直接向有管辖权的外国法院申请承认和执行。

● 司法解释及文件

《最高人民法院关于适用〈中华人民共和国民事诉讼法〉的解释》（2022年4月1日）

第550条　当事人在中华人民共和国领域外使用中华人民共和国法院的判决书、裁定书，要求中华人民共和国法院证明其法律效力的，或者外国法院要求中华人民共和国法院证明判决书、裁定书的法律效力的，作出判决、裁定的中华人民共和国法院，可以本法院的名义出具证明。

第二百九十八条　外国申请承认和执行

外国法院作出的发生法律效力的判决、裁定，需要人民法院承认和执行的，可以由当事人直接向有管辖权的中级人民法院申请承认和执行，也可以由外国法院依照该国与中华人民共和国缔结或者参加的国际条约的规定，或者按照互惠原则，请求人民法院承认和执行。

● **司法解释及文件**

《最高人民法院关于适用〈中华人民共和国民事诉讼法〉的解释》
（2022年4月1日）

第541条　申请人向人民法院申请承认和执行外国法院作出的发生法律效力的判决、裁定，应当提交申请书，并附外国法院作出的发生法律效力的判决、裁定正本或者经证明无误的副本以及中文译本。外国法院判决、裁定为缺席判决、裁定的，申请人应当同时提交该外国法院已经合法传唤的证明文件，但判决、裁定已经对此予以明确说明的除外。

中华人民共和国缔结或者参加的国际条约对提交文件有规定的，按照规定办理。

第542条　当事人向中华人民共和国有管辖权的中级人民法院申请承认和执行外国法院作出的发生法律效力的判决、裁定的，如果该法院所在国与中华人民共和国没有缔结或者共同参加国际条约，也没有互惠关系的，裁定驳回申请，但当事人向人民法院申请承认外国法院作出的发生法律效力的离婚判决的除外。

承认和执行申请被裁定驳回的，当事人可以向人民法院起诉。

第543条　对临时仲裁庭在中华人民共和国领域外作出的仲裁裁决，一方当事人向人民法院申请承认和执行的，人民法院应当依照民事诉讼法第二百九十条规定处理。

第544条　对外国法院作出的发生法律效力的判决、裁定或者外国仲裁裁决，需要中华人民共和国法院执行的，当事人应当先向人民法院申请承认。人民法院经审查，裁定承认后，再根据民事诉讼法第三编的规定予以执行。

当事人仅申请承认而未同时申请执行的，人民法院仅对应否承认进行审查并作出裁定。

第545条　当事人申请承认和执行外国法院作出的发生法律

效力的判决、裁定或者外国仲裁裁决的期间，适用民事诉讼法第二百四十六条的规定。

当事人仅申请承认而未同时申请执行的，申请执行的期间自人民法院对承认申请作出的裁定生效之日起重新计算。

第546条　承认和执行外国法院作出的发生法律效力的判决、裁定或者外国仲裁裁决的案件，人民法院应当组成合议庭进行审查。

人民法院应当将申请书送达被申请人。被申请人可以陈述意见。

人民法院经审查作出的裁定，一经送达即发生法律效力。

第二百九十九条　外国法院裁判的承认与执行

人民法院对申请或者请求承认和执行的外国法院作出的发生法律效力的判决、裁定，依照中华人民共和国缔结或者参加的国际条约，或者按照互惠原则进行审查后，认为不违反中华人民共和国法律的基本原则且不损害国家主权、安全、社会公共利益的，裁定承认其效力；需要执行的，发出执行令，依照本法的有关规定执行。

● 司法解释及文件

1.《最高人民法院关于人民法院受理申请承认外国法院离婚判决案件有关问题的规定》（2020年12月29日）

1998年9月17日，我院以法〔1998〕86号通知印发了《关于人民法院受理申请承认外国法院离婚判决案件几个问题的意见》，现根据新的情况，对人民法院受理申请承认外国法院离婚判决案件的有关问题重新作如下规定：

一、中国公民向人民法院申请承认外国法院离婚判决，人民法院不应以其未在国内缔结婚姻关系而拒绝受理；中国公民申请承认外国法院在其缺席情况下作出的离婚判决，应同时向人民法院提交作出该判决的外国法院已合法传唤其出庭的有关证明文件。

二、外国公民向人民法院申请承认外国法院离婚判决，如果其离婚的原配偶是中国公民的，人民法院应予受理；如果其离婚的原配偶是外国公民的，人民法院不予受理，但可告知其直接向婚姻登记机关申请结婚登记。

三、当事人向人民法院申请承认外国法院离婚调解书效力的，人民法院应予受理，并根据《关于中国公民申请承认外国法院离婚判决程序问题的规定》进行审查，作出承认或不予承认的裁定。

自本规定公布之日起，我院法〔1998〕86号通知印发的《关于人民法院受理申请承认外国法院离婚判决案件几个问题的意见》同时废止。

2.《最高人民法院关于适用〈中华人民共和国民事诉讼法〉的解释》（2022年4月1日）

第544条 对外国法院作出的发生法律效力的判决、裁定或者外国仲裁裁决，需要中华人民共和国法院执行的，当事人应当先向人民法院申请承认。人民法院经审查，裁定承认后，再根据民事诉讼法第三编的规定予以执行。

当事人仅申请承认而未同时申请执行的，人民法院仅对应否承认进行审查并作出裁定。

第545条 当事人申请承认和执行外国法院作出的发生法律效力的判决、裁定或者外国仲裁裁决的期间，适用民事诉讼法第二百四十六条的规定。

当事人仅申请承认而未同时申请执行的，申请执行的期间自人民法院对承认申请作出的裁定生效之日起重新计算。

第546条 承认和执行外国法院作出的发生法律效力的判决、裁定或者外国仲裁裁决的案件，人民法院应当组成合议庭进行审查。

人民法院应当将申请书送达被申请人。被申请人可以陈述意见。

人民法院经审查作出的裁定，一经送达即发生法律效力。

第三百条　外国法院裁判的不予承认和执行

对申请或者请求承认和执行的外国法院作出的发生法律效力的判决、裁定，人民法院经审查，有下列情形之一的，裁定不予承认和执行：

（一）依据本法第三百零一条的规定，外国法院对案件无管辖权；

（二）被申请人未得到合法传唤或者虽经合法传唤但未获得合理的陈述、辩论机会，或者无诉讼行为能力的当事人未得到适当代理；

（三）判决、裁定是通过欺诈方式取得；

（四）人民法院已对同一纠纷作出判决、裁定，或者已经承认第三国法院对同一纠纷作出的判决、裁定；

（五）违反中华人民共和国法律的基本原则或者损害国家主权、安全、社会公共利益。

第三百零一条　外国法院无管辖权的认定

有下列情形之一的，人民法院应当认定该外国法院对案件无管辖权：

（一）外国法院依照其法律对案件没有管辖权，或者虽然依照其法律有管辖权但与案件所涉纠纷无适当联系；

（二）违反本法对专属管辖的规定；

（三）违反当事人排他性选择法院管辖的协议。

第三百零二条 同一争议的处理

当事人向人民法院申请承认和执行外国法院作出的发生法律效力的判决、裁定，该判决、裁定涉及的纠纷与人民法院正在审理的纠纷属于同一纠纷的，人民法院可以裁定中止诉讼。

外国法院作出的发生法律效力的判决、裁定不符合本法规定的承认条件的，人民法院裁定不予承认和执行，并恢复已经中止的诉讼；符合本法规定的承认条件的，人民法院裁定承认其效力；需要执行的，发出执行令，依照本法的有关规定执行；对已经中止的诉讼，裁定驳回起诉。

第三百零三条 承认和执行的复议

当事人对承认和执行或者不予承认和执行的裁定不服的，可以自裁定送达之日起十日内向上一级人民法院申请复议。

第三百零四条 外国仲裁裁决的承认和执行

在中华人民共和国领域外作出的发生法律效力的仲裁裁决，需要人民法院承认和执行的，当事人可以直接向被执行人住所地或者其财产所在地的中级人民法院申请。被执行人住所地或者其财产不在中华人民共和国领域内的，当事人可以向申请人住所地或者与裁决的纠纷有适当联系的地点的中级人民法院申请。人民法院应当依照中华人民共和国缔结或者参加的国际条约，或者按照互惠原则办理。

第三百零五条 外国国家豁免

涉及外国国家的民事诉讼，适用中华人民共和国有关外国国家豁免的法律规定；有关法律没有规定的，适用本法。

● 司法解释及文件

《最高人民法院关于适用〈中华人民共和国民事诉讼法〉的解释》（2022年4月1日）

第543条 对临时仲裁庭在中华人民共和国领域外作出的仲裁裁决，一方当事人向人民法院申请承认和执行的，人民法院应当依照民事诉讼法第二百九十条规定处理。

第三百零六条 施行时间

本法自公布之日起施行，《中华人民共和国民事诉讼法（试行）》同时废止。

● 司法解释及文件

《最高人民法院关于适用〈中华人民共和国民事诉讼法〉的解释》（2022年4月1日）

第550条 本解释公布施行后，最高人民法院于1992年7月14日发布的《关于适用〈中华人民共和国民事诉讼法〉若干问题的意见》同时废止；最高人民法院以前发布的司法解释与本解释不一致的，不再适用。

附录：

本书所涉文件目录

宪法

2018年3月11日　　中华人民共和国宪法

法律

1986年9月5日　　　外交特权与豁免条例
1990年10月30日　　领事特权与豁免条例
1992年11月7日　　　中华人民共和国海商法
1999年12月25日　　中华人民共和国海事诉讼特别程序法
2001年2月28日　　　中华人民共和国民族区域自治法
2004年8月28日　　　中华人民共和国票据法
2006年8月27日　　　中华人民共和国各级人民代表大会常务委员会监督法
2007年12月29日　　中华人民共和国劳动争议调解仲裁法
2010年8月28日　　　中华人民共和国人民调解法
2012年10月26日　　中华人民共和国国家赔偿法
2012年12月28日　　中华人民共和国劳动合同法
2013年10月25日　　中华人民共和国消费者权益保护法
2014年4月24日　　　中华人民共和国环境保护法
2015年4月24日　　　中华人民共和国全国人民代表大会常务委员会关于司法鉴定管理问题的决定
2017年9月1日　　　中华人民共和国律师法
2017年9月1日　　　中华人民共和国仲裁法
2018年4月27日　　　中华人民共和国人民陪审员法
2018年10月26日　　中华人民共和国人民法院组织法
2018年10月26日　　中华人民共和国刑事诉讼法

2018 年 12 月 29 日	中华人民共和国劳动法
2019 年 4 月 23 日	中华人民共和国商标法
2019 年 4 月 23 日	中华人民共和国法官法
2020 年 5 月 28 日	中华人民共和国民法典
2020 年 11 月 11 日	中华人民共和国著作权法
2020 年 12 月 26 日	中华人民共和国刑法
2021 年 12 月 24 日	中华人民共和国工会法
2022 年 10 月 30 日	中华人民共和国妇女权益保障法
2023 年 3 月 13 日	中华人民共和国立法法

行政法规及文件

2006 年 12 月 19 日	诉讼费用交纳办法
2011 年 1 月 8 日	票据管理实施办法
2013 年 12 月 11 日	全国年节及纪念日放假办法

司法解释及文件

1990 年 7 月 25 日	最高人民法院关于第二审人民法院在审理过程中可否对当事人的违法行为径行制裁等问题的批复
1990 年 7 月 28 日	最高人民法院关于第三人能否对管辖权提出异议问题的批复
1991 年 8 月 14 日	最高人民法院关于原审法院确认合同效力有错误而上诉人未对合同效力提出异议的案件第二审法院可否变更问题的复函
1994 年 11 月 21 日	最高人民法院关于第二审人民法院发现原审人民法院已生效的民事制裁决定确有错误应如何纠正的复函
1995 年 1 月 16 日	最高人民法院关于冻结单位银行存款六个月期限如何计算起止时间的复函
1995 年 8 月 10 日	最高人民法院关于对执行程序中的裁定的抗诉不予受理的批复

1997年1月23日	最高人民法院关于民事诉讼委托代理人在执行程序中的代理权限问题的批复
1998年7月20日	最高人民法院关于全国部分法院知识产权审判工作座谈会纪要
1998年11月27日	最高人民法院关于诉前财产保全几个问题的批复
1999年2月11日	最高人民法院关于当事人对人民法院撤销仲裁裁决的裁定不服申请再审人民法院是否受理问题的批复
1999年3月4日	最高人民法院关于不得对中国人民银行及其分支机构的办公楼、运钞车、营业场所等进行查封的通知
1999年3月8日	最高人民法院关于严格执行公开审判制度的若干规定
1999年11月24日	最高人民法院关于严禁冻结或划拨国有企业下岗职工基本生活保障资金的通知
2000年7月10日	最高人民法院关于人民法院对经劳动争议仲裁裁决的纠纷准予撤诉或驳回起诉后劳动争议仲裁裁决从何时起生效的解释
2000年7月10日	最高人民法院关于如何处理人民检察院提出的暂缓执行建议问题的批复
2000年7月28日	人民法院审判长选任办法（试行）
2000年9月1日	最高人民法院、司法部关于公证机关赋予强制执行效力的债权文书执行有关问题的联合通知
2001年1月8日	最高人民法院关于执行旅行社质量保证金问题的通知
2001年9月21日	最高人民法院关于冻结、拍卖上市公司国有股和社会法人股若干问题的规定

2001年7月17日	最高人民法院关于严格执行对证券或者期货交易机构的账号资金采取诉讼保全或者执行措施规定的通知
2002年8月12日	最高人民法院关于人民法院合议庭工作的若干规定
2002年9月10日	最高人民法院关于规范人民法院再审立案的若干意见（试行）
2004年9月17日	最高人民法院关于以法院专递方式邮寄送达民事诉讼文书的若干规定
2004年11月25日	最高人民法院关于依据原告起诉时提供的被告住址无法送达应如何处理问题的批复
2005年7月25日	最高人民法院关于银行储蓄卡密码被泄露导致存款被他人骗取引起的储蓄合同纠纷应否作为民事案件受理问题的批复
2005年8月15日	最高人民法院关于当事人申请财产保全错误造成案外人损失应否承担赔偿责任问题的解释
2005年12月30日	最高人民法院关于人民法院受理共同诉讼案件问题的通知
2008年1月10日	最高人民法院、最高人民检察院、公安部、中国证券监督管理委员会关于查询、冻结、扣划证券和证券交易结算资金有关问题的通知
2008年12月16日	最高人民法院关于适用〈中华人民共和国仲裁法〉若干问题的解释
2008年12月16日	最高人民法院关于适用〈中华人民共和国海事诉讼特别程序法〉若干问题的解释
2008年12月16日	最高人民法院关于严格执行案件审理期限制度的若干规定
2009年4月27日	最高人民法院关于受理审查民事申请再审案件的若干意见

2009年6月22日	最高人民法院关于专利、商标等授权确权类知识产权行政案件审理分工的规定
2009年5月11日	最高人民法院关于在执行工作中如何计算迟延履行期间的债务利息等问题的批复
2009年10月26日	最高人民法院关于裁判文书引用法律、法规等规范性法律文件的规定
2009年12月31日	人民法院工作人员处分条例
2010年1月11日	最高人民法院关于进一步加强合议庭职责的若干规定
2010年1月28日	最高人民法院关于调整地方各级人民法院管辖第一审知识产权民事案件标准的通知
2010年6月7日	最高人民法院关于进一步贯彻"调解优先、调判结合"工作原则的若干意见
2010年12月28日	最高人民法院印发〈关于规范上下级人民法院审判业务关系的若干意见〉的通知
2011年3月23日	最高人民法院关于人民调解协议司法确认程序的若干规定
2011年6月10日	最高人民法院关于审判人员在诉讼活动中执行回避制度若干问题的规定
2011年10月19日	最高人民法院关于执行权合理配置和科学运行的若干意见
2014年7月7日	最高人民法院关于执行程序中计算迟延履行期间的债务利息适用法律若干问题的解释
2014年8月31日	全国人民代表大会常务委员会关于在北京、上海、广州设立知识产权法院的决定
2015年4月15日	最高人民法院关于人民法院登记立案若干问题的规定
2015年2月16日	最高人民法院关于民事审判监督程序严格依法适用指令再审和发回重审若干问题的规定

2015年4月30日	最高人民法院关于调整高级人民法院和中级人民法院管辖第一审民商事案件标准的通知
2016年4月13日	人民法院法庭规则
2016年6月20日	最高人民法院关于防范和制裁虚假诉讼的指导意见
2016年8月2日	最高人民法院关于人民法院网络司法拍卖若干问题的规定
2016年9月12日	最高人民法院关于进一步推进案件繁简分流优化司法资源配置的若干意见
2016年10月29日	最高人民法院关于严格规范终结本次执行程序的规定(试行)
2006年12月23日	最高人民法院关于人民法院执行公开的若干规定
2017年5月8日	最高人民法院关于民商事案件繁简分流和调解速裁操作规程(试行)
2017年2月22日	最高人民法院关于人民法院庭审录音录像的若干规定
2017年2月28日	最高人民法院关于公布失信被执行人名单信息的若干规定
2018年2月22日	最高人民法院关于人民法院办理仲裁裁决执行案件若干问题的规定
2018年6月1日	最高人民法院关于加强和规范裁判文书释法说理的指导意见
2018年9月30日	最高人民法院关于公证债权文书执行若干问题的规定
2018年12月12日	最高人民法院关于审查知识产权纠纷行为保全案件适用法律若干问题的规定
2019年3月27日	最高人民法院关于严格规范民商事案件延长审限和延期开庭问题的规定

2019年4月24日	最高人民法院关于适用〈中华人民共和国人民陪审员法〉若干问题的解释
2019年8月2日	最高人民法院关于健全完善人民法院审判委员会工作机制的意见
2019年12月25日	最高人民法院关于民事诉讼证据的若干规定
2020年1月15日	最高人民法院关于印发〈民事诉讼程序繁简分流改革试点实施办法〉的通知
2020年12月29日	最高人民法院关于审理民间借贷案件适用法律若干问题的规定
2020年12月29日	最高人民法院关于适用简易程序审理民事案件的若干规定
2020年12月29日	最高人民法院关于人民法院办理财产保全案件若干问题的规定
2020年12月29日	最高人民法院关于审理植物新品种纠纷案件若干问题的解释
2020年12月29日	最高人民法院关于适用〈中华人民共和国民法典〉婚姻家庭编的解释（一）
2020年12月29日	最高人民法院关于在民事审判工作中适用〈中华人民共和国工会法〉若干问题的解释
2020年12月29日	最高人民法院关于审理侵害植物新品种权纠纷案件具体应用法律问题的若干规定
2020年12月29日	最高人民法院关于适用〈中华人民共和国民事诉讼法〉审判监督程序若干问题的解释
2020年12月29日	最高人民法院关于适用〈中华人民共和国公司法〉若干问题的规定（二）
2020年12月29日	最高人民法院关于产品侵权案件的受害人能否以产品的商标所有人为被告提起民事诉讼的批复

2020年12月29日	最高人民法院关于审理民事案件适用诉讼时效制度若干问题的规定
2020年12月29日	最高人民法院关于审理商标案件有关管辖和法律适用范围问题的解释
2020年12月29日	最高人民法院关于审理与企业改制相关的民事纠纷案件若干问题的规定
2020年12月29日	最高人民法院关于审理船舶碰撞纠纷案件若干问题的规定
2020年12月29日	最高人民法院关于审理民事级别管辖异议案件若干问题的规定
2020年12月29日	最高人民法院关于审理期货纠纷案件若干问题的规定(二)
2020年12月29日	最高人民法院关于人民法院对注册商标权进行财产保全的解释
2020年12月29日	最高人民法院关于审理商标民事纠纷案件适用法律若干问题的解释
2020年12月29日	最高人民法院关于审理著作权民事纠纷案件适用法律若干问题的解释
2020年12月29日	最高人民法院关于审理技术合同纠纷案件适用法律若干问题的解释
2020年12月29日	最高人民法院关于审理专利纠纷案件适用法律问题的若干规定
2020年12月29日	最高人民法院关于审理商品房买卖合同纠纷案件适用法律若干问题的解释
2020年12月29日	最高人民法院关于审理环境民事公益诉讼案件适用法律若干问题的解释
2020年12月29日	最高人民法院关于审理期货纠纷案件若干问题的规定

2020年12月29日	最高人民法院关于审理期货纠纷案件若干问题的规定（二）
2020年12月29日	最高人民法院关于涉外民商事案件诉讼管辖若干问题的规定
2020年12月29日	最高人民法院关于审理涉及计算机网络域名民事纠纷案件适用法律若干问题的解释
2020年12月29日	最高人民法院关于北京、上海、广州知识产权法院案件管辖的规定
2020年12月29日	最高人民法院关于适用《中华人民共和国公司法》若干问题的规定（二）
2020年12月29日	最高人民法院关于适用〈中华人民共和国公司法〉若干问题的规定（五）
2020年12月29日	最高人民法院关于审理存单纠纷案件的若干规定
2020年12月29日	最高人民法院关于审理票据纠纷案件若干问题的规定
2020年12月29日	最高人民法院关于诉讼代理人查阅民事案件材料的规定
2020年12月29日	最高人民法院关于人民法院民事调解工作若干问题的规定
2020年12月29日	最高人民法院关于适用〈中华人民共和国民事诉讼法〉执行程序若干问题的解释
2020年12月29日	最高人民法院关于人民法院执行工作若干问题的规定（试行）
2020年12月29日	最高人民法院关于人民法院办理执行异议和复议案件若干问题的规定
2020年12月29日	最高人民法院关于委托执行若干问题的规定
2020年12月29日	最高人民法院关于法院冻结财产的户名与账号不符银行能否自行解冻的请示的答复

2020年12月29日	最高人民法院关于产业工会、基层工会是否具备社会团体法人资格和工会经费集中户可否冻结划拨问题的批复
2020年12月29日	最高人民法院关于对被执行人存在银行的凭证式国库券可否采取执行措施问题的批复
2020年12月29日	最高人民法院关于人民法院民事执行中查封、扣押、冻结财产的规定
2020年12月29日	最高人民法院关于人民法院民事执行中拍卖、变卖财产的规定
2020年12月29日	最高人民法院关于涉外民商事案件诉讼管辖若干问题的规定
2020年12月29日	最高人民法院关于涉外民事或商事案件司法文书送达问题若干规定
2020年12月29日	最高人民法院关于人民法院受理申请承认外国法院离婚判决案件有关问题的规定
2020年12月31日	最高人民法院关于适用〈中华人民共和国民法典〉有关担保制度的解释
2021年1月26日	最高人民法院关于适用〈中华人民共和国刑事诉讼法〉的解释
2021年5月14日	最高人民法院关于推进行政诉讼程序繁简分流改革的意见
2021年6月16日	人民法院在线诉讼规则
2021年12月8日	最高人民法院关于审理铁路运输人身损害赔偿纠纷案件适用法律若干问题的解释
2022年4月1日	最高人民法院关于适用〈中华人民共和国民事诉讼法〉的解释
2022年4月24日	最高人民法院关于审理人身损害赔偿案件适用法律若干问题的解释

附录

图书在版编目（CIP）数据

民事诉讼法一本通 / 法规应用研究中心编 . —2 版 . —北京：中国法制出版社，2023.9

（法律一本通；15）

ISBN 978-7-5216-3868-4

Ⅰ.①民… Ⅱ.①法… Ⅲ.①民事诉讼法-基本知识-中国 Ⅳ.①D925.1

中国国家版本馆 CIP 数据核字（2023）第 164587 号

责任编辑：白天园　　　　　　　　　　　　封面设计：杨泽江

民事诉讼法一本通
MINSHI SUSONGFA YIBENTONG

编者/法规应用研究中心
经销/新华书店
印刷/三河市紫恒印装有限公司
开本/880 毫米×1230 毫米　32 开　　　　印张/ 18.125　字数/ 443 千
版次/2023 年 9 月第 2 版　　　　　　　　2023 年 9 月第 1 次印刷

中国法制出版社出版
书号 ISBN 978-7-5216-3868-4　　　　　　定价：65.00 元

北京市西城区西便门西里甲 16 号西便门办公区
邮政编码：100053　　　　　　　　　　　传真：010-63141600
网址：http：//www.zgfzs.com　　　　　　编辑部电话：010-63141792
市场营销部电话：010-63141612　　　　　印务部电话：010-63141606

（如有印装质量问题，请与本社印务部联系。）